Governing the Corporation
Regulation and Corporate Governance
in an Age of Scandal and Global Markets

治理公司：
全球化时代的规制和公司治理

贾斯汀·奥布莱恩 编（Edited by Justin O'Brien）
高明华 杜文翠 等/译
高明华 杜文翠 /校

经济科学出版社
Economic Science Press

图字：01 – 2008 – 1599

Governing the Corporation
Regulation and Corporate Governance in an Age of Scandal and Global Markets

John Wiley & Sons Ltd, The Atrium, Southern Gate, Chichester, West Sussex PO19 8SQ, England
ISBN：0 – 470 – 01506 – 3

All Rights Reserved. Authorised translation from the English language edition published by John Wiley & Sons Ltd.

ⓒ 简体中文版权属经济科学出版社

版权所有　　翻印必究

图书在版编目（CIP）数据

治理公司：全球化时代的规制和公司治理／（英）奥布莱恩编；高明华等译．—北京：经济科学出版社，2011.8

（治理译丛）
ISBN 978-7-5141-0835-4

Ⅰ.①治… Ⅱ.①奥…②高… Ⅲ.①公司-企业管理 Ⅳ.①F276.6

中国版本图书馆CIP数据核字（2011）第133559号

责任编辑：金　梅
责任校对：杨　海　康晓川
版式设计：代小卫
技术编辑：李　鹏

治理公司：全球化时代的规制和公司治理

贾斯汀·奥布莱恩编（Edited by Justin O'Brien）
高明华　杜雯翠　等译
高明华　杜雯翠　校
经济科学出版社出版、发行　新华书店经销
社址：北京市海淀区阜成路甲28号　邮编：100142
总编部电话：88191217　发行部电话：88191540
经济理论编辑中心电话：88191435
电子邮件：jjll1435@126.com
网址：www.esp.com.cn
北京中科印刷有限公司印装
787×1092　16开　23.5印张　400000字
2011年6月第1版　2011年6月第1次印刷
ISBN 978-7-5141-0835-4　定价：52.00元
（图书出现印装问题，本社负责调换）
（版权所有　翻印必究）

《治理译丛》学术委员会名单

学术委员会（按姓氏字母顺序）：

常修泽　樊　纲　高明华　韩朝华　胡汝银
黄桂田　黄少安　李维安　李文溥　刘　伟
刘纪鹏　刘小玄　刘迎秋　宁向东　沈　越
夏冬林　杨瑞龙　周业安

主　编：高明华

总 序

在具有悠久发展历史的企业大家族中,公司治理(corporate governance)只是一个新成员,这个名词的提出迄今不到30年的时间,但提出不久就引发了一场全球性的公司治理浪潮,而且潮头至今不退,这就不能不令人深思了。

一、公司治理理论的发展

公司治理理论的发展可以划分为以下三个阶段:

第一阶段从18世纪中后期到20世纪90年代中期,突出特点是强调对股东利益的保护。

早在1776年,亚当·斯密(Smith,Adam)在其《国民财富的性质和原因的研究》中就指出:"在钱财的处理上,股份公司的董事为他人打算,而私人合伙公司的伙员,则纯是为自己打算。所以,要想股份公司董事们监视钱财用途,像私人合伙公司伙员那样用意周到,那是很难做到的……这样,疏忽和浪费,常为股份公司业务经营上多少难免的弊窦。"① 显然,斯密已经触及了股份公司因存在经营者和资本所有者之间的利益不一致而引起的代理问题。

但是,在20世纪20年代以前,由于代理的缺陷问题还不突出,因此并没有引起人们的普遍关注。一方面,当时占主导地位的企业形式是个人业主制企业和合伙制企业,在这两种企业形式中,所有者与经营者是合一的,所有者利益与经营者利益完全或基本一致,不会产生任何分歧,从而治理问题也就不会存在;另一方面,实行股份制的企业,原先的所有者仍然拥有该企

---

① [英]亚当·斯密:《国民财富的性质和原因的研究》(下卷),商务印书馆1974年版,第303页。

业的控股权,利润最大化的企业目标仍可以顺利地贯彻落实。像美国近代企业家摩根、洛克菲勒、卡耐基等,不仅拥有摩根银行、标准石油公司、美国钢铁公司等大型企业的大量股票,而且还积极参与其经营管理,使之坚持利润最大化的企业目标。

然而,所有者直接控制公司毕竟不是现代公司制企业的主流,尤其是大规模公司制企业,所有者更是远离企业,而且所有权相当分散,这在客观上为经营者背离所有者的利益提供了可能。20世纪20年代以后的美国,这种可能不仅成为现实,而且已经相当突出。伯利和米恩斯(Berle, A. A. and G. C. Means)在1932年出版的《现代公司与私有财产》中指出,所有权和控制权的持续分离可能会使管理者对公司进行掠夺,他们把这种情况称之为"经营者控制"(management control)①。

20世纪60年代以来,公司所有权和经营权的分离及经营者支配公司进一步加剧。如在美国,60年代初,经营者支配公司的资产占200家非金融企业总资产的85%;1970年,日本303家最大非金融公司的50%、29家最大金融机构的90%被经营者支配;1975年,英国最大的250家公司中有43.75%、德国1971年最大的150家制造业和商业企业中有52%被经营者支配②。在这些公司的董事会中,经理人员占了多数,不少公司的首席执行官(chief executive officer, CEO)同时又坐上了董事长的宝座,受聘于公司所有者的经营管理者反过来最终控制公司,由此导致的因偏离企业利润最大化目标而造成的各种弊端也越来越引起人们的关注。

于是,在20世纪70年代中期,美国拉开了有关公司治理问题讨论的序幕。1979年,威廉姆森(Williamson, O. E.)发表《现代公司的治理》,正式提出了"公司治理"这一概念③。1984年和1985年,他又接连发表《公司治理》、《治理经济学:框架和含义》和《资本主义经济制度》等论著,对公司治理进行了较系统的归纳和分析④。此后,詹森(Jenson, M. C.)、麦克林(Meckling, W. H.)和墨菲(Murphy, K. J.)等学者对于公司治理不断向纵深发展做出了积极的贡献。他们一致的观点是强调通过降低代理成

---

① [美] 伯利、米恩斯:《现代公司与私有财产》,台湾银行经济研究室编印,1981年,第90页。
② 云冠平、朱义坤、徐林发:《经营者支配之成因》,载《经济学动态》1998年第5期。
③ Williamson, O. E., 1979, "On the Governance of the Modern Corporation," *Hofstra Law Review*, 8 (Fall): 63–78.
④ Williamson, O. E., 1984, "Corporate Governance," *Yale Law Journal*, 93 (June); 1984, "The Economics of Governance: Framework and Implications," *Journal of Theoretical Economics*, 140 (March): 195–223; 1985, *The Economic Institutions of Capitalism*. New York: Free Press, 1985.

本（或交易成本），来实现资本所有者的最大化利益①。

第二阶段始于20世纪90年代中期，突出特点是强调利益相关者（stakeholders）在公司治理中的权益。

1995年，布莱尔（Blair, M. M.）在其出版的《所有权与控制：面向21世纪的公司治理探索》中，系统地提出了她的利益相关者价值观（stakeholder-value perspective）或利益相关者模型（the stakeholder model），即公司不仅仅要对股东负责，还要对经理、雇员、债权人、顾客、政府和社区等更多的利益相关者的预期做出反应，并协调他们之间的利益关系。② 在布莱尔之前，尽管多德（Dodd, E. M.）和威廉姆森等人也曾强调要关注股东以外的其他利益相关者的利益，但他们分析的落脚点却是对股东利益的保护。布莱尔的贡献在于：她没有从传统的股东所有权入手来假定股东对公司的权利和责任，而是认为公司运作中所有不同的权利和责任应该被分解到所有的公司参与者身上，并据此来分析公司应该具有什么目标，它应该在哪些人的控制下运行，以及控制公司的人应该拥有哪些权利、责任和义务，在公司中由谁得到剩余收益和承担剩余风险。她强调，尽管保护股东的权利是重要的，但它却不是公司财富创造中唯一重要的力量。过度强调股东的力量和权利会导致其他利益相关者的投资不足，很可能破坏财富创造的能量。

利益相关者价值观使公司治理从经济学、管理学延伸到社会学、政治学和伦理学等多个学科。近几年的新利益相关者模型进一步扩大了利益相关者范围，按照对于公司的重要性，利益相关者被分为两级：一级（primary）利益相关者是指那些对于公司的生存不可缺少的人或组织，如所有者、客户、职员、社区、政府，有时还包括供应商和债权人等；二级（secondary）利益相关者包括那些与公司生存关系不大的其他组织和个人，但公司的经营对他们的利益有影响，如环境主义者、媒体、学者和批评家、贸易组织，甚

---

① 参见 Jensen, M. and W. Meckling, 1976, "Theory of the Firm: Managerial Behavior, Agency Costs and Ownership Structure", *Journal of Financial Economics*, 3 (October): 305 – 60. Jensen, M. and R. Ruback, 1983, "The Market for Corporate Control: the Scientific Evidence", *Journal of Financial Economics*, 11: 5 – 50. Jensen, M., 1983, "Organization Theory and Methodology," *Accounting Review*, 58: 319 – 39. Fama, E. and K. Jenson, 1983, "Separation of Ownership and Control," *Journal of Law and Economics*, 26: 301 – 25. Jensen, M., 1986, "Agency Costs of Free Cash Flow, Corporate Finance, and Takeovers," *American Economic Review*, 76: 323 – 29. Jensen, M. and K. Murphy, 1990, "Performance Pay and Top-management Incentives," *Journal of Political Economy*, 98 (April): 225 – 64. Jensen, M., 1993, "The Modern Industrial Revolution, Exit, and the Failure of Internal Control Systems," *Journal of Finance*, 48: 831 – 80.

② Blair, M. M., 1995, *Ownership and Control: Rethinking Corporate Governance for the Twenty-first Century*, The Brookings Institution, Washington, D. C., 1995.

至竞争者。① 图1显示了一个大公司利益相关者的可能情况。

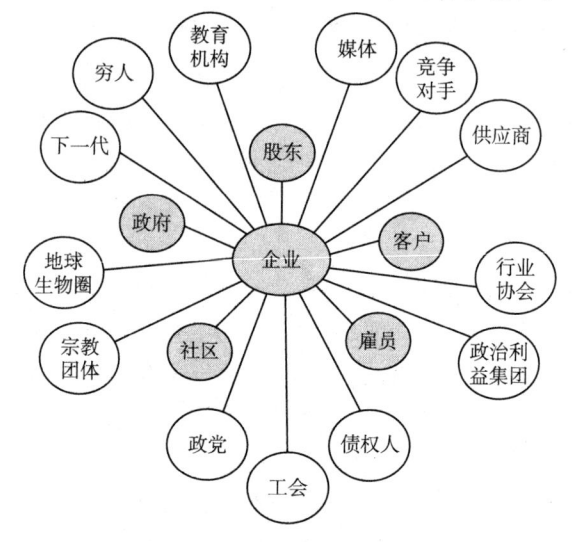

图1 新利益相关者模型

资料来源：［美］乔治·A·斯蒂纳（George A. Steiner）、约翰·F·斯蒂纳（John F. Steiner）著：《企业、政府与社会》，华夏出版社2002年版，第14页。

新利益相关者模型的倡导者注重于发现新的治理原则，用以指导公司处理与相应的利益相关者的关系。与目前在实践中多数公司经理的做法相比，利益相关者理论要求公司对各种利益相关者的影响给予更多的伦理或道德方面的考虑。为此，应当吸收利益相关者的代表参与公司的控制和公司的决策，② 即通过利益相关者共同治理，使公司战略反映各方利益相关者的利益。

第三阶段始于20世纪90年代后期，突出特点是公司治理理念向非公司的法人主体，尤其是非营利性组织的延伸，这个阶段几乎是与第二阶段同步的。

在非营利性组织治理中，政府往往居于十分重要的位置，它可以影响到非营利组织的决策。理事会是非营利性组织治理的关键，它行使组织决策和领导职能，而且随着非营利性组织的发展，理事会的结构和程序不断制度化和专业化。与营利性的企业组织的治理相比，非营利性组织的治理通常更强调相关参与人的责任机制，因此需要一个更有效的、强有力的、直接的和清晰的治理结构。

---

① Clarkson, Max, 1995, "A Stakeholder Framework for Analyzing and Evaluating Corporate Social Performance," *Academy of Management Review*, January, 106-107.

② ［美］乔治·斯蒂纳（George A. Steiner）、约翰·斯蒂纳（John F. Steiner）：《企业、政府与社会》，华夏出版社2002年版，第15页。

二、全球公司治理浪潮

公司治理浪潮起源于英国。20世纪80年代由于不少英国著名公司相继倒闭，由此产生了一系列的委员会和有关公司治理的一些最佳准则，其中最为重要的是在卡德伯里（Cadbury）勋爵领导下制定的《卡德伯里报告》（Cadbury Report），关于董事会薪酬的《格林伯里报告》（Greenbury Report），以及关于公司治理原则的《汉普尔报告》（Hampel Report）。在以上三个报告发表之后，伦敦证券交易所和英国会计师公会又进一步推出了将这三个报告的精髓全部纳入其中的《综合准则》（Combined Code）和落实准则中有关公司内部控制和风险管理条款的《腾布尔报告》（Turnbull Report）——《内部控制：公司董事落实〈综合准则〉指引》，以整合和细化上市公司的治理标准。

从20世纪80年代末90年代初开始，世界经济发生了一系列的新变化，如90年代日本泡沫经济的崩溃，其后的日本经济衰退，1997年爆发的亚洲金融危机，德国统一的高昂代价，建立统一欧洲经济体的改革等，这些变化使得从英国起源的公司治理运动迅速在世界各地得到响应，并日益高涨。

从美国来看，虽然在20世纪80年代以前的美国公司治理很不活跃，但在80年代，美国出现了大规模的公司并购浪潮和重组活动。市场敌意收购是对公司的一种重要的约束机制，在其威胁下，许多上市公司纷纷主动进行改革，以免成为敌意收购的对象。进入20世纪90年代后，美国的公司治理活动又出现了新的变化，金融杠杆和敌意收购大幅度减少。同时，其他的公司治理机制，特别是公司高管人员的股票期权激励以及公司董事和股东积极参与公司治理等，开始发挥更大的作用。此时，美国资本市场的结构发生了根本性的变化，各种机构投资者（包括养老基金、共同基金、保险基金等）持有企业股权的比例，由1970年的12.4%，提高到1997年的48%。股东进一步法人化和机构化的趋势使得在英国、美国等发达国家中股东高度分散化的状况发生了很大变化，机构投资者开始作为战略投资者进行长期投资。这种所有权结构的变化要求实现所有者主权，增强董事会的独立性，强化对公司经理阶层的监督和约束，维护股东的利益，全面改善公司治理。

正是由于上述外部环境的变化，使得公司治理机制成为全球关注的最热点问题，并由此产生了一系列最佳公司治理原则。自《卡德伯里报告》以后，许多国家、国际组织、中介机构、行业协会纷纷制定了自己的公司治理原则。据统计，到2007年年底，有60多个国家和法律管辖区域推出了近200家公司治理准则或类似的文件，另外还有近20个国际性的准则。

尤其应当提到的是《OECD公司治理准则》。1998年4月27—28日，经济合作与发展组织（OECD）召开部长级会议，呼吁OECD与各国政府、有关的国际组织及私人部门共同制定一套公司治理的标准和指导方针，为了实现这一目标，OECD成立了公司治理专门筹划小组，于1999年出台了《OECD公司治理准则》（以下简称《准则》）。《准则》面世后，拥有6万亿资产管理规模的国际公司治理网络成员（ICGN）以及主要的机构投资者如加州公职人员退休基金系统（CalPERS）即对该准则表示支持。2000年3月，金融稳定性论坛（Financial Stability Forum）把《准则》作为衡量金融体系健全与否的12个主要标准之一。《准则》还成为世界银行和国际货币基金组织制定的《标准与准则报告》（Reports on Standards and Codes）的公司治理部分的基础。国际会计协会创办的会计准则发展国际论坛（IFAD），也将《准则》作为分析治理和披露制度的工具[①]。

除了OECD之外，其他国际机构也纷纷加入到推动公司治理运动的行列。世界银行在自己的网站上开辟了专门的公司治理栏目，并与OECD合作主办了定期性"全球公司治理论坛"、"亚洲公司治理圆桌会议"、"拉丁美洲公司治理圆桌会议"、"俄国公司治理圆桌会议"等论坛或会议。其目的是在公司治理方面加强全球及地区性的对话和信息沟通，分享经验，达成共识，加强协调，一致行动。美国著名的机构投资者CalPERS发起建立了民间性质的国际公司治理网络，每年举行一次年会，并开辟专门的网站，系统地推出国内和国际公司治理原则，在世界范围内从投资者的角度出发推进公司治理改革。在欧洲、亚洲也出现了专门的组织，如"欧洲公司治理协会"（即"欧洲公司治理网络"的前身）、"亚洲公司治理协会"和"日本公司治理网络"。

世界上许多重要的证券交易所也越来越关注公司治理，对上市公司的监管内容不仅包括信息披露，而且还越来越强调上市公司的治理结构，世界交易所联盟则起草了有关公司治理准则的指引。

进入21世纪，公司治理领域出现了一些新情况、新发展。尤为突出的是接连出现了一些骇人听闻的大公司丑闻事件，如美国安然（Enron）与世界通讯（Worldcom）造假案件、日本雪印食品舞弊案件，以及中国上市公司中诸多不规范的关联交易、大股东侵占上市公司利益等案件，从而再一次引发了人们对公司治理问题的反思。在这种情况下，美国于2002年6月出台《萨班斯—奥克斯利法案》（Sarbanes-Oxley Act，又称SOX法案），该法案的严厉性对美国乃至于全球证券市场的影响不亚于一场强烈的地震。同年，

---

① 上海证券交易所研究中心：《中国公司治理报告（2003）》，复旦大学出版社2003年版，第274~277页。

OECD部长级会议一致同意对OECD国家的最新发展进行重新考察，以便根据最新的公司治理发展状况对《准则》进行审查。这项任务由OECD公司治理筹划小组承担，该小组的成员包括所有的OECD成员国，还包括世界银行、国际清算银行、国际货币基金组织等观察员，为了更好地评估《准则》，筹划小组还邀请了金融稳定论坛、巴塞尔委员会，以及国际证监会组织（IOSCO）等特邀观察员。2004年，OECD结合公司治理领域的最新发展情况，同时参考了非OECD国家，尤其是那些参加了OECD和世界银行共同组织的公司治理地区圆桌会议的俄罗斯、亚洲、东南欧、拉美和欧亚大陆国家的经验，立足于宣扬公司治理的理念，公布了最新的《OECD公司治理准则》。

新修订的《准则》的基本精神包括以下六个方面：（1）公司法理框架应当促进透明和有效的市场，符合依法原则，并明确划分各类监督（supervisory）、监管（regulatory）和执行（enforcement）部门的责任。（2）公司治理框架应该保护和促进股东权利的行使。（3）公司治理框架应当确保所有股东（包括少数股东和外国股东）受到平等对待，当其权利受到侵害时，所有股东应能够得到有效赔偿。（4）公司治理框架应承认利益相关者的各项经法律或共同协议而确立的权利，并鼓励公司与利益相关者之间在创造财富和工作岗位以及促进企业财务的持续稳健等方面展开积极合作。（5）公司治理框架应确保及时准确地披露公司所有重要事务的信息，包括财务状况、绩效、所有权和公司的治理。（6）公司治理框架应确保董事会对公司的战略指导和对管理层的有效监督，确保董事会对公司和股东的受托责任（accountability）。目前，《准则》已为经合组织和非经合组织所普遍接受，成为公司治理的国际标准，同时也是各国、各地区公司治理准则的范本，用以衡量公司治理的绩效。

从公司治理浪潮，尤其从得到国际社会普遍认可的具有权威性的OECD公司治理准则，不难看出公司治理的重要性。前任世界银行行长詹姆斯·D·沃尔芬森（James D. Wolfenson）指出："对世界经济而言，完善的公司治理和健全的国家治理一样重要。"如今，无论是发达国家还是发展中国家，都把完善公司治理看做是改善投资环境、夯实经济基础的必要手段。

中国企业，尤其是国有企业正处于发展的关键时期。近几年，中国公司治理问题频频发生，黄宏生案、陈久霖案、顾雏军案、德隆案、杭萧钢构案、黄光裕案……一案未平，另一案又浮出水面，在这些案件的背后，实际上是治理制度的缺失。我们在推进企业改革时，过多地重视形式，而忽略了相应的治理制度建设。试想一下，我们哪家上市公司没有一个漂亮的公司治理结构呢？但为什么效果不好？关键就在于治理制度不到位。在制度建设中，制度的执行尤其重要。著名学者培根说过，一次不公正的判决，其危害性胜于十次严重的犯罪。通过制度建设,要使违规者违规的成本大大超过违规的收益,或者反过来说,使合规的收益大大高于合规的成本。美国严厉的SOX法案强化的就是这种成本约束,该法案在公司治理理念上发生了质的变化,即假设企业是没有诚信的,只有在一系列制度的约束下,它们才能担负起其对投资者和社会的责任,因此,必须要加强对当事人责任的处罚。

三、关于"治理译丛"

基于以上背景,2005年年底,我向经济科学出版社金梅女士提出建议,出版一套"治理译丛",得到了她的积极响应。后来经过经济科学出版社的努力,该丛书列入了"十一五"国家重点图书项目。

我们之所以把该丛书命名为"治理译丛",而不是"公司治理译丛",是由于理论界和实际部门对"corporate governance"存在着某种不太正确的理解。"corporate governance"的准确译法应是"法人治理"。"corporate"之所以翻译成"法人",是因为需要治理的不仅仅是公司,还有非公司的企业法人和非企业的法人,前者如没有公司化的家族企业和国有企业,后者如非营利性组织(non-for-profit organizations)和公共部门(public sector)。而且,将"corporate"翻译成"公司"还经常出现汉语的语病问题。例如,温考普(Whincop, Michael J.)所著 Corporate Governance in Government Corporation,如果翻译成"政府公司的公司治理",显然不顺;再如,OECD制定的"OECD Guidelines on Corporate Governance of State-Owned Enterprises",翻译成"OECD国有企业公司治理指引"也是有问题的,因为"企业"和"公司"两个词存在着重复。

当然,法人治理问题是始于公司的,法人治理更多地体现在公司制企业中,从这个意义上说,把"corporate"翻译成"公司"未尝不可。但是,考虑到法人治理向非公司制企业和非企业主体(尤其是非营利性组织)的延伸,在分析这些主体的治理时,就只能翻译成"法人治理"。所以,把这套丛书命名为"治理译丛"是再合适不过了。

在"治理译丛"书目的选择上,我们并非一揽子把所有书目选定,而是跟踪该领域的前沿,选择著名出版社的最新版本,随选随译。所选书目以学术著作为主,兼及实务性著作。我们力求通过这套译丛的出版,推动中国公司治理研究向纵深发展,同时能够为国有企业以及其他各类主体的治理改革提供借鉴。

北京师范大学公司治理与企业发展研究中心

高明华

2010年9月

译者序

许多学者用"浪潮"来形容近三十年来公司治理理论和实践的迅猛发展。随着21世纪初世界各国公司丑闻的频繁曝出，公司治理已经不再是财经界的一个时尚名词，而成为投资者保护自身权益的需求，成为监管者行使职责的关键，成为股份制公司继续发展的前提。正如两权分离催生了公司治理理论一样，大规模的公司丑闻催生了世界各国政府对公司治理问题的深度思考和进一步改革措施。在这次公司丑闻风暴中，人们失去的不仅仅是用数字衡量的金钱，而是更多地失去了对资本市场的信任、对公众公司的信任、对监管部门的信任，以及对法律规范的信任。正如齐尔德斯和罗德里格斯（Childs & Rodrigues）所说的，公司治理危机实际上起源于信任的弱化。因此，如何重塑公众的信任是一系列改革措施的重心。

2004年9月，澳大利亚皇后大学治理、公共政策和社会研究院主办了一次国际研讨会，研讨会的中心议题就是在公司丑闻重创后，我们应该如何重塑公众的信心。会上，来自世界各国的公司治理学者、监管者和从业者各抒己见，分别结合自己的研究经验和工作经历，解释了公司丑闻发生的深层次原因，提出了重塑公众信心的有效途径。会后，澳大利亚皇后大学法学院的贾斯汀·奥布莱恩（Justin O'Brien）教授将代表性观点整理成书，这就是这本论文集。

本文集具有如下两个突出特点：

第一，本文集体现了全球各国政府和监管部门深化公司治理改革、重塑公众信心的共同愿景。美国的安然（Enron）、英国的比泽（Beazer）、意大利的帕玛拉特（Parmalat）、荷兰的阿霍德（Ahold）、法国的威望迪（Vivendi）、爱尔兰的邓恩（Dunnes）和澳大利亚国家银行（NAB），这些公司丑闻发生在世界的各个角落。可见,公司丑闻并不是某个国家的政府面临的困难,而是全球监管部门共同的威胁。避免公司丑闻,重塑公众信心也不是某个国家的任务,而是全球公司治理人为之奋斗的目标。虽然奥布莱恩教授供职于澳大利亚的大学,但他的视野却是全球范围的。本文集研究的内容不仅包括澳大利亚的公司治理改革,更涵盖了美国、英国、德国、爱尔兰、加拿大等许多国家的公司治理问题。文集17位作者,来自7个国家。文集汇集了世界各国站在公司治理研究和实践最前沿的学者、监管者和从业者的观点,为读者描绘了一幅世界各国共同探索公司治理改革的宏伟蓝图。

第二,本文集是理论与实践相互碰撞的结果。众所周知,理论与实践脱节是学术研究的一大痼疾,也是象牙塔被嘲笑的原因;而缺乏理论基础则是众多政府行为的局限性所在,也是实践者被轻视的根源。文集既不是满眼推理的学术故纸堆,也不是空话连篇的官样文章。本文集是经济社会中扮演不同角色的公司治理人对公司丑闻风暴的一种诠释,更是公司治理人重塑被丑闻风暴摧毁的公众信任的一种尝试。文集作者团队成员的不同背景充分证明了这一点。文集共17位作者,其中10位来自高校,4位来自政府,2位是律师事务所的合伙人,还有1位是职业经理人。不同的专业背景,相异的从业经验,让我们听到了来自不同方面的声音。文集中不仅有学者们对公司丑闻做出的分析和推理,还有监管者承担责任的决心和努力,更有从业者对公司丑闻的检讨和深省。重塑公众信心,是学者、监管者和从业者的共同目标。

虽然本文集并不是一本学术专著,而是国际研讨会的论文集,但文集仍然有着清晰的逻辑主线,这个主线就是"舞弊"和"信任"。围绕这个主题,文集主要解答了四个问题:

第一,舞弊案发生后,各国政府和监管者是如何避免公司舞弊,重塑公众信任的?本文集的第1、2、3、4、5、14章分别介绍了世界各国政府和监管部门对公司丑闻的反应及其采取的措施。美国审计总署(Government Accountability Office)总审计长大卫·M·沃克(David M. Walker)介绍了美国审计总署对《萨班斯-奥克斯利法案》(即SOX法案)执行情况的监督。美国公众公司会计监督委员会(Public Company Accounting Oversight Board)主席威廉·J·麦克多纳(William J. McDonough)介绍了公众公司会计监督委员会的行动。欧洲委员会内部市场司(Internal Market at the European Commission)司长亚历山大·A·绍布(Alexander A. Schaub)介绍了欧盟对公司丑闻的反应,并呼吁欧盟与美国的广泛合作。都柏林公司执法委员会办公室（Office of the Director of Corporate Enforcement）主任保罗·阿普莱比（Paul Appleby）介绍了爱尔兰针对公司丑闻采取的行动。

第二，除了监管部门，我们还能从哪些方面避免公司舞弊，重塑公众信任？在第6章，科克大学法学教授艾琳·林奇法农（Irene Lynch-Fanon）阐述了员工是公司治理的关键主体之一，因此，提高员工福利水平、扩大工会权力范围是公司治理改革的发展方向，也是重塑公众信任的重要手段。在第7章，税收专家乔治·吉里甘（George Gilligan）关注了近些年OECD关于有害税收行为的提案（OECDHTPI）及其衍生条款的一些举措，并呼吁增加经济合作与发展组织（OECD）、金融行动特别工作组（FATF）和欧盟（EU）等多边金融服务组织的信息透明度和信息交换，并以此重塑公众对资本市场的信任。在第8章，赫尔大学法学专家利萨·怀特豪斯（Lisa Whitehouse）论述了应该将企业的社会责任视为一种规章制度，并通过强制的自动调节和自愿的积极行动实现企业的社会责任，进而减少公司舞弊行为。在第17章，西雅图华盛顿大学公共政策教授J.帕特里克·多贝尔（J. Patrick Dobel）提出了职业贡献的概念，认为职业贡献有助于将信托责任人的道德、责任、地位和行动联系起来，从而打消他们舞弊的念头。

第三，什么是舞弊，为什么会发生舞弊，如何发现舞弊？在第9章，皇后大学犯罪学家劳伦·斯奈德（Laureen Snider）通过对加拿大规制历史的梳理，从刑法角度探究了公司违法行为。他将舞弊归因于公司追求违法利益而对司法标准的蔑视，并主张将公司违法行为纳入司法领域。在第10章，安永会计师事务所调查与争议服务部经理尼古拉斯·豪德森（Nicholas M. Hodson）从专业的审计角度说明了如何找到虚假供应商，如何从财务报表中发现舞弊行为。在第11章，牛津大学社会法律研究中心教授多林·麦克巴内特（Doreen McBarnet）详细分析了安然公司是如何利用"完全合法"的表外交易结构来伪造账目的。

第四，律师、财务分析师、审计师等相关人员在公司舞弊案中扮演了什么样的角色？在第12章，伦敦高伟绅律师事务所国际法部经理杰里米·P·卡弗（Jeremy P. Carver）认为一些律师在舞弊案中扮演了不光彩的角色，他们利用技巧和经验帮助当事人避税，为腐败和犯罪的非法营利洗钱。在第13章，卡利亚里大学会计学教授乔瓦尼·梅利斯（Giovanni Melis）和商学讲师安德烈亚·梅利斯（Andrea Melis）利用帕玛拉特案系统分析了外部审计人员、内控委员会、审计委员会和财务分析师在舞弊案中的表现，进一步证明引发舞弊案的原因是系统性的，其根源在于公司治理制度的深层次缺陷。

公司丑闻并不是发达国家的专利。虽然中国资本市场发展至今才短短30年,但各种公司舞弊案已经在中国市场发生并继续发生着。深圳原野、亿安科技、蓝田、银广夏、琼民源、红光实业、杭萧钢构……这些公司成为丑闻的主角,上演着一次又一次中国版的安然事件。可见,公司犯罪也是中国资本市场的恶疾。

如何减少公司舞弊?首先要做的是找到公司舞弊的根源。公司舞弊案往往有多个主角,这些主角一般是公司的高管,例如原野的董事长彭建东、蓝田的董事长瞿保田、琼民源的董事长马玉和……。公司丑闻曝光后,公众往往把公司的违规行为归因于高管的贪婪和无耻。毫无疑问,这些高管行为直接导致了公司丑闻的产生,高管的贪婪也成为公司丑闻的推动力。但事实上,个体的贪婪不能成为公司丑闻的借口,真正引发公司丑闻的是公司治理制度的缺陷。个体的贪婪只是经济人的本性,只要是理性的经济人,在面对丰厚利得时,贪婪永远是最优的选择。真正诱使这些经济人偏离正轨,铤而走险的,是人们对预期非法利得与惩戒风险的权衡。当预期非法利得既定时,舞弊行为被发现的可能性和被惩罚的力度则成为影响高管选择是否舞弊的关键因素。而舞弊行为被发现的概率取决于公司治理制度的完善与否,舞弊行为被惩罚的力度则取决于监管部门对舞弊行为的厌恶程度。由此可见,公司舞弊的根源并不是所谓的个别人的贪婪,而是公司治理制度的缺陷和监管部门对舞弊行为的暧昧态度。

因此,从根本上杜绝公司舞弊的途径有两种:一是完善公司治理制度,提高公司舞弊行为被发现的概率。这不仅要完善董事会、审计委员会、内部控制委员会和管理层等内部公司治理制度,增加舞弊行为在公司内部被制止的概率,还要完善外部审计人员、财务分析师和公司律师等外部公司治理制度,增强外部人员发现舞弊的能力。二是明确监管者的职责,加大对公司舞弊的惩罚力度。正如法律的作用包括惩罚和威慑两个方面一样,加大公司舞弊案的惩罚力度不但能够惩戒已经发生舞弊的公司,还能威慑可能发生舞弊的公司。

文集为中国完善公司治理制度提供了大量的可参考案例,也为中国监管部门改革资本市场提供了丰富的可借鉴做法,更为中国投资者认识公司舞弊、发现公司舞弊提供了有效的可实施手段。

文集的翻译是集体智慧的成果。参与初稿翻译的有:曾广录(第1、15章)、曾诚(第2章)、杜雯翠(第3章)、原玉杰(第4章)、赵璐(第5章)、崔磊(第6章)、柴俊超(第7章)、孙银英(第8章)、肖松(第9、

12章)、王慧（第10章）、郑飞（第11章）、蔡卫星（第13、16章）、郭锐欣（第14章）、柯希嘉（第17章），他们的智慧为本书的出版奠定了基础，在此向他们表示由衷的感谢！初稿完成后，由高明华和杜雯翠对全部译稿进行校译，部分章节进行了重译，因此，对于翻译中出现的任何不当之处，皆由我们负责。

北京师范大学公司治理与企业发展研究中心

高明华　杜雯翠

2010年12月

目 录

本书贡献者 / 1
序　言 / 1

第 1 章　治理公司：全球化时代的规制和公司治理 / 1
第 2 章　问责制度失败后的信任重建 / 17
　引言 / 17
　问责制度失败引发大量改革 / 18
　改革应该延续下去 / 21
　公司治理、审计和财务报表中存在的问题 / 21
　　董事会的作用 / 21
　　审计委员会的作用 / 23
　　管理层的作用 / 24
　财务报表模式的改变 / 25
　未来的审计报告模式 / 26
　美国联合审计准则合作论坛 / 27
　会计师事务所的合并 / 28
　审计师事务所强制性轮换制度 / 29
　GAO 在推进问责制度现代化中的作用 / 32
　公众信任的重建 / 34

第3章　全球化市场时代的责任 / 37

引言 / 37
注册 / 42
检查 / 42
执法 / 45
制定标准 / 45

第4章　欧洲对公司治理挑战的反应 / 48

引言 / 48
公司治理的经济重要性 / 48
欧盟公司治理框架——简介 / 50
三大挑战 / 50
　第一大挑战：促进董事会成员的正直和责任并强化股东权利 / 50
　第二大挑战：重塑对审计功能的信任 / 53
　第三大挑战：通过成熟的和可信赖的会计制度来呈现公司的公正性 / 56
欧洲的方法 / 58
加强欧盟和美国之间合作的必要性 / 58
结论 / 59

第5章　经济全球化与公司治理改革 / 60

引言 / 60
关于联系和趋同的观点 / 62
　企业多元论 / 62
　"资本主义差异"分析法 / 63
案例研究 / 64
　英国 / 64
　德国 / 67
模式和案例：简要评价 / 71
结论 / 74

第6章　从员工到全球政治：公司治理问题解决之道 / 75

引言 / 75
公司 / 76

作为雇主的公司 / 77
欧洲公司 / 79
欧美比较 / 80
所有者和利益相关者 / 81
关系融资或内部人模式与保持距离型融资或外部人模式比较的重要性 / 82
投票权和所有权 / 83
作为利益相关者的员工：理论讨论的实践效果 / 83
信任的含义 / 85
结论 / 86

第7章 多边规制行动——一种基于合法化的方法 / 88

引言 / 88
如何进行规制（尤其是多边规制）：基于合法化理论的可能解释 / 89
征税博弈的规制 / 92
OECD 有害税收行为提案（OECDHTPI） / 93
结论 / 98

第8章 作为规则的公司社会责任：民主引发的争议 / 102

引言 / 102
控制公司权力：目前的范式 / 103
公司社会责任 / 107
　公司社会责任的范围：从"合理的自我利益"到"公众利益" / 108
歧义和纷争 / 113
公司社会责任的民主证书 / 114
结论 / 117

第9章 犯罪学透视：审视刑法与公司治理 / 118

引言 / 118
加拿大证券市场规制的历史 / 120
1980年以来的发展 / 123
新的制裁 / 126
规制的执行 / 129
乐观的理由 / 132

悲观的理由 / 133
结论 / 134

第 10 章　舞弊揭露与风险管理 / 135

引言 / 135
舞弊行为的普遍性 / 135
舞弊行为的最新变化 / 136
答案的局限性 / 137
揭露舞弊 / 140
虚假财务报告出现的原因 / 142
虚假财务报告——一个例子 / 143
资产挪用——一个例子 / 144
风险管理 / 147

第 11 章　安然事件反思：公司治理、创造性合规与公司社会责任 / 150

引言：安然舞弊案的背后 / 150
安然事件背景：完全合法的伪造账目 / 153
应该怎么做：法律控制策略及其局限性 / 156
创造性合规文化 / 160
公司治理、创造性合规与公司社会责任 / 161

第 12 章　律师的作用：被雇用的枪手还是公众的仆人 / 164

第一种作用：被雇用的枪手 / 165
第二种作用：公众的仆人 / 166
第三种作用：满足自己的需要 / 168
第四种作用：三种作用的集合 / 169

第 13 章　财务报告、公司治理与帕玛拉特：是财务报告的失败吗 / 172

引言 / 172
帕玛拉特的所有权和控制权：坦济家族的作用 / 173
帕玛拉特会计失败的根本原因：是会计标准问题吗 / 174
守门人的失败：监管者到哪儿去了 / 177
　法定审计委员会的作用 / 177
　外部审计师的作用 / 179
　内部控制委员会的作用 / 180

帕玛拉特：财务分析师的作用 / 182
　　　财务分析师的作用：经验证据 / 182
　　　帕玛拉特合并财务报告分析 / 184
　　结论 / 190

第 14 章　爱尔兰的公司规制 / 192

　　引言 / 192
　　2001 年以前的爱尔兰公司规制 / 192
　　近期丑闻及其对法规变迁的影响 / 193
　　　对邓恩集团献金案的法庭调查及其结果 / 193
　　　对规划献金行为的法庭调查 / 195
　　　对爱尔兰国家银行的调查 / 195
　　　对遵守和执行公司法的检查 / 195
　　　对存款利息保留税的调查 / 196
　　　审计复核小组 / 197
　　　公司董事的合规声明 / 197
　　　其他方面的发展 / 198
　　ODCE 的任务和目标 / 198
　　　鼓励和促进合规行为 / 199
　　　揭露涉嫌违背公司法的行为 / 200
　　　执行行为 / 201
　　　惩罚破产公司的不当行为 / 201
　　　为客户提供优质服务 / 202
　　　ODCE 对公司法合规环境的影响 / 202
　　一些个人观察 / 202

第 15 章　公司治理：超越理念 / 206

　　引言 / 206
　　背景 / 208
　　案例研究 / 210
　　　瓦特弗铁轨事故 / 210
　　　澳大利亚国家银行 / 213
　　文化 / 217
　　合规失败的共性 / 217

结论 / 221

第16章　金融监管重构：斯皮策、州-联邦关系与公司控制权的争夺 / 222

引言 / 222

位置，位置，还是位置 / 223

描绘地形 / 228

监管市场：区分相对力量和观念力量 / 230

政治象征主义：SOX 法案 / 234

结论 / 235

第17章　公众托管人制度：透明度和职业贡献体现的责任 / 238

引言 / 238

托管人制度与公共责任 / 242

职业贡献的概念 / 244

职业贡献的模式 / 248

　纪念碑 / 248

　基石 / 248

　母体和孵化器 / 249

　珊瑚礁 / 249

　网络 / 250

　播种/培土 / 250

　波纹 / 251

　眼界与梦想 / 251

时间和历史 / 252

结论 / 255

　注意你的纪念碑可能成为靶子 / 255

　开始宜早不宜迟 / 256

　继承是创造贡献的前奏 / 256

　行动的范围 / 256

　把大与小联系起来 / 257

　不要限定最终价值 / 257

　引导与任由发展 / 257

参考文献 / 259

主要词汇索引 / 288

本书贡献者

保罗·阿普莱比（Paul Appleby）
　　都柏林公司执法委员会办公室主任
尼尔·巴克（Neill Buck）
　　悉尼尼尔巴克联合有限公司经理、合伙人
杰里米·P·卡弗（Jeremy P. Carver）
　　伦敦高伟绅律师事务所国际法部门经理
J. 帕特里克·多贝尔（J. Patrick Dobel）
　　西雅图华盛顿大学埃文斯公共政策学院教授
乔治·吉里甘（George Gilligan）
　　澳大利亚莫纳什大学克莱敦校区商业与经济学院商法和税收系高级研究员
尼古拉斯·M·豪德森（Nicholas M. Hodson）
　　多伦多安永会计师事务所调查与争议服务部门经理
艾琳·林奇法农（Irene Lynch-Fannon）
　　科克大学法学教授
多林·麦克巴内特（Doreen McBarnet）
　　牛津大学社会法律研究中心教授
德莫特·麦卡恩（Dermot McCann）
　　伦敦城市大学法律、治理与国际关系系政治学高级讲师
威廉·J·麦克多纳（William J. McDonough）
　　华盛顿公众公司会计监督委员会主席
安德烈亚·梅利斯（Andrea Melis）
　　卡利亚里大学经济学院商学讲师

乔瓦尼·梅利斯（Giovanni Melis）
　　卡利亚里大学经济学院会计学教授
贾斯汀·奥布莱恩（Justin O'Brien）
　　贝尔法斯特皇后大学法学院公司治理课题负责人
亚历山大·A·绍布（Alexander A. Schaub）
　　布鲁塞尔欧洲委员会内部市场司司长
劳伦·斯奈德（Laureen Snider）
　　加拿大安大略省金斯顿市皇后大学社会学教授
大卫·M·沃克（David M. Walker）
　　美国审计总署审计长，华盛顿美国政府责任办公室主任
利萨·怀特豪斯（Lisa Whitehouse）
　　赫尔大学法学高级讲师

序 言

本文集证明了公司的诚信危机并不是某个地区的专利。一次次被全球资本市场见证的渎职（一种犯罪行为）和不当行为（从技术角度看是合法的交易行为，从道德角度看却并非如此），为减少那些仅仅针对腐败人员的责备提供了令人关注的证据。我们将同样的注意力放在对公司运作结构和机构投资者运作结构的规制中，这些不合适的需要纠缠在一起。为了得到更有效的结果，这个过程要求我们扩大传统学术界自愿承担的范围。每个理论都会有些片面，它们都不能说明治理的概念是如何影响政府将自己的意愿强加于公司权力的能力。如何治理公司，即如何从规制的角度关注现有框架，已经变成一个太重要、太复杂的问题。

这一观念为 2004 年 9 月由贝尔法斯特皇后大学治理、公共政策和社会研究学院主办的国际研讨会打下了基础，并被研讨会吸取。这次会议集中评价了社会科学理论与公司现实之间的实践，并且刺激各国重新校对那些规制金融市场的公共政策。这次会议的目的是为公司治理和规制监管提供一个更深入的理解，而公司治理和规制监管则在构建上反映了可能的内外部关系对全球市场的影响。

这些实践者、政策制定者和学者们所做的论文提出了很多针对不当行为本质和解决办法的效率性的全面而又重要的观点。这些观点是从各种角度提出的，包括犯罪学、社会法律研究、道德及政治科学、公司法与证券法的传统惩治力量，以及经济学，这些观点的介绍提供了解决当下主要社会问题的完整方案。本文集为读者提供了一个快照，在这个快照中，既有智慧的力量，也有从大量口头交流中涌现的新鲜观点。

十分感谢学院的管理团队，他们对公司治理研究项目提供了慷慨的支持。院长伊丽莎白·米汉（Elizabeth Meehan）教授、副院长约翰·巴里（John Barry）博士为项目提供了资金来源和学术指导。

我的同事查兰·奥凯利（Ciaran O'Kelly）博士和布罗娜·海因兹（Bronagh Hinds）女士，与办公室主任芭芭拉·布鲁恩（Barbara de Bruin）和项目管理者凯瑟琳·马登（Catherine Madden）一起，为会议的协调管理提供了特别的支持。一些博士研究生像正式的学者和工作人员一样，不计报酬地帮助我的同事，使项目成功完成。伊斯特米·狄米拉（Istemi Demirag）教授主持了会议的很多部分，并使会议在一个完美舒适的气氛下进行。其他会议主持人，包括马里兰大学的萨利·辛普森（Sally Simpson）教授、南安普敦大学的克里斯多佛·内皮尔（Christopher Napier）教授和迈克尔·莫然（Michael Moran）教授，都提供了一些关键看法，这些看法帮助我们形成了一系列关于私人部门责任与规制的研究问题，这已经远远超越了一个专业会议的范围。

通过一些研讨会以及我在公司治理和公共政策方向指导的法学硕士，皇后大学已经在这个领域享有国际声誉。法学院的高级管理团队清楚地认识到将开创性的研究与对学生和公众的培养联系起来的战略重要性。已故的史蒂文·利文斯通（Steven Livingstone）教授是促成此项目的关键人物。学院领导约翰·莫里森（John Morison）教授和我在公司治理项目中的同事萨利·惠勒（Sally Wheeler）教授确信这一观点已经变为现实。在将观点转化为创新型的教学和研究议题方面，他们在精神上给予了我很大帮助。

还要感谢我的拳击搭档梅尔·布里克（Mel Dubnick）教授，他在我理解美国治理的复杂性和描绘规制蓝图的方法方面提供了很多帮助，他对我的帮助远比他自己意识到的要多。这些年来，我亲密的朋友迈克尔·史蔻兰（Michael Scallon）一直试图劝告我说会计工作是很有趣的，在理解公司方面，他给了我非常宝贵的帮助。在与大西洋两岸的学者的深入交谈中，尼克·豪德森（Nick Hodson）证明了应该如何达到审计过程的道德核心。拉切尔·威尔基（Rachael Wikie）和克里斯·斯温（Chris Swain）本着低调的专业精神向出版社递交了这个项目，这已经成为他们的商标了。接下来，项目编辑维维恩·韦克汉姆（Vivienne Wickham）和萨曼塔·哈特利（Samantha Hartley）接受了完全正确的修订版。

家庭为我最终完成这本书提供了安全稳定的环境。我的妻子达瑞娜（Darina）、听话的孩子爱丽丝（Elise）、杰克（Jack）、贾斯汀（Justin），还有另外一个孩子，都给了我写作空间，我十分感谢他们。

最后，我还想将这本书归功于我的已故父母杰克和佩吉（Jack & Peggy），见到自己的儿子重回学术界，他们会很高兴的。

贾斯汀·奥布莱恩（Justin O'Brien）

皇后大学法学院，贝尔法斯特

2010年9月

第1章

治理公司：全球化时代的规制和公司治理

贾斯汀·奥布莱恩

一个充满活力、管理有效的公司群体对促进经济发展、增强社会和政治凝聚力、融通国际资本至关重要。在经历了全球公司丑闻的重创后，通过在市场和公众面前的信誉重塑，公司治理和规制改革已经对公司财务绩效产生了明显影响。同样，这种对不良治理结构的改革可能引发两种状况，最好的状况就是产生改革的阵痛成本，而最坏的状况则是使利益冲突合法化。在这种变革理想的背后，是缺乏物质基础的控制机制。结果，在经历了一系列与公司渎职和失职行为相斗争以及对诸多不良道德规范的改革后，资源配置达到次优状态。

对于监管者、政策制定者和学者们来说，要想保护市场以避免恐慌效应带来的损失，关键问题是怎样缓解公众的忧虑。这总是一个艰难的权衡过程，随着全球经济保护主义的不断增强，对这一过程的处理变得更加困难（Braithwaite & Drahos，2000）。主要公司和公共政策的当务之急是要弄清：在新旧世纪之交，一个融入了国家监管体制的全球金融应急体系的构建能否实现治理结构标准化的改进，还是仅能对那些按照美国资本市场模式运行的治理结构产生正面效应。

美国的实践告诉我们，全球范围的规制改革是不可避免的，因此，不必依赖统一的改革路径。由美国政府推行的公司治理模式所产生的显著影响力，不仅很大程度地与美国的霸权地位有关，也与其资本市场的深度和流动性有关。这进一步强调了制度因素的作用，这种作用通过证券交易委员会（SEC）和其他监管实体得以发挥，例如，影响全球可应用性标准制定的公众公司会计监督委员会。作为全球资本市场的基准，这些条款规范着美国上市公司的行为，不仅影响着国际金融市场的资本流动，还影响着国家监管体制的构建。

与设置监管措施的能力一样，推行强制执行力度的能力也是非常重要的。强制执行的形式是由公司治理和监管综合体内各个利益相关者的相对权力决定的。法律是社会的一个主要组成部分（Stryker，1994）。怎样解释和应用法律，取决于最初的法规状况，取决于那些关键的、独立制定政策的人对这些条款的接受程度。在技术合规制度的基础上，制定一些看起来合理的制度条文的能力是由富有煽动性的媒体所制造的各种舆论助推的，这一能力对随后的司法裁决起到了限制作用（Strine，2002）。因此，政策的合法性从起源上说，不能简单地归因于经济理性，还要归因于公司创造和维持这些制度的能力。

当证券交易委员会这样的组织管辖内的"州"仍然保有市场监管的剩余权力时，监督的形式和功能取决于更广泛的战略、政治和金融因素。正如一直以来针对《萨班斯－奥克斯利法案》中关于公司信息披露责任方面的内部条文的争辩一样（Romano，2004），对美国公司治理和监管体制改革本身的合法性也存在着特别激烈的争辩。表面看，这些争辩已经得以解决，但同时却埋下了隐患，即公司对编纂法规限度的创造性解释可能会颠覆公司向公众披露信息的重要性。

推进所有金融监管政策改革是提高公司内部以及整个市场的透明度和责任感的必然之举。加尔布雷斯（Galbraith，2004，P.44）最近提醒人们，我们必须认识到："21世纪的基本事实是一个基于不受限制的自我完善的公司体系"。时尚的愤世嫉俗阶层（Bakan，2004；Klein，2000）成就了经济学家加尔布雷斯的声望，这一事实既能反映人们对过去时代的摒弃，又更能显示出人们对批判性思维的青睐。当许多对这一领域做出贡献的人批驳了加尔布雷斯对当代现实所做的绝望评价时，愤世嫉俗主义被另一种值得信任的方式取代，而被用来批判性检测和解构公共政策的决定因素。

乔治·吉里甘（George Gilligan）探索了特殊监管途径是如何指引全球发展方向的，这为我们的行动提供了正确的案例导向。他并不怀疑合作能产生巨大的标准化利益，但更加呼吁对所谓合法的社会和政治结构进行深入的理解和思考。对吉里甘来说，合法性基本上是一个弹性的理想化概念。合法性的准确核心是由国家和政府部门的行政人员改变现状的能力所决定的。吉里甘的多角度分析框架让我们能够更加准确地判断监管者是怎样产生和运作的，尤其是怎样适应他们的战略和结构的。不仅如此，这种框架还可以作为现代治理实践中制定重要政策的参考依据。

调查安然公司和世通公司破产丑闻为这一途径发挥效力提供了支撑依

据。显然，在选举周期的关键阶段，政治家们在信誉遭受毁灭性破坏后必须要做一些事情，或者更重要的是要让人们看到自己做了什么事情。美国政府、相关监管部门和司法部门对公司丑闻做出反应的敏锐性，直接并且只与美国国内因素有关，美国的反应还将对全球具有深刻的影响。实践证明，过去那些不利于监管的规则已经起了作用。不过，从长期来看，这种作用隐藏着更多的不稳定因素。因为事实表明，公司治理改革已经取得了成效。

在问题本质既定的情况下，关于公司治理和金融监管的研究严重忽略了对标准化民主理论的探讨，这是极具讽刺意味的（参见 Polanyi, 1944; Dobel, 1999; Shapiro, 2003）。通常认为，权力是怎样影响公共政策出台和修订的，与那些已经陷入困境的技术程序问题无关。这一问题充满隐患，危机四伏，以致那些人再也无法继续其短视行为。依靠公司形式本身带来的好处，公司渐渐从那些难以解释和不可控制的政策实施中恢复过来。然而，并没有证据表明这种情况正在发生着。我们注意到，像证券交易委员会主席威廉·唐纳森（William Donaldson）这样的改革者们正面临一个持续升温的斗争，他们有针对性地选择了这次美国工业基金委员会会议，并在会议上锋芒毕露地对持续的、严峻的现实危机进行抨击。

> 交易中的信任关系正在被严重地侵蚀着，令人忧虑，而且没有什么能保证这个问题得到自行解决。当像 SEC 这样的监管者能够按照明显的界线，即什么是可做的和什么是不可做的行为规则去行动时，历史的进程告诉我们，在人性驱使下的、争强好斗的管理者和组织会继续检验这些新法律。一些管理者会严格依照法律条款追查那些有问题的活动，而另一些管理者则会直接越过界线或带着精心计划及方便行骗的现代金融技术去跨越界线。SEC，加上我们这样的一些其他人能建立起这些规则，并限定其独立性——但法律释义也只能走到这一步。如果补救性的努力没有出现，而且没有得到交易领域内各部门和金融领域的支持，那我们的自由市场、民主体制将被逐渐侵蚀，不可避免地遭受令人痛苦的伤害（Donaldson, 2004）[①]。

---

① 后来，唐纳森（Donaldson）在 2005 年 1 月伦敦经济学院的一次演讲中把这种异端的范围从地域扩大至全球。这位 SEC 主席在指出荷兰阿霍德（Ahold）、意大利帕玛拉特（Parmalat）和法国威望迪（Vivendi）的不足后，声称：" 随着存在质疑的实践逐渐被人们接受，道德困境的频繁发生，以及公司滥用职权情况的大量披露，整个市场都普遍存在着对标准的侵蚀。这一连锁效应已经破坏了投资者在全球资本市场一体化中所具有的信心"（Donaldson, 2005）。演讲的全部内容可在下面网站上获取：http://www.sec.gov/news/speech/spch012505whd.htm。

本论文集的文献被赋予这样的特别使命——回答为什么全球市场中,结构化、系统化的公司治理和监管问题仍然难以应付。为做到这点,他们在理论上夸大了 SEC 主席所提出的对现实的忧虑。核心的争论可用利萨·怀特豪斯(Lisa Whitehouse)的主张加以概括,"学院派或者政治家似乎已经看不到,或者拒绝承认由公司权力造成的对民主的最基本威胁"。作为一个自利的实体,公司的这一颠覆民主标准的能力通过大量难以解释的途径表现出来。这些途径包括,因审议对政治体制的过度财政支持而引起的曲解,因追求违法利益而引起的对司法标准的蔑视,犯罪学家劳伦·斯奈德(Laureen Snider)特别突出了后者。

直接导致这种全球性危机的原因有三个:一是公司和政治家那些辞藻华丽的、任务式的评估报告;二是公司对这些报告和法规约束的忽视;三是用于纠正行为偏差的法令法规和监管措施的局限性。尽管通过"相关治理"赋予金融市场自我监管权力的观念是确定无疑的(Streeck & Schmitter,1985),但它的反复失败暗示着深层次合法危机的存在。相关者的兴趣主要在于解释、组织、维护和推进他们当中那些没有外部决策能力的、最直言不讳的和最具影响力成员的议事议程,授权给这些成员产生了难以处理的利益冲突。斯特里克和施密特尔(Streeck & Schmitter)认为,政策制定过程与提供标准化改进方案的过程几乎是相反的,这一公认的事实的产生源于惯性夸大了国家利益的风险,并非监管的帝国大厦。

这种惯性就是美国公司丑闻产生的主要原因。一些专业人员,如会计师、律师、公司经理等,以政治群体的名义采取行动。他们强调,要通过市场体系的进一步自由化来实现日益增长的社会公众利益需求,而不是通过认识到支持监管领域的需要来实现。虽然人们在经过协商后普遍认可技术合规监管条例,但在思想上对它一次又一次的贬斥却完全颠覆了这一体制。J. 帕特里克·多贝尔(J. Patrick Dobel)很好地使用了"完美风暴"这一概念作类比,指出这样所产生的压力是难以承受的,从而为结构性爆裂铺就了道路。为了免除漫不经心的直接责任(O'Brien,2003,pp. 63 - 64),这种气象学上的比喻通常会受到公司管理者的偏爱。从多贝尔的概念出发,对公司负直接责任的管理者因监督无力而引发危机,这种持续的失败意味着监管机制仍然难以解决问题。对市场自我治理观点的完全崇拜状况绝不仅仅局限于大西洋的东部沿海地区,一些批评者认为这种局限是全球性的。国家和国家制度日益演化为转型国家新自由主义的代理人。国家和政府官员可能宣称他们追求不同的战略,使用不同的手段;但这些不会像不同道路通向新自由主义全球化那样产生出相同的国家竞争模式(Cerny,2002,pp. 202 - 203)。

德莫特·麦卡恩（Dermot McCann）对英国和德国公司治理改革的分析证明了这种惯性是如何在欧盟两个国家之间运作的。他的结论是，两个国家的经济变化为改革提供了推动力，而政治也与经济变化有关。

监管政治最终会走向象征主义的政治（Edelman，1964），同时带来信心的恢复，而不是切实的、决定性的行为矫正（Hood et al.，2004）。这些改革只是间接地提出了这些隐忧的根源：监管者的失职、对管理者的过度补偿，以及设计于20世纪30年代的、用来支撑更多复杂金融结构的监管机构（垂直建立的用于维护安全的防护网）的无能。这些隐患是由只求形式不求内容的习惯引起的，与精英阶层过度依赖市场体制治理作为整体治理系统有密切关系（Lindblom，2001，pp. 248－250）。

如果腐败盛行，而且腐败发生的动机和可能性超过受到惩罚的可能性，全球市场控制就会失败，这是在现实犯罪率的基础上对成本收益计算应用的结果。从这一有利形势看，在与潮汐般涌来的公司丑闻作斗争的过程中，两个主要监管途径的重要设计缺陷变得一目了然。

美国的第一条监管途径提供了一个更多地基于立法和法规汇编的解决方法，其中，最引人注目的是2002年出台的上市公司会计改革与投资者保护法案，即《萨班斯－奥克斯利法案》（Sarbanes-Oxley Act）。这个法案的出台主要出于四个相互联系的目的：创造规制审计过程和重新构建审计师的职业生涯；提供对检举揭发人更好的保护；加强公司董事会的责任心和刑事责任；强化 SEC 对市场监督的权力。这样，《萨班斯－奥克斯利法案》对公司在美国资本市场的筹资行为形成了新的制约。为确保主要交易中资本流动通道的安全，所有公司（家族企业除外）必须遵守这个法案中更加严格的条款。他们也必须遵守在 SEC 指导下的、由主要交易方授权的、严格的上市要求。

尽管美国证券市场是世界上法制化水平最高的市场之一，这个市场有许多相关联的联邦政府、州政府和自我监管组织，但美国的系统仍然是有缺陷的，这一事实揭示了现有规制途径的局限性（Partnoy，2002）。更糟糕的是，禁令有时是适得其反的。由于要遵守法规而重新规划认可的范围，这只能起到重新配置董事会的作用。在公司内部，或者更严重地说在整个职业生涯内，这些禁令并没有促使急需变化的道德状况的转好，必要的信托义务观念仍然被淡化，这是对本文集做出贡献的麦克巴内特和多贝尔研究的问题。

正如劳伦·斯奈德（Laureen Snider）在她对惯犯现象所做的富有洞察力的分析一样：

过去不愿意控制资本市场的州政府建立了一系列监管制度，每个制度的出台都是由一个引人注目的事件引起的，如大桥的坍塌、渡轮事故、一系列的欺诈现象及大量公司的破产等。事故之后，随之而来的是政治家和官员们一系列忠诚式的花言巧语，最终建立起法规草案。经过一系列修订后，新的法律通过了。但他们通常比最初承诺的要少得多，并且在总体上缺乏强制力。

在技术熟练的媒体的操控下，司法和监管激进主义者可进一步得到公众的推崇，即使出现引发内部危机的结构性问题，也可削弱这些问题产生的负面影响，从而给公众留下完美的印象。

先前尊贵的首席执行官，现在却戴上了手铐，这一明显的困窘真实地反映了法律面前人人平等这一强制力神话（Sparrow，2000）。如果抛开主流媒体的表面分析，深入研究下去，我们就会发现更多的难题。首席执行官往往没有因为实质性问题而受到控诉，大部分控诉是针对一些无聊的问题，而且是容易通过撒谎而免于控诉的、或者容易阻止联邦调查人员深入调查的问题（O'Brien，2004a），例如原瑞士信贷第一波士顿银行（CSFB）的投资银行家弗兰克·奎特尼（Frank Quattrone）和前玛莎·斯图尔特公司的首席执行官玛莎·斯图尔特（Martha Stewart）等都是很好的例证。奎特尼案例（第一个以无效审判告终的案件）凸显了用起初由公众给予的巨额回报实施腐败的行为，但关键问题却并没有受到控告，反而从公众视野中渐渐消逝，这可真耐人寻味①。

斯图尔特是纽约股票交易所的董事和生活多媒体公司（Living Omnimedia）的首席执行官。在联邦药品管理局拒绝给她朋友的一家制药公司的主打产品发放许可的前一天，她就提前中止了私人股票交易。尽管最初媒体关注了对内部交易的指控，但这一过失并没有被控告。斯图尔特有效地玩弄了媒体，报道称她只受到短暂的监禁，呼吁对犯罪行为的裁决。从商业角度看，这是一个精明的、深思熟虑的决策。这个决策导致了她的个人监禁，却利用这种个人监禁将公司从长期的煎熬中拯救出来。由于监禁的报道，她的

---

① 对 SEC 的强制性执行活动来说，这仍是核心问题。2005 年 5 月 25 日，摩根斯坦利（Morgan Stanley）和高盛（Goldman Sachs）同意了每笔 4 亿美元的罚款，以解决在 1999 年和 2000 年泡沫过高时 SEC 承诺的对社会机构职员的股票分红。执行委员会的董事史蒂夫·卡特勒（Steve Cutler）认为这是执行委员会为确保 IPO 市场一体化而采取的解决方法，这些办法禁止了高盛人为地刺激需求和摩根斯坦在二级市场抬高价格——无论这种做法是否存在操作性效应。见 http://www.sec.gov/news/press/2005-10.htm。

股票价值已经增至原来的 3 倍。根据美国鼓励人们通过承担责任和接受处罚而赎罪的时代精神，斯图尔特在 2005 年 3 月获释出狱。与其他囚犯不同，斯图尔特是在晚上较迟的时候被释放的，并且被一个车队带着直奔一架正在等待她的供高层主管乘坐的飞机。她在网站上发布消息，描述这个经历：

> 人生的变化和人生的宣言。有一天我希望有机会倾诉所有已发生的一切，包括我在这里所遇到的不平凡的人和我所学会的一切。现在我能告诉你，我感到非常幸运，因为我有一个养育我的家庭、良好的教育背景和追求美国梦想的机会。你会相信，我将永远不会忘记在这里我所遇到的朋友，不会忘记 5 个多月他们为帮助我所做的一切，不会忘记他们的孩子及他们讲给我听的故事（www.marthastewart.com）[①]。

斯图尔特利用新闻报道，将自己塑造成为一个重拾道德的典范。

但斯图尔特远不是唯一的案例，亨利·布罗吉特（Henry Blodget）也是这样的人。2002 年，他操纵了纽约州检察长（State Attorney General，SAG）对系统性利益冲突的调查报告。结果，作为一名分析师，他被判终身禁止从事证券职业。在对斯图尔特的审判期间，他又作为媒体评论员再次露面。2003 年，尽管所主管的公司仍然深陷公司丑闻的泥潭，美国花旗集团的首席执行官桑福德·威尔（Sanford Weill）还是被推荐到纽约股票交易所任职。直到其任职受到州监管人员的抗议后，他才考虑离职（O'Brien，2003）[②]。

在对泰科公司前任首席执行官丹尼斯·克兹鲁斯基（Dennis Kozlowski）的指控中，纽约检察官察觉了他的懊悔，渎职和失职行为的交织带来了报复式的风险。2004 年，经过 6 个月的审判后，法庭没有做出裁决，法官声称这是一个错误的审判。从公司角度看，这种卖弄获得了支持；但从道德角度看，却是可质疑的。这种卖弄只是选择了一种花言巧语式的武器，不过，人们失去了揭露创造性合规的法庭保护伞的机会。当本文集准备出版时，纽约地方检察官重新校准了克兹鲁斯基的案子，如果不是一般性的记录，对这个案子的控告就是充满了可恶的、毫无节制的欺骗行为。克兹鲁斯基仍然认为这是一个带有政治动机的检查，他认为自己的行为是得到董事会认可的，这

[①] http：//www.marthastewart.com/page.jhtml；jsessionid = UFEQ3CQDKYGADWCKUUXCGWWY-JKSS0J00？type = learn-cat&id = cat19737&rsc = sc22020。

[②] 尽管为了同样的责任而干涉美林证券公司的内部治理，花旗银行的相对权力意味着司法部门的犯罪诉讼还是失败的，司法部门并没有及时发现安然利用特殊目的机构（Special Purpose Vehicles）进行的欺骗行为（O'Brien，2005）。

一解释在2005年6月被控告他的第二陪审团和主要金融官员否定了。世通公司的原首席执行官伯尼·埃博斯（Bernie Ebbers）更加可耻，他被指控策划了历史上最大的会计欺诈案，可他仍认为自己是一名走卒，是不公正待遇的牺牲品。在向陪审团做最后陈述时，他的这一辩护遭到了检察官的嘲弄："你说'这是个骗局，我并不是个老于世故的辩手'。如果说埃博斯在10年内能够凭空建立起这个公司，却对财务状况无能为力，这简直是侮辱了你的智商"（《纽约时报》，2005年3月4日）。最后，陪审团一致同意他应承担全部责任。无独有偶，安然公司前董事会主席肯·莱（Ken Lay）在得克萨斯州受到审判时，也使用过类似的辩护。对于罪恶、贪婪和狂妄的享乐主义者来说，纵观整个2006年，再没有比曼哈顿和休斯敦的联邦和州法院更好的聚会地点了。但是，对现实来说，这个道德恢复剧的演员表还有很多漏洞。像班柯的鬼魂一样，这一体制本身的弊病正在诉讼中暴露出来。

正如多林·麦克巴内特（Doreen McBarnet）敏锐洞察到的，从内心认识到安然的教训是至关重要的。她指出公司可能确实很有效率，但大多数安然的资产负债表外活动没有违背规则是值得商榷的……，这不是为安然辩解；相反，它仅仅是完善了整个控告。麦克巴内特的分析为围绕在公司行为周围的唯一恶意力量提供了急需的矫正。这些分析用不同行为人应该承担的责任代替严厉的质疑，这些行为人包括：相互勾结的投资银行家，以及愿意提供适应性完美法律条文的公司律师。在找到必要条文之前，公司并没有被强制要求披露其到底有多少证券和房产。麦克巴内特总结说，"如果发生变化，需要变化的不只是出台必要的法律，还有人们对待这些法律的态度，对待孕育法律的大众文化的态度。"她认为：为了改变人们的态度，我们需要在战略决策时把道德成分制度化。

我们有必要更有效地去激励那些拥护第二条公司治理改革途径的人。这个途径集中在为最优实践效果提供指导性原则，让公司慎重考虑，根据特殊环境使这些原则变得具有可操作性。但是，这些原则还没有实现长期的稳定。的确，在产业驱动的改革中，作为"思想领袖"（Solomon, 2004）的英国公司治理改革的历史隐藏了一些危机忧患。这里，推动改革的唯一的也是最重要的因素是协会团体（associational groups）试图避开外部的监管（Moran, 2003; McCann, 本文集）。当然，这本身就象征着正规化的开始。它也意味着，对公司的信任只是建立在模糊的、缺乏强制力的、有目的陈述基础上的，这不过是对监管博弈的一种无力的防御。当公司设法解决商业条款中的道德问题时，创造性解释成为对法律思想的普遍选择。

因此，尽管外表是这样的，但政策的响应还是不能从贪婪的管理层那里得到充分的保护。这些管理层通过雇佣专业人士进行自我完善,对那些有梦游症的董事会负责,现在转而服务在与公司犯罪作斗争的新前线。尽管欧洲计划能够确保公司治理普遍原则的维护力和强制力,但它仍然不得不处理在委托代理范式应用中由缺乏理论指导而引起的问题。如果分散的所有权削弱了"委托方"的权力,那么在公司"内部人"模式和"外部人"模式的控制下,现实的公司形式的确会削弱作为"代理方"的管理者的罪行豁免权。产生这种情况的最初原因是公司内部以及公司与关联合伙人之间存在双重和多重代理关系。这使委托人的身份确定变得困难,并使寻找有效的责任和控制系统变得复杂化。公司层级结构因为主要公司及他们运行其中的市场的复杂化而显得过时。另外,层级结构本身也有不足之处,层级结构中的下级倾向于泄露一些坏消息。在文化约束没有被制度化的情况下,对层级结构的信任只是出于一种象征性的目的。

为了规制在美国和加拿大(O'Brien,2004b)跨国经营的霍林格公司(Hollinger)、因在纽约发行公司债券时没有尽到义务而受到警告的意大利帕玛拉特公司(Melis & Melis,本文集),以及爱尔兰的银行丑闻(Appledy,本文集)等而出台的闹剧式计划,很清楚地表明了超越监管形式的强制约束的艰难。正如梅利斯认为的,把帕玛拉特公司内部不当行为的责任推给拥有控制权的坦济家族(Tanzi family)是不正确的。这个公司的破产应当被看成是公司治理机制的失败案例,这一案例是监管者相互博弈的结果,也是那些表面上支持市场一体化的人的短视行为的结果。

这些案例都表明了制度设计中最严重的缺陷之一。法典和细致准确的一般性原则建立在限制机会主义的控制系统的基础上。没有一种方法能够依靠系统方式来处理动机和理性问题,也无法更多地解决有争议的问题和核心问题。结果,作为贯穿两个主要监管途径的可接受规则的一部分,高管的失职行为继续被自圆其说。为了个人所得(股票期权)和公司所得(漂亮的财务报表)而迎合财务规则的压力继续为失职行为提供了动机,这种严峻的现实太普遍了,结果演变成为违法乱纪。

美国审计总署(Government Accountability Office,GAO)[①]的审计长大卫·M·沃克(David M. Walker)设计了一幅蓝图,并在蓝图中充分考虑了这种焦虑。作为美国审计总署的总审计长,沃克理想化地为变化的监管环境勾画了蓝图。沃克曾经与安达信会计师事务所(Arthur Andersen)合作过,

---

[①] 译者注:美国审计总署(General Accounting Offiec,GAO)于2004年正式更名为美国政府责任办公室(Government Accountability Office),简称仍为GAO。

他认为法典本身不会提供万全之策,除非它直接与个人道德和诚信的改进联系起来。他认为,当改革的基本支点必须从董事会开始时,要使改革的稳定性得到保证,改革重心就必须向外扩展,并包含所有受国家委托或者准委托的信托监督人员。

公众公司会计监督委员会的主席威廉·J·麦克多纳(William J. McDonough)带着极大的热情清楚地说明了那些制度制定者在制定政策和法律法规时存在的道德风险。麦克多纳对这一问题的认识来自这样一个事实:公司管理者在航海中因为缺乏"道德指南针"而迷失了方向。他斥责了那种被日益增加的、可按季节完全被预测到的利益所误导的低级补救措施。对一个前纽约联邦储备银行主席来说,这些措辞很是严厉。在所有权分散、对冲基金优势越来越明显,以及专业化服务过度竞争的市场中,为迎合华尔街标准的短期策略加剧了道德风险。他们不断地弱化诚信的概念,导致了象征公司时代的那些"特征的消失"(Sennett, 1999)。

最近的调查显示,战略决策与道德因素相结合是当前公司的首选(O'Brien, 2005)。当然,公司管理者也会采取一些行动来抵消或缓解外部监督,之所以采取这样的行为是因为他们认为监管者的雄心过大,而期待通过法律消除风险的愿望也是不现实的,这使得公司治理改革的成本变得更高。正如修辞学中吸收了尖锐的重音一样,监管者正感受着这种压力。

既然国会已经开始行动,并且书面通过了自20世纪30年代以来范围最广的证券改革,在持续不断的产业规制压力下,媒体和政党关注的重心也从原本与技术专家的不断协商上转移开来。最基本的思想是:我们不能再对公司行为的不适当和毫无依据保持沉默,这一思想的形成是缓慢却又正确的。前文引用唐纳森的悲观主义演说表明:近期,美国没有多少公司能够吸取这一教训,监管者只是在一定程度上作了自我批评。

由于过分强调规制的形式而非规制的功能,安然破产所引发的治理改革并没有明确他们自己宣称的目标。这种对公司治理理念的弱化注定会在未来出现道德偏离,这就为那些批评外部监管、认为改革仅仅是为法律工作者和会计人员创造工作机会的观点提供了支持(Romano, 2004)。因此,我们需要研究当前公司治理范式的局限性,重新审视监管的功能。

公司治理主要集中在对公司的"指导和控制"(OECD, 2004)。当然,这一过程所涉及的范围和行为人的责任,取决于公司所处国家广泛的社会法律环境或它们在贸易中所占的主要份额。公司治理的含义可以延伸到狭义的法律形式之外,包含的不只是传统的公司运作,还有对雇员和其他股东的内在的和外在的义务。但是,在很大程度上关于公司治理标准化规制的讨论受到了所参考的英美词汇的影响。公司治理集中研究董事会、经理层和股东三方之间的关系,说明公司治理从本质上讲是个人的问题。即使将这种关系扩展到股东利益(包括雇员在内)、公司运行(通过公司的社会责任项目实现)、所处社区或者更广泛的社会,也存在一个特权及合法优先权的排序问题。对公司治理的批判观点的分量和地位不仅取决于法律法令,还取决于由国家、跨地区和国际组织给出的一系列概念的解释力度。

正如林奇法农(Lynch-Fanon)指出的,今天这个世界,一旦把法人和法人权力作为中心,公司治理的监管就会深刻地影响社会性质。她批评美国学院派将公司作为私人实体的倾向,认为这样会导致管理特权的优先地位,并使管理层和公司承担较少的责任。这种私人权力的紊乱可与她所说的在英国(如把范围进一步限制)和爱尔兰共和国以外的欧盟地区把公司功能更多地理解为共产主义的观点相对比。

她认为,欧洲模式敏感地觉察到:公司是社会实体。这与亚洲人认为公司对它所处的社会负有责任的观念是相似的。她以德国公司为例:在那里,公司所有战略决策都会考虑工人权利,公司双层董事会(two-tier boards)都会铭记这一点。与英国和美国相比,德国公司在社会中的作用得到了更广泛的界定。在这些地区,人们更多地在争论那些旨在改善公司治理而设计的理论和出台的措施的功效。

由于知识共同体的力量,全球化主义者过多地关注国家甚至宗教团体应对不同情况的能力。正如政治经济学家菲利普·塞尔尼(Philip Cerny,2002,P. 195)指出的:"国家的视线受到利益网络的影响,被各方利益和决策阻断,以致陷入更加复杂的综合治理网络之中。德国公司治理改革者德莫特·麦卡恩(Dermot McCann)的分析证实了这种动态变化"。他认为,就管理思维而言,强化股东价值的目标与迄今为止出现的情形相比更加重要。同样的,公司治理的OECD原则使一种观点变得更加清晰,即对股东利益的保护是两种传统观点中都要优先考虑的。把治理局限于为简化管理而设计的程序性工具是有效的。

因而,公平市场中的权力增长和全球范围的证券交易,在很大程度上把国家的应变能力转移给了公司。这是欧洲委员会(European Commission,EC)内部市场司司长亚历山大·A·绍布(Alexander A. Schaub)的观点,对他来说:

> 核心问题涉及投资者和发行者。不管投资者是否在欧盟或美国投资,他们必须确保在同一层次的保护中获利。公司需要一个与竞

争对手公平竞争的平台，关键问题是要在市场中恢复信誉，构建信任关系。

绍布承认自己对欧盟的竞争环境所持的怀疑态度，因而提出了一种可行的解决方法——坚持以公司治理原则为支撑基础，但在应用中变得更加灵活。这说明，能否有效消除资本市场中不道德行为的负面影响仍是一个公开的问题。

经济一体化的利益，给定的商业惯例以及在整个系统博弈框架内的治理处处都体现出监管者和本文集中的学院派之间的争论。正如大卫·M·沃克指出的："恢复长期以来的信誉和诚信要有持续的、协同性的行为，这些行为要通过不同部门去克服以往在公司治理方面、责任方面和相关系统方面的缺陷来完成"。这就需要对公司治理结构中的管理者的责任心、公司诚信以及公司治理改革的透明度进行基础性检测。当然，这是一个充满挑战的过程。它表明，当我们无法对道德进行立法时，社会能确保市场得到充分的治理。问题在于，我们能否在一个几乎没有挑战性的、理想化的范式中实现市场的治理，这种范式使自我规制（审计师以外的）不仅成为操作上的需要，而且是战略上的需要。

美国审计总署审计长和公众公司会计监督委员会主席威廉·J·麦克多纳认为这是能够实现的。在他看来，积极的变化可以通过标准化的激励结构和道德教育来实现，因为道德具有影响组织决策的潜能。美国的其他高层决策者呼吁进行更多的激进诊断，以根除违法乱纪这一顽症。他们当中的主要人物有纽约州检察长埃利奥特·斯皮策（Eliot Spitzer），这也是贾斯汀·奥布莱恩（Justin O'Brien）在本文集中许多章节讨论的中心话题。

我们正处于政治和经济治理的十字路口，面对世界金融资本的回落，作为一个成功的，或者说是有争议的政策制定者，斯皮策熟练地将他的调节作用发挥到极致。美国商会对此专门提出了反对意见，他们控告纽约州检察长扮演着"法官、陪审团和刽子手"的多重角色。在一个涉及对SEC"合理披露"规则进行挑战的案件中，商会也接受了"法庭朋友"的委托辩护。他说，这种披露约束等同于对"自由、健康、秩序和民主社会"产生威胁。辩护如下：

公平披露条例（Regulation Fair Disclosure，简称FD）要求公司首席执行官要么保守商业信息，以避免引发对披露要求的攻击，要么就公开这些信息。前者会导致令人扫兴的保护性措辞，后者会出现令人失望的演说。在任意一个案例中，FD都不允许违背公司

第1章　治理公司：全球化时代的规制和公司治理

经理自由联盟和陈述的权力（《纽约时报》，2005 年 3 月 4 日）。

斯皮策的重要作用在于他揭露了这样一个事实：联邦主义的竞争动力为行业产出提供了一个重要的、对联邦监管部门构成威胁的抑制。正如奥布莱恩所揭示的那样，斯皮策对证券交易委员会起初令人震惊的无为表现和现已臭名远扬的迪克·格拉索（Dick Grasso）（他现在正接受州法庭的宣判）任期内纽约股票交易所总体疏忽的批判，具有十分重要的价值。作为联邦市场监管制度的关键实施者——州检察长办公室，当其调度方法的确受到质疑时，为了在 2006 年州长竞选活动中获得支持，他宣布对州检察长的行为加以限制，监管者和相关商业人士就会意识到这种作为结果而被揭示出来的系统过失是十分必要的。正如威廉·唐纳森（William Donaldson）早在最近一次伦敦演说中声称的那样，选择不再是简单的被动。

> 绝大多数投资者——忽略他们的国籍和投资地区——要求诚实和讲诚信。他们要求董事会成员认真履行其信托义务，要求公司内部要控制自己的需求，以确保财务披露的准确性。在公司出现问题时，或在违背证券法律或监管规则的地方，投资者无疑期望监管部门能够采取积极的强制性行动（Donaldson, 2005）。

在公司发展过程中，倒闭和欺骗行为是不断变化的。为了确保不被识破，公司自然会设计欺骗行为。为了处理一个"毫无希望的腐朽的"（O'Brien, 2003）公司系统，调查过程需要重新进行有意义的设计，正如纽约高级投资银行家以其私人名义委托本书作者一样。尽管《萨班斯－奥克斯利法案》推行的改革——财务报表模式改革仍坚持要求以确凿的证据为基础，但却削弱了管理中关于良好信誉的假设。

为了设计有效的控制机制，尼克·豪德森（Nick Hodson）开始从事沃克曾放弃的挑战。他明确提出审计过程本身需要经历基本的文化和观念转变。谚语"在干草堆中找针"对难度的形容，可以很好地说明法院调查员和审计员的不同技巧。其面临的困境是：

> 审计就是用干草作为样本去验证结论的过程，在精确的样本和可靠的措施下，干草就是检验的样本；而调查则是租用了金属识别器。审计和调查的区别是核心样本从干草变为针，另外，最关键的是要了解针对调查效果的影响。

在对公众公司会计监督委员会（PCAOB）的创新表示支持的同时，豪

17　德森也表示了对风险管理过程中所有权回报失败的忧虑。他呼吁将包括语言表达方式在内的审计委员会责任明晰化，因为这种责任涉及高管合谋控制财务报表的风险。这是基本的先决条件，如果没有这些，责任也就丢失了，这就是通常所说的欺骗。豪德森把这种责任的丢失归结为将道德融入战略管理的失败，也是白宫、麦克巴内特和多贝尔的失败。

　　学院派在制度的重新设计中会起到作用，但前提是他们要抛弃知识分子的"隔都化"①。如前所述，因为受法律和经济传统的严重影响，学院派的文献大多趋向于讨论如何限制治理程序中的技术性问题。在这种情况下，道德和公司社会责任计划（CSR）通常被看成是公司为高级战略目标而进行的义务合约设计。目前的范式存在这样一个事实，公司对自己角色的认识及其承担的广泛社会责任的认识都是有限的，但这一事实本身并不等同于劣质的公司治理。CSR提供了一个超越空洞教条主义的途径。对于白宫来说，CSR的关键优势在于：当政府接受了个人主义和资本市场的创造力时，就不会再赋予它们优先地位。为了使CSR成为一个有效的规制机制，我们需要接受这样的观念，公司的核心权力必须限制在"如何将公共权力的实施更加合法化，以确保所有与自由民主有关的价值得到保障"这一点上。

　　有讽刺意味的是，《萨班斯-奥克斯利法案》为达到这一目标提供了两套相互关联的机制。公司道德和社会责任计划的副本必须存放在SEC，任何对道德和社会责任计划的背离都将被披露。这样的改革至少可以成为阻止董事会违背社会责任计划的重要内控制度，而不只是提供了一个评价战略决策的标准。如果监管者致力于确保道德和社会责任计划本身成为有争议的404条法案规制下的内控系统的一部分，他们的力量就会像一个受约束的代理人一样呈指数增加，这就使将道德变成强制议程核心成为可能。

18　　当然，说比做容易。仅仅是突破技术合规这一文化观念就已经十分艰难了。这可以从花旗集团（Citigroup）——全球最大的金融服务集团重新设计内部道德条款的决策和宣布对道德董事任命的决策中得到证实（O'Brien，2005）。花旗集团高调地宣布了道德计划，计划条款突出了公司的三个主要愿景：公司渴望成为道德操行最具标准化的公司、成为值得人们信任的组织、成为服务精细的社区。在集团内部，计划条款规定了可接受行为的法律约束，对相关雇员提供热线电话指导，强调职业操守和个人责任的需要。这种强调合规重要性的文化基础向雇员和监管者显示了建立可靠的风险管理机

---

① 译者注：隔都，原指中世纪的犹太区，现代词义是市区中少数民族的聚集区，隔都化是绅士化的反义。

制的重要。在很大程度上，这一条文是行业实践中的最好典范。

然而，要想使道德计划收到成效，就需要像施瓦茨（Schwartz，2002，P.40）所说的那样，使道德计划条款"渗透了政策、过程、计划、结构、系统和目标"。为了评价花旗集团这种做法的有效性，需要在"形式"、"执行"和"管理"之间进行区分，而这些都要通过规制设计和最终目标来确定。

在道德计划条款中，花旗集团认为，必须谨慎控制那些有利于类似安然公司进行盈余管理的结构性金融产品：

> 我们中的每一个雇员都必须向公众披露任何有目的的、由花旗集团进行的金融交易的连锁效果，但并不强制要求雇员在财务报告中说明债务状况，这对雇员的影响是实质性的。如果雇员没有按照规则进行披露，花旗集团不会实施越权交易（花旗集团，2004，P.18）。

可以认为，这种为区分"因"和"果"而设计的程序是合理的，因为第三方的渎职不应当造成对服务提供者声誉的诋毁，这里的服务主要是合法的技术合规性服务。当然，它也可能通过将财务会计的创造性合规处理置于可接受规则之内，将违背或创造性合规的物质和道德成本具体化，让财务设计人员免于行为不当和违反道德约束的责任，而使责任转移到公司之外。在这种严格约束下，欺骗并不源于侵略性设计，即使被误用了，也很可能是因为一些欺诈性手段，而不是因为使用不当。在花旗集团内部，公司道德被写进了自由标准化的条款中。总之，如果道德被完全应用，直至道德底线，就可以证明公司行为的正当（O'Brien，2005）。

正如当前所分析的，当道德约束显现在商业领域时，花旗集团的案例为这种前摄的政策革新提供了机遇，如果文化被制度化，这种革新就显得尤为重要了。现在，在《萨班斯-奥克斯利法案》的旗帜下，监管者和竞选者（包括制度投资者）能够通过公司的实际活动和他们对社会的广泛影响来突出表象和本质之间的区别，这样做的目的是证明他们自称的尽责行为。

如果合规管理方案的执行得到适当强制，方案是可以减少公司破产风险的。公司按照先前的警示系统行动：防止公司声誉的巨大损失，为市场提供信心，适当安排有效的风险管理系统。如果治理退化为公司内的黑箱，就会走进死胡同，因为它使公司丧失了广泛的商业道德和作为灵活公关以外的具有推动力的 CSR 运动。正如尼尔·巴克（Neill Buck）清醒认识到的，有效的公司治理使文化标准的修正成为必要。

在这样一个全球化时代，要使公司治理和相关的规制监管更加有效，政策的当务之急是将优于技术合规的道德框架制度化（O'Brien，2005）。一个功能性的道德框架会使公司思维在一个标准化的规则结构内更加系统化和理性化。它提供了一个处理所有可能情况或因过分谨慎而引发的道德风险的统一模式。要想使道德框架产生效果，必须将其置于一个对文化、法律、道德和责任心的必要性有充分认识的矩阵内。道德框架必须通过诚信和尊严的观念来支撑。换句话说，只有通过价值观的培养和价值体系的构建，公司系统才能被有效地问责。

第2章

问责制度失败后的信任重建

大卫·M·沃克

引 言

近年来，问责制度的失败导致了大量的公司破产和财务报表重述等一系列事件的发生，严重损害了股东、雇员和其他利益相关者的利益。这也直接导致了投资者的信任危机，并使得数十亿美元在证券市场上灰飞烟灭。同时，随着公众对公司财务报表和审计程序的真实性与可靠性的严重质疑，会计与审计行业也饱受诟病。

这不仅损害了公众对会计师和审计师的信任和信心，还让其他一些重要的市场参与者也面临同样的困境，其中包括监管者、投资分析师、理财经理、投资银行家、主要公司的首席执行官和董事会成员等。例如，监管制度的不完善使得其难以察觉和纠正问责过程中产生的严重缺陷。公司管理层和各种专业人员都致力于实现某个特定的财务报表结果，尽管这在某种程度上可以被接受，但却是不合理的。许多审计师迫于公司管理层的压力，不得不接受或有时不会有效地去抵制一些尚存争议的会计政策。在许多案例中，客户的治理结构（例如审计委员会的作用）在特定情况下并不足以保证最合理的财务报表的产生。在许多情况下，经由审计的财务报表都会出现不合理的加速收益、递延成本、人为的平滑收益和虚增的每股收益等问题。当然，并非所有的审计师都是如此，他们中的大多数还是会坚守自己的职业道德，不屈从于上述压力。

不幸的是，这些问责制度失败的事件并不是一个个独立的事件。它们中许多都是由公司治理制度中典型的结构性缺陷和现行问责制度模式下个人道德与诚信缺失所引起的。引发这些公司问责制度失败和审计失效的因素被归纳为：

- 公司治理制度的无效率。
- 对会计行业的无效监管。
- 会计与审计标准不充分。
- 缺乏足够的保证措施。
- 财务经理与他们的法律、财务顾问一起，致力于实现某个既定的财务报表结果，而不是披露真实的财务状况。
- 管理层薪酬制度设计的不合理。
- 审计师搞不清楚自己服务的对象究竟是谁。
- 审计师缺乏独立性。
- 审计师和公司内部财务人员总是按最低要求行事，并抗拒更严格的标准。

其他因素还包括公司管理层的贪婪和董事会缺乏有力的监管及问责行为。

问责制度失败引发大量改革

为了应对问责制度的失败，美国和其他一些国家采取了大量的改革措施。在美国，2002年颁布的《萨班斯－奥克斯利法案》（Sarbanes-Oxley Act）被看做是美国自1934年《证券法》颁布以来最为彻底的一项立法。这项意义深远的立法试图通过如下措施保护投资者和公众的利益：改革公司治理制度、改变审计师与客户之间的关系、增强审计师的独立性、就审计报告中涉及的内部控制有效性问题追究管理层的责任，以及设立公众公司会计监督委员会（简称PCAOB）负责监管从事审计业务的会计师事务所。

这项法案还要求公众公司会计监督委员会设定一系列程序来监督审计师的行为，这是"为了保护投资者及公众的利益，以便为购买及持有该公司证券的公众投资者编制准确、独立的审计报告"（《萨班斯－奥克斯利法案》，101条款）。

为了执行上述法案，公众公司会计监督委员会被赋予了重大的权力，其中包括：

- 为参与准备拟上市公司审计报告的会计师事务所注册。
- 对注册的会计师事务所进行检查。

第2章 问责制度失败后的信任重建

- 对注册的会计师事务所及相关人员进行调查、惩戒及处罚。
- 强制注册会计师事务所及相关人员执行《萨班斯－奥克斯利法案》、公众公司会计监督委员会、专业准则及证券法规中关于编制与公布审计报告相关的条款，还要求相关人员恪守会计师的责任与义务。
- 建立审计、质量控制、职业道德、独立性及其他关于审计报告准备工作的相关标准（《萨班斯－奥克斯利法案》，101条款）。

《萨班斯－奥克斯利法案》404条款同样也要求管理层必须通过财务报表和每一会计年度末的评估报告来评价公司内部控制的有效性。而且，该法案还要求外部审计师为公司管理层做出的评价报告提供证明和相应的报告（《萨班斯－奥克斯利法案》，404条款）。2004年3月，公众公司会计监督委员会批准了《审计标准第2号——与财务报表审计合并执行的财务报表内部控制审计》，证券交易委员会也于2004年6月批准了该项标准。

《萨班斯－奥克斯利法案》关于内部控制报告的要求引起了重大的变化，主要体现在法案不仅明确了管理层提供报告的责任，而且界定了独立审计师的责任性质和范围。提出这些要求，使得管理层必须通过财务报表来评估内部控制的有效性，并要提供相应的文件来支持自己的评估结果；而作为财务报表审计工作的一部分，审计师也必须更加深入地评估和测试公司的内部控制系统。这些新要求的总体目标，正是要通过财务报表来加强公司的内部控制，为投资者提供更加可信的财务报表，并在美国资本市场上重塑投资者的信心。

这些努力也正在产生效果。自从《萨班斯－奥克斯利法案》颁布以来，公众对证券市场的信心也有所提升，公司治理的许多方面也有所改善。随着愈加活跃和有效的审计委员会的设立，审计师和客户之间的关系正朝着期望的方向变化。除此之外，首席执行官（简称CEO）和首席财务官（简称CFO）也越来越关注核心治理、内部控制和财务报表等问题。对内部控制的新要求虽然是有成本的，但这也正在为许多公司增加价值。公众公司会计监督委员会经过对会计师事务所的监督，正在逐步发现它们的审计质量在哪些方面还需要有所改进。最后，许多不被《萨班斯－奥克斯利法案》所覆盖的实体也已经自愿采取了相似的措施。

与此同时，正如《萨班斯－奥克斯利法案》包含的各方面的改革所说明的那样，它是一部重要的、复杂的和富有争议的法律。许多公司在实施该法案的过程中遇到了困难。例如，一些公司发现，实施内部控制的要求要比预期的更加困难和耗费成本，或者尽力想为实施该法案争取到更长的过渡期。除此以外，董事会成员和审计委员会也已经发现，他们的任务和工作量都显著增加了。

美国发起的这项改革已经影响到了世界其他国家。在美国证券市场上市交易的公司中，大约有 1400 个是非美国籍的公司，它们也必须按照证券交易委员会的要求，将被审计过的财务报表整理归档。这类公司中大多数都是由它们本国的会计师事务所审计的。这些非美国籍的会计师事务所表达了自己的担忧，因为美国与其本国的法律间存在潜在的冲突，为了同时满足美国和本国监管者的要求，上市公司可能会背负一定的行政负担。除此之外，这还可能会使上市公司面临来自美国和本国机构的双重监管。一些公司和它们的审计师还认为，实施新法案的过渡时间太短。最后，非美国籍的上市公司表明，美国证券交易委员会对上市的相关要求使得它们即便是从美国退市也是非常困难的，因此退市通常来说并非一个可行的选择。

针对非美国籍上市公司及其审计师的担忧，美国方面采取了大量的措施，并取得了显著的进步。公众公司会计监督委员会正在与其他国家的监管机构展开对话，试图改善审计师对公司的监督行为，并尽可能避免双重监管和监管不一致的情况。例如，公众公司会计监督委员会已经与欧洲委员会和欧洲各国家、加拿大、澳大利亚、日本等其他国家之间达成了一些建设性的共识。公众公司会计监督委员会也已经开始根据对话过程中产生的想法采取了一些相应的措施，其中包括：使非美国籍的上市公司能适应公众公司会计监督委员会的监管；为了适应非美国籍上市公司及其审计师的要求，公众公司会计监督委员会已经开始认可上市公司所属国的法律规范；同时，针对会计师事务所也采取了一些适应性的措施，如延长其遵守《萨班斯－奥克斯利法案》的最后期限和提供富有弹性的注册制度。它对非美国籍公司也采取了一些相似的措施，例如允许其在过渡期内可以沿用母国法律，确立可替代的方案以满足审计委员会的要求，延长其遵守内部控制报告及其他要求的最后期限，努力建立财务报表的一致性国际标准等。

在美国国会采取措施重塑投资者信心的同时，欧洲委员会也采取了重要的措施帮助重塑欧洲证券市场上投资者的信心。其中具有里程碑意义的法案就包括类似于《萨班斯－奥克斯利法案》的对公司治理和审计方面的要求。与此同时，欧洲委员会还积极致力于寻找到一种能在欧盟国家财务服务市场上普遍适用的监管路径。

改革应该延续下去

要完全意识到最近的改革所带来的好处还尚待时日。随着改革的进行，在一个完整的实施周期后，我们应该继续审视和评价改革的有效性。于是以下三点显得尤为重要：

- 监管者、公众公司会计监督委员会、公益组织、会计师团体等必须继续严格监管公司管理层和审计师等，以保证改革按照设计的方向继续下去。
- 上述组织必须继续评估和识别政策的可行性，其中包括分享一些好的经验和有用的信息，同时找到一些需要修正的政策。
- 这些组织还必须对改革具有前瞻性，在面临危机之前既要认清关键的趋势，又要发现潜在的威胁，只有这样才能使改革的收益最大而风险最小。

目前的改革还是成功的，但仍面临诸多挑战。而且，目前的改革措施只是具体针对上市公司的，我们还必须考虑将这项改革推行到更为广泛的领域中，例如政府、非公众公司和非营利性组织等。

公司治理、审计和财务报表中存在的问题

未来需要引起注意的最为关键的因素之一就是公众公司的治理模式。现行的美国公司治理模式不足以保护投资者和其他利益相关者的利益。

为了让信托丑闻不再重演，我们必须回答如下几个问题：董事会应该做些什么？审计委员会应该做什么？公司高管应该起到什么作用？其他重要的利益相关者应该发挥什么作用？这些问题及其他一些问题都是值得思索的，这有助于我们决定需要采取怎样的措施来最小化问责制度的失败概率。

董事会的作用

董事会至少需要起到三个作用：第一，应该向管理层提供一些战略性建议，以最大化股东的长期价值；第二，需要帮助管理者控制一些有风险的行为，其中包括一些以牺牲长期利益为代价而获取短期价值的行为。除此以外，风险管理还必须兼顾核心利益相关者的利益，例如员工、顾客和其他与

公司运营相关的社会团体等；第三，董事会有责任督促管理者对短期和长期的经营成果负责。

在董事会成员的任命上，不能仅仅考察其学历和经验，还应该考察其人品，其中胆识和诚信度是非常关键的考虑因素。建立一个强而有效的董事会的前提就是任人唯贤，董事会成员应该具备独立性、有学识，而且道德水平和诚信度都不存在任何问题。董事会的独立性并非要求剔除所有的内部董事，而是要保证董事会中绝大部分成员无论在形式上还是实质上都是独立的。

另外一个值得考虑的重要问题就是首席执行官兼任董事长是否合适？依照现代公司治理理论，董事会对股东负责而首席执行官应该对董事会负责。但如果首席执行官同时兼任董事长，这种理论还能成立吗？在许多上市公司中都存在这样的问题。兼任董事长的首席执行官在决定公司的发展方向、董事会的作用与人员构成、乃至董事会的议程等问题上都有过大的权力。一般他们在让谁加入或离开董事会的问题上也有着重大的影响力。董事会通常是由公司内部的管理人员、其他公司的高管人员、主要的服务提供商和客户所组成。虽然这些成员都有着丰富的经验和深刻的见解，但他们通常并未起到一个具有独立性的董事应该起到的重要作用和应尽的责任。

为了能有效地履行对管理层的监督职责，董事会必须熟知公司的企业文化、运营模式、相关风险及其所代表的利益相关者的利益等。董事会在决策过程中不能仅依赖于公司高管提供的信息，还有责任聘请外部咨询师和其他第三方机构来帮助决策，这更利于董事会成员向管理层提出一些有难度的、尖锐的问题，并有利于其制定战略、评价与管理风险、监督管理层对自己的行为负责等。董事会必须清楚地考虑到管理战略和行为的时间结构，因为价值的创造是一个长期的过程，而非短期行为。大多数的投资者也并不希望牺牲公司的长期愿景来获取短期利益。

除了监督管理层之外，董事会还应该对股东和包括雇员、债权人和社会公众在内的其他利益相关者负责任。他们需要意识到股东和其他利益相关者的利益，并采取相应的措施。最后，董事会成员必须记住他们最终代表的是股东利益。我们已经成为了一个投资者的国家，董事会需要关注到目前越来越多的股东是机构投资者，诸如退休金计划和信托基金等，它们也在为他人充当受托者的角色。

为了帮助投资者重塑信心，继续努力建立更为有效的董事会和阐明（或在某些情况下再次阐明）董事会的责任是非常重要的。董事会成员要为其所代表的股东履行信托责任，要尽力去做正确的事情，而不是仅仅满足于不犯罪或是不失职。

审计委员会的作用

审计委员会是公司治理体系中另一个重要的组成部分。为了保证《萨班斯－奥克斯利法案》的有效执行，美国的立法者意识到了审计委员会的巨大价值。法案指引证券交易委员会采取新的规则指导美国证券交易所和证券商协会，要求它们禁止那些违反了法案所规定的关于审计委员会要求的公司上市发行股票。这些要求声明，上述机构将禁止违反了下列标准的公司发行股票：

- 根据具体标准，审计委员会的每一位成员都必须是独立的。
- 审计委员会必须直接负责对注册会计师事务所的聘用、支付报酬以及监督他们的工作等；注册会计师事务所准备或发布对拟上市公司的审计报告，或负责监督拟上市公司的审计工作，它们必须直接对审计委员会负责。
- 审计委员会必须建立一种程序，以接受、保留和应对公司员工对会计、内部会计控制及审计等相关事务的质询，其中包括涉及机密的、匿名的提交质询的程序等。
- 当审计委员会决定有必要履行其职能时，它必须拥有聘用与公司业务相独立的律师和其他咨询师的权力。
- 每家拟上市公司都必须为其审计委员会提供一定的资金支持。

审计委员会不仅要监督公司内部和外部的审计师，还应该积极地去了解与公司业务相关的一些复杂事务，并通过与管理层讨论繁琐的会计账目、财务报表和审计等与会计相关的事宜，适时向其提出质询。审计委员会质询的内容不应该仅仅如此，还应该涉及财务报表的其他方面，例如公司发布的盈利预测和季报等，尽管某些公司的审计委员会在监督管理层财务报表和审计过程中尚不主动和缺乏效率。审计委员会也正在逐渐涉足风险管理和其他与问责制度相关的活动，例如与公司"检举专线"（whistleblower line）相关的活动和效果评估工作。然而需要引起关注的是，审计委员会中的一些成员更多是通过关注一些程序性的事务来免除自己的责任，而不是改善其工作的效率。

董事会的支持是审计委员会得以有效运作的关键因素。董事会负责保证审计委员会成员具有独立性和较好的财务背景、拥有充分的信息并能够与管理层展开交流，而且还要具备高效率的审计委员会成员应该具有的个人特征。这些特征包括大体理解公司所面临的主要经济、营运和财务风险，能够意识到公司的营运状况与其财务报表之间的内在联系，能够理解审计委员会的监督职能与管理层的决策职能之间的差异等。同时，审计委员会成员还应该能够就公司的财务报表和问责程序提出一些尖锐的问题。事实上，他们在必要的时候能和董事会成员一起向首席执行官提出质询。

《萨班斯－奥克斯利法案》的重要性之一，就是通过设置审计委员会来替代管理层监督公司的审计业务，从而建立起审计师与审计委员会之间的联系。而过去，审计师与审计委员会之间的交流并不稳定。审计师应该能够自由、公开、诚实地就公司面临的风险、公司会计政策的适用度以及相关人员的资质等问题与审计委员会进行交流。审计委员会则应该向审计师提出一些尖锐的问题，并且保证他们有足够的能力有效地履行其审计职能。审计师和审计委员会的合作，使他们成为广大投资者的保护神。

管理层的作用

公司领导必须为公司设置一套适当的"主旋律"（tone at the top）并要采取措施以保障公司文化中包含了管理层对一系列原则和价值观的承诺，这些价值观能够提升他们的诚信度、正直感、透明度和信托责任。就此而言，公司高管必须保证这些措施能自上而下地施行。

首席执行官必须谨记自己是公司的"管家"，而不是主人。他们应该负责去雇用那些具有适当技能和价值观的员工，在组织内部创造和推行信托责任，并保证这些价值观成为公司不可或缺的部分。雇员应该理解公司的作用和功能、他们应该如何去适应工作的需要、决策是怎样形成的、决策又是怎样被执行的以及当他们认为某种行动是不合法的或不正当的时候应该怎么处理等。首席执行官作为公司的"管家"还必须记住，他们的目标并非实现公司的短期利益，而是要立足于公司的长期利益，将接力棒传给他们的继任者。

《萨班斯－奥克斯利法案》强化了首席执行官作为股东利益"管家"的角色。在制订该法案的过程中，立法者认识到了管理层在保证公司财务报表可靠性上所具有的重要作用。其中，404 条款要求管理层必须负责对公司内部控制的有效性做出评估；同时，302 条款要求管理层对财务报表中所披露的信息的准确性负责；409 条款则要求公司及时向投资者、证券交易委员会和其他相关机构提供财务报表。虽然首席执行官和首席财务官最终要对财务报表的准确性和合格性负责，但在一份合格的财务报表的产生过程中，员工们也起到了重要的作用，因为他们直接关系到财务数据和交易活动的产生。

财务报表模式的改变

现行的财务报表模式需要提供更多关于公司经营成果的有用、及时的信息，这种模式具有一定的价值。但是，它们已经不能满足投资者更为广泛的信息需求，投资者们需要获得一些关于公司长远发展和反映其总体绩效、风险状况及预期绩效的信息和数据。除此以外，现行的财务报表中所披露的信息通常显得有些空洞和晦涩难懂。

另一个与现行财务报表相关的重要问题是，许多人总是相信他们使用的财务报表所披露的信息是高度准确，甚至是精确的。这种假设就使得实际的审计结果与他们期望得到的审计结果之间存在着一定的差距。使用者通常会认为报告的内容是精确的，哪怕并非如此。根据美国众议院（American Assembly）在《会计业的未来》（Future of the Accounting Profession）中的描述：

> "现实表明，在日益复杂的全球化经济背景下，制作和审计一系列完整的财务报表更像是一种艺术而非科学，并且这显然需要基于丰富的经验和对公司业务及会计的深刻理解。然而，很多人并没有意识到这一点；反之，投资者和其他一些人继续依靠审计报告为他们提供确定性，这终让他们感到失望，继而寻找补救措施"（美国众议院，2003）。

我们需要就财务报表的问题继续展开讨论并提出一些重要的问题，例如应该披露什么样的信息？财务报表的目的是什么？它们有多大用处？证券分析师是如何使用财务报表的？他们是否会利用财务报表来评价一只股票？如果是这样，他们在评价一只股票时又会关注报告中的什么信息？什么样的附加信息可以帮助他们来分析一只股票？

现代的财务报表应该提供有意义的信息，即一些有用的、及时的和相关的信息。这些信息包括：

- 关于企业财务状况和营运结果的全局性的信息。
- 与企业所处行业相关的行业信息，可以帮助使用者比较和评价企业在行业中所处的地位。
- 提供一些其他的信息，例如非财务的、能够反映公司过去绩效和未来前景的信息。

除此以外，财务报表还应该识别出某种类型的财务信息和其他信息之间的区别，例如历史成本（historical cost）、可变现的资产（readily marketable assets）、不可变现的资产（non-readily marketable assets）、项目信息和绩效信息等。

改变财务报表的模式应该力求改善公司财务报表的透明度、可信度和可问责性，并生成一些更能有效满足投资者、证券分析师和其他使用者需求的信息。

未来的审计报告模式

我们同样需要对审计报告模式做出评价，以决定如何提供更清晰的审计结论，如何就财务报表与审计过程中所采用的评价和判断标准展开讨论，如何提供一些审计师认为应该被强调或披露的其他信息，等等。

具体来说，我们应该看看审计报告中的措辞，它向使用者披露了审计师在判断财务报表总体陈述的公允性时所采用的程序，并确保审计报告与其使用者之间的沟通是有意义的。审计师在审计过程中需要考虑的关键因素有：（1）管理层对会计准则的选择与应用，其中包括估计的合理性；（2）信息披露的充分程度；（3）与普遍接受的会计准则（简称 GAAP 会计准则）字面相符的财务报表是否会误导信息使用者。审计师对这些因素的判断必然涉及定性和定量的因素，实质性和一致性的概念以及其他一些因素。这些关键因素在现行的审计报告中并未充分体现。如此一来，我们需要对现行的审计模式进行适当的改革，即最好阐明财务报表并非仅仅是要满足公认会计准则的要求，例如由财务会计准则委员会（Financial Accounting Standards Board）、国际会计师联合会（International Federation of Accountants）、美国政府会计准则委员会（Governmental Accounting Standards Board）和联邦会计准则咨询委员会（Federal Accounting Standards Advisory Board）等组织发布的会计准则，它们同时需要公允地陈述会计主体的财务状况。审计师的行为在其签订和发布的审计报告中有所阐释，但改变审计报告的模式也可能会引起审计师行为的变化。

审计报告的另一个需要引起注意的地方是，财务报表和信息披露中是否应该包括一些额外的解释，以更加充分地描述相关信息的性质。财务报表中不同类型的信息所包含的确定性应该也是不同的，但现行的审计报告并没有反映出这点。具体而言，我们需要看到现行审计报告的措辞是否充分传达了这样一个概念，即财务报表和信息披露中包含了一系列的判断和估计，正如审计过程本身一样。

最后，虽然现行的审计标准允许审计人员强调一些与财务报表相关的事项，但实际上这种做法还没有广泛实行。我们要么需要改变审计标准，要么改变审计人员的行为，以便他们在审计报告中能纳入许多重要的信息，能够帮助使用者更多地了解公司的财务状况和潜在风险。例如，审计师最好能够纳入一些信息，包括与风险相关的事宜、可能发生的事件、对资产和负债的估值等，它们都来自于审计师对财务报表的全面分析。如此看来，审计师需要考虑在那些经营不善的企业的审计报告中加入一些分析性的篇幅，即便这可能不会影响到该企业持续经营的资格。

最终的目标应该是，主要的会计和审计事务，包括报告模式、审计模式、会计和审计标准等在全球范围内的趋同。虽然主要利益相关者仍然不甚了解趋同的意义以及其所包含的概念，但我们必须继续努力，以使美国和其他国家在一些核心问题上保持一致。

美国联合审计准则合作论坛

2003 年，美国审计总署（Government Accountability Office，简称 GAO）发起了美国联合审计准则合作论坛（US Joint Auditing Standards Coordinating Forum），作为不同审计标准制定主体间的一种协调机制，它致力于制订一种适用于美国境内不同实体的审计标准，这些实体包括政府机构、上市和非上市公司以及非营利组织等。美国三大审计标准制定主体，即公众公司会计监督委员会（简称 PCAOB）主席，美国注册会计师协会下属的审计准则委员会（Auditing Standards Board of the American Institute of Certified Public Accountants）的主席，以及作为美国联邦政府总审计长（Comptroller General of the United States）与美国审计总署（Government Accountability Office）主席的笔者，每年都要会面多次。该论坛的目的就是要协调上述组织在制订标准的过程中的议事日程和优先权力，以便于：

- 最大化标准制订议事日程间的互补效应；
- 最小化组织之间的竞争效应和重复劳动；
- 识别出任何标准制订者未发现的显著分歧；
- 保证审计标准的一致性，制订美国境内的核心标准；

● 制定战略以克服各主体在标准制订过程中可能产生的挑战和未曾料到的阻碍；

● 使美国的会计职业现代化；

● 为国际合作寻找机会。

参会成员将这次论坛看做是一个难得的机会，让他们能够一起来解决这些共同关心的问题。在美国，我们看到改革正越来越协调，新的标准也正在产生，解决重要争议的对话也正在进一步展开，其中美国和其他国家的审计标准之间的一致性也正在形成。为了履行推动审计标准清晰性、真实性和一致性的承诺，美国联合审计准则合作论坛将继续为保护公共利益而发挥自己的中坚力量。

会计师事务所的合并

在美国，为上市公司提供审计服务的会计师事务所成百上千，但绝大部分上市公司，尤其是大型本土公司或跨国公司的审计服务都是由极少几家大型会计师事务所提供的。这些能为大型本土公司或跨国公司提供审计服务的会计师事务所的数量由20世纪80年代的"八大"（Big 8）减至如今的"四大"（Big 4）。造成这一结果的原因是20世纪80年代末期八大会计师事务所中的六大会计师事务所相互合并，以及2002年安达信会计师事务所的破产。四大会计师事务所的规模远远超过美国或国际上其他会计师事务所，它们中的每一家都有成千上万的合伙人，数以万计的员工，遍及全球的办公室和每年数十亿美元的收入。根据我们2003年的报告（GAO-03-864，2003），四大会计师事务所对美国超过78%的上市公司提供审计服务，审计涉及的金额占到所有上市公司年收入的99%。四大会计师事务所也在国际市场上主导了审计业务。

八大会计师事务所的合并和安达信的突然破产引起了人们对最大几家事务所的集中度、潜在的竞争效应及其他一些因素的高度关注。在此背景下，国会颁布了《萨班斯-奥克斯利法案》。

我们发现，经历了事务所合并和安达信倒闭之后的"四大"具有非常大的市场势力。虽然美国审计总署并没有发现任何有损竞争的证据，但在该行业中已经发生的显著变化可能会影响到事务所的竞争情况和上市公司的选择，尤其是将来对某些特定行业里的企业而言更是如此。

第2章 问责制度失败后的信任重建

现有研究还没有最终确认审计费用与事务所合并之间有直接的联系。美国审计总署发现近年来审计费用已开始上升，并且大多数专家认为，由于审计环境正在对变化中的审计市场做出反应，审计费用上升的趋势将进一步延续。最近的研究并没有发现审计质量和独立性与合并事件有何联系，总的来看也没有形成定论。同样，美国审计总署也无法找到合并事件与资本形成之间的联系，只是发现合并事件可能会对规模较小的会计师事务所的资本获取产生影响。

然而，由于审计市场的变化是史无前例的，美国审计总署认为过去的行为可能并不会成为未来行为的指示器，而且将来需要继续研究其潜在的影响，包括防止进一步的合并和保持市场的竞争性等。

最后，美国审计总署还发现规模较小的会计师事务所在试图进入大型上市公司的审计市场时面临着明显的障碍，包括在人员、专业技术、资本形成、国际影响和声誉上都存在不足。结果，市场力量可能并不会造成大型会计师事务所的数量在当前"四大"的基础上继续扩张，倒是某种因素和条件可能会引起数量进一步减少。

审计师事务所强制性轮换制度

国会听证会在《萨班斯－奥克斯利法案》推出之前考虑的另一个问题就是事务所强制性轮换制度（Mandatory Audit Firm Rotation）。事务所强制性轮换制度（即规定会计师事务所为同一客户连续提供审计服务不得超过某个期限）被看做是听证会中一项关于加强审计独立性和提高审计质量的改革措施，但这并未包含在《萨班斯－奥克斯利法案》中。国会还需要进一步考虑决定事务所强制性轮换制度的执行，并且要求美国审计总署和证券交易委员会一起研究强制轮换制度对为上市公司提供审计服务的会计师事务所的潜在影响。

在关于该问题的两个报告（GAO-04-216，2003 和 GAO-04-217，2004）中，美国审计总署发现，支持和反对事务所强制性轮换制度的争议主要集中在，审计一家公司财务报表的注册会计师事务所的独立性是否会受到其与客户建立的长期关系和挽留客户需要的严重影响。对事务所强制性轮换制度潜在效应的关注包括，实施该制度的预期收益是否会超过成本和损失，这些成本和损失是指会计师事务所多年来在审计某公司的过程中所积累的经验，以及获取的关于该公司的特别知识。除此以外，问题还在于《萨班斯－奥克斯利法案》的要求是否可以实现事务所强制性轮换制度所要实现的预期收益。

关于审计师的独立性和审计质量问题，我们发现，在最大几家会计师事务所和《财富》1000强（Fortune 1000）的上市公司中存在下述情况：

• 对于《财富》1000强的上市公司而言，审计师的平均聘期为22年。支持事务所强制性轮换制度的人士认为，这增加了审计师的独立性风险，并最终影响到审计质量；

• 在最大的几家会计师事务所和《财富》1000强的上市公司中，大约有79%的公司认为更换审计公司会增加前期审计失败的风险，因为新更换的审计师需要重新获取关于公司运营、制度和财务报表等相关知识，这可能会导致其不能察觉出公司财务报表存在的实质问题；

• 大部分大型会计师事务所和《财富》1000强上市公司认为，事务所强制性轮换制度并不会对审计公司的合伙人在处理重大财务报表问题时所面临的压力产生显著的影响；

• 大约有59%的大型会计师事务所报告称，在事务所强制性轮换制度的影响下，他们更可能会派最具专业知识和经验的员工去参与公司最后一期的审计工作，以期留住自己的客户，虽然他们也承认这样会加剧审计失败的风险。

关于审计成本，我们的调查表明，最大几家会计师事务所和《财富》1000强的上市公司都预期事务所强制性轮换制度会增加审计成本。

• 几乎所有大型会计师事务所都估计，执行事务所强制性轮换制度后的第一年，由于要获取上市公司的必要信息，公司的审计成本会比下一年增长20%以上。这些大型会计师事务所还估计其自身的营销成本也将至少增加1%，并且将被转移给上市公司；

• 大部分的《财富》1000强上市公司估计，它们在执行事务所强制性轮换制度的第一年所承担的审计费用中，17%以上都将被用来选择审计师和为审计师提供支持。

通过检查最近一个会计年度内23个行业中的一些大小上市公司的审计费用和公司运营总成本，我们发现，选中的大型上市公司的平均审计费用大约占运营总成本的0.04%，而选中的小型上市公司的平均审计费用则占到其运营成本的0.08%。通过调查，最大的几家会计师事务所和《财富》

1000强的上市公司反映，它们估计与审计相关的费用可能有所增加，而且事务所强制性轮换制度可能会使这些费用占每年审计费用的比例从43%增加到128%。这个例子只是为了让我们看清楚，根据最大的几家会计师事务所和《财富》1000强的上市公司的说法，事务所强制性轮换制度可能会影响到它们最初会计年度的与审计相关的费用；但这个例子并没有考虑它们的情况是否具有代表性。

我们发现，在关于注册会计师事务所合并问题的研究中，为上市公司提供审计服务的注册会计师事务所的数量正在高度集中。许多《财富》1000强的上市公司报告称，出于一系列原因，它们只会选择四大会计师事务所。这些原因包括，事务所为它们提供审计服务的能力和它们在使用"四大"之后对资本市场预期的影响等。

事务所强制性轮换制度将会减少上市公司对提供簿记服务的审计师的选择，并且《萨班斯－奥克斯利法案》中对审计师独立性的要求，即提供审计服务的事务所同时不得再提供非审计服务，同样也限制了上市公司对提供簿记服务的审计师的选择。最大的几家会计师事务所认为，某些目前在选择提供簿记服务的审计师方面受到更大限制的特殊行业的上市公司，可能会更多地受到事务所强制性轮换制度的影响。

美国审计总署认为，考虑到额外增加的财务成本、因限制审计师提供簿记服务而产生的信息损失，以及目前正在进行的改革措施，事务所强制性轮换制度可能并不是加强审计师独立性和提高审计质量的更有效的措施。事务所强制性轮换制度所带来的潜在收益难以预测和量化，但美国审计总署可以肯定的是，这项制度会带来额外的成本。除此以外，目前正在进行的改革措施可能同样会产生某些由事务所强制性轮换制度带来的好处。因此，事务所强制性轮换制度并不是万能药，不能免除审计师在解决上市公司财务报表问题中所面临的压力。即便在事务所强制性轮换制度下，审计师的任职期限受到了限制，但内在的压力仍将延续。而且，大部分上市公司将只选择"四大"为其提供审计服务。考虑到上述偏好，加上行业的特殊性和《萨班斯－奥克斯利法案》关于审计师独立性的要求，上市公司在强制性轮换制度下对提供簿记服务的审计人员的实际选择只有1~2人。然而再经过一段时间，如果强制性轮换制度的要求使其他市场中的审计服务给公司带来足够的利润，一些公司会被迫转移到其他产业中去。

证券交易委员会和公众公司会计监督委员会要想获取关于《萨班斯－奥克斯利法案》有效性的足够多的经验尚需时日，它们试图通过这些经验来充分评估通过进一步巩固或修订该法案，包括事务所强制性轮换制度，是否可以保护公众的利益和重塑投资者信心。当前的环境极大地增加了上市公司管理层和审计师关于诚实、公正和完整的财务报表的压力,但不确定的是,这种压力是否会长期存在。对法案要求的严格执行无疑是实现其有效性的关键。美国审计总署相信,对于证券交易委员会和公众公司会计监督委员会来说,当前最重要的是要监督和评价现存法案的有效性,以加强审计师的独立性和提升审计质量。

GAO 在推进问责制度现代化中的作用

在接下来的若干年内,美国审计总署的一个主要目标就是,为实现政府部门和私人部门问责制度的改进和现代化而努力。作为努力成果的一部分,2002 年我们发布了重要改变的政府审计标准(Government Auditing Standards)下的审计师独立性要求。政府审计标准是美国审计总署于 1972 年首次发布的,通常被称为"黄皮书"。这些标准覆盖了接受联邦政府资助的机构与组织,还包含了大量州和地方的政府机构。各种法律都要求,与联邦机构和组织相关的审计工作必须要遵循总审计长制订的审计标准。进而,许多州、地方和国家的政府机构,要和其他的国内外机构一样,都应该自愿采用这些标准。

虽然新的独立性标准解决了一系列审计师独立性的问题,但最为重要的变化却是与非审计服务或咨询服务相关。审计师要有能力为客户提供一系列的服务。然而在有些情况下,他们为同一个客户既提供审计服务又提供非审计服务,这是不妥的。这些情况下,审计师或客户应该对审计师提供的服务做出选择。这个标准采用了一些基于原则性的方法,且辅以特定的补充保障措施。关于非审计服务独立性的新标准,主要建立在两个总体原则上:

● 审计师不应行使管理职能或者做管理决策;
● 当审计项目所涉及的金额或服务较为重大时,审计师不应为自己提供审计或非审计服务。

非审计服务在不违背以上原则的前提下,还需要满足特定的补充保障条件,例如:(1)提供非审计服务的个人应当被排除在相关审计工作之外;(2)如果其他不相关人员承担了非审计工作,审计师的工作量应该保持在一定水平之上;(3)必须满足其他一些文件和关于质量保证的要求。

新规定明确禁止审计师提供簿记及档案管理服务,同时限制其提供薪资

第2章 问责制度失败后的信任重建

账册处理（payroll processing）和其他普遍被认为是管理职能的服务。该标准认为审计师在不违背这两个标准的前提下，可以提供常规性建议或回答技术性问题。同时，该标准还提供了在新标准要求下如何进行各种服务的案例。

我们在决定采用这些关于非审计服务的新标准时，不论在形式还是在实质上，都应优先考虑保护公众利益和保证公众对审计师独立性的信心。新的独立性标准代表了在加强外部审计师独立性及更好保护公众利益问题上的一个重要阶段。

2003年，美国审计总署发布了新版政府审计标准（Government Auditing Standards）。这些审计标准提供了一个框架，以保证审计师在计划、执行以及汇报其工作时有能力、诚信、客观和独立性，这样他们的工作就可以提高政府的信托、监管和决策能力。

修订后的标准如下：

- 重新定义了新标准范围内的审计内容及服务类型，例如扩大了业绩审计（performance auditing）的概念，将预期的分析与其他研究结合起来；新标准中添加了鉴证（attestation）这种特殊的审计类型；

- 所有被限制在标准以内的审计类型中，现场工作和审计报告的结果要具有一致性，例如要阐明审计师需要报告的关于内部控制、遵守鉴证和绩效审计等情况；

- 强化标准并使语言清晰易懂，强调专业人员的判断能力、怀疑精神和诚信程度。

在改革的其他领域，美国审计总署继续监督《萨班斯－奥克斯利法案》中主要问责制度改革措施的执行情况，并继续推行那些可以被应用于政府实体中的重要改革原则。美国审计总署已经与行政管理与预算局（Office of Management and Budget，简称OMB）局长和财政部部长一起合作，重新定义了什么是成功的财务管理，不仅包括使用者能从财务报表中获取清晰的意见，还包括缩短的财务报表编制日期以及其他重要的改进等。在美国审计总署看来，成功的财务管理同样依赖于可以提供及时、准确和有用信息的，并且在控制和合规上都没有重大缺陷的财务系统。此外，美国审计总署还自愿为其对政府合并财务报表中的内部控制与合规的审计结果及对其他联邦实体的审计结果提供意见性的担保（opinion-level assurance），同时还主张加强报告中关键的联邦绩效和项目方面的信息。

作为美国负责绩效和信托责任的主要部门，美国审计总署需要极其尽责并且努力以身作则。我们在为其工作的过程中也为自身设立了较高的标准。我们的机构在行动的时候采取了一种专业、客观、实事求是、无党派、无意识形态、公平和平衡的方法。我们所有的工作都是由应用性的职业标准和我们机构的核心价值观所指引——即信托责任、诚实性和可靠性。

2002年3月12日,美国审计总署召开了公司治理与信托责任论坛,与来自公共部门、私营部门及非营利组织的主要领导一起讨论了在私营部门中发生的问责制度失败和未来如何防止这种情况再度发生的问题。这次论坛为美国审计总署今后的工作及其支持国会的一些其他的努力措施提供了重要的见解,其中包括在《萨班斯-奥克斯利法案》通过之前,我们已就监督和管理会计行业中的相关问题做了大量的分析。

此外,美国审计总署还与全世界负责信托责任的组织紧密合作,例如最高审计机构国际组织(International Organization of Supreme Audit Institutions, IOSAI)、国际会计联合会(International Federation of Accountants, IFA)和国际审计与鉴证准则委员会(International Auditing and Assurance Standards Board, IAASB)。鉴于世界经济的相互依存度日益增加,与国际信托责任组织的协调显得至关重要。

为了促使整个财务报表和审计人员的诚实性与信托责任达到更高的水平,美国审计总署就这些主题派出了专家参加国家、地方、联邦及国际政府和私营部门组织的众多论坛和会议。他们还为全国各层次的与信托责任相关的专业人士举办了数百场的讲座、培训和会议,意欲提高其对现阶段改革的变化、影响和实施情况的认识和深入理解。

美国审计总署在为政府和私人机构设计审计标准的过程中起到了统领作用,它提供了需要重点优先解决的投入标准,该标准要求其他标准制订者提供书面意见和建议;同时对新出现的问题和现象做出反应。这些试图转变审计职业现状的努力,促进了重要对话的产生和新原则的发展,这将帮助那些与信托责任相关的专业人士重塑诚实性和可靠性,确保公众利益被置于首位。

公众信任的重建

恢复公众的信任和信心,就长期而言需要各方持续和协调一致的行动,以克服以往公司治理、信托责任和相关制度的系统性缺陷。

最近问责制度的失败所带来的损失,为我们提供了一个难得的机遇以加强和巩固问责制度、监督机制，提高绩效和相关专业人士的信托责任。立法者、监管者、具有信托责任的专业人士和其他人员采取的改革和行动表明了许多方面都正在取得进展。

恢复公众信任需要公司财务报表供应链的每个参与者树立三个基本的价值观：

- 透明精神——所有参与者都应该停止在财务和绩效数据上"玩把戏"，而且充分披露必须成为规范；
- 信托文化——管理者、员工、董事会成员、审计师和其他利益相关者都必须确保高品质、无偏见的信息以支持决策；
- 诚实性——每个参与者都必须承诺其个人的行为是诚实可靠的（Eccles & DiPiazza, 2002）。

恢复资本市场和监管制度中的公众信任有一个关键因素，就是具有信托责任的专业人士要有可靠性。具有信托责任的专业人士拥有股东、投资者和其他社会成员对他们的信任。这些成员依赖于以事实为基础的、准确客观的财务信息做出决定，从而影响他们的家庭和我们的经济体系。审计师们将面临各种各样的情况，在这些情况下，他们可以提供超过会计和审计标准最低要求的最佳服务。作为公共信任的"管家"，具有信托责任的专业人士必须：

- 把公共信任置于个人利益之前；
- 识别最低限（规则、规章、法律和会计准则）与最高限（原则和价值观）之间的差别；
- 做正确的事情，而不仅仅是可接受的事情；
- 争取使经济实质高于法律形式；
- 关注事实和表面两方面的独立性；
- 使用判断力，而不是只完成一个清单；
- 意识到当今快速变化的世界的持续进步是必要的；
- 知道信任是难以获取却容易失去的。

企业和政府面临的世界变得日益复杂和相互依存，健全的治理结构和问责制度尤为关键。具有信托责任的专业人士必须始终铭记其作为治理机制的一个部分所独有的责任，以及以身作则以维持公众的信任和为他人指明前进的道路。为了履行这些责任，这些专业人士必须记住与实现个人杰出成就和确保个人进步息息相关的三种个人品质：勇气、诚实和创新。

在本文最后的分析中，要想使任何制度都是有效的，高层必须确保这个体系的主要参与者能够有魄力去做正确的事情，并且能清醒地认识到什么是正确的。另外，提供给主要利益相关者的信息也必须是及时可靠的，并且无论是实质上还是形式上，保证这些财务及非财务信息的可靠性都必须是合格且独立的。也就是说，再怎么重视"诚实"也不为过。

同时，制度还应当包括一些"诱因"去鼓励人们做正确的事情，以及采取适当透明的机制确保人们会做正确的事情；反之则会有适当的处罚机制。这些基本原则可被广泛应用于专业人士、商业、政府以及个人行为中，包括如何在公司绩效和专业领域以及在更广泛的商业圈和世界资本市场上重塑信任和信心。

尽管现在预言这些由立法者、监管者以及专业人士发起的改革成果还为时过早，但最起码表明我们正在朝正确的方向努力迈进。如果正如所期望的那样去有效地执行、分析及适应上述改革，结果终将是有效的。笔者坚信，经过多方持续对话、合作和不懈努力，改革最终会营造出一种可以促使财务市场繁荣成长的环境。最后，处于信托责任、管理、治理与监督过程中的个人将会对自己的行为负责，履行各自的责任和义务，而且努力工作去重塑、维持以及扩大我们在未来资本市场上的诚信度。

这篇文章是基于沃克（Walker）先生 2004 年 9 月在爱尔兰岛北部贝尔法斯特皇后大学（Queen's University in Belfast）的公司治理、公共政策和社会研究院（Institute of Governance, Public Policy and Social Research）所作的演讲而写成的。从那时起，公众公司会计监督委员会和证券交易委员会就采取了不同的措施来帮助实施《萨班斯－奥克斯利法案》的内部控制条款。例如，在 2005 年 3 月，证券交易委员会将美国籍上市公司和"非加速呈报公司"（non-accelerated filers）（市值低于 7.5 亿美元的公司）遵守 404 条款的最后期限延至 2006 年 7 月 15 日。证券交易委员会还成立了小型公众公司咨询委员会（Advisory Committee on Smaller Public Companies）。2005 年 4 月，它又举行了圆桌会议讨论如何实施《萨班斯－奥克斯利法案》关于内部控制的措施。此次圆桌会议包括公众公司会计监督委员会和众多利益相关者代表。2005 年 5 月，公众公司会计监督委员会对审计师关于《PCAOB 审计准则第二条》提出的争议做出进一步的指引，此准则旨在提高财务报表以及成本管理中内部审计控制的有效性。美国审计总署将继续监督《萨班斯－奥克斯利法案》的执行情况并及时向公众公司会计监督委员会、证券交易委员会、会计师协会和国会等提供相关信息。

第3章

全球化市场时代的责任

威廉·J·麦克多纳

引 言

正如本文集的出版所证明的,近年来的公司丑闻为学术研究提供了很多资料。笔者希望通过大学课堂以及其他讨论会对这些问题进行研究,进而促进新一代企业家的产生和发展,这些新一代企业家一定会比现在的企业家做得更好。

安然公司丑闻至今已三年有余,许多政策调整者、法律制定者以及投资者都相信要做的事还有很多。在经历了一系列的公司丑闻后,公众的信心也严重受挫。令人伤心的是,我们并没有看到一些部门对此做出反应以重建他们在公众面前的形象。有些公司正在这样做着,有些公司正在这样说着,而我们需要更多切实的行动。

开放市场是国家繁荣、人民富裕的前提,在这样的市场中,家庭和组织可以自由的衡量某个投资的价值,然后决定投资额。所以,一个企业要想打开市场就一定要在公众中树立一定的声望,使投资者相信,投资这个企业的风险是值得承担的。政策调整者、政府官员和企业家的工作就是要保证提供给投资者的市场是公开、有效、透明和公平的。

在世界的历史长河中,这种责任从来都没有像现在这样重要过。国际商业和金融不只是一种理论,而是现实。20世纪90年代,国际商业和金融经历了繁荣的时期,伴随着近3年来一系列公司丑闻的发生,国际商业和金融又走过了萧条的日子。需要指出的是,尽管全球经济是相互依存的,但政治司法权仍然是有国界的。政策调整者面临的挑战在于,一方面减轻复制规则的重担;另一方面履行自己对投资者和公众的责任,也就是要努力去除由于当地规则局限性而产生的差异。

让我们看一下美国对这一系列公司丑闻的反应。众所周知,一半以上的美国家庭都投资股票市场,当股票市场因为公司丑闻而不景气的时候,这些家庭损失了很多钱,也失去了选择退休的能力。这些投资者同时也是选民,当选民要求改变的时候,美国国会必听之。美国国会对公司丑闻的反应就是2002年颁布的《萨班斯–奥克斯利法案》(Sarbanes-Oxley Act)。

《萨班斯–奥克斯利法案》对证券市场参与人的某些行为的限制和禁止是非常严格的。这个法案还被美国参议院一致通过,更重要的是,它还在共和党所领导的众议院中以仅3票弃权的结果通过,又被共和党主席签署为法律。为什么会发生这一系列事件呢?笔者相信这是因为20世纪90年代期间,许多美国商界领袖的头脑混乱了,他们将道德约束抛在脑后。

10年前,甚至5年前,美国市场经济是令人羡慕的全球楷模。我们的经济有着不可思议的灵活性,我们确信"改变"是个好词,相信变革使市场繁荣,使我们的经济在世界称雄。

令人伤心的是,20世纪90年代,由于一些美国企业对一系列挑战的反应过于高调,致使了一些混乱的发生。在过去的十年里,全球竞争者变得愈发强烈,许多美国公司失去了价格优势。不难看到,为什么一个芝加哥制造厂在同来自墨西哥、中国、印度以及其他劳动力成本低的国家的公司竞争时,不能随意降低价格。提供服务的企业也面临着同样的问题。当新泽西(New Jersey)的电信中心与德里(Delhi)的电信中心竞争时,它是不能涨价的。只有一些本土化的服务,例如医疗、法律等可以避免这种国际竞争压力。

1973—1975年,美国劳动生产率年均增长1.5%,这意味排除增加的资源投入量和通货膨胀,经济增长是很缓慢的。过去三年,"二战经济理论"的最主要教条之一就是"经济增长有个限制速度"。这个限制速度就是参与劳动的劳动力数量增长率(大约每年1%)加上劳动生产率,所以,1973—1995年期间,限制速度就是2.5%。

另一个不同但相关性很大的教条是:失业与膨胀之间的关系可以用非加速膨胀失业率解释(Non-Accelerating Inflation Rate of Unemployment,简称NAIRU)。大多数经济学家认为非加速膨胀失业率为6%,低失业率会引起高通货膨胀。而1996年之后,经济增长率一直都保持在2.5%以上,失业率也一直在下降,最终降到4%以下,甚至连那些偏执的央行银行家们都看不见通货膨胀。没有价格优势且要面对工资上涨压力的美国公司通过投资信息技术产业摆脱困境,而使自己的生意更有效地运转。投资IT仅仅是一个开始，企业的经营方式也要改变。

零售交易就是个明显的例子。在一个现代化商场付账时，会有一张纸条告诉收银员，每个货物的价格以及账单的总价。更重要的是，同样的信息系统还升级了存货记录和订货系统。当存货低于某一个水平时，就该订货了。与早期的情况相比，这样节省了记账员盘点存货的辛苦，也不需要大小合适的仓库了，这都要感谢过去仅仅在制造厂才使用的日本即时交割系统（just-in-time delivery system），节省了花在一些不必要存货上的成本。

这是美国商界最明显的反应，这样的以及类似的系统不仅使企业能负担上涨的工人工资，还使企业的利润稳定增长。从1996—2000年，全美平均生产率为2.5%，而2000年以后，平均生产率超过5%。

企业家们把建立良好的信用看成是自己的责任，但正是这些责任让他们困扰。专家告诉他们，一个新经济时代即将到来，人们为此感到异常兴奋。有两件事特别明显：行政补偿以及曾经促进利润增长的动力。

1980年，大公司CEO的平均收入是员工收入的40倍还多。这种高收入也是可以理解的，因为CEO为工作做了更多的准备，有承担风险的能力，有着对CEO来说非常重要的领导能力。

到2000年，CEO的平均收入至少上升为员工收入的400倍。这意味着，在这20年里，CEO的收入上升了10倍。没有一个经济理论可以直接解释这一现象，但却可以间接地解释问题。笔者相信这种现象是不道德的。笔者认识很多1980年担任CEO的人，并且可以很确定地告诉大家，2000年的CEO的能力即使强，也绝对不比1980年的CEO强10倍。花旗银行的沃尔特·里斯顿（Walter Wriston）过去是美国最著名、最有名望的银行家，可他的年收入从来没有超过一百万美元。

再来看收入。20世纪90年代，上市公司的财务管理者发明了一种预测公司收入的方法，并通过这种方法指导投资分析师预测下一个季度的公司收入。现在，一些公司的利润增长是很稳定的，但是这个增长是否会持续下去却并不确定，因为还存在商业周期、利润周期和法律等因素的影响。

如果这些比员工工资高出400倍的天才CEO能预测出这次的公司丑闻，那他们才是真正的天才；如果他们没有预测到，那他们就是愚蠢的，其任期也就受到投资银行团体的质疑了。公司丑闻的实质就是一些公司在律师、投行、商业银行、会计师和审计师的帮助下伪造账目。

美国公民是很聪明的政治主体，在国家危机中产生过一些伟大的总统，例如亚伯拉罕·林肯（Abraham Lincoln）、泰迪·罗斯福（Teddy Roosevelt）、富兰克林·罗斯福（Franklin Roosevelt）、哈里·杜鲁门（Harry Truman）、他们注意到了公司高管人员持续的、令人难以置信的收入增长，并表示了自己的不满。直到 2000 年，每个公民才享受到这种美国历史上的长期经济扩张，但公众并没有对此做出反应。但是，当 2000 年第二季度科技泡沫破灭，大规模的市场纠错开始进行的时候，普通的美国家庭注意到自己的养老计划和信托基金正在贬值，并开始投资股票市场。他们变得不开心，却不知道该责备谁。

公司丑闻告诉我们该责备谁——公司行政部门。安然（Enron）是由两类人管理的，一类是不诚实的人（例如已被判 10 年有期徒刑的 CFO），另一类人是自私的人，他们凭借内部消息卖掉自己的股份，而员工的股票却被冻结了。这样做的公司又岂止安然和世通（WorldCom）。这种财务危机正迅速蔓延，使美国人变得愈加害怕。2002 年国会通过了《萨班斯－奥克斯利法案》，还认为这是 1934 年以来最重要的证券法律。

《萨班斯－奥克斯利法案》的核心反映了国会和总统想要私人部门约束自我行为以博得公众信任的目的。有必要说明，国会对公众公司进行着监督。在美国，《萨班斯－奥克斯利法案》直接影响 15 000 多家美国公司，这些公司的总部都设在美国，但经常在其他国家开展业务。

大约 1200 家外国上市公司的股票在美国股票市场上市，这些公司同样要遵守这些法律。事实上，跨国公司可以通过合并或收购迅速转型，并尽快适应不同的规制结构。正如我们所看到的皇家阿霍德公司（Royal Ahold）、帕玛拉特（Parmalat）以及其他公司的经历，经营失败存在于任何国家。美国国会正采取措施挽回公众的信心。在英国，这项工作主要由欧洲委员会的委员弗里茨·博克斯坦（Frits Bolkestein）承担。

2003 年 9 月，作为公众公司会计监督委员会（Public Company Accounting Oversight Board，简称 PCAOB）的主席，笔者将布鲁塞尔作为第一个出国目的地，说欧洲是美国最主要的战略同盟和经济伙伴只是轻描淡写。

笔者是欧洲一体化的热心支持者，作为公众公司会计监督委员会的主席，赢得了欧洲的拥护，成功创建了欧洲中央银行（European Central Bank）。可以说，以公众公司会计监督委员会主席的身份到欧洲对话为的是我们的共同利益。笔者想告诉欧洲的政策调整者、会计师和投资者，美国已经有很多保护市场的措施了，我们也同样支持欧洲相关措施的出台，以保护我们的全球市场。

毫无疑问，欧洲改革者必须要面对反对者的压力，这种压力可能来自旧政策的制定者，也可能来自因改革而遭受利益损失的人群。伙伴们，加油。在美国，有人关心改革是否会降低经济增长率，笔者对所有人的回答是一样的：没有一个人可以仅仅通过防守就把公司做大。任何一个组织的壮大都要依靠能承担风险的优秀领导者。

美国和欧洲的投资者对企业失去了信心，而半生的投资环境、工作经验使笔者发现那是多么的令人失望。因此，笔者呼吁那些企业家们拿出勇气，尽可能将企业运作好，不仅在商业运作的意义上，还要在商业道德和社会道德的意义上，重树公众信心。

财务报表失真是《萨班斯－奥克斯利法案》关注的问题之一。公司财务报表的可靠性取决于股东、董事、管理层、领导者、规制者和投资者等多个方面，这是资本市场的基础。但国会发现正是这种会计平衡系统使得财务报告严重失真，而控制这个系统的也正是董事、审计人员、管理者和外部审计人员。法案防止了系统失真，规定了高管、董事、会计和律师的责任。

当然，这些规定的价值、成本以及合理性还要经过一番思考。但《萨班斯－奥克斯利法案》的通过并成为法律是不可忽视的：公司领导者失败了。人们失去了自己的储蓄，也失去了对美国市场的信心。为了监督这些公司，国会将审计从公司中独立出来。虽然这个做法可能还有待商榷，但有两点是不容置疑的：

第一，这个法律的目的是改善那些希望进入美国证券市场的公司的财务报表；

第二，证券市场的每个参与者都必须遵守这个法律。

对审计人员来说，这个法律给他们的工作方式带来巨大的变化。几十年来，会计们是自我约束的，国会和总统相信这种自我约束系统不再适用，所以才有了公众公司会计监督委员会。

在《萨班斯－奥克斯利法案》建立公众公司会计监督委员会之前，公司审计人员自己制订标准，再通过这些标准规范自己。证券交易委员会（Securities and Exchange Commission，简称 SEC）有权限制财务报告的种类以及公司应该提供的其他文件。证券交易所还有权限制那些不能适应新标准或者违法的审计人员的工作，但国会和总统仍认为还有很多的事要做。

在《萨班斯－奥克斯利法案》规定下建立的公众公司会计监督委员会是一个独立的监管者，而且我们的任务就是监督公司的审计人员来保护投资者的利益。换句话说，我们要让审计人员负上应有的责任。公众公司会计监督委员会的5名成员是由证券交易所指派的，《萨班斯－奥克斯利法案》要求公众公司会计监督委员会的成员要像对待全职工作一样负起责任。法案还规定，公众公司会计监督委员会成员的任期是5年，其中2名成员应该是注册会计师。

公众公司会计监督委员会的预算和规则（包括审计标准）必须经证券交易所批准，但公众公司会计监督委员会既不是一个政府机构，也不是纳税企业。公众公司会计监督委员会每年把自己的预算报到证券交易所审批，国会很谨慎地限制资金系统以保证公众公司会计监督委员会的独立性。

大约8800家上市公司和基金（包括在美国交易的国外公司）支付了10.3亿美元支持我们2004年的预算。虽然公众公司会计监督委员会对审计的直接监督是有限的，但公众公司会计监督委员会还是要履行《萨班斯-奥克斯利法案》规定的四项任务：注册（registration）、检查（inspection）、实施（enforcement）和制订标准（standards setting）。

注 册

在《萨班斯-奥克斯利法案》规定下，任何一个为上市公司服务的会计师事务所都必须在公众公司会计监督委员会注册。

公众公司会计监督委员会建立了自己的在线注册系统——正好与美国公司的注册截止日期（2003年10月22日）相吻合。到截止期为止，598家会计师事务所在公众公司会计监督委员会注册，到2004年年底，差不多有1400家注册。我们中很多人是和国外的规制者一起工作的。公众公司会计监督委员会认为，每个事务所在注册之前都是当地的权威。

大约2/3注册公司都是美国的，但法案对所有在美国证券市场交易的公司都是有效的。所以到2004年年底，有500多家其他国家的会计师事务所在公众公司会计监督委员会注册就一点儿也不奇怪了。许多美国公司都有海外业务，他们的这些业务由美国以外的注册会计师事务所审计。

正如笔者所提到的，注册是会计师事务所开展业务的前提，也是《萨班斯-奥克斯利法案》的基础，更是公众公司会计监督委员会行使检查和实施功能的必要。

检 查

公众公司会计监督委员会现在正在《萨班斯-奥克斯利法案》的规定下开展第二年的检查工作。法案规定每年要对那些有100名以上审计师的事务所进行一次检查。美国和加拿大这种公司的数量比为8∶1。拥有100名以下审计师的公司每三年检查一次。如果公众公司会计监督委员会认为市场环境提出预警的时候，法案会赋予我们进行特别检查的权力，这种权力不受时间限制。不用说，公众公司会计监督委员会员工人数最多的部门就是检查部门，他们都是很有经验的审计师，他们以我们在华盛顿总部、纽约以及美国其他六个地区的办公室为根据地，这样就能更方便地到达注册的会计师事务所。

公众公司会计监督委员会的检查延续了过去的同行专家审查系统，但检查的内容比同行专家审查系统更多些。在同行专家审查系统下，审查者关注的是技术性合规与否，即是否符合专业的会计和审计标准，在此基础上，提出全面的质量控制意见。

在公众公司会计监督委员会，我们的工作首先是要检查审计科目的一系列商业内容。我们不仅关注对公司有利的影响，还关注不利的信息，包括企业文化、审计工作和其他工作之间的关系、企业各部门间的约定。我们相信，这样做会更加正确地评价近年来引致公司丑闻和审计失败的各种问题和因素。

每当我们去一家会计师事务所时，都会检查一些《萨班斯－奥克斯利法案》规定（即法案、公众公司会计监督委员会和证券交易所的一些规定）的检查项目。公众公司会计监督委员会认真考虑了我们应该如何对一些承担重要审计角色的美国以外的公司进行面对面的检查。我们与（欧洲委员会的）博克斯坦委员、欧洲委员会内部市场司司长亚历山大·A·绍布以及其他参与制定欧洲财务报告制度和审计制度的人员进行了几次深入讨论。2003年10月，在这些讨论的基础上，我们一起合作完成了一个描述检查框架的简单报告。

2004年6月，公众公司会计监督委员会通过了用来检查美国公司是否履行这个框架的一系列规则。这种规则允许美国之外的公司在一定程度上依赖其母国的质量检测系统。这个依赖是建立在一个波动范围的基础上的。而该范围有些类似于审计人员在评估公司财务状况时在多大程度上依赖于其他人的工作一样。当地检察系统越独立、越精确，规则对当地检察系统的依赖程度越高。公众公司会计监督委员会希望更多地借助其他规制者的检查工作，正如公众公司会计监督委员会欢迎在美国之外建立新的、独立的检查系统一样。

公众公司会计监督委员会的依赖性取决于它是否能符合外国公司的规制安排。这种检查工作会定义一个合适的检测公司质量控制的系统，再定义一个通过样本检验确认这个系统有效性的程序。

我们已经讨论了国外规制者对在公众公司会计监督委员会注册的事务所的监督。很明显，我们之间的工作是双行道。公众公司会计监督委员会再次重申了最大限度地通过法律帮助国外规制者监督美国会计师事务所。公众公司会计监督委员会能想到的就是为会计师事务所建立一个质量控制系统，通过监督等各种方法获得高质量的审计。公众公司会计监督委员会关注公司高管，但高管和审计师是否理解在新规制下会计师事务所的需要是什么呢？他们知道审计标准以及这个标准是否合适吗？管理者是不是每天都在证明这些标准的价值呢？

公众公司会计监督委员会和监察人员想知道公司是否已经接到这个标准。监察人员和管理者对话，也与审计团队中经验最少的审计人员交谈以清楚他们是否拿到了标准。监察人员还要清楚标准到达的时间和传达的效率。

公众公司会计监督委员会的监察人员监督公司主要是出于促进公司发展的目的。最出色的审计师是否得到了奖励？监察人员要看一下会计人员是如何被挑选的，又是如何被解雇的。他们还会看一下审计人员，检查承担最大风险的审计人员。作为检查公司审计的一部分，监察人员访问这些公司审计部门的主管来判断审计人员和审计部门（审计部门现在的责任是以股东利益最大化为目标雇佣和解聘审计人员）的沟通如何。公众公司会计监督委员会的监察人员也想知道审计人员是否以及为什么会从一家公司跳到另一家公司。会计师事务所和与其合作的管理者都要注意，公众公司会计监督委员会在"合伙人转变"上的观点是模糊不清的。

四大会计师事务所（德勤、安永、毕马威和普华永道）注册之前并没有做到完全开放，让公众公司会计监督委员会监督。现在，监察人员可以以16个审计师作为一个最小的检查单元，到"四大"检查上面提到的那些项目。

监察人员定义了重要的被公司遗漏的审计和会计事件，定义了每个公司质量系统的重要方面。尽管如此，监察人员还是没有发现说明这些事务所审计质量不高的事实。2004年8月，公众公司会计监督委员会公布了监察人员的公开报告。报告总结了监察人员的发现，为公众公司会计监督委员会的工作提供了线索。

更特别的，报告还指出在对审计人员的检察过程中，监察人员定义了公司财务报告系统相对于普遍接受的会计准则（Generally Accepted Accounting Principles，GAAP）的偏离。当出现偏离时，我们鼓励会计师事务所考虑后再与公司审计机构共同商议。有些情况下，公众公司会计监督委员会也可能把信息报给证券交易所，证券交易所以此考虑上市公司是否符合GAAP会计准则。

公众公司会计监督委员会的报告没有说明哪些公司的审计已经被检查。报告描述了监察人员对公司丑闻及审计人员的观察，却没有说明客户的情况。

第3章 全球化市场时代的责任

监察人员与会计师事务所进行了意见交流，定义了在被公众公司会计监督委员会调查后重审的一些问题，这种过程还会继续。但公众公司会计监督委员会坚信，虽然事务所做出重申，公众仍会对被监察人员找到的审计工作纸漏备加关注。

当公众公司会计监督委员会的监察人员发现可能的错误时，他们首先会通过评论的方式告知审计人员。虽然审计师可能（而且在很多情况下是这样的）对监察人员说明了可能的失误，但却并不直接。

有些错误在这个阶段被解决了，或者通过公司另外的审计工作解决，否则要考虑再发声明。有时，这些失误致使财务报告与公认会计准则不符，又没有被纠正，公众公司会计监督委员会会采取一切可能的措施让人们注意到失误的存在。很多情况下，这意味着公众公司会计监督委员会将问题转告给证券交易所。

公众公司会计监督委员会也将指出许多检查过程中定义的问题，然后通过检查过程和建立标准的结合实现监督。但是，事实证明，这些工具并不充分。

执 法

当公众公司会计监督委员会发现一系列违背公众公司会计监督委员会标准或其他证券法的行为时，我们会行使法案赋予的调查权对这些行为进行法律制裁。

调查权包括寻求相关文件的权力，从审计师及其他人（包括顾客）那获得证据的权力。因为审计失败对财务报告的影响很大，公众公司会计监督委员会的调查可能通常是最大范围调查的一部分。因此，公众公司会计监督委员会希望在有些案子里能与证券交易所合作。

公众公司会计监督委员会的检查和执法工作为建立审计标准，设定优先权及确认是否需要修改标准提供了经验和证据。

制 定 标 准

公众公司会计监督委员会已经着手在国会特别关注的领域，以及被内部监督者、外部投资者、审计、规制者、管理者、学者及其他相关人士特别定义的领域制订加强审计标准的日程表。

第一，正如法案所要求的，公众公司会计监督委员会采纳了临时审计标准，该临时审计标准是被业界所发展，并获得美国注册会计师协会（American Institution of Certified Public Accountants）认可的审计标准的主体。同时，公众公司会计监督委员会还宣布，他们会重申所有标准，然后决定是否需要修改或补充这些标准。当然，这是个长期的工作。

第二，公众公司会计监督委员会又发展和接受了三种新标准——公众公司会计监督委员会审计报告标准，财务报告的内部审计控制标准，审计资料的相关标准。接着发现，对公司财务报告的审计报告，证明了审计人员都遵守了公众公司会计监督委员会的标准。在审计资料标准中，公众公司会计监督委员会要求审计人员的工作资料对其他审计人员（例如公众公司会计监督委员会的监察人员）都是完全共享的。这样做可以更好地了解审计工作，了解那些支持审计报告的依据。

第三，公众公司会计监督委员会的内部控制审计标准是对《萨班斯－奥克斯利法案》的重要补充。法案 404 条款指导证券交易所制订有关管理层内部控制的规则，但 404 条款也指导公众公司会计监督委员会为审计人员制订一些规则以使其更好地证明管理层的评价。

公众公司会计监督委员会通过 AS 2 下的第二条审计标准，规定审计人员必须仔细检查，并报告一个公司是否对财务报告进行内部控制，以及这种控制是否有效。内部控制检验帮助审计人员更好地计划和实施审计人员的财务声明，并决定这些声明是否属实。通过这一途径，所有审计师均可实现国会对财务报告和独立审计报告的监督。公众公司会计监督委员会已经规定，会计师必须有社会责任，帮助公司重建公众信心。

现在，会计师正在这样做，公众公司会计监督委员会就可以看做是重建投资者信心的催化剂。如果我说的是对的，这就是个明智的选择。同时，我们还要明确自己是一个私人部门还是一个公众部门。不管我们怎样说，必须自问，组织领导者的想法是否反映了我们在组织中的地位。

我们应该意识到成功的那份幸运，成功靠的不仅是努力，相信大家把成功更多地归功于了好机会。所以，人们的信念是一种道德约束和责任。没有一个国家可以感到自满，我们会做得更好。

现代社会，交流使人们更加意识到全球互动的真谛，政府官员及领导者更多地依赖公众的意愿，公众表达意愿的方式取决于历史、文化、某国公众表达的欲望。但现在没有人会认为当公众对现状感到不满意时，他们没有自己的观点也不会表达。领导者努力掌握和得到公众支持的最好办法是给他们共同领导的机会，或者至少要相信公众可以也即将这样做。

简言之，获得公众支持的最好办法取决于我们工作和生活的方式。我们的赌注是公众对市场以及促进经济发展的各公司的信任。希望政府官员和公司管理者能够找到并抓住每个重树公众信心的机会。

第4章

欧洲对公司治理挑战的反应

亚历山大·A·绍布

引言

像本书这样收集了如此多来自欧洲和世界其他地方的主要学者、从业者和规制者案例的论文集，有助于扩展我们的视野，让我们集中思考这些重大公司治理事件。世界经济相互依赖的程度日益紧密，尤其是欧盟与美国之间，这使得对话成为必要，而不只是一种权宜之计。欧盟与美国的相互依赖将会增加，而不是减少。我们的资本市场正向一体化方向发展而不是日益支离破碎。国际合作对重塑投资者对公司运行和治理方式的信心至关重要。如果我们的资本市场不能重获信心，那将会对公司融资产生相当严重的后果，因为那些没有资本、收入低且不稳定的依靠养老金生活的人的成本将会增加。所以，公司治理不仅仅是一种潮流——而是一种需要。它的标准已经改进了。

公司治理的经济重要性

目前，公司治理已经被提到国家议事议程的核心，这个事实不是对最近欧美丑闻风潮的一种简单回应。一个成熟的公司治理框架是保持资本市场良好流动性的关键条件。它是贸易、竞争和效率的重要组成部分。公司治理是通过增加透明度和确保公司对股东以及其他利益相关者的公正和责任来构建公司在市场中的信任和信心的，它是公司、金融机构、股票交易所以及整个市场经济正直和可信的重要前提。

第4章 欧洲对公司治理挑战的反应

因此，公司治理本身并不是目标。我们的目标是增加市场信任和信心，这对吸引投资、支持企业发展和促进经济长期增长都是至关重要的。如今全面一体化的市场中，公司治理的失败以及与之相关的管理事件将会对全球金融市场具有强烈影响，并且可能危及金融稳定。

但是，最近的丑闻让我们不得不重新审视最小化公司营私舞弊风险的所有工具。强化公司内部控制，重塑外部审计的可信性，促进公正和可信的会计报表将明显降低风险。由证券发行商和公司披露的信息必须清晰、完整和公正，而且也必须及时。因此，改进信息披露以增加透明度是至关重要的。任何发行商都不能够披露误导性的信息。

欧洲委员会在这个方面已经有了举措。

《招股说明书指令》（Prospectus Directive）[①] 使招股说明书的内容在欧盟范围内协调一致，它赋予了各国当局者在这方面的监督权力，而不仅仅是在公司违背指令规定时禁止公开发行的权力。

证券发行商应当系统地向市场披露公司的价格敏感信息。《市场滥用指令》（Market Abuse Directive）[②] 为及时和公正的信息披露设置了清晰的标准。

更进一步讲，公司应该系统地披露复杂的股权结构和对表外安排（off-balance sheet arrangement）的追索权，为此，委员会提出了用于改进《公司法》第四条和第七条的法令。提出的修改法令旨在对表外安排施加特殊的信息披露要求，该要求适用于专用资产。同样的提案扩展了对非上市公司进行关联交易的披露要求。

然而，效率风险的一体化要求我们充分考虑对其他方面的补充，如税收、法律执行，以及跨国公司。2004年9月，在我们关于防止和打击公司与金融服务中的营私舞弊行为的交流中[③]，委员会勾画了这样一项全球性战略，通过再次强化四条防线，即公司的内部控制（主要通过董事会成员）、独立审计、监督和监管以及法律强制执行等来防止营私舞弊行为。这些战略不仅仅覆盖了金融服务，也延伸到了司法、民政和税收政策等领域。

[①] 欧洲委员会2003年11月4日发布的2003年71号指令：《证券公开发行或交易许可章程——欧洲委员会2001年34号指令修正案》，OJ 31.12.2003，L324/64。

[②] 欧洲委员会2003年1月28日颁布的2004年39号指令：《关于内部交易和市场操纵（市场滥用）的指令》，OJ 12.04.2003，L96/16。

[③] 欧洲委员会向欧洲理事会和欧洲议会提交的《关于预防与防止公司和财务部门营私舞弊的意见》（COM）2004，211；最终版见 http: //europa. eu. int/comm/internal_market/company/financial-crime/index_en. htmJHJmalpractice。

上述手段成为全球框架的组成部分,这个框架通过设定欧盟标准来加强公司金融透明度,是健康金融市场和成熟公司治理的关键因素。然而欧盟公司治理却在寻求其他方式,以解决那些过去已经被发现的缺陷,特别是与公司的内部控制和外部控制相关的缺陷。

欧盟公司治理框架——简介

欧洲委员会已经设计了一个公司治理框架,该框架依赖于四大支柱:

- 加强欧盟资本和证券市场的透明度;
- 支持值得信任的和有能力的金融中介机构和相应的金融监管机构;
- 发展成熟的内部控制机制,包括真实股东控制机制;
- 确保对审计师的有效外部控制。

我们的主要贸易伙伴已经选择了相似方法和相同目标以加强透明度,增强公司内部权力的平衡,重塑投资者对公司和金融市场的信心。

三大挑战

最近的丑闻已经凸显出三大挑战,不论是美国还是欧盟,都必须将其作为一项紧急事件来处理。这三个挑战是:第一,促进董事会成员的正直和责任并强化股东权利;第二,重塑对审计功能的信任;第三,确保会计报表公正、可信地反映公司的业绩。

第一大挑战:促进董事会成员的正直和责任并强化股东权利

第一大主要挑战是促进董事会成员的正直和责任并强化股东权利。

在此没有必要赘述公司董事会在公司治理中的关键作用。董事会必须对公司有深入地了解并且为公司利益最大化而努力。同时,董事会必须证明其必需的独立性,以便在监督管理层时能够令人满意地处理好各种利益冲突,例如薪酬问题。最后,也是最重要的,他们必须正确地对待股东。在股权分散的上市公司,这种职责被特别赋予给了独立董事。在信息不充分的股东和拥有完全信息的高管之间,独立董事在监督日常管理和处理涉及利益冲突的

第4章 欧洲对公司治理挑战的反应

情况时扮演着十分重要的角色。在这些方面培养独立董事的能力，促进独立董事的积极作用将明显有助于重塑金融市场的信心。但非常重要的是，如果我们不为那些诚实的、有能力的专业人士创造必要的条件，那么，诚实的股东就会害怕承担责任，因为他们害怕额外的义务。

董事会对股东负有责任。股东则被赋予通过适当的方式对董事会进行询问的权力，从而了解他们所投资和控制的公司的运行方式，这种权力的赋予应该是长期的。

欧洲委员会已经实施了一系列开创性改革，他们一方面增加公司董事会的正直和责任，另一方面也强化股东的权利。

委员会已经对上市公司董事会中非执行董事（或称监督董事）的作用提出了一项非约束性建议①。这一建议要求上市公司平衡董事会、管理层和监事会中的执行董事和非执行董事，以避免个人或小团体对决策的控制。董事会应该按这样一种方式组织：它应当以相当数量的独立非执行董事或监事在解释和处理潜在利益冲突时发挥有效作用。最后，该建议对董事会中审计委员会的创建、构成、提名和薪酬的最低标准做了说明，建议同时列出了与董事资格、义务和独立性等相关的标准。关于独立性，如果他（或她）不是与公司的控股股东或者管理层没有任何业务往来、家庭关系或者其他关系时，那么该董事就不应该被看做是"独立的"。对于公司来说，清楚说明任何董事会成员是否独立也是非常重要的。

欧洲委员会对上市公司的董事薪酬也提出了另一项非约束性建议②。董事薪酬是一个很关键的问题，因为这涉及高风险的利益冲突，也关系到董事会的责任履行。经理们不能够决定自己的报酬。因此，该建议鼓励成员国采取一系列措施确保上市公司将所有与薪酬政策、个人收入相关的信息尽可能多地提供给股东。公司应当公开其年度薪酬政策账目，其中不仅包括他们在当年的薪酬政策，还包括固定薪酬和风险薪酬的各个细节、奖金和非现金收益的适用标准以及其他合同政策。进一步讲，公司应当披露其支付的董事报酬的详细信息，包括其他现金和非现金收益。适当的责任也意味着股东应当有机会表达他们对薪酬政策的意见，有机会对参股计划做出表决。对公司而言，这样做的成本是很高的。因此该建议规定，薪酬政策应当是年度股东大会的一项强制性条款，应该为股东提供讨论和投票的机会，尽管这种投票很

---

① 欧洲委员会《关于非执行董事或监事会以及在董事（监事）会中的作用的建议》，见 http://www.europa.eu.int/comm/internal_market/company/independence/index_en.htm。

② 欧洲委员会《关于促进上市公司董事薪酬合理化机制的建议》，参见 http://www.europa.eu.int/comm/internal_market/company/directors-remun/index_en.htm。

少有建议性。至于风险薪酬方案，即股东以股票、期权或其他方式获得股份的权利，该建议规定，这些以及其他风险薪酬方案的变更都应当得到全体股东大会的正式批准。这种正式批准，将保证薪酬体系而不是董事个人的薪酬包，将赋予股东更多的超出方案的必需监督权，在很多例子中，这都大大增加了公司的成本。

为了增强年度报告和会计报表的透明度和可信性，欧洲委员会也对所谓的"会计指令"① 提出了关键性修订。

我们应该将董事会对公司发布财务信息的责任清晰化。因此，这一提议确定了董事会监事会、执行委员会和管理层在财务方面和非财务方面的集体责任，但是这一提议保留了成员国通过引入批准来支撑这种责任的自由权。集体责任也并不禁止成员国对董事会成员个人强加责任和（或）任何刑事责任。

除此之外，该提议通过描述欧盟上市公司公司治理实践的年度公司治理报告加强了对公司公告的影响。公司治理报告显示了公司所遵从的公司治理法规，描述了这些法规的适用范围，还附有案例解释其适用的范畴、原因和例外情况；公司治理报告进一步给出了关于股东大会、董事会及其专门委员会的构成和运行信息；公司治理报告将准则中的"条款或者解释"具体化，而这些准则正是欧盟公司治理框架的基础。

该提议还包括其他两项措施，进一步加强了会计账户的透明度。第一项措施与专有财产有关。最近的丑闻已经凸显了这样的事实，即这些情况通常无法通过资产负债表揭露出来。因此我们认为，上市公司必须披露所有有关投资者估计公司财务状况的表外安排以及他们的财务影响。这样做符合公司治理总体原则，即财务报告必须以真实且公正的视角呈现公司财务状况。因此，欧洲委员会建议上市公司在正式的年度统一账户中披露那些重要的、额外的、表外安排的特殊信息。第二项措施增加了对上市公司与非上市公司的关联交易信息披露的要求，该措施向国际会计准则24条（IAS24）规定的公司引入额外披露的要求，以避免损害小规模公司的利益。

欧洲委员会也关注到立法措施，主要集中关注加强股东权益，特别是与全体股东大会和跨境投票相关的权利。成熟的公司治理机制要求为股东提供适当的途径来表达他们的观点、参与争论和实施应有的控制。在欧洲市场，

---

① 欧洲理事会和欧洲议会关于修订欧共体（EEC）理事会 78/660、83/349 指令的建议，建议修订的这两个指令是关于特定类型公司以及合并账户的年度账户问题，具体见 http://www.europa.eu.int/comm/internal_market/company/board/index_en.htm。

这意味着不论股东是否是本地居民或者是持有发行方所在国家的账户都应当享有同样的权利。然而在跨境的情况下，投资者需要通过金融中介的渠道投资行使权利，这样造成的结果是，被登记为股东的人经常不是投资者，而是中介。因此，与其他股东一样，跨境投资者为其所持有的股份付费，却经常被剥夺了投票权。此外，参与股东大会的相关规则的变化、代理投票的地方约束、对询问权的约束以及对议程或决议安排的条款更进一步妨碍了跨境投资者实施股东权利。我们应当鼓励电子手段，电子手段的应用有助于跨境行权，使直接交流成为可能。2004年9月和2005年6月①，欧盟两次召开协商会议，这为欧盟上市公司推行股东权利最低标准铺平了道路，为废除跨境股东权益的实施扫清了障碍。

最后，在一个略有不同的条款中，正如我们在《行动计划》中声称的那样，欧洲委员会建立了欧洲公司治理论坛（European Corporate Governance Forum）②。这个论坛由欧洲委员会担任主席，由为数不多的、具有各种不同背景的、卓越的、高水平的代表组成。2005年1月20日，该论坛举办了第一次会议。论坛每年召集两次，这将有助于鼓励各国公司治理法则的协调与统一。这种协调应当不仅仅涉及各国公司治理法则的设计，还应当延伸到各会员国控制和强制人们遵守法则并披露信息的程序。论坛将使欧洲与各利益团体代表间的对话拥有额外的价值和意义，它也将在实践经验的传播中发挥重要作用。

第二大挑战：重塑对审计功能的信任

第二项主要挑战是重塑对有效的外部控制机制的信任。最有效的外部控制机制是由公共权威机构来实施的。有效的金融市场规制经常依赖于独立的审计和对监督主体的披露要求。然而最近的金融丑闻却实实在在地摆在了公司审计者的眼前。例如，仅仅数月前，审计师对公司的财务状况给出了没有任何限定的证明。从20世纪90年代中期到2001年，帕玛拉特公司（Parmalat）每年都有3.5亿~4.5亿欧元的损失，然而财务报表却显示为盈利。这怎么可能？最近几年发生的涉及独立审计师责任的案件已经严重威胁到股东和投资者对审计师独立性和客观性的信任。人们已经关注到这些案件的犯罪动机与股东利益之间的关系。

---

① http：//www.europa.eu.int/comm/internal_market/company/shareholders/index_en.htm。
② http：//www.europa.eu.int/comm/internal_market/company/ecgforum/index_en.htm。

因此，必须采取紧急措施重塑投资者对外部审计的信心。为此，欧洲委员会通过了一项促使欧盟范围内法定审计现代化的提议①。这项提议对改进和协调欧盟的审计质量提出了要求，包括一系列有助于改进审计质量的措施。但是，同样重要的，投资者和市场也应该理解这些措施，这对重塑公众对审计功能的信心是非常重要的。

这项提议的一些最重要的因素包括：

1. 委员会认为传统审计师自治已经不能满足投资者的需要。因此，委员会建议成员国组织一个针对所有注册审计师和会计公司的有效的公共监督体系。具体的，建议为成员国权力机构定义执行标准——独立性和透明度。但是，欧盟与第三国监管机构（例如，公众公司会计监督委员会）之间也必须有强有力的纽带。我们必须同舟共济，同心协力，相互学习。问题的关键是要确保欧盟现有监管体制能够表达和贯彻关于整合的指令。在思考未来可选择的监管体制之前，应当首先分析欧盟现有监管体系是否实现了效率最大化，是否存在着任何缺点，如果存在，这些缺点如何得到最有效的弥补。因此，我们必须在一个开放的环境下一步步地讨论，这个过程涉及所有成员国，当然，也有欧盟议会和市场参与者。

2. 独立的外部质量评价体系的要求不仅仅对甄别和纠正错误非常重要，对防止低质量的审计同样非常重要。但是，这可能还远远不够。要想确保审计师事务所在各个方面都是高质量的，就要通过内部质量控制对外部质量控制做出适当补充。在标准迅速变化和营私舞弊行为变得更加复杂的环境下，对员工的教育和培训是同样重要的。我们看到，道德与公司的管理精神紧密地联系在一起，因此，高道德标准将提高投资者对审计行业的信心。

3. 国际审计标准的使用将促使审计工作在欧盟范围内的完全协调。欧洲委员会一定要签署国际审计标准，并通过一种合理的、正当的途径对透明度和合理性进行监督。

近期被紧急提上日程的一个问题由此产生：国际标准制订者的国内规制和政治责任，例如国际会计准则理事会（IASB）和国际审计与鉴证准则委员会（IAASB）等不同标准设定主体的政治责任等。不仅在欧盟议会，在一些国家议会，规制、融资和国际标准设定者的责任正逐渐成为公众争论的一个话题。如果我们回到2002年，欧盟倾向于国际的而不是欧洲的会计标准。大约8000家欧洲上市公司正采用国际会计准则（IAS）为他们2005年账目

---

① 欧洲理事会关于对年度账户和合并账户的法定审计的78/660/EEC和83/349/EEC指令进行修订的意见。

第4章 欧洲对公司治理挑战的反应

准备财务报告。欧洲委员会也同意这一议程。但是，随着人们对国际标准设定者越来越多的质疑，委员会开始努力影响国际审计与鉴证准则委员会中的改革进程，并认真考虑对国际审计与鉴证准则委员会的安排建议。在考虑这一问题时，一定不能丧失全球视角，因为国际标准的采用对欧盟以及全球其他地区的上市公司而言将更加容易。

这里有三个关键点：

第一，国际标准设定者和公共监管主体的代表应当更加恰当地符合直接适用标准的司法权。

第二，应当恰当地确定批准国际标准设定者工作程序的有效监管主体。如果监督是有效的，那么组织管理将会改进，信心也将增长。

第三，解决资金支持体系。目前，标准设定者是由捐助者赞助的，捐助者包括中央银行，也包括上市公司的职员，这引发了一些潜在的利益冲突事件。我们鼓励主动解决这种问题的所有尝试。

4. 鉴于公众信心危机，委员会强调了审计师的独立性，因为这是确保审计报告客观性的重要途径。委员会建议参照2002年委员会独立法定审计建议①构建董事会。自从提议在成员国之间进行大量观点交流后，我们看到一个主要问题，即非审计服务的提供。一部分成员国愿意立即禁止非审计服务的提供，然而其他成员国则支持与安全措施相关的自我评估。我们希望条文将反映出这两种途径的一种公正的平衡。除此之外，我们建议成员国建立审计委员会，这将强化财务报告操作过程的独立性，有助于避免经理人员的任何不当影响。

5. 我们还有强制性定期轮换制度保证审计师的独立性。笔者认为，指令的这一部分将会加强审计师的独立性。为进一步避免利益冲突，审计合作伙伴或审计公司的轮换也应当是强制性的。成员国有两种选择：或者要求更换审计公司的主要审计伙伴，而同时保留审计公司的工作；或者要求审计公司自身每七年就要更换一次。

最近的公司丑闻已经充分显示对审计公司的国际协调一致监管的强烈需求。在这种背景下，欧洲委员会针对第三国相关权力机构提出了一个公司治理框架。委员会在与公众公司会计监管委员会（PCAOB）的密切合作中发展了这种方法。美国公众公司会计监管委员会对非美国公司的监管发布了一

---

① 欧洲委员会2002年5月16日的建议——欧盟法定审计的独立性：一套基本准则。参见 C（2002）1983. OJ L191, 19/07/2002, P. 22, http: // www.europa.eu.int/comm/internal_market/auditing/officialdocs_en.htm。

条与我们的建议相对应的规则。笔者相信，这种革新性的合作方法是规制全球审计公司的唯一成熟方法；还要向比尔·麦克多纳（Bill McDonough）的杰出领导能力表示赞赏，正是他的帮助实现了这种可能。我们尚未也不可能解决所有的法律冲突，但我们已经最小化了这些冲突，并且建立了公正的合作程序以确保我们可以解决冲突。

第三大挑战：通过成熟的和可信赖的会计制度来呈现公司的公正性

第三大挑战即确保财务报告的高度"真实性和公正性"。财务报告通过一种清晰而透明的方式，以真实公正的视角向所有股东提供对公司状况的描述。最终，一个主要决定就是要求公众公司在准备他们统一的财务报告时要遵守国际会计准则（IAS）①。这样做统一了欧盟公司的会计账目，使账目具有可比性，显著提高了账目透明度，有助于在市场中树立信心。自2005年初起，这个准则已经适用于所有进行跨国经营的上市公司。由于国际会计标准建立在准则的基础上，因此，相对于那些以规则为基础的标准，如美国的GAAP会计准则等，国际会计准则能更容易适应财务创新。如今，除国际会计准则第39条以外，我们已经采用了所有现存的国际会计准则，与大多数成员国以及欧洲议会取得了共识——在2005年做进一步修订。

为进行更加详细的说明，还有两个例外条款：

- 完全公允价值选择权（fair value option，FVO）。这种选择权遭到了反对，因为它可能导致银行账户的虚假挥发，允许银行牺牲自身信用价值来增加会计收益（自身的会计风险问题），因此，条款禁止完全无限制的公正价值选择。
- 某些对冲会计条款。这也遭到了欧洲大多数银行的批判，他们认为，现有的国际会计准则第39条将迫使他们对资产负债管理以及会计系统进行不成比例的和成本高昂的改变，这将会产生无保证的挥发性。

例外条款并不是最佳的或者我们渴望的解决方法。但是，在国际会计标准的规则之内，委员会不能重新改写国际会计标准。因此，我们不能提出一个修订的标准来解决银行和保险公司的问题。2004年11月，欧洲委员会所能做的最大努力就是提议签署现有的国际会计准则，并外加两个例外条款。

---

① http：//www.europa.eu.int/comm/internal_market/accounting/ias_en.htm。

第4章 欧洲对公司治理挑战的反应

然而我们要强调，两个例外条款是临时性的和例外性的。委员会期待国际会计准则委员会能够与各利益方通力合作尽快修正这些突出问题。庆幸的是，我们注意到对这两个问题的解决方式在不断进步，特别是对公允价值选择的解决现在看来似乎近在咫尺。

为欧洲提供通用平台是国际会计准则迈出的重要一步，但这远远不够。为了减少不一致性和因此造成的混乱，我们需要走得更远，并且向着全球统一化而努力工作，这种统一化是公正描述公司状况的先决条件。为实现这一目的，我们有两种途径。在会计标准向全球设定标准的靠拢仍然是一个长期性主题的情况下，将标准作为等价物成为未来时期的一种解决方法。此外，还要补充一点，标准的统一和对接需要我们从技术角度检验投资者的利益到底是什么。

欧盟已经赋予欧洲证券监管委员会（Committee of the European Securities Regulators，CESR）一项特殊的委托托管权，即为某些第三国会计准则（美国 GAAP，加拿大 GAAP，日本 GAAP）以及国际会计准则/国际财务报告准则（IAS/IFRS）的对接问题提供技术建议①。委托托管权规定，欧洲证券监管委员会要在 2005 年 6 月 30 日之前提出其技术建议。为此，欧洲证券监管委员会在 2005 年 2 月发布了概念报告，澄清了对接的含义以及评估对接的目标。概念报告还说明了当第三国会计准则与国际会计准则或国际财务报告准则并不完全一致时，可能需要做出的修改。欧洲证券监管委员会所做的第二项工作就是对欧洲委员会命令，概念报告中的命令，以及原则设定框架进行对接技术评估。

最后，欧盟和美国将不得不通过合作来认可各自设立的标准的一致性。最近，由欧盟委员会委员麦克瑞威（McCreevy）和美国证券交易委员会主席威廉·唐纳森达成的路线图，提出了一项重要决议，并且设定最早 2007 年，最晚不迟于 2009 年，实现证券交易委员会决议与国际会计准则的对接②。人们希望这个时间越早越好，因为美国的条目是非常严格的，这样能减少美国会计准则与欧盟条款的协调成本。国际会计准则与美国会计准则的对接（IAS-US）已经被看做是在政治高度的欧美对话（EU-US Dialogue）和泛大西洋贸易对话（Trans-Atlantic Business Dialogue）中的一种优先考虑的事项。

---

① http://www.europa.eu.int/comm/internal_market/securities/docs/cesr/final-mandate-ias-equivalence_en.pdf。

② 欧洲委员会新闻稿（Commission Press Release），IP/05/469，2005 年 4 月 22 日。

欧洲的方法

欧盟和美国面临着同样的挑战，并且在一些相似问题上有着共同的目标，包括资本市场的投资者保护和重塑信心、现有文化和立法差异等。因此，欧盟的方法选择在某种程度上区别于美国的《萨班斯－奥克斯利法案》(Sarbanes-Oxley Act)。《萨班斯－奥克斯利法案》反映了以规则为基础的方法，其引入了公司治理的详细规则。欧盟的公司治理方法则是自下而上的，是以准则为基础的方法，以"遵从或解释"准则作为其基础。例如辅助性、成比例、相互认可和国内控制等概念都是在欧盟规制环境中非常常见的语言，这种环境与美国有些不同。在文化多样性和商业贸易多样性的欧盟，一种"以不变应万变"的方法可能会适得其反并且会遭到市场参与者的强烈拒绝和反对。正如欧洲委员会在公司治理行动计划（Action Plan on Corporate Governance）[①] 中强调的那样，欧盟在公司治理方面的规制方法原则是坚定的，但是其适用性却是弹性的。我们的行动要实现统一，并且要遵从恰当的步骤和必要的协商。基于这个原因，我们特别关注跨境事件，此类情况下，委员会的行动似乎是实现目的的唯一方法。有时，为减少由于国家规则之间的差异所造成的法律不确定性，最小程度的协调是必要的。正如行动计划中描述的那样，在要求对于立法机关干涉的措施和那些没有强制约束力的措施上，我们的方法是不同的。只有在那些需要克服法律障碍的领域，立法才是有效的。

加强欧盟和美国之间合作的必要性

正如已经提到的那样，欧盟和美国经济之间强烈的相互依赖性要求它们加强在公司治理领域的合作，特别是已经强调过的那些既有方法的差异。欧盟与美国共同占据了世界经济的大半和世界资本市场近乎 90% 的份额（大约 50 万亿美元）。不论大西洋的哪一岸有所动作都会波及对方。在公司治理领域的合作不仅对欧盟和美国有利，并且这种利益是必须的。与公司治理相关事件的处理失败将使全球金融市场受到重创。事实证明，过去与美国合

[①] http：//europa.eu.int/eur-lex/en/com/cnc/2003/com2003_0284en01.pdf。

作的方式是行之有效的，美国公众公司会计监督委员会（PCAOB）的审计公司注册问题的解决以及美国的监管就是很好的证据。这种合作应当向事前（ex-ante）合作演进，并集中防止来自紧急事件的事后（ex-post）冲突。我们不得不强化未来的努力，并且笔者确信两边都已经做好了这样做的准备。

集中化不仅关系到投资者也关系到发行者。投资者必须确定能够在一定的保护水平下受益，而不在乎是在欧盟投资还是在美国投资。另外，公司需要一个与竞争者较量的场地，集中化有助于市场信心的重塑和信任的建立。

结 论

在世界范围内，特别是在欧盟和美国的广泛流行，凸显了公司治理的重要性。在这一背景下，在欧盟范围内的和跨大西洋的公共权威机构之间，同时也包括其他利益相关者和利益方之间的对话是至关重要的；并且这种特别的讨论会为我们提供了最好的例证。最后，我们将得到一个谨慎平衡的框架，这一框架充分考虑到市场参与者的全球化行为，在对利益相关者提供高标准、全方位的充分保护的同时提高他们的效率。

第5章

经济全球化与公司治理改革

德莫特·麦卡恩

引 言

经济全球化影响着国家经济，其中一个可预见的结果就是国家监管体制的趋同改革。人们认为，经济开放会使全球市场在国内和国家之间运作。放松对国际贸易的限制"加速了世界经济向本土经济的蔓延"（Frieden & Rogowski, 1996, P. 32）。当企业与国家竞争时，"他们被迫向最有效的经济实体转变"（Gourevitch, 2003a, P. 316）。个体的生存欲望导致了对"最优方法"的集体追求。最近，人们普遍认为英美的方法在经济和监管行为中是最优的。

对于特定的公司治理，全球化进程已与日益占优势的股东导向模式联系在一起。汉斯曼（Hansmann）与克拉克曼（Kraakman）明确陈述了这种情况，他们认为："作为逻辑和经验的共同结果，人们的观点是一致的，集体福利最大化的最优方式是使公司高管更多地对股东利益负责，而更少地直接只为他们自己的利益负责"（Hansmann & Kraakman, 2002, P. 58）。他们认为，应通过合同来保护企业利益相关者，诸如债权人、雇员、供应商、顾客等的利益，而不是让他们参与到公司治理中。非控股股东应受到更多的保护，使其免受控股股东的剥削。最后，"流通股股东的利益可以通过所持的公司股票的市场价值来衡量"（Hansmann & Kraakman, 2002, P. 58）。交叉持股企业联盟（cross-shareholding alliances）、集团金字塔式股权安排（group pyramiding arrangements）、职工委员会权利代表（employee board representation rights）、非透明会计行为（opaque accountancy）等机制，有可能导致内部股东和其他股东集体损害外部股东利益的情况，并阻碍公司控制权市场的

第5章　经济全球化与公司治理改革

发展，因此，应该限制这样的机制。

这种公司治理的"标准模式"在世界范围的影响不断扩大，一部分原因是"在国际商业从业者、政府及法律专家中间，公司法的股东中心主义理念已经被普遍接受"（Hansmann & Kraakman，2002，P.56）。然而，这些观点取得成功的最大驱动力是"产品市场和金融市场的国际化，这使得拥护不同模式的单个企业直接竞争"（Hansmann & Kraakman，2002，P.66）。处于国家政权统治下的企业，采用股东导向模式要比采用其他模式具有更大的优势。这些优势包括以更低的成本取得权益资本（包括启动资金），发展更快的新产品线，从而有更大的动力去重组连贯的产品线，以及更迅速地放弃低效率的投资。法律和监管的相对质量已成为主要的竞争因素。不遵从标准模式的国家将不可避免地被相对的经济失效所限制。最终，企业和国家间市场竞争的活力会影响监管行为的改革。

这些分析被人们归结为"竞争效率"，从而在推理和预期方面显得更加清晰有效。人们预期，作为市场动态竞争性的副产品，经济全球化将毫无疑问地、不可避免地导致国家监管行为的趋同。然而，作为连接经济全球化和国家改革的模式，它们绝不可能太偏袒某一方。另外，全球经济随着企业和国家经济利益的变化而变化，但他们对这种情形的分析与国家公共政策制定的动态性分析是不匹配的。经常会有这样的假定，即政治不可避免地要适应经济系统的功能性要求，并进行相应的调整。这种认为系统需求（即便是可以确定的）会产生必要政策回应的观点是不能令人满意的，是不大可信的。要了解特定的法律和监管的变化原因，就有必要询问一下政府部门。谁来执行？为什么执行？① 全球化的压力通过何种方式、采用何种机制影响个人和群体的行为？政治系统的特定结构，以及提供给改革者影响政策的机会，对政策运用的实质和结果的影响程度如何？简言之，对经济全球化产生压力的分析，必须伴随着对该种压力如何转化为公共政策的分析。我们需要的是这样一种模式，该模式能将经济全球化与国内监管的变化联系到一起，而国内监管的变化则表明了相关经济和政策进程，以及这两者之间的本质联系。

有关政治经济全球化的文献充分表明了这种解释模式的重要。本章的目的是概述近几年出现的最具影响力的两种观点，并评价其在解释公司治理改

---

① 这章的关注点是一国范围内的，而不是欧洲范围内的。有明显证据表明，对于公司治理来说，更重要的是特定的国家政治，而不是整个欧洲的政治。试图建立欧洲范围的公司治理制度的尝试是失败的（Lannoo，1999）。国内制度的全球化与政治化之间的关系才是至关重要的。

革的特殊问题上的相对有效性。本章还针对英国和德国的改革做了两个简要的案例研究，为理论评价提供基础。这两个国家有完全不同的公司治理体系，并且都在最近十年发生了重大变化。这些观点能够在多大程度上解释这些发展变动的原因？

下面介绍这两种观点的主要内容，然后简要介绍英国和德国改革的实质，结论部分将会根据这两个国家的政治改革，评价两种观点的解释能力。

关于联系和趋同的观点

近些年，对全球经济变化与国家监管体系改革之间关系的解释，一直有两种占据主导地位的观点。第一种观点是基于利益的，称做"企业多元论"（corporate pluralist）分析法，这种观点力求通过分析经济进程中产生的政治机构的实质和来源，来完善竞争效率模型的经济洞察力。第二种方法被划入国家生产体系，称做"资本主义差异"（varieties of capitalism）分析法。这种方法摒弃了一般经济学对竞争效率的分析，主要关注某个国家的经济制度特点，以此解释国家对经济全球化的回应。

企业多元论

这种观点起源于这样一种论点，即经济全球化将对经济行为人的利益产生不同的影响。虽然这种预期的影响对于所采用的潜在经济模型很敏感，但这一观点认为，全球化的进程使一些既出口又进口的国家获利，却使那些在进口方面与其竞争的国家受到伤害（Frieden & Rogowski, 1996, pp. 29 - 30）。正是这种对经济情况和机会状况的基本划分，构成了公共政策改革的进程。那些意识到自己能从全球化中获得很大潜在利益的人，就有了从阻止市场自由化的既定系统和行为的缺陷中获利的动机，以及动员政治力量并迫切要求他们改革的动机。有了这样一种假定，随着经济全球化的发展，从自由化中获利的经济比例将会扩大，试图从系统缺陷中获利的经济行为人的数量也会增加。

企业多元论利用两个变量对政治进行分析。简单地讲，即日益增多的商业支持者对改革的期望与政治多元论模式联系在一起。政府对游说者做出回应。当改革的潜在受益者超过受损者时，政府就必须对游说者做出回应，在政策连续性与显著变化间做出选择。在特定的公司治理案例中，可以通过投资者和债权人等利益相关者的行为预测人们对改革的要求,这些行为人想要在经济全球化的背景下寻求一种自由,这种自由可以帮助他们获得新的竞争机会。汉斯曼与克拉克曼将新兴持股群体(emerging shareholding class)看做是"一个在政治和公司事务方面拥有广泛权利而且实力强大的利益团体"(Hansmann & Kraakman,2002,P.66)。至于小股东的权利,希恩(Shinn)描述了这样一个模型,为了得到外国投资者的更高评价,人们认为大股东有着为少数人提供保护的动机,并会通过直接的管制改革或者游说来达到目的(Shinn,2001)。为了保护"租金"优势,那些受目前规则保护而免于竞争的群体会抵制变革。改革开始时,全球化将不可避免地有利于前者,有损于后者。

与全球经济变化同步的改革游说者必定会成功,并迅速实现他想要的改革。然而,一种被更为广泛应用的企业多元论观点——"政治制度化"修改了这一假设。这种观点强调政治制度在加速或阻碍变革方面的重要性①。依赖既定政治体系的制度特性,改革或多或少是可行的。通常,共识政治系统的特点是,权力分散与多方联合政府,这种政治系统有多重"否决点",不论全球化改革的呼声有多大,反对、减弱或改变改革方向的可能性都是存在的;相反,在多数主义系统中,权力是集中的,少数人可能在选举中影响政府的组成,所以激进的变革更有可能(Gourevitch,2003a,P.319)。简言之,既定系统的特定政治制度特点折射出了经济全球化对变革的需求。各个国家的公司治理模式是趋同的,而不是连续性的,这一点是可以预测的。既然如此,政治系统便可以通过提供既得利益,来减少商业利益相关者对调整政策的需求,同时依据政治系统提供一些这样的机会。这时,改革的程度和时机就会发生相应的变化。

"资本主义差异"分析法

国家生产体系或"资本主义差异"的观点对这个过程进行了完全不同的分析,通过这样的过程,全球化的压力变得政治化,最终转化成具体的政策改革结果(Hall & Soskice,2001)。与以新古典主义为基础的企业多元论的假设正好相反,政府对全球化的回应将受到现行的社会经济制度的影响,这个制度是国家经济的基础。国家资本主义是一个独特的系统,该系统由大量的经济行为人组成。它有独特的制度化组织和行为模式,并且可以根据他

---

① Garrett & Lange,1996。

们独有的逻辑思维方式来推测其所追求的利益和将要采取的行为,这个系统暗含了全部这些内容。在自由市场经济中(Liberal Market Economies,LMEs),这一模式是与全球化逻辑和要求完全协调一致的;相反,合作市场经济(Coordinated Market Economies,CMEs)与全球化的"匹配"就有问题了。这种系统的制度结构鼓励对特定的工业投入资金和人力。随着工人、经理、资金投资者、专业人士,及其他行为人相应做出这种投资,"他们的利益和偏好就有所改变"(Gourevitch,2003b,P. 1855)。例如,在德国,为了获得支撑企业竞争策略的高度专业化技术的支持,雇主和员工都投入了大量的时间和金钱。面对全球化的压力,双方都抛开保护自己投资的顾虑,努力维护国家模型,而不是试图改变它的完整性。国家对这种压力回应的实质在很大程度上取决于社会经济制度特点的本质。

经济和政治制度间的基本互补性,为资本主义差异分析法的政治分析提供了理论根据。作为历史共同演进的产品,这种互补性保证了经济和政治调整的相关性。不同的政治体系支持不同的社会经济制度模式。在合作市场经济中,政治系统具有分权模式以及多重否决点,因此,市场对全球化压力的反应较缓慢;相反,依靠市场和等级制调整经济行为是自由市场经济的特点,针对多数主义的政治体系的政治波动性和政策波动性,自由市场经济的适应性会更强(Wood,2001)。这些政治和经济制度的完整性决定了对全球化压力的回应模式。政治会为经济提供必要的改革。当路径依赖对经济行为人的利益产生巨大影响时,这些需求实质上是很保守的。

案例研究

为了评价这两种观点的相对有效性,本部分将以两个具有象征性的案例概述评价公司治理的近期发展,尤其关注股东权利保护的强化。英国是自由市场经济的典型,德国则被普遍认为是合作市场经济的代表。在这两个截然相反的国家里,变革的实质、程度和活力分别是什么呢?

英国

在英国,公司治理改革被提上政府日程已有十多年,并发生了显著的变化。在1992—2003年期间,卡德伯里报告(Cadbury)、格林伯里报告(Greenbury)、英国汉普尔报告(Hampel),以及最近的公司法综述(Company

Law Review），劳动部发起的希格斯报告（Higgs）等，都已经产生了一系列新规范和新惯例。并且，这些规范对英国公司治理结构和公司治理运行已经产生了深远的影响，所有这些变化都与股东导向模式的核心观点完全一致。

改革的目的是建立一种能高度保护投资者，并提高公司在证券交易所名单上的位置的治理体系（Cheffins，2000，P.21）。正如汉普尔报告所指出的，改革者的核心信念是促进一种需求，"不论企业的大小和类型，所有名单上的企业都有一个高于一切的目标，即保护并最大可能地提高股东的投资价值"①。关键是将经理行为与股东利益更加紧密地联系在一起。在实现这个目标的过程中，非执行董事在监督管理者行为方面显得更为重要，同时，他们的独立性问题也有着更严格的要求（Cadbury，Hampel & Higgs）。将首席执行官和董事会主席两职分离，在实践上已取得了显著进展（Cadbury）。而且，人们已经做出巨大的努力保证执行层薪酬与股东回报变化的紧密相关（Greenbury & Hampel）。然而，最近人们更多地强调了机构投资者的角色，因为他们可以进行有效的监督，并且在必要时可以对管理绩效差的公司进行管控。这些变化的累积效应是，"从历史的观点看，20世纪80年代和90年代，股东的地位距离正常状态还相差甚远，这是不正常的"（Armour et al.，2003，P.532）。

这种形式的变化是可以避免的。20世纪80年代晚期以及20世纪90年代，公司治理体系是争论的焦点，更激进的变革也被广泛地讨论。威尔·赫顿（Will Hutton）的《我们的国家》（The State We're In）成为畅销书，更广泛的利益相关者治理模式一度得到布莱尔的支持。1996年，工党的反对者寻求一种途径以利于其掌权，后来的英国首相布莱尔也支持这种将利益相关者作为提高英国企业治理和绩效的途径的观点。他提出，将公司看做是"一个团体或伙伴关系，在这种关系中，每个雇员都有其自己的利益，公司的责任也描绘得很清晰"②。然而，所有这些分析和争论对改革实践的影响似乎都很小。于是，布莱尔迅速地放弃了这种激进的利益相关者观点。在各种改革委员会和调查委员会中，只有公司法综述委员会正式提出了不同于股东模式的观点，评价了"多元论"方法可能存在的优点。即使董事致力于提高包括股东在内的更大范围群体的利益，最终却选择了支持"开明股东"的姿态，但这并没有明显改变现状（Armour et al.，2003，pp.536-538）。

对于这种重要但保守的渐进式改革的解释，部分源于改革委员会，尤其

---

① 公司治理委员会，最终报告，伦敦，1998，第1.16节。
② 引自威廉姆森（Williamson），2003。

是卡德伯里委员会的成功，对所有后来的改革发动者都产生了很大的调节影响，它本身也是对20世纪90年代早期一系列引人注目的公司困境的回应①。这是差劲管理与非法行为的混合产物，这种非法行为威胁会使整个公司监督体系蒙羞。所以，目前主要关注的是重树投资者对系统的信心，这是政府和委员会成员共同的意见，严重背离原则的行为将不会得到人们的支持。改革的必要性是实质的防御性，或者说是适应性。

在调查问题及公布结果的过程方面，改革的方向是明确的。一般来说，委员会的关键成员来自于很小范围的支持者。卡德伯里委员会有12位正式成员，其中两位是商人，两位来自主要的商业游说群体（英国商业联邦和董事会机构），两位是金融部门的代表，两位是法律和会计方面的专家，一位是伦敦证券交易所的主席，一位是会计学家。所有委员会都没有员工或消费者代表。在很大程度上，改革是专家的事。此外，工党政府的出现并没有改变这一特点，工会联盟和消费者权利游说者都没有取得公司法综述筹划群体（Company Law Review Steering Group）的成员资格。尽管偶尔会有反对的威胁，但历届政府都鼓励制度实施者设计、实施、维护自己的改革。

然而，事实证明认为改革的行为和结果是"商业力量"的简单观点是错误的。商业范围内支持的形式和影响的形式是非常复杂的。例如，琼斯和波立特（Jones & Pollitt, 2002）认为，那些把治理看做是改革对象的公司是这一过程的消极参与者。至于卡德伯里委员会，他们从不积极参与创造或商讨。他们的代表也仅在过渡报告公布后才正式参与，从那时起，英国工业联盟（CBI）和董事协会（IOD）代表非执行董事所做的严厉批评似乎有一定的影响②。琼斯和波立特做了总结，既然改革的主要目标之一是保护金融机构的利益，那么他们对改革进程以及询问内容的影响就比预期要小。至于关键的卡德伯里委员会，金融机构在一般情况下似乎不会产生影响，仅在商议时有适度的影响（Jones & Pollitt, 2002, P.21）。然而，在设计改革建议内容的每一步骤时，律师和会计师都会全身心地参与，并且能够提出最有建设性的建议。

改革按以往的方式和机制进行着，执行按以往的途径进行着，历届政府都推动着这种改革的实施。保守派发起了改革，但其初衷是补救而不是改变体制。例如，值得注意的是，当政府对卡德伯里委员会的发起产生极大兴趣

---

① 主要的案例涉及波力派克（Polly Peck）公司、罗伯特·麦克斯韦（Robert Maxwell）的美商莫氏通讯公司（MCCI）和国际信贷商业银行（BCCI）。
② 参见安德鲁·杰克（Andrew Jack），《金融时报》，1992年12月4日。

时，他对委员会的构成、委员会授权调查的范围、商议、提议的实施等方面实际上不存在影响（Jones & Pollitt，2002，P.21）。可能更明显的是在1997年工党掌权的时候，他们经常在实践中掩饰其花言巧语。相比新政府发起的公司法综述，他对商议和建议均没有什么影响。政府没有起决定性领导角色，而只是"随着程序的进行，逐渐减少其直接影响"（Jones & Pollitt，2002，P.46）。随着支持者希望工党政府进行更激进的改革，他们并没有扮演利益相关者的批评者的角色，在形成建议方面，也没有采取任何措施去挑战股东导向模式的主导影响。实际上，2003年英国贸易与工业部（Department of Trade and Industry）的秘书帕特丽夏·霍奇（Patricia Hodge）将提高股东权利与公共授权的社会民主目标等同起来，这"在行动方面是现代社会民主的一个典型例子：不是将政府的力量强加到解决方案中，而是将权力转移到人民手中，那样才能推动变化"（Hodge，2003）。在社会民主原则和股东导向模式不适用的地方，需要重新解释前者，并使之"现代化"以达到和谐。这种行动最终使新工党对全球化中什么是可行的以及什么是想要的有了更深的理解。总之，公司治理改革的大方向是，"灵活和动态的自我调节，祈祷新自由'小'政府的出现，这个政府将不会在创造财富道路上设置不必要的绊脚石"（Wilson，2000，P.163）。我们需要细化公司治理体系，以保证公司治理的有效运作。在基础重构方面的任何努力，都是不切实际和达不到目标的。2001~2002年间，政府的主张主要转向鼓励机构投资者承担监督公司的重担，这种监督是股东主导模式分配给他们的。2002年，当他们认为基金经理和托管人"干预股东和受益人利益"的责任是合法的时候，立即可以采取立法行动（Williamson，2003，P.525）。只有由基金经理参加的强大的游说群体才能劝阻政府采取该步骤。这十年期间，企业、政治圈、媒体的支持范围实际上包括一切，他们都倾向于保持和加强股东导向模式的功能。

德国

经济全球化将导致公司治理向股东导向模式的趋同，这一说法在德国面临更大的考验。与英国不同，德国的公司被看做是公共团体。法律要求董事以整个公司的利益，而不是以公司内某个特定群体的利益为基础行事（Jackson，2001）。这一企业概念在共同决策系统中表述的最为明确。在共同制定决策的过程中，企业各部门在监事会都有各自的代表，雇佣人数超过2000人的企业会把一半席位分配给员工。此外，与英国相比，证券市场远不是重要的融资渠道。银行在提供资金方面起主要的作用，相应的，它也会参与到企业的内部治理中。采取这一模式的结果也与英国截然相反，即企业经常被银行占有。企业间持有债券是很正常的，企业间复杂的交叉持股也是很普遍的。最近引人注目的一些例外表明，公司控制权市场大部分是垂死的[①]。这些特点使德国成为公司治理的一个独特模式，该模式在理论上和实践上都是对股东模式的挑战。由于这些原因，使德国公司治理改革的实质和结果显得很有特色。

虽然在这里不能复述整个改革过程，但需要承认一些关键部分。最基本的是德国从20世纪90年代开始进行的一系列重要的公司治理变革。1998年，德国通过了《公司控制与透明化法案》(Control and Transparency Act，即 KonTraG)。2000年7月，立法通过了资本利得税的重要变革。设计这些的目的是放松交叉持股的利得。2001年，作为欧盟戏剧性和争议性阻碍指标的直接结果，新的国家接管法通过，第十三个接管指标是当年6月欧盟议会通过的德国欧洲议会议员的同盟。

这些改革确实使德国模式向更自由的方向发展。通过限制代理投票的应用、加强监督委员会的角色、引进"一股一票"的原则，以及允许股票回购和股票期权，公司控制与透明化法案调整了银行的权利。很明显，通过"一股一票"原则，唯一没有限制的就是公司间交叉持股的投票权。重要的是，公司所得税的变化极大地强化了这些改革的影响。同时，在限制交叉持股的权力安排时，强烈的融资动机也促使公司试图给这些权力"松绑"。简言之，正如乔菲(Cioffi)所说的，法律"朝向透明化、股东平等、限制公司内部人寻租"的方向发展(Cioffi, 2002, P.25)。他们试图使德国模式更具吸引力，更适合权益融资。

然而，我们还必须说明转向股东导向模式可能带来的问题。尤其是共同决策原则与董事保护雇员与股东利益的附带责任，到目前为止并没有得到折中。德国企业终究不是由股东拥有的私人机构，所以使股东价值最大化并不是他们存在的唯一法律原因。除此之外，改革并不是明显自由的，也不是完全不可逆的。以通过限制管理者权力来抵制恶意接管的公司控制与透明化法案改革为例，改革的一部分影响被2001年新接管原则抵消了(Gordon, 2002)。

在某些方面，这种复杂且矛盾的公司治理改革形式，也是对一系列公司丑闻的回应。在塑造事件重要性方面也正是出于这样一种考虑，即德国经济

[①] 这些特征是紧密的、有原因的、相互联系着的，但这里并不需要我们分析。

第5章 经济全球化与公司治理改革

模式正努力地适应全球化市场的激烈竞争。对系统危机的察觉能力,决定了商业和国家的运作方式。金融市场改革的目的是提高他们的操作效率,稳固德国在世界经济中的核心地位,这种改革早在20世纪80年代和90年代早期就已经开始了。20世纪90年代中期,"保护股东并增加资金安全,已成为重要的政策目标"(Cioffi,2002,P.8)。德国公司开始倾向通过竞争建立资本市场,"突然开始相互兼任董事,这些内部导向的会计标准和对小股东的有限保护与正出现的'竞争状态'的政治目标是不一致的"(Beyer & Hoepner,2003,P.191)。

然而,一般的改革并没有解释正在实施的、相互矛盾的混合措施,这就有必要更仔细地研究政治改革。例如,有明显的证据证明,在商业团体内,大部分部门认为改革是必要的。然而,对于应该采取何种确切的改革形式,就是个麻烦的问题了。齐格勒(Ziegler)发现,"德国商业领袖并不明确他们的利益是什么"(Ziegler,2001,P.216)。很多人都试图对既定模式进行调整,但大多数调整在模式中都是无足轻重的,这些调整并没有完全放弃模式。许多大公司开始赞成在向国外投资时增加股东价值的重要性,他们经常选择保有内部机构和管理结构的德国特色(例如,Daimler Chrysler)。许多高级管理者开始强调运营企业的股东价值标准,但并没有迹象表明他们愿意放弃在旧系统下所享有的行动自由。大银行提倡提高公司账户和管理策略的透明性,加强监事会的作用,强调股东价值,但他们却成功地强烈反对了限制他们享有代理投票权的提议(Cioffi,2002,P.17)。而且,虽然这些银行希望加快法兰克福证券交易所的发展,提高其投资能力,并在全球市场里运作,但他们也在寻求途径"使其与德国最大企业永远紧密联系"(Ziegler,2001,P.217)。最后,虽然员工在企业内的适度权力是很吸引人的,但顶尖的企业联盟也不愿破坏那种与劳工更普遍的合作关系,而且这些劳工在企业内已经形成了群体。这些安排对许多企业的生产模式都是非常重要的,所以他们不愿破坏它也是很容易理解的。

很明显,更激进的股东要求并没有得到满足。小股东联合会(SGK)试图通过将银行拥有的企业所有权额度限制在最大10%,以限制银行的权利,但这种游说并没有成功。德国股份所有权联合会(DSW,German Association for Share Ownership)希望限制严重的互为董事的行为,但是也没有成功(Ziegler,2001)。在拥有相当数量的企业改革支持者的情况下,拥护股东导向模式的支持者却很少。最合适描述其野心的是自由调整,而不是自由转换。

政党的立场经常是模糊的,并且有时是违反直觉的。例如,当自由民主党（Free Democratic Party，FDP）在推动自由改革议程上的意见是一致的时候，社会民主党（Social Democratic Party，SPD）要比权力集中制的基督民主党（Christian Democratic Party，CDU）更倾向自由的公司治理改革（Hoepner，2003，P.19）。例如，在公司控制与透明化法案的形成方面，社会民主党同意对既有的公司权力网给予更猛烈的打击。基督民主党－自由民主党联合会则通过议会掌握立法，急于提高股东权利，以增加即将来临的德国电信公司私有化的预期收益，基督民主党成功提议采取措施以修改激进的反银行权力。社会民主党在2000年毫无预期地通过了公司税改革，其直接目的就是激活公司控制权市场，此时，基督民主党便以不公平为由提出挑战（Hoepner，2003，P.24）。埃德蒙·施托伊伯（Edmund Stoiber）是2002年大选保守派的候选人，他保证执政后再引入税收。虽然基督民主党支持社会民主党，但作为战后德国经济模式的策划者，以及众多中小企业利益的代表，他更加注意经济发展的自由主义方向（Vogel，2002，P.1114；Cioffi，2000，P.594）。许多机构是改革的对象，他们是社会市场的体现，而不是社会民主的社会经济原则的体现。

  雇员和股东之间存在不可避免的利益冲突，这一说法是没有事实依据的。例如，在公司控制与透明化法案中加强监事会的权力，对采取共同决策机制的企业中的股东和员工董事都很有吸引力，因为它使信息与权力的对称远离了可执行董事。但在实践中，对公司管理层实施真正控制是很困难的，雇员们对此也非常了解。许多情况下，他们拒绝给予监事会有效运作所需的金融信息。"相对于管理控制权冲突的利得，阶级冲突的任何损失可能更不明显，管理控制权冲突使工会联盟支持的资本市场倾向于进行公司治理改革"（Hoepner，2003，P.31）。

  政治群体、管理层、雇员，以及被证实可行的依存于环境的变动联盟，这些团体的利益本质再一次被欧盟第十三个指标证实。设计这种提议是为了建立欧洲范围的接管制度，经过多年的商议，人们期望在2001年获得内阁的全体支持，进而通过立法。然而，2001年春天，德国开始大范围地反对这项提议。争论的焦点在于所谓的中立条款。中立条款指在投标但并没有取消黄金股份（在意大利和法国较常见）的使用时，管理层需要保持中立。公司控制与透明化法案的改革将使德国面对来自国外的、不给德国公司带来任何好处的投标，而这些德国公司还试图在国外购买公司。虽然对于能够从这种制度中极大获利的股东来说，指标有很大的吸引力，但人们证实游说者也不得不与对立面联合起来。德国公司的管理层担心自己无力反抗接管，尤其是来自国外的接管。德国的雇员则害怕在成功出价后可能出现的公司优先

第5章 经济全球化与公司治理改革

权重组。基督民主党和社会民主党联合捍卫"德国企业"。虽然双方对危机的理解不同,但他们均认为,"不公平的"欧式接管条例威胁到国家生产体系的完整性。在这种情况下,用来保护股东导向模式的关键方面——公司治理体系引起国内强烈的反对,并被欧洲议会打败——如果仅由议会总统投票的话(Gordon,2002,P.52)。

模式和案例:简要评价

关于经济全球化与国家监管改革之间的关系,"企业多元论"(CP)和"资本主义差异论"(VofC)提供了截然不同的观点。虽然避开了竞争效率模型的确定性特点,但预计企业多元论随着时间推移改革将会趋同;相反,资本主义差异论认为多样性将会持续。虽然认识到商业社团间的冲突会很激烈,但企业多元论已经意识到加速全球化带来的商业利益;相反,资本主义差异论的分析看到了商业内及国家企业与国家精英间的基本一致性。普通的社会经济制度框架产生了利益的相互支持,导致了对全球化压力回应的共有的国家战略发展。企业多元论期望政治制度结构对公共政策依商业的调整速度和调整程度能够产生有利的独立限制;相反,资本主义差异论说明了经济制度和政治制度结构之间的基本互补性,该结构使政治适应商业利益。依这种观点,决定公司治理改革实质的是经济,而不是政治制度因素。

虽然很难理解,但这两个案例确实为评价这些不同主张提供了基础。在趋同问题方面,很明显地,两个国家体系已从不同起点发展到"纯粹的"股东导向模式。虽然现有的基础制度对模式的应用产生了一定的阻碍作用,但英国已采用系统的、自觉的方式去完全并连贯地实施它。其他的可能模式已不再是政策制定者认真考虑的内容。在企业和国家间已达成广泛一致的意见,即股东导向模式已没有可行的或其他合意的进一步发展。

由于德国的改革力度比较大,所以它的改革效果也非常显著。许多观察家认为,与此前的案例相比,增加股东价值的目标更是管理者考虑的核心问题。拜尔(Beyer)和霍普纳(Hoepner)将公司治理看做一个主要案例,即他们通常所称的德国资本组织的瓦解(Beyer & Hoepner, 2003),但需要加入一系列能够得出这种评价的条件。迄今为止,共同决策制还没有遇到真正的挑战。企业的许多因素都成为关注的内容,即公司治理改革不应拆开企业与劳动者的合作网络,因为这个网络处于德国经济竞争的中心。然而,全部评价必须是朝向股东模式运动,并且更接近企业多元论者的期望。

然而，虽然发展路径可能更符合企业多元论者的期望，但对改革机构来源的分析却极少支持这一说法。尤其只有小部分人把商业看做是发起改革的主要动力。在英国，几乎没有公司自己去寻求改革，类似于养老金和保险资金这类的金融投资者也不会积极地去帮他们游说。变革的真实原因是，在全球统一的金融系统中，政府为保护伦敦的城市角色，需要在一系列的丑闻和伴随的承诺之后，支撑并完善已建立的系统。正是由于已建立系统的失灵才引起了改革，而不是由于商业利益压力，这种商业利益的压力是对全球化产生机会的回应。这些变化产生后，随之而来的是一系列参与商业的行为，而不是反对商业的行为。

来自德国的案例有一点复杂。德国股东利益群体类似美国加州公务员退休基金（Calpers）的国际投资机构联合，确实对改革产生了一定的压力。大型的德国银行，急于将企业全球化，以便进行更加有利可图的投资银行运作，这确实会更多地强调股东价值规范。许多大型德国企业已明确地提出股东利益，并采用了更加透明的财务机制。然而，并没有什么证据支持商业是监管体系变革压力的主要来源的说法。公司更多的是通过行为来表明其致力于股东权利，而不是通过有力的游说。保护股东权利，经常被看做是对有关管理者和大股东的威胁。处于重要地位的联盟经常被不同的成员资格限制以掩饰其推进改革的急切姿态。与英国一样，商业利益对经济发展的影响在改革形成过程中更加明显，而不是在改革开始时。而且，与英国相同、与多元论者的游说模式的解释相比，政府在推动变革方面起了更核心的作用。

关于政府结构在确定结果方面扮演的角色，企业多元论和资本主义差异论提出了截然相反的观点。前者认为政治制度本质上可能加速或延缓改革。高度集权政治的特点是单一政治团体，高度分权政治的特点是分散的、复杂的、一致同意的政策制定结构。与后者相比，前者应对游说压力的反应更加迅速和完整。相反，资本主义差异论认为经济和政治制度间的基本兼容性会毫无疑问地引进变革。在判定这两种不同观点时，英国的案例并不十分有用。在增加股东导向模式的需求方面，两种模式都预计政治调整会相对容易些。对于企业多元论，英国的集中结构使股东阻碍变革的机会变得最小。我们还可以预测到，公共政策对全球化变化产生的压力的回应会又快又彻底。在实践中，英国公司治理改革的经验证实了许多这种期望。改革机制有效地将过程与更大的政治体系和附带压力隔开。调查委员通过对系统的采用，对自愿和市场机制实施的依赖，成功地将不属于现有系统的行为人和利益排除在外。激进改革支持者的失败更加引人注目。从企业多元论的角度看，让人

第5章 经济全球化与公司治理改革

吃惊的是工党政府的选举对改革并没有实质影响。工会联盟支持的利益相关者导向模式得到政府支持,并对公司法综述进程有了实质影响。然而,虽然存在着这种告诫,但从企业多元论者的角度看,英国的改革模式还是可以解释的。

但问题是,资本主义差异论观点对英国案例进行了同样似是而非的分析。英国是自由市场经济,股东导向模式与该系统完全兼容。面对全球市场压力,依照英国的经济制度结构,以及相应的经济和政治利益,完全采用该模式的决定,是完全说得通的。而且,对于资本主义差异论的分析家来说,新工党的行为同样在意料之中。不论是左翼政府还是右翼政府,他们都会寻求保护国家的"相对制度优势"(Hall & Soskice, 2001)。但新工党却仅仅提出英国政府要努力寻求保护国家经济在全球竞争中的地位这一战略。公司治理改革使英国沿其发展路径走得更远,政治改革反映了企业和国家的利益,以及国家经济制度和政治制度间的相容性。

对这两种观点,德国的案例更有挑战性。作为以分权的政策进行决策、以联合政府及经济管理的高度一致为特点的德国联邦系统,企业多元论预计其对外部压力和商业游说的调整会更慢、更局部。然而,20世纪90年代晚期,虽然系统的非自由特点遭到了强烈的反对,但自由的公司治理改革的脚步却进行得很快。最重要的是由社会民主党和绿色政党的联盟监督这种自由改革,人们都认为这两个政党应本能地对自由经济规定保持机警。当改革进程中断时,对于企业多元论者最不合适的可能就是最著名的、在欧盟的第13个指标中提到的案例。这是因为反对联盟的反对,而不是因为拥有否决权的政治集团。相似的,共同决策制度的难以挑战在于其深厚和广泛的政治支持,而不是难以克服的改革阻力,这个改革就是在一个复杂的政治体系中保护少数群体的利益。

对于资本主义差异论而言,德国案例所解释的问题与企业多元论者所面对的正好相反。拒绝欧盟指标并保护共同决策制,与几乎所有企业、国家和劳工(在合作市场经济中)的利益是一致的。相似的,基督民主党对自由轮换的机警,与其保护德国经济整体性的愿望完全一致。然而,在社会民主党完成其在自由改革中的角色的同时,还有一个问题需要重点解释一下。为了追求必要的自由改革议程,左翼政党不惜损害国家利益,资本主义差异论就没有提出这样的观点。要想更充分地解释这个问题,就要求我们对政党和政府为什么以及什么时候会选择离开这种改革路径的问题做出合理的分析。这不是资本主义差异论观点能预判或者提到的问题。

结 论

两种理论对经济全球化的本质及其对国家监管体系的内涵做出了完全不同的解释，也对公共政策改革的活力做出了截然相反的分析。他们用英国和德国公司治理改革证明了一般解释的缺陷，这可能具有讽刺性。更基本的，他们都没有对国家在政策变革中的行为做出满意的解释。经常会出现这种情况，对于企业多元论和资本主义差异论的解释，公共政策制定者或者完全遵从或者完全创新。对于全球化和国家监管体系之间的关系，虽然两者都致力于给出一个经济和政治结合的分析方法，但很明显，两者都以一种极度消极的方式看待国家和政治。他们认为成为改革推动力的经济变化与有适应性的政治之间存在一定的因果关系。这里的案例表明，如果要想创建出能够完全显示经济全球化与国内监管之间关系变化的令人满意的模式，应对国内政治的活力和创造性国家战略的潜力给予更大的关注。

第6章

从员工到全球政治：公司治理问题解决之道

艾琳·林奇法农

引 言

本次会议的组织者通过编纂这本论文集，提出了以下重要观点：

> 市场及其主要参与者——国家、政党、公司和市场专业人士——之间存在着相互依赖的权力关系，这种关系已经成为资本主义民主社会面临的最紧迫的问题之一。随着最近在美国、亚洲、欧洲和大洋洲爆发的一系列公司丑闻，我们急需进行跨学科的研究，将管理、会计、法律和商业的研究与政治学分析结合起来，从而最大程度地提升了我们对于现代治理的认识。

以上观点非常精彩，因为它突出了一个令人着迷的问题并暗示了解决问题的方法：首先，这一问题是关于发达资本主义社会的权力运行的本质，该社会在很大程度上是由市场和资本推动的；其次，对于问题解决方法的认识更多地依赖于对公司及其利益相关者之间关系的审视。许多学者对权力不平衡的关系很感兴趣，比如公民与国家的关系，受害人与罪犯的关系，被告与刑事审判系统之间的关系，以及被滥用并成为人权平等焦点的权力关系，等等。多年以来，学术界对公司行使的巨大权力和通过法律对公司行为的规制的研究并不是很多，收获也很少①。那些学者认可的诸如公司人格和有限责任原则等公司法基本原则，分别由法院判决和成文法创造，代表了一种激动人

---

① 那时，公司律师在学术界是很稀有的，甚至现在从事全职学术研究的公司律师仍然是很奇特的人。

心的且具有决定意义的市场导向资本主义经济的社会选择偏好。因此对他们来说，我们对公司法的政治背景和政治意义的热情被遗憾地漠视。但是这些法律事件，至少在19世纪末期就发生在不列颠岛上，在20世纪初期得到强化，它们事实上奠定了资本主义系统的基石，鼓励企业家承担风险，并将风险承担的成本从公司、股东、管理层转移到其他利益相关者，如借贷人、员工、顾客、消费者和政府等。① 从一开始，当有限责任公司成立、又被曼彻斯特监护人组织称为"流氓宪章"的产物时，人们就认识到冲突可能会发生。另一方面，一位著名的法学家多年前由哥伦比亚法学期刊（Columbia Law Journal）注意到，有限责任公司已经成为继车轮之后人类最重要的一项发明（Fletcher, 1917）。② 对风险承担者与其他利益相关者的利益平衡问题同样在本次会议的日程之中得到关注："经济规制的首要作用是划定边界确保有责任的企业家承担风险的环境，同时确保市场运行受到道德和公平的限制。"所以现在，在第二个千年的开始，我们高兴地看到公司治理理论和公司法理论都产生了。

因此，当谈到治理结构时，我们必须意识到公司治理是权益问题的核心，就像现代社会形成问题一样重要。许多通过公司的良好治理实践形成的原则现在被应用到多个不同的治理系统，同样，其他领域的良好治理研究也将告诉我们在未来如何治理公司③。然而我们不得不承认，基于公司和公司权力在当今世界的中心地位，公司治理问题的有关规定将对我们社会的发展趋势产生深远的影响。采用比较的方法，观察不同的公司治理结构对于不同问题的影响结果，非常清晰地表明了公司治理重要性的观点。

公 司

现今，许多大公司的营业额比许多小国的 GDP 都多。现代公司的权力

---

① Salomon v. Salomon and Co. Ltd［1895 - 9］All E. R. 33. 直到19世纪中期（1856年）出台的《合股公司法》提出了合法的框架，才使公司成为一个独立的法律实体，也使投资者或者股东仅对于公司债务承担有限责任。

② 1911年，哥伦比亚大学校长尼古拉斯·默里·巴特勒（Nicholas Murray Butler）说："当我提出我的判断时，我会权衡自己的观点。我认为有限责任公司是现代社会最重要的一项发明……，甚至蒸汽机和选举制度也没有有限责任公司重要，它们只能在没有有限责任公司的时候才显得比较重要。"摘自 William M. Fletcher,《私人公司法百科全书》（1917），第1页。

③ 关于协同效应的一个有趣而典型的例子是最近对爱尔兰大学的治理体系的思考。例如我们可以看到，爱尔兰大学的校董事会（CHIU）关于大学治理的报告参考了卡德伯里（Cadbury）和汉普尔（Hampel）的治理报告，也参考了美国的斯里德威（Threadway）报告和法国的维诺（Vienot）报告。详见《爱尔兰大学财务治理：平衡自主性和责任》（高等教育局，都柏林，2001），第15页。

第6章 从员工到全球政治：公司治理问题解决之道

体现在它与政府或者国家以及与包括股东在内的利益相关者的关系之中，公司对很多社会问题都产生了影响，例如环境破坏或保护、第三世界的发展、国内和海外劳工标准的谈判等。但是，许多人误解了公司对生活质量的必然影响，或者就像总统乔治·布什所说的被"错误低估"了。对于公司作用的不同看法会导致对具体治理问题的截然不同的答案。当我们考虑美国流行的对公司在与其雇员关系中的作用的看法时，相对于欧洲对公司作用的看法，这一观点尤其如此。仅仅关注公司治理中公司与雇员这一重要关系，就使我们认识到，在大西洋两岸，对于一个有道德和负责任的公司应该怎样面对这个问题，存在着相当不同的理解（Lynch-Fannon，2003）（不同公司对关系的规定，例如公司与证券市场或投资者，或者公司与消费者的关系，会产生不同的洞见，承认这一点很重要）。

对于公司员工，美国和欧洲的法律政策都提供了理论概念的条文和解释，这些概念是许多治理文献的焦点，包括从本质上将雇佣关系看做是一种利益相关者关系、所有权的概念，以及信任在组织和组织理论中的作用等。此外，本文将说明这些不同的方法在实践中对普通员工的真实影响。以前对欧洲和美国劳动力市场规则的比较研究（Lynch-Fannon，2003）表明，法和经济学，或者新自由主义对公司的作用，以及对公司角色的理解在美国学术界具有支配地位，特别是将员工作为利益相关者来进行考虑的时候。这导致公司治理的解决办法和法律偏向管理特权，很少追究管理层和公司的责任。这与欧洲对公司角色的理解是相反的，他们的理解通过欧盟的政策和法律表达出来，这些政策和法律对公司的作用的理解是不同的，但更具共产主义意味。

这种对公司作用和公司法理论的分析并不适用于其他领域和其他利益相关者的关系，例如公司与消费者或者环境之间的关系。当我们审视大西洋两岸的分歧怎样产生时，我们无法对公司作用做出简单的回答。分歧怎样存在，结果会是怎样，很明显："公司治理的原则和目标不能仅仅被解释为经济的相互影响，而必须从社会和政治背景的角度，从它们得以形成的不同形式的市场结构的角度进行解释"（Parkinson，2003）。

作为雇主的公司

美国的公司法理论根植于法和经济学流派（Coase，1937；Alchian & Demsetz，1972），主流公司观念的中心原则是，公司是一个私有实体，可以自由地追求自己的目标。法和经济学学者将其简单描述为交易成本的最小化和效率的最大化（它被证明是个多头怪物，如果读者喜欢，我们或者可以认为这是一个假设存在的复杂的目标）（Kelman，1979；Lynch-Fannon，2004）①。特别的，法和经济学学派认为员工和消费者的地位是相同的（Alchian & Demsetz，1972），他们多次货比三家并讨价还价，只是为了达成最好的交易和其他相似的利益。对于法和经济学学派来说，公司和未来的或者现在的员工被看做是追求最大利益的理性人，在无规制的环境中，他们通过契约寻求公平。

许多对公司作用和义务持不同观点的美国公司法学家认为，这些命题看起来都有直觉错误。例如，许多进步的公司法学者（Mitchell，1993，1995，2001a，2002；Green，1993；Millon，1993，2002）已经建立了一种明确的合作型（communitarian）公司理念。他们对关于公司权力和财富运作的理解与欧洲相似（Green，1993；Lynch-Fannon，2003）②。作为一个比较法学家，艾伦（Allen，1993）明确而有说服力地说明了这些问题，阐明了两种学派关于公司作用的观点。

第一种学派的看法是自由功利主义模式（liberal-utilitarian），它源自于霍布斯（Hobbes），洛克（Locke）和斯密（Smith）的著作，并受到边沁（Bentham）和米尔（Mill）的影响。艾伦认为在这个模式中，"创造和保护财产权的法律，执行契约的法律是对我们的财富最重要的法律，在这个古典自由主义观点中最高的法律价值是人身自由，最大的邪恶是政府的压迫"（Allen，1993）。接着，他描述了关于公司的法律和经济分析的演进过程，从科斯（Coase）开始，阿尔钦（Alchian）、德姆塞茨（Demsetz），直到伊斯特布鲁克（Easterbrook）和费舍（Fischel）在他们的著作《公司的经济构造》（The Economic Structure of Corporations）中指出的："主导的法律学术观点并没有将公司描述为一个社会机构，相反公司被看做一个缩小的市场"（Allen，1993）。于是产生了契约的范式。

第二种学派的看法被艾伦描述为社会模式，它建立在欧洲大陆或更早一些时期的主导概念基础之上（Allen，1993）。艾伦提到了涂尔干（Durkheim）哲学的影响。

---

① 详见林奇法农（Lynch-Fannon，2004）关于效率的意义的更深入的思考，这是对公司法的法经济学分析。

② "所有权也总是包含着承担伤害的责任，即一个人的财产与其他人的财产可能发生冲突。但总的来说，这在大多数人的思想中处于次要地位。确实，滥用或者轻视财产权利的人，最坏的情况会失去财产。然而，在20世纪末，科技能力和商业活动范围得到了前所未有的增长，结果是，我们已经踏入了另一个领域"（Green，1993）。

这一范式将世界上的人看做利己的而不是利他的理性人，他们是有限理性的人，其生命植根于社会背景和社区之中……持有这种观点的人倾向于通过社会价值的方式规定和定义财产和契约的法律原则。实用主义的或者管理者的观点都可以归为这一学派（Allen，1993）。

艾伦指出，自由功利主义模式并不必然是保守的或是右派的。这个模式既包括左派又包括右派，社会模式也是如此。他总结道：

在美国，自由功利主义对公司法的解释是主导的法律学术模式，而且仍将保持一段时间。经济模式的连贯性和活力……对许多人来说具有不可抗拒的吸引力。而且在我们多元化的社会里，很难提出一个通行的公司理论，只有从人类社会联系和责任的概念中寻求该理论的生命力（Allen，1993）。

欧洲公司

艾伦的观点与欧盟委员会发布的文件形成了共鸣，欧盟委员会的文件描述了欧洲社会政策的根基和未来方向，特别是要处理员工福利以及与社会安全相联系的问题。这些文件不仅提出了政策的纲要也提供了随后实际立法的基础。分别在1993年和1994年，名为"欧洲社会政策：联盟的选择"（European Social Policy：Options for the Union）的绿皮书和接下来的名为"欧洲社会政策：联盟前进的道路"（European Social Policy：A Way Forward for the Union）的白皮书相继发表，同时还发表了"增长、竞争和雇佣"白皮书。

这些文件明确描述了欧盟委员会和欧盟理事会在竞争和经济增长的过程中追求的社会目标，同时也从公司治理的角度清晰地指出在实现这些目标过程中公司的作用：

本绿皮书的中心内容的前提是，在欧洲社会政策发展的下一个阶段，不能依靠社会进步让位于经济竞争的理论；相反，正如欧盟理事会在许多场合提到的那样，共同体完全致力于确保经济进步和社会进步的并行。事实上，欧洲的影响力和力量多来源于其将创造财富和增加人民福利与自由结合起来的能力（1993年绿皮书）。

如何正确平衡效率、生产率、劳动标准、社会责任以及欧洲企业在全球化竞争背景下在这方面的作用，近期有更多支持社会政策的文件继续努力去解决这些难题。

欧美比较

很不幸，直到2000年3月里斯本峰会时，相比美国，欧洲仍然持续着高失业率和低生产率，这引发了全球化背景下对欧洲作用的进一步审视。此外，欧盟进一步扩大所带来的挑战也被提出。随后的欧盟委员会的沟通包括一份有趣而有争议的名为"欧洲社会责任（2001）"的绿皮书，它重申了先前文件所提及的相似的主题。社会政策议程文件再次声明"一个新的战略目标"，该目标是使欧洲成为"最具竞争力和活力的知识经济体，具备持续经济增长的能力，可以提供更多更好的工作岗位以及更强的社会凝聚力"。然而文件仍然继续强调欧洲社会进步的重要性，并重申了"欧洲经济增长和社会进步的必要联系"。这些近期的文件也更清晰地表述了全球化背景下欧洲的位置，尽管经济指数比美国悲观，但仍然充满信心，同时文件也更加明确地批判了其他模式。

在公司作用方面，欧洲的社会政策制定者似乎特别渴望否定美国政策选择所产生的结果。例如，雇佣和社会政策信息指出，欧洲模式区别于其他模式的地方在于其结构和设计，以及政策的性质、焦点和分布。该文件进一步描述了令人瞩目的欧美社会消费资金的不同募集方法，欧洲主要是公共募集，美国则主要依靠私人募集。文件还指出这样一个事实，欧洲的福利分配比美国更平均，在美国，尽管花费在每个人身上的费用占GDP的比例高于欧洲，但40%的人口没有享受到私人健康治疗。文件还指出，虽然某些欧洲国家的收入分配差距也比较大，但总体上欧洲仍不及美国。收入分配差距较大的国家是爱尔兰和英国，它们的公司治理结构与美国很相似，后者具有最广的收入分配值和最低的文盲数。

最后，"公司社会责任（2001）"的绿皮书明确指出欧洲对公司的理解，即公司在很多领域具有社会和非法定的责任，这包括与消费者的关系，与环境的关系，与公共机构的关系，与其他投资者的关系。在绿皮书中定义的最重要的利益相关者之一是公司的"人力资本"，文件认为这"超出了基本的法定义务，但可以对生产率产生直接影响"。同时，文件强调公司责任不能也不应该被看做规则或法律的替代。在美国，公司责任同样是一个值得关注

第6章 从员工到全球政治：公司治理问题解决之道

的问题（Mitchell，2001a）。美国的主流公司法学者很久之前就开始关注道德在公司生活中的作用（Johnson，2002）。

因此，综上所述，公司作用的政治和哲学理解对特定的立法结果非常重要，尤其是涉及非股东的利益相关者——员工时。毫无疑问，在涉及其他非股东的利益相关者时也是如此。

所有者和利益相关者

对于员工福利和利益共享的问题，欧洲和美国的分歧可以解释为所有权类型的不同。现今的所有权类型将影响到利益相关者而不仅是股东的态度。因此罗（Roe）和其他人认为，公司治理的类型是由政治决定的，提出激进改革意见的人必须认真考虑这一点。

20世纪90年代初，在证券交易所挂牌的美国公司代表了一种更为分散的公司所有权，而欧洲公司的所有权仍然集中在创始家族手中，在欧洲证券交易所挂牌的股票和公司则更少。评论者认为，20世纪90年代，不同治理结构之间开始出现了一种趋同的模式。例如，在欧洲，许多经合组织成员国的国有企业私有化趋势导致了股票市场的"突出增长"。这一趋势还在不断地增强，被称为"非中介化"的进展，使银行储蓄存款被更多地转为直接的证券投资（OECD，2002）。机构投资者的增长也可能是提高美国股权集中度的另一原因，2002年的数字显示，不到100家最大的非银行机构投资者持有世界20个流通性最好的市场中近20%的股票。尽管存在趋同的事实，但是必须强调，20世纪90年代末期证券市场的成交量数据仍然显示了欧美证券交易活动的巨大差异，1998年欧洲证券交易成交量为325亿欧元，而美国为1.3万亿欧元（Iskander & Chamlou，2000；OECD，2001a）。

欧洲公司集中的所有权结构促进了利益相关者权利的扩大，从传统的股东延伸到雇员。无论如何，欧洲的所有权结构大体采取关系人治理机制，因此，将员工作为实施监管的利益相关者并不显得唐突。另一方面，美国公司的所有权结构导致了一种对公司财富更加私有的所有权概念，使得股东成为仅有的并且相当被动的监管团体。然而自相矛盾的是，似乎美国公司分散的公众所有权使得公司的作用在涉及其他利益相关者问题时，成为一个私人法律主体，而不是公共法律主体。有人提出，对公司作用的理解已经影响到了对法律和政府监管的认可。欧洲的情况正好相反。这些观点找到了经验的支持,在所有欧洲国家中,英国抵制了大多数欧盟社会政策的施行(Maw,1994;Jeffrey,1995)①。有趣的是,美国公众持有其股票的公司与在伦敦证券交易所挂牌的公司都具有一种本质特征,例如股权结构的高度分散,被伯利和米恩斯(Berle & Means)描述的原始分散②。结果就产生了对关系治理和国家或政府监管的抵制。欧洲和日本公司并没有表现出这种非常分散的所有权和控制权。这对欧洲人怎样看待所有权和公司授权非常重要。事实上,社会型公司的理解比英美对公司的理解更加贴近现实。

关系融资或内部人模式与保持距离型融资或外部人模式比较的重要性

比所有权实际分布更重要的是治理结构的类型,这个观点已经被公司财务学者普遍接受。欧洲治理模式的典型特点是关系治理(relational governance),而美国治理模式的主导形式是保持距离型融资监管(arm's-length financial monitoring)。现在,这两种模式通常被简化为内部人和外部人体制(insider and outsider system)(Childs & Rodrigues, 2003)。欧洲公司的管理层在公司大股东(常常是家族关系)和银行或借贷者的双重监管之下经营企业。此外,在很多欧洲国家,员工代表也会进入监事会;相反,美国公司的管理层对董事会负责,董事会最终仅对公司股东负责,无论股东是机构投资者还是其他投资者。在大公司中,管理层对股东的责任并不一致,这仅仅是因为所有权利益的分散。而资本市场作为一种监管机制正好填补了这个责任空白(Fama, 1988, 1991)。然而,在当今时代,特别是2002年公司财务丑闻以来,这一机制产生的信息披露困境被凸显出来(Millon, 2002; Mitchell, 2002; George Washington Law Review, 2002)。因此,所有权结构不同,资本市场的作用和治理结构也是完全不同的。

---

① "没有人应该强迫或者力劝国家为了改变而改变,或者是为了表面(因此必然不会成功)强加的一致性而改变。在欧洲,正如我们所看到的,公司治理结构和概念实际上是多样化的,对任何国家来说,即使是怀着最美好的和平和同盟的目的,试图把自己的体系强加给邻国,同样将是一个经验主义和骄横的自我满足的可悲例子"(Jeffrey, 1995)。

② 关于这一现象的有趣言论可以参见沃纳(Werner, 1981)的观点,他认为所有权和控制权的分离是对被描述为"侵蚀学说"的公司原始结构的曲解。沃纳反对这种学说,他认为这种学说没有必要去设想所有权和控制权应当保持在一方手中。

第6章 从员工到全球政治:公司治理问题解决之道

投票权和所有权

然而,这里关于所有权的讨论,仅仅关注了股权或治理结构,忽视了对所有权概念理解中一个重要转变。在笔者看来,自19世纪有限责任公司诞生以来,这一转变推动了公司的发展,并随着公司规模和地位的成长被更多地提起。我们认为,公司并不是仅仅代表20世纪30年代伯利和米恩斯所提出的那种所有权和控制权的分离,现在大西洋两岸的治理结构代表了公司财富和财产所有权中一种所有权的细分,在那里,所有权的各项权利能够以不同的形式被分配给相应主体(Lynch-Fannon,2004)。以前的研究只考虑了这种细分的部分意义(Lynch-Fannon,2004)。

作为利益相关者的员工:理论讨论的实践效果

暂时将所有权的细分放在一边,在除英国和爱尔兰的整个欧洲,关系治理模式处于主导地位,这就能解释为什么我们鼓励政府对涉及将员工作为利益相关者和其他员工福利方面的监管。从20世纪40年代起,德国、法国、意大利、西班牙和荷兰的大公司就允许董事会中有工人代表。在欧盟层面,自20世纪80年代以来,支持工人参与董事会的立法就不断被倡导,并获得成功。随着债权人和银行被确定为有责任的关系人,管理层也接受了员工作为公司结构中关键关系人的观点。这一观点在员工福利方面,奠定了公司未来的监管方向。员工是公司结构的组成部分,并且已经持续了几十年。此外,在未来的社会政策发展中,工会的作用将会很重要。然而,在欧盟,关于公司法的第5号指令,试图将员工董事引入所有规模相似的公司,却没有成功。从那时起,欧盟各成员国以各种方式通过和施行了很多指令来改善治理结构。欧洲股份公司法(2001)和指令(2001)规定了员工参与董事会的合法性。法规的第19条规定是法规不可分割的补充,必须与法规同时适用。

指令的草案曾规定,监事会中至少 1/3 但不超过 1/2 的成员要由员工担任,但是最终通过的指令反映了公司治理结构不同意见的折中(例如英国和爱尔兰,一方面具有英美普通法传统的特征,另一方面具有欧洲大陆传统的特征),同时指令为公司设定了协商途径,旨在达成一个对员工参与广泛认同的一致模式。欧洲劳资联合委员会指令（European Works Council Directive，1994）规定了欧洲跨国企业向员工提供信息和咨询的程序①。据估计这些条款覆盖了超过1000家在欧洲运营的企业，这个数字在欧盟东扩的过程中还会不断增长。有趣的是这个指令还包括了至少250家美国的跨国公司，包括至少48家财富500强企业。2002年3月通过了信息和咨询指令，"旨在建立一个通行的框架，满足欧盟企业和商业机构员工信息和咨询权利方面的最低要求"。指令要求，当一家企业中有至少50名员工或者在一个商业机构或单位中有至少20名员工时，不管公司中是否有工会，都要建立信息和咨询组织。最后，获取权利指令（1975，1998）已经通过修正，即使没有工会、原有的劳工会议或者其他形式的委员会，也要为了咨询的目的而选举工人代表。此外，指令的主要目的是为了保护员工在商业机构和企业转让时，雇佣契约中员工的权利，除此之外指令还加上了多方面的信息和咨询义务。在解雇员工30天前必须通知员工，并告知其解雇原因；还有，解雇对员工在法律、经济和社会方面产生的影响；此外，还包括为员工解决困难的一切措施。

相反，在美国，这些支持管理层与工人交流的机构并没有得到法律的支持，事实上还存在阻碍这些机构的法律障碍。1948年美国国家劳动关系法案（National Labor Relations Act）的第8条a款禁止建立管理层控制的员工代表机构，现在的观点是，当前大多数，但不是全部管理层和员工机构是违反这个条款的（Estreicher，1998）。在美国还不存在欧洲社会政策议程和特定立法实施中所包含的对关系人重要性的正式认同②。作为替代，美国引入了两种不同模式来解决员工参与治理结构的问题。美国评论家认为这两种模式是主导模式或主要解决办法，但并不是说这是仅有的可供选择模式。第一种模式是推进员工持股计划以增加员工的发言权。蔡尔兹和罗德里格斯（Childs & Rodrigues，2003）认为，员工持股是一种办法，通过它，员工被选举拥有所有权并参与公司的控制。他们假设，首先，员工持股计划对员工和他们的家庭具有经济价值和象征意义；其次，对公司来说，拥有大量的知情内部成员是重要的（Childs & Rodrigues，2003）。但是，他们也承认这些计划是存在争议的。

---

① 这个指令包含了雇员人数超过1000人的所有公司，以及在至少2个成员方注册成立，雇员超过130名的公司。

② 例如，参见贯彻欧洲理事会指令（96/34/EC［1996］OJ L145/4）的社会合作者的角色。该指令是由欧共体工业联盟（UNICE）、欧洲人口研究中心（CEEP）和欧洲贸易联合会（ETUC）所缔结的《父母休假框架协议》（the Framework Agreement on Parental Leave）。

第6章　从员工到全球政治：公司治理问题解决之道

进一步的，员工作为股东还存在能力局限，这已经被公司治理理论的主流学者证明，我们并不清楚员工为什么在公司治理中应当比其他利益相关者更加有效。我们同样不清楚这是否有助于作为利益相关者的员工或者公司去促进员工的关注度，或者对那些利益和关注做出充分的回应（Lynch-Fannon，2003）。

许多美国评论家提出和赞同的第二种模式涉及员工在公司治理结构中的作用，这种模式是对信任模式的扩充。过去的研究已经详尽地讨论了这个模式（O'Connor，1991，1993，1995）。这里再次提出这个模式，主要是考察信托责任的相关法规所要传达的内容，即法律对信任的回应。对许多公司治理学者来说，无论律师还是非律师，信任都是个很重要的概念，因此蔡尔兹和罗德里格斯（2003）认为，信任是等级结构的重要组成部分，管理层和员工之间信任的消失已经减弱了等级组织的原则。他们提出，公司治理危机实际上起源于信任的弱化；他们还认为，信任可以通过节约交易成本，促进集体学习和高水平承诺，促使公司高绩效的产生。有鉴于此，应当通过新的组织形式增强信任。这种对信任作用的描述，不仅与当今法律学者对信任作用的认识不符，而且似乎与主流经济分析方法也不符合。例如，威廉姆森（Willianson，1993）认为，信任在经济互动的研究中没有地位，用社会科学的术语"信任"解释经济交易是不当的。

信任的含义

将经济学家和社会学家关于信任作用的众说纷纭放在一边，我们可以看到，对律师来说，我们的法律系统已经给予信任概念一种特别的含义，这个含义在信托法领域特别重要，而且在公司董事的受托人义务这个概念上尤为重要。米切尔（Mitchell，2001a）认为"受托人义务是与信任紧密联系的"。他接着又否定了另外一种观点，即信任只有在有可置信承诺支持的时候才是理性的，而且他认为律师对在信托责任的法律构建中表达出来的信任的理解，是我们对信任的本能需求的集中的、深刻的反应：

> 在最初的设计中，受托人义务是自律的（self-enforcing）。这是在法律中很少出现的情况，使用道德禁令来约束参与者，使得受托人在法律上对他人期望的行为标准负责，这需要行为人的善意才能达到效果……我们依赖于受托人的善意和受托人的可信赖去履行义务。

因此，公司治理法律问题的核心是其包含的信任概念，如同其在受托人义务中那样。然而，法学界认为受托人义务的概念是高度完善的，并且专门用于指导董事及其隶属的整个公司的关系，我们很难看出这个概念（至少在法律术语上）可以有效地扩展到包含特定的单个利益相关者，甚至包括股东们（Lynch-Fannon，2003）。而且，虽然与其他学科在语言方面有相似，但是很难辨别其他学科会怎样表达律师概念中的信任。为了回答这个问题，可能应当考虑健全的组织结构的一些特征，这是由组织学家曼维尔（Manville）和欧柏（Ober，2003a）提出的，他们考察了古希腊雅典城邦是如何解决员工激励问题的，特别是在大型组织和企业中。他们发现在雅典模式中，有价值的因素包括：首先，提供给市民或者社区的明确的参与结构；其次，分享共有价值和个人价值，将此建立在没有歧视和责难的自由之上；最后，他们确定承诺行为由具备这方面知识的人和涉及最大利益的人决定，这可以称之为好的承诺行为。这一观点不仅在这里有所阐述，其他地方（Lynch-Fannon，2004）也曾涉及，例如，欧洲社会治理模式就复制了这些情况，并且通过上述的法律强制为参与机制提供支持。美国和欧洲模式都利用法律保护参与者免受歧视。但是，只有欧盟各成员国的法律才保护员工免于被随意解雇，允许员工的言论和行动自由，使员工不必恐惧最严厉的问责，美国的法律并没有这样做。此外，我们在欧洲社会模式中发现了对工会模式的法律规制和法律外的制度支持（Lynch-Fannon，2003），工会模式鼓励社会合作者在当地、国家以及政策层面上参与治理。这些特点也反映了曼维尔和欧柏所认为的公司良治的特征。因此，法律通过实施特别的法律条款影响员工，这似乎确实能为公司良治发挥作用，本节已经描述了一些这样的法律条款。然而，关于董事对公司整体的信义义务的法律构建对公司治理问题的回答却不是特别有效。

结 论

从将员工看做公司利益相关者的比较研究中我们可以得到以下结论。

第一，对于员工福利问题的不同法律回答似乎与不同的所有权类型和治理结构相关。高水平的劳动力市场规制与集中的所有权结构和关系监管模式，或者是内部人模式相关，而较少的劳动力市场规制与分散的股权结构和信贷监管模式，或是外部人模式相关。尽管我们比较两种如欧洲大陆国家和美国那样非常不同的机制，然而很难确定这种联系的本质是属于简单的相关关系，还是属于一定的因果关系。在这点上，澳大利亚的治理结构——一种高度保护雇员的信贷模式或者外部人治理结构，连同爱尔兰和英国的结构，也属于信贷或外部人结构却同样参与到欧洲社会模式中，使得我们对这种联系的因果本质产生疑问。这一问题需要进一步的研究。

第二，无论法律的渊源如何，欧洲社会模式规定的员工福利，不仅包括通过强制性的给予员工休假和职业任期及保障等权利来规范个体的雇佣关系，还包括规制公司结构以提供向员工传递信息和咨询的渠道。在以上两方面，欧洲员工的处境要比他们的美国同行好得多。在立法活动的两大方面，公司被视为国家规制的法律主体，甚至在某种程度上公司被看做是为实现更多社会目标而受到规制的公共主体。这些目标有很多，例如通过向生育孩子的妇女提供母亲休假或者其他的家庭休假的权利，以增加进入劳动力市场的妇女（Directives，1989，1996）。有趣的是，这个政策好像没能鼓励妇女将工作与家庭联系在一起，大多数欧洲妇女选择了有偿工作而不是抚育孩子（欧盟委员会，2004）①。这一结果与最后的结论有关。

第三，欧洲社会模式试图通过文中讨论的方法去规制公司的内部结构。如上所述，许多参与方式得到了社会政策议程法律或法律外的支持，这反映了许多组织学家所描述的最佳治理实践。然而，目前美国还没有这种法律干预，近期也不太可能出现。最后应该考虑的问题就是，欧洲社会模式在试图将竞争力与该模式的其他目标相结合方面是否已经显示出了巨大的成功。经济成功的标志是复杂的，而不只是一般性的结论（Lynch-Fannon，2004；Gordon，2004），但是在里斯本10年项目进行到一半的时候，相比美国，欧洲的成功似乎仍然难以捉摸。如果欧洲社会模式不能用来与美国竞争以获得更多的成功，那么今天它的存在对公司治理理论还有什么意义呢？

---

① 2004年欧盟委员会关于欧盟社会状况的报告第7页指出："美国和欧盟不断增加的人口轨迹方面的差异，是由美国生育率的恢复和不断上升的美国移民潮造成的，这种情况还将持续：欧盟的人口规模将停滞并开始萎缩……长远来看，这些差异将产生重要的经济意义和战略影响"。

第7章

多边规制行动
——一种基于合法化的方法[1]

乔治·吉里甘

引 言

不断增加的对多边组织金融服务的信息透明度和信息交换的促进是本章特别感兴趣的问题,这些多边组织包括经济合作与发展组织(OECD)、金融行动特别工作组(FATF)和欧盟(EU)等。不得不令人感叹的是,在多边背景下,这类组织正变得越来越活跃,这是因为不论何时何地只要存在贸易便同时存在极大的潜在冲突,它是历史的必然。尽管如此,最近几十年,更多复杂的贸易争端和冲突正在不断加剧。很多因素同时推动了这种趋势,其中包括:信息技术发展的累积作用,20世纪70年代开始的资本市场自由主义化以及全球化所产生的更广阔的影响。世界贸易组织(WTO)的出现可以被视为满足竞争范例需要的证据,这种竞争范例就是论坛中的后现代资本主义,它考虑到贸易全球化的背景,尤其是潜在冲突的存在。WTO、FATF和OECD等多边规制组织的影响不断增强,它们调解冲突、推进议程的行动及机制效果,这引发了一系列重要问题。例如,在金融服务部门中应该设立多边规制框架吗?如果答案是肯定的,那么应当由谁来设立这些规制框架?如何规制?

这些问题的意义重大,对其论述超过了一个章节(甚至是单独的一本书)的范围。尽管如此,为了评价一些相关事件,作为围绕多边规制和公

---

[1] 本章来自于以下会议文献:吉里甘(G. P. Gilligan)于2004年在国际讨论会上的报告——《我的退步谁来负责——金融市场治理中的国际-地方紧张关系》。这次会议于2004年9月20、21日在位于贝尔法斯特的皇后大学召开,其主题是:治理公司——公司治理设计中的权力轨迹。

司治理（尤其在国际背景下）问题展开广泛讨论的一个窗口，本章集中关注近些年 OECD 关于有害税收行为的提案（OECDHTPI）及其衍生条款的一些行动①。OECD 在这一领域的工作通过其有害税收行为论坛得以广泛实施，该论坛是 OECD 财政委员会（Committee on Fiscal Affairs）的下属机构②。贸易冲突会在大多数产业中同时出现，但是金融服务部门已经成为特殊冲突和紧张的场所，这在某种程度上是因为金融服务部门是全球经济中最具协调力的因素之一。例如，最近一段时间，在一些国际论坛上，关于透明度水平和特定权限下国际合作的压力不断增长，这种国际－本土压力正是本章要讨论的主题。

如何进行规制（尤其是多边规制）：基于合法化理论的可能解释

当前，金融服务中这种压力也可能出现在未来全球贸易的其他领域中，并成为全球化经济和"后9·11"时代考虑恐怖主义的需要，成为网络治理和利己主义之间的合法交易及交互作用的组成部分。当然，一般而言，它意味着在现代生活相互关联的治理现实及特殊交易中，没有一个多边规制举措可以独立于其他多边规制行动的作用和反作用而单独发挥作用。然而，从下面的讨论可以看到，通过把有害税收行为提案作为当前讨论有关金融服务多边规制的一个窗口，以检验许多新兴的跨国治理观点。例如，国家主权（至少是某些权限）的侵蚀是否正成为参与国际金融服务市场的代价呢？一些被贴上了"全球化宣传家"或者"新中世纪研究家"标签的全球评论家，如赫尔德（Held，1999）和大前研一（Ohmae，1995），认为这样一种发展是合适的。其他一些关于全球化的作者也没有把国家主权和全球化对抗起来，而认为它们是相互影响、互相支持的（Sassen，1996）。

然而，如果传统上把国家主权的被侵蚀理解为参与国际金融市场的代价，那么会出现合法性，以及权力关系的主要设置如何在国内和国际金融服务规制结构中显现出来等有趣的问题。在当前的公司治理评价标准的演进中，我们可以看到同样的过程，这些标准通过一些权限是可接受的，这是本

---

① 针对有害税收实践，OCED 采取了大量行动，这些行动在下面会详细讨论，然后会涉及有害税收行为的提案（OECDHTPI）。

② 关于有害税收实践论坛的一般背景信息请参见：http://www.oecd.org/topic/0,2686,en_2649_33745_1_1_1_1_37427,00.html。

文集其他章节讨论的问题。

本章的关键性主张是：基于合法化的途径对理解规制现实有显著的解释潜力。笔者认为，不要把合法假设为既定的，而要把合法性看做是一种复杂又具有弹性的观念——这是最基本的。合法性影响权力关系的特征，而且可以帮助我们解释权力系统，不仅包括权力系统的运作过程，还包括它的起源。毕瑟姆（Beetham）认为，合法有两个阶段：一个是发展阶段；另一个是在任何固定的权力关系中，自我约束过程是如何对复制和巩固它们的合法性起作用的（Beetham，1991，pp.98－99）。我们不能低估例行化的力量和自我约束的能力。尽管如此，这种循环从来不是完美的或者完善的，它受到相关背景的影响，不论这种影响是在不同的国内政治领域还是在国际规制中（Franck，1988，1990）。合法性对于任何规制系统或者知识结构都是完整的，而且它可以存在于权威地位或者制度之中（Tyler，1990，P.29）。然而，它是一个复杂的概念，这个概念不仅包括信仰，还包括合法性、司法果断性和承诺；不仅包括主动的，还包括被动的。当然，也许与本章主旨相关的才最重要，但我们要看到这些潜在的不同解释。本章从强调合法性问题的视角考虑有害税收行为提案和其规制背景，因为金融服务部门是合法性和承诺被文化和政治细节高度影响的领域，并因此服从于不同的、有时甚至相互矛盾的解释（Gilligan，1999）。

在特殊的背景和特殊的问题中，对合法性的理解不能一成不变，因此，把它视为信仰和评价的统一体是有益的。萨奇曼（Suchman）提出了三种组织合法性的模型：（1）实际合法性（pragmatic legitimacy）——出于利己主义的考虑，强调交易和价值的观念；（2）道德合法性（moral legitimacy）——标准化估价是至关重要的，强调结果、程序、结构和人格观念；（3）认知合法性（cognitive legitimacy）——至关重要的是能理解、强调可预言性和有理性。虽然把合法性刻度从实际向道德和认知提升还存在困难，但是它可以达到更深刻和自立的合法化水平（Suchman，1995）。像有害税收行为提案这样的规制方案，当然包括多边规制方案，可以提升或降低那些解释者们眼中所认识到的合法性系统；同样，这种方式在评价广泛的公司治理行动方案上也存在潜力。

在考虑金融部门的规制问题时，基于合法化的方式是特别有用的分析工具，因为金融服务部门的激烈竞争环境要求我们发展这一领域的规制。在金融服务规制的世界里，个人、企业和政府力量一直在发挥作用，与其他法律领域相比，它通过更灵活和模糊的因素发挥作用。政府和私人力量相互影响，监管者和被监管者交互作用。监管者对产业中的市场力量做出反应是不

第7章 多边规制行动

可避免的，而规制控制却是通过磋商和共生形成的一种互惠的制度安排。这并非静态现象，而是在规制框架下持续的政治适应过程，在这个过程中，参与者侵蚀既有的规则，进行变革游说，充分利用不同规制制度之间的差别。因而，形成竞争性规制空间的众多因素中最重要的两个就是：第一，要确保市场统一和限制监管范围之间存在一个持续的平衡过程；第二，要对风险意识和流动性有正确的认识。

辨别和区分多种多样的对多边规制方案的关键概念是合法性。对如何建立国际规制金融框架，FATF 和 OECD 这样的国际组织表现出了更高的姿态，他们越来越多地强调有关特殊程序的合法性。特别是，谁实际参与了有关决策的制定以及他们影响决策制定的相对水平。的确，在任何议题的激烈争论中，一个政党会试图通过主张某种全球观点的合法性，或者某种特殊现象的合法性，来说服他人支持自己的观点。这正是关于有害税收行为提案的案例。

然而，合法性却是特殊的文化事物，在意识形态、政治和文化的统治上扮演一个关键角色。这样，它可能很难适用关于金融规则系统的合法化标准，这种标准在辖区很大的法国和德国可能比较流行，而在辖区较小的马歇尔群岛却很难盛行。同样，在像列支敦士登和摩纳哥等地方，可能很难证明这样一些标准的合法性，它们只有相对很小的权限，而又严重依赖于其作为 GDP 组成部分的金融服务。例如，在竞争日益激烈的各个部门，辖区提供给投资委托人的保密水平可能首先与辖区总资金流量有关，其次与由这种资金流带来的费用水平和其他未来收入相关。在这种情况下，自我利益当然具有强大的影响力。

当我们审视规制的发展时，基于合法化的分析可能是有用的，因为规制规范和标准可以是地方的、国家的或者国际的现象。随着规制空间和对此的讨论更多、更具竞争性，其逐渐增加的重要性与参与者拥有特殊知识和（或）专业合法性相一致。无论它们本质上是地方的还是多边的，这种专业知识在规制争论中都具有战略意义。例如，国际论坛经常讨论 FATF 和 OECD 的黑名单，比如，为什么那些具有银行保密制度的权限在一些地方被视为阻碍，并且在其他交易背景下可能受到国际团体的惩罚。任何随之而来的制裁可能对小范围内的管辖权限有极大的伤害，而且引出合法性问题。有害税收行为提案并不是最近出现的唯一有异议的多边税收策略。例如，在很长一段时期内，欧盟各成员国政府之间的意见不一致，欧洲委员会和其他欧洲辖区，如瑞士，正在关注欧盟（由特殊欧盟成员国的利益驱动，特别是法国和德国）引入的储蓄税指导方针（以下简称为 EUSTD），该方针是根据各个成员国的居民资产信息制定的，成员国可能选择在他们的国家通过不同辖区来定位这种资产（Gilligan，2003）。

征税博弈的规制

看起来，政治投资和国际税收规制方案是高度关联的，任何人都不应对此感到惊奇。因为，非常现实地说，税收可以看做是政府的生命之源。的确，税收收入至少是维持政府运作和活力的非常关键的动力。类似的，税收结构既是微观也是宏观经济政策的关键，对商业组织本身、公众和私人部门内部以及双方之间也是关键。同样，特别真实的是，一个高度竞争的全球金融部门，其金融制度和金融中心要持续努力地维持或者增加它们的市场份额，税收制度和其他规制系统是不同辖区之间吸引资本的竞争要素。这种经济的和相伴而生的政治命令是规制系统结构的主要驱动力。它对资本投资需求非常敏感，同时它也是进行特殊规制改革的主要理由。

所以我们可以预料，不论是在哪个层次上，个人（究竟有多少人真的喜欢纳税呢？），还是国家财政部，或者国际组织，如欧洲委员会或者一个大型跨国公司（TNC），关于税收征管的争论和决定的期望会触及他们的私利。例如，一个合法的个人因税收目的决定将生意放在某个地方，这可能是其最重要的商业决定之一，而且可能产生强大的影响。关于这一现象的近期例子是，2004年6月，美国议会一些反对派不赞成美国国家安全局将一个100亿美元的合约给埃森哲（Accenture）公司，因为埃森哲公司的总部设在百慕大：

> 上周三，议会拨款委员会以35票比17票的投票结果修正了国家安全局的320亿美元的预算，目的在于阻止百慕大地区的公司取得这项合约，原因在于它不会向美国支付应有的税款……提案的发起者罗莎·迪劳若（Rosa DeLauro），一位康涅狄格州的共和党人争论道："国家安全局跟那些移居国外的人订立最大份额的合约是完全错误的，我们有两位在美国交税的竞争者"——她补充说（Godfrey，2004）。

尽管如此，这个合约实际上还是被埃森哲LLP公司赢得，它是埃森哲在美国的实体公司，它当然要在美国纳税。因此，随着相关法案在美国议会的通过，它们已经被修正，用以消除授予埃森哲公司合约的语言障碍。这一案例阐明了两个重要问题：第一，政治压倒性背景的实际影响是贯穿本章讨论的一个主题；第二，许多时候世界上很多地方已经反复出现的不

第7章 多边规制行动

满、混乱和含糊，可以被一些公司组织和（或）有钱的个人觉察得到，这些组织和个人利用这些现象避免或者逃避纳税义务。毫无意外的，这正是对问题的选择性解释。比如说：那些个人与组织提供一些用于说服他人的特殊战略，来减少和（或者）削减他们的税收债务。近些年后者已经变成一个规模数十亿美元的全球产业，而且，其增长不仅在一定程度上导致了对部分拥有高度银行保密系统地区的批评，也促进了特殊规制方案（如 EUSTD 和 OECDHTPI）的发展。

这种不断增加的经济体之间的相互联系在金融部门尤其显著。金融服务、金融产品和市场参与者不断增长的融合水平也不可避免地导致了持续增加的风险区域的形成。这些结果就是部门产品，这个部门正逐渐转向基于市场的，而非基于相互关系的金融中介。尽管这一趋势从个人走向现实，但如果预见性稍减少些，标准化问题仍然极其重要。另外，逐渐增多的金融中心表明，目前，规制方式可能大不相同的各个地区是相互依存的，他们都基于对全球金融的信任。

OECD 有害税收行为提案（OECDHTPI）

金融服务部门持续的风险扩张源于压力日益增加的信任网络，许多白领阶层的犯罪行为可以更容易被隐藏在数以百万计的电子脉冲之中。它能横跨无数地域的现代金融市场，不断进行复杂交易。这些年，正是这种风险扩张使国际组织（如 FATF 和 OECD）逐渐增加了相互联系。2001 年 9 月 11 日在纽约和华盛顿发生的恐怖袭击出现之后，这些努力变得更加强烈。尽管如此，2001 年 9 月 11 日前后，FATF 和 OECD 分别参加了特别列出的方案。这些方案广泛涉及诸如黑名单之类的问题，它突出了当前在国际金融服务运行中的司法权问题，FATF 和 OECD 认为，这些是有疑问的，或者说是非合作的。有害税收行为提案与本章有特殊关系。需要引起注意的是，有害税收行为提案真正开始于 1989 年的财政恶化报告书，其中四个单独草案是 OECD 的内部讨论文件。但是，OECD 对这些问题的第一个公开出版物是 1998 年 5 月的《有害税收竞争》（OECD，1998）。这份报告指出，识别有害税收实践的四个关键标准应该是：（1）避税港实行零税收或者有名无实的税收，提供税收减免的成员国实行零税收或低税收；（2）缺乏透明度；（3）缺乏有效的信息交换；（4）避税港没有实质行动，提供税收减免的成员国的"围栏制度"（ringfencing）（OECD，1998，pp. 19 – 35）。

2000年5月，OECD宣布了以下34个管辖区域符合OECD对于避税港的技术标准：安道尔、安圭拉、安提瓜和巴布达、阿鲁巴、巴哈马、巴林、巴巴多斯、伯利兹城、英属维京群岛、库克岛、多米尼加、直布罗陀、格林纳达、格恩西/萨克/奥尔德尼、马恩岛、新泽西、列支敦士登、利比里亚、马尔代夫、马绍尔群岛、摩纳哥、蒙特塞拉特岛、瑙鲁、荷属安的列斯、纽埃岛、巴拿马、萨摩亚群岛、塞舌尔、圣卢西亚、圣克里斯托弗和尼维斯、圣文森特和格林纳丁斯、汤加、特克斯和凯科斯群岛、美属维尔京群岛和瓦努阿图（OECD，2000）。2002年4月，OECD公布了它的第二份黑名单并将其命名为《非合作避税港》：安道尔共和国、利比亚、列支敦士登、马歇尔群岛、摩纳哥、瑙鲁和瓦努阿图。2003年5月，名单经修改撤掉了瓦努阿图（OECD，2003a）。2003年12月，名单中又撤除了瑙鲁（OECD，2003b）。2004年3月，OECD在发展报告中声称仍然将安道尔、利比里亚、列支敦士登、马绍尔群岛和摩纳哥列为非合作避税港（OECD，2004b）。

从2000年5月开始，OECD一直在非常努力地劝说最初的34个辖区，要求他们答应消除那些OECD认为有害的税收准则。例如，2001年11月，OECD报告宣称其战略的成功，它把阿鲁巴、巴林、马恩群岛、荷属安的列斯和塞舌尔列入为同意消除有害税收准则的"承诺地区"，而且另外声明，由于近来立法和行政机关的更替，"不会考虑将汤加放到任何非合作国家和地区的名单中"（OECD，2001b，9）。从那时起，许多辖区出现了对未来或者其他形式的承诺，这些辖区包括：巴巴多斯、安提瓜和巴布达、格林纳达、圣文森特和格林纳丁斯、格恩西岛和新泽西、圣卢西亚、多米尼加、安圭拉、特克斯和凯科斯群岛、美属维尔京群岛、巴哈马、伯利兹城、库克群岛、英属维京群岛、纽埃、巴拿马和萨摩亚群岛等。OECD把不同辖区的承诺视为其关于有害税收竞争战略成功的指示灯。然而应该注意到，不仅选择性社会建设与OECD目前取得的成功水平相联系（更多细节将在下面讨论），还有对有害税收行为提案的内在合法性进行的实质性批判。许多被登记在OECD名单中的国家和地区在媒体上和其他公共论坛中，多次抱怨这样一种分类方式。例如，加勒比海共同体（CARICOM）曾经批判OECD、FATF和金融服务论坛（FSF）的做法：

> 加勒比共同体的政府领导人们在卡努安岛召开会议，圣文森特和格林纳丁斯表达了对G7最近一系列策划活动的深切关注。这些单方面的以及与国际惯例不一致的活动，损害了加勒比地区在提供全球金融服务方面的竞争能力……

第7章 多边规制行动

这些政府领导人注意到，每份这样的报告都是由一些机构准备的，这些机构中没有加勒比地区的代表，而且这些报告基于不完整信息，遵循这些机构设定的单方面标准。他们对这样的事实感到痛惜，这份名单的目的是在投资社区和国际金融市场中给这些地区抹黑；他们谴责 OECD 的行动，尤其反对由七国集团促成的国际市场经济体系；他们重申 OECD 建议的行动方案在国际法上是没有立足点的，而且与发展国家间的关系是背道而驰的（CARICOM, 2000a, pp. 8 – 9）。

巴巴多斯群岛的首相和财政大臣欧文·亚瑟（Owen Arthur）痛斥了他眼中 OECD 的做法："制度帝国主义"和"运用粗鲁的威胁和侮辱"（2000 论坛）。这些批判的基本观点是攻击 OECD、FATF 和 FSF 方案的合法性和可信性。这是一个构建竞争性社会合法性的清晰案例，可以用它来解释对同一社会现象的不同看法和评价。一些评论家认为，有害税收行为提案的主要动机是关注某些 OECD 成员因税收管理战略导致的个人或法人的高净值税收损失。例如，圣文森特和格林纳丁斯的首相詹姆士·米切尔（James Mitchell）说：

> 有一点需要明确，有害的税收竞争和贩毒以及洗黑钱一点关系都没有。我们没有做任何违法或者不道德的事情。税收竞争实际上是关于谁的财政部赚到这些钱的问题。国际金融社区促成了竞争和开放的市场，但是当我们成功的时候，他们却宣布那是不公平的（CARICOM, 2000b）。

注意到以下这点非常重要：OECD 的成员资格被强大的先进经济体控制，而且大多数出现在 OECD 黑名单中的成员都没有很好的表现。从那些最受影响的成员的兴趣和呼声出发，OECDHTPI 的评论家突出了这种评价及列入黑名单过程中有关被排除在外的事物。例如，2003 年 2 月，安提瓜岛和巴布达岛国际金融服务首席谈判代表罗纳德·桑德斯（Ronald Sanders）认为有害税收行为提案的早期努力是"高压的"。

名单中的成员不支持自己被列入黑名单并不令人意外，而且，这可能符合一些合法化理论家提到的"缺少服从力"的思想。在这种缺乏服从力的概念下，规则、方案或者规制结构的合法性越是被那些接受其影响力的成员感受到，越会受到更高水平的一致性服从。同样，特殊规则的合法性水平越低，它受到的服从水平就越低。有趣的是，服从力与合法性的关系是互动的，服从力水平的提升会加强规则、方案等的合法性和服从水平；反之，降低的服从水平会有反作用（Raustalia & Slaughter，2002，P. 541）。相互影响的服从力与合法性关系对于有害税收行为提案非常重要，而且对它的最终成功也至关重要。从 2000 年起，OECD 采用了经典的"胡萝卜加大棒方法"。"胡萝卜方法"可以从它与方案评论家相互影响的增加中看到，而"大棒方法"则从对有问题地区的惩罚措施及威胁的许多信号中清晰可见。两种方法的目的都将促使服从水平成为它的首选标准，而且在最能接受它影响力的成员之间增加方案自身的合法性。

尽管已经在一些地区受到各种猛烈批判，对"大棒方法"的约定可从如下事实中看到，OECD 似乎热衷于这种剔除那些他们感觉与国际标准不一致的国家或地区的战略。然而，还是有另外一些人持不同观点。例如，像国家纳税人联盟（NTU）、自由和繁荣中心（CFP）这样的游说团浮现出来，在税收竞争争论中扮演了姿态鲜明的角色。毫无例外，国家纳税人联盟、自由和繁荣中心与很多其他游说团一样，都建在华盛顿，而且针对有害税收行为提案的全面合法性进行激烈争论。自由和繁荣中心提出了大量的战略备忘录和其他出版物，他们认为有害税收行为提案对个人自由主义持有敌意，有损自由交易的观念，因此触犯了美国的国家利益（CFP，2001；Mitchell，2001）。从 2001 年 1 月开始，自由和繁荣中心制造了一些政治事件，从那时起，共和党人取代民主党人成为美国总统，这似乎对有害税收行为提案的动力和时间表有一个延缓的作用。例如，自由和繁荣中心不断重申它的选择性社会结构，以下是 OECD 从一些辖区地收到的承诺书：

> 基本上所有寄往总部设在巴黎的机构的委托书都包含公平竞争条款，声明这些地区不会执行不好的税收政策，除非所有 OECD 成员国都同意遵守这些被误导的规则（Mitchell，2002，P. 1）。

这种对应用于所有受影响辖区（无论它们是不是 OECD 的成员）的世界标准的需求，促成了著名的"马恩条款"的形成，马恩是第一个坚持自己对 OECD 的承诺书的地区，它对 OCED 的承诺依赖于所有 OECD 成员采用相同税收竞争的承诺水平。从那时起，许多随后与有害税收行为提案签订承诺书的其他地区都插入了这条"马恩条款"，作为他们自己承诺的条件。现在，米歇尔使用比有关地区的承诺书更轻蔑的语言描述所谓的"马恩条款"，但它突出了对 OECD 所解释的有害税收行为提案形成的合法性的挑战。同时应该指出，OECD 自己也承认其成员之间对有害税收行为提案也存在很大分歧。比如，2001 年比利时与葡萄牙从发展报告中退出；1998 年卢

第7章　多边规制行动

森堡收回了它一直维持的弃权，然后在 2001 年又重新提出弃权；瑞士从 1998 年开始提出了它对任何承诺的后续行动的节制政策（OECD，2001b，P. 4）。OECD 2004 年发展报告中承认了瑞士和卢森堡的这种持续的节制政策（OECD，2004b，P. 4）。

所以很清楚，OECD 在这一领域的战略看法不会全部一致，而且在一定程度上不可避免地会破坏合法性和随后行动的效果。例如，国际税收和投资组织①（ITIO）秘书长丽奈特·伊斯特蒙德（Lynette Eastmond），曾质疑 OECD 成员和其他发达经济体是否明确准备遵守发展中的小经济体（small and developing economies，SDEs）的标准要求（Tax-news. com，2001）。伊斯特蒙德女士的评论特别关注比利时、卢森堡和葡萄牙的立场及随后推出的 OECD 2001 年发展报告（OECD，2001b）。国际税收和投资组织（以下简称为 ITIO）源于联合工作组的跨境税收事务，它本身就是一个调节 OECD 和许多发展中的小经济体（其作用类似于海外金融中心，由于 OECD 和其他特殊国际组织不断增加的干涉行动而感到威胁）之间逐渐增长压力的方案。ITIO 是许多受有害税收行为提案影响的团体做出的一系列战略反应之一。ITIO 得到了联邦秘书处的支持，而联邦秘书处也在批判 OECD 某些方面的做法。比如，"当 OECD 要求海外金融中心透明的和开放的税收制度时，它本身寻求国际合作的过程却不那么透明和详细。这个过程的多边主义是可取的"（联邦秘书处，2000，P. 9）。尽管如此，ITIO 不停地强调："包括 ITIO 成员在内的非 OECD 国家，长期以来被要求不得不执行连 OECD 国家他们自己都拒绝接受的标准"（ITIO，2002）。据报道，ITIO 尤其抱怨"整个过程缺乏公平竞争的环境"，这正是 OECD 针对有害税收行为的斗争（Banks，2002）。ITIO 积极地从事使其成员行动合法化的活动，并热衷于提供更多积极的结构选择使自己在现代金融服务部门中发挥作用，而不像 OECD 黑名单那样产生更多的消极影响。我们可以将自由与繁荣中心、联邦秘书处以及国际税收和投资组织的活动看成是降低有害税收行为提案在任何层次的合法化水平的尝试。作为这场丧失合法性活动的一部分，ITIO 和信托与财产从业者协会（STEP）② 联合，委托司特曼（Stikeman）律师事务所对 OECD 从事

---

① ITIO 的成员有：安圭拉、安提瓜和巴布达、巴哈马、巴巴多斯、伯利兹城、英国维京群岛、开曼群岛、库克岛、马来西亚、圣基茨和尼维斯联邦、圣努西亚、特克斯和凯科斯群岛、瓦努阿图。在 ITIO 中有正式观察员身份的组织包括：加勒比海联盟（CARICOM）秘书处、英联邦（the Commonwealth）秘书处和太平洋岛屿论坛（the Pacific Islands Forum）秘书处。

② STEP 在 26 个地区设有分支机构，拥有 8000 多会员，他们大部分曾在法律、会计、信托公司、银行、保险及相关行业任职。

的与有害税收行为提案有关的程序进行了评估（Stikeman Elliott，2000）。

这些在税收竞争讨论中推进公平竞争环境观念的努力，有助于全球税收论坛的建立。全球税收论坛正寻求将受有害税收行为提案影响的 OECD、OECD 成员与很多辖区的税收竞争问题紧密联合起来。后者被 OECD 描述为非 OECD 参与伙伴（NOPPs），这种术语不仅表明当 OECD 对非 OECD 成员的优先权变得更敏感时，OECD 采用的方法是柔和的，还表明在税收竞争问题上更需要合作的方法。2003 年 10 月，这个全球论坛在渥太华召开，2004 年 6 月在柏林再次召开。在柏林，论坛提出了一个旨在进一步努力推进公平竞争环境形成的政治文件（2004 全球税收论坛）。全球税收论坛的战略重要性正在不断增强，针对有害税收行为的联合行动需要不同的执行能力，OECD 似乎已经逐渐认识到了这一点。尽管有证据表明合作在增加，但是，是否可以建立全球性公平竞争环境仍然难以知晓，仍可能出现更多的冲突性交易，并且，随着未来政治经济状况的变化，对税收竞争的辩论也正在衰退和泛滥。在有关税收竞争的辩论中，不同参与者对相同政治和经济事实提出了可选择的社会结构，以使他们各自支持者的行动合法化。其实，这些可选择的社会结构很普通，它是由个人、群体以及世界范围内、不同环境下的组织集体参与而成。同样，我们不应对多边环境下不同参与者的不同影响力这一事实感到惊讶（Dagan，2002，P. 23）。例如，同一时期只有一个超级强权，因此，美国对大部分多边背景的影响力大于其他地区是不可避免的。

结　论

从这一讨论中可以得到什么结论？

第一，不可否认，有害税收行为提案，特别是它的黑名单战略有重大的刺激效应。OECD 秘书处虽小，但其影响力却是很大的。OECD、FATF 和 IMF 重要规制行动的累积效应正在加速海外金融中心的等级层次化过程。由于 OECD 正在说服一些非 OECD 成员贯彻 OECD 成员自己都拒绝接受的标准，一些地区加深了对这一进程的不满。

第二，在全球化时期，许多地区之间的经济和政治纽带正在加深，这些地区在逐渐扮演调解由这种纽带加深带来的商业利益的角色。政治背景仍然至关重要，而且几乎不可避免地与既定利益的预期紧密相连。当本地（国内）政治优先权更多地与国际政治和国际商业需求纠缠在一起时，这些发展正在影响这些地区的主权。规制世界反映了那些声称自己有影响力的领域

第7章 多边规制行动

的真实情况，因此，上述状况不断发展的主要结果是规制结构和过程变得更加国际化。许多治理模式日益呈现，这些模式有能力产生全球范围的影响。这种政治事实说明，在网络时代治理规制关系正在被重新配置，这种重新配置是由政府和公司治理被架空的趋势所推动的。像OECD这样的守门人，他们在经济世界中逐渐增加的重要性也是这种趋势的结果，而且，它们的影响力和它们受到的来自一些团体的攻击也正是因为这种正在起作用的力量，这并不令人感到意外。

第三，有必要记住：不同地区对他们各自的合法利益有不同的理解。有害税收行为提案在多大程度上攻击避税港，又在多大程度上保护OECD内部成员国的法人或者自然人的行为，这是很难分辨并正确评价的。尽管全球化的主要趋势增加了商业透明度（最近因为对恐怖主义融资的关注而在相当程度上增强了），但一些地区，包括某些OECD成员和某些海外金融中心却保留了更强的保密规定承诺，即使它们的一些成员在金融体系中追求更强的透明度。这种政治、社会和经济不对称的含义显而易见，这是对金融系统应该达到的适当透明水平妥协的结果。立法和政治压力不会自动实现这一目标。在许多情况下它更可能是支持性规制框架和普遍承诺水平（即在政治和商业环境下，对作为关键因素的特殊行为标准的承诺水平）的联合效应。

如果笔者现在解释一下乔治·奥维尔（George Orwell）的理论，则以上的讨论说明，OECD有害税收行为提案的经验看起来暗示了所有金融中心在理论上都是平等的，因为它们都可以进入全球性金融部门，而实际上其中一些金融中心却比另一些更重要。就像我们所看到的，为迎合普遍的政治现实，OECD有害税收行为提案的姿态和语气在过去的几年已经改变了，包括反对者的声音效力和有影响力的团体对OECD的遵从程度。尽管如此，除了政治力量的影响之外，不应该忘记标准化因素的影响以及这些因素是怎样有助于形成合法化程度的。

当我们试图理解合规问题时，无论是在地方，国家或者是国际水平上，标准化问题都至关重要。弗兰克（Franck）试图努力建立起一般性的合规理论。他强调，合规水平取决于对团体规则合法水平的认可程度（Frank, 1998, P.706）。关于"合法性和合规水平之间的线性关系，即合法性增长，服从水平也增长"的经验证据是确实存在的（Tyler, 1990, P.57）。大多数人认为应该遵守法规，而且这种普遍性合规准则被规制者和国际组织视为可获得的最大资产。这种更宽泛的标准化承诺对金融服务部门预防国内和国际犯罪战略至关重要，而且与所有的金融中心都有关，无论它们是较大的国际金融中心还是较小的海外金融中心。

同样的，人们不该忘记亚当·斯密《看不见的手》（价值规律）的强大影响力，即市场力量本身，特别是消费者对金融服务和产品的决定和选择。消费者可能参与不同地区之间的市场交易。然而，对一些人来说，管制不足就像管制过度一样。一些投资者可能偏好于更有价值的金融中心，因为这些金融中心在稳定性、投资者保护和透明规制标准声誉等方面可能更好。另外一些投资者可能选择那些规制制度并不繁琐、成本更低的或者保密规定更好的金融中心。不难理解，在这种交易规制模式下，金融交易中心会开发成本或者其他结构优势，如特殊的地区公司法系统或者银行保密水平，以赢得竞争优势。

我们急需不断地进行更多的、持续性经验研究来讨论像OECDHTPI这样的国际规制行动的功效。税收竞争领域已经有这样的计量经济学研究。贾尼巴（Janeba）和施耶尔德鲁普（Schjelderup）的研究发现，增长的税收竞争可能给社会福利带来全面积极的效应，因为尽管公共品的供给会减少，但同时，政治家租金也会减少（Janeba & Schjelderup, 2002）。尽管如此，在调查与国际税收协调相关的难题时，索伦森（Sorensen）发现，任何产生重要积极作用的方法都是全球性的而非地方性的（Sorensen, 2001）。当我们试图区分诸如OECDHTPI这样的多边规制方案时，在计量经济领域仍然存在这种确定性。然而，尽管缺乏这种确定性，这一领域的多边规制行动仍然在增加，而且不仅是OECD。比如，IMF通过财务评估计划及标准和法规遵守报告努力开发评价不同地区金融服务部门的普遍性方法。

本章渗透了专业研究和更一般性讨论，再次审视本章的主题，即国际税收竞争决策制定的理论和实践方面的重要哲学、政治和经济问题——规制竞争应该走多远？这一问题可以从不同角度看。像OECD这样的国际组织应该在税收或者其他任何与交易相关的领域形成什么样的规制竞争水平？谁应该为国际金融服务建立规制框架，另外，应如何管理它们以保护受影响的参与者的合法利益，比如说，在开放市场竞争的权利或者一个地区保持它税收基础的权利？

成功的国际监管就像圣杯一样，令人神往而又难以捉摸，需要用心去衡量，需要开明地制定决策。现在，越来越多的证据表明，成功的多边规制行动和对这一行动合法性的认可两者之间存在一种依赖关系。以上的讨论表明，在评价多边方案和守门人如何形成、运转特别是如何适应它们的战略及结构方面，基于合法化概念的方法不仅有用，而且可作为当代治理实践中一些重要的政治决策窗口。增长的规制竞争并没有坏处，但它必须通过适当的核查与制衡来进行调节。不可否认，在国际金融市场上，由于国家税收权威

第7章 多边规制行动

而形成的实际资源数量正在逐渐减少、隐蔽或被投资。如何使单一民族国家的税收收入、金融中心的市场准入，金融制度的自由运行符合竞争性要求，是一个实质性的挑战。在国际权利发展的过程中，应着重把国家主权问题纳入进来，并且，对受影响的地区的纳入范围应该更广，以便使多边规制行动有成功的现实希望。同样，无论何时，众多政治和经济现实都应该是人们关注的焦点，尤其越是不发达的经济体，其规制能力越差，事实上，它们在大多数领域都缺乏能力。最终，那些基于激励模型的需求方战略可能是有效用的，它们在确保所有国家拥有能形成最优社会资本水平的功能性征税系统的同时，不仅减少所有国家的征税负担，还推动不发达地区的有益发展，有效地实现全球和地区经济的融合——这就是他们所说的"大要求"。的确，这种要求在实践中可能无法达到，但在金融市场和服务的治理中，追求这样一个目标为调节国际－国内紧张关系提供了可能。

第8章

作为规则的公司社会责任：民主引发的争议

利萨·怀特豪斯

引 言

为了与本文集所提出的各种观点保持一致，这一章主要考察公司权力的本质和范围，英美法律体系对这一观点的看法，以及"公司社会责任"（CSR）对公司治理现状的挑战。安然和帕玛拉特的破产，证实了现有系统的缺陷，这已经由该领域的学者进行了成功分析（例如，可以参考 Melis，McBarnet）。为了寻找某些有效的方法来解决这些问题，奥布莱恩（O'Brien）提出了一种替代方法，以代替目前常用的以"强制自动调节"为主要形式的专门管理和自愿的积极性行动。然而，麦克巴内特（McBarnet）主张使用"自上而下"的方法，这种方法主张经理的态度应该由"创造性遵从"规章制度转变到对法律精神的遵从。为了给这一有价值的争论再添加一些有价值的东西，本章认为"公司社会责任"制度的实施能极大促进提议的成功。从整体上看，公司社会责任这一制度有可能解决目前范式的失灵之处。

本章首先对英美公司法律体制的隐含假设进行了剖析，这种体制把公司看做是一个为实现公司股东优先权以及公司"利润最大化"的私人机构（Roach，2001；Wedderburn，1985），同时也专门制定了其他制度以保护其他利益相关者（如雇员和债权人）的利益。然而，对"法律允许范围内的利润最大化"这一观点的质疑声不绝于耳，其中最引人注目的应是"公司社会责任"这一概念的提出。"公司社会责任"主张公司在追求利润时，除了要遵守法律，还要遵守其他的规定。

然而，正如本章第二部分将要指出的那样，当学者和政策制定者认为公司权力存在越来越多的问题时，他们提出的解决方法却被证明是没有实质内

第8章 作为规则的公司社会责任：民主引发的争议

容、且缺乏足够理论基础的。例如，公司社会责任的目标是什么？如何证明这些目标是合理有效的？应该采用什么标准来评价这些目标是否已经实现？由于这一概念的倡导者未能对这些问题做出实质性的回答，使得公司社会责任这一理念在运作过程中成为一个"空匣子"，缺乏合法的规范框架，且不能有效反驳质疑性观点。

为了使争论更加清晰，本章的第三部分将借鉴基本的民主原则，提出一个有意义的公司社会责任的概念。从20世纪80年代，西方自由民主就对经济价值赋予优先权，自由民主以及国家、公司和公民之间权利关系转变也被赋予优先权。这就产生了这样一种关系，公司与作为权力中心的国家竞争。当私营公司以一种不负责任、甚至不加约束的方式来操纵公共权力的时候，人们认识到权力的制衡问题已经迫在眉睫（Hertz, 2002; Klein, 2000; Monbiot, 2001）。公司权力已经超越了由民主协定确定的合法性边界。

尽管这样，调解者仍然认为公司社会责任这一理念的前景是光明的。因此，应该鼓励公司去努力实现这一理念，而不是仅仅把它看做是在民主构建过程中恢复公司权力的必要工具（正如由最近一系列自愿行动所证实的那样，这些行动由以下部门发起：2002年和2004年的贸易与工业部，2001年和2002年的欧共体委员会，以及全球契约形式的联合国）。立法者不愿将公司看做一种重要公共权力的来源，使得公司社会责任成为一种工具，它鼓励公司接受高于法律所赋予的责任，而不是公司所设想的运营模式转变。

为了转变这种趋势，本章将以民主作为探讨公司社会责任的基础。不管个人或团体为社会做出了多大的贡献，自由民主都不能够容忍公共权利在他们手中被滥用（Stokes, 1986, P.178）。因此，如果将公司权力限定在民主协定范围内，那么公司规章有必要全力确保公司权力是有责任的，且基本民主价值是得到保护的。公司社会责任可以调整经济关注的范围，并在规制框架内恢复公司的社会价值。为了实现这一目标，采取的方法是转变"强制自动调节"的管理办法以及自愿的积极性行动的管理理念。通过确认大公司实施重要公共权力的潜在能力，学者、政策制定者以及立法者等相关人员必须来重新评价目前的公司发展模式。

控制公司权力：目前的范式

从20世纪50年代，大型私营公司对于社会、经济、政治的权力掌控引起了学术界的密切关注。例如，加尔布雷斯（Galbraith, 1952, P.29）在

1952年写过相关内容。

> 随着公司规模的扩大，其决策将影响更多的雇员，过高的价格将会影响更多的消费者，过度投资的政策将会对收入、民生和社区环境造成巨大影响。

大量当代文献资料提供了很多关于公司活动造成负面影响的案例，这些案例表明当前也存在着相同的问题，且公司权力膨胀的同时，并没有伴随与之相对应的、用以使这些权力合法化的规制措施的增长（Hertz，2002；Klein，2000；Monbiot，2001）。虽然这种情况在欧洲以及美国已有所改进，例如，在确保审计过程和金融市场的完整性方面（例如，美国2002年的公众公司以及投资者保护条例，即《萨班斯－奥克斯利法案》），对雇员的保护（例如，1996年的雇佣保护条例）和环境保护（例如，1990年的环境保护条例）等方面。但是，从20世纪早期，英美公司法律体系所要求的公司行为的基本目标并没有多少改变。正如伯利（Berle，1931，1949）所指出的：

> 赋予公司、公司管理层或公司内部的任何团体的所有权力，不管是起源于法规条例还是章程制度或者二者兼而有之，都是必要的，并且只有当股东有权获得且能够获得合理收益时才具有实践意义。

2000年，凯利（Kelly）和帕金森（Parkinson）拒绝"股东独占"，转而支持更具广泛利益的公司各利益相关者，表明这项基本责任具有的持久性。如前所述，有许多强调股东利益的观点，对这一观点进行总结仍然是有意义的。一种传统的争论起源于所有权这个概念。虽然具有争议，但公司作为一个独立的法律实体，拥有它自己的财产（例如，可以参考原著第144页第三段的有关内容）。因此，认为股东拥有公司或至少拥有公司的资本的观点是被普遍接受的，毕竟"他们承担着由于公司的资本而带来的剩余融资风险"（Gamble & Kelly，1996，P.73）。正如爱尔兰（Ireland，1999，P.33）解释的，这项假设的结果是，作为"所有者"的股东有权利从自己的利益出发去运营公司。

> 股东享有优先权是这种假设的自然推论，即便不是完全优先，如果在不存在排他性的情况下，股东在运营公司的时候应该拥有某种实质的权利。

第8章 作为规则的公司社会责任：民主引发的争议

20世纪30年代，伯利和米恩斯（Berle & Means, 1936）指出公司所有者和运营者之间存在不一致问题时，所有权和股东排他性之间的关系就成为一个问题。他们具有开创意义的工作成果为"所有权和控制权相分离"提供了经验上和规范上的说明（Ireland, 1999）。伯利和米恩斯发现在公司管理方面已经出现的变化，即从所有者管理公司到由职业经理人管理公司。他们认为股东可能不愿意或者没有能力管理公司，并且认为这种情况提供了一种机会，即能够扩大公司决策涉及的利益范围，"所有者或管理者的要求都不能与社区基本利益相违背"（Berle & Means, 1936, P.356）。更重要的是，正如斯托克斯（Stokes, 1986, P.178）指出的，伯利和米恩斯的发现暗示着股东排他性权力不再具有合理性。

> 对私有财产的一个辩护是，资产的最优配置源自所有者（假设他们控制自己的财产）追求自己利益，这导致公司仅以"股东利益为导向"运行的合理化。明显的，一旦大型公众公司的股东不再对他们的财产拥有任何真实的控制权或者责任的时候，这种辩护就无效了。

控制权和所有权的分离与否定股东优先权之间的关系曾受到帕金森（1996）的质疑，帕金森认为后者没有必要追随前者。当所有权的合理性仍具有争议时，关于股东是否享有公司所有权这样一个更基本的问题又被提出了。

爱尔兰试图揭示出他称之为"所有权神话"的真相，他认为，由于股东的多样化，被动投资以及独立公司人格，股东的地位已由所有者转化为"租赁者"，也就是"那些持有公司股份而不是红利，但得不到什么利益或者没有直接利益的投资者"（Ireland, 2000, P.147）。因此，股东在公司方面不应当得到专门特权或者排他性的控制权利。

爱尔兰的观点可能会忽略源自于所有权的合理性，还存在着关于股东独占性的其他辩解理由，例如它是最经济有效的选择。正如伊斯特布克和弗希尔（Easterbook & Fischel, 1989），詹森和麦克林（Jensen & Meckling, 1976）所主张的，由于公司是"契约的集合体"，作为一个关系网，公司不服从于所有者或所有者权力。因此，股东并没有因为拥有所有权而获得优先权，而是因为他们能确保公司高效运作而获得的。正如凯利和帕金森（2000, pp.118-121）解释的那样，根据契约理论中的"交易成本"概念，理性的经济参与者会以一种使交易成本最小化的方式签订契约。公司的其他利益相关者权力具有开放性的特点，因此，他们就有可能使其所有的投资都置于危险之中,并且不能通过契约很好地保护自己。然而,股东与他们不同,股东拥有治理权力。

凯利和帕金森(2000,P.12)并不认同这个观点,提出了一种更加多元化的解释。他们认为,剩余风险的承担者拥有控制权的观点是正确的,但是股东并不是这种风险的唯一承担者。例如,在某种专业工作岗位就职的雇员也承担着这种剩余风险,因为他们不可能随意流动,且公司也会培训新员工来替代他们。他们的风险不是固定的,这样就把他们置于与股东相同的位置上(Kelly & Parkinson, 2000, pp. 124-125)。

依据英美公司法律,这种争论未必能证实赋予股东优先权的合理性,这说明该目标的实践已经取得了巨大进步。有假设认为,公司管理者要优先保证公司利益,这种利益等同于股东利益,以及股东的财产利益,并且事实上与创造利润以及利润最大化也是等同的。从"公司利益"到"利润最大化"观点的跳跃遭到了卡罗(Carrol, 1991, P.41)的质疑,他认为当利润动机被引进用以加强公司关系时,"在某一点上,利润动机转化为利润最大化的概念,并且从此以后这个概念就一直延续下去了"。

然而,利润最大化合理性源于这样一种经济理论,即认为只有在社会财富最大化的时候才能够实现"公共利益"(关于"公众利益"概念的详细内容请参考费恩塔克(Feintuck)出版于1970年的书),因此公司应该通过利润最大化来实现"公共利益"这个目标。

根据帕金森(1996,P.41)的理论,利润最大化不能够并且不应该在没有任何约束的情况下实现,这主要是依据两个原因提出的:第一个原因是,当经济方面的考虑可能成为公众利益的一项必不可少的部分时,如果经济并不比其他方面更重要,那么其他方面的价值也应该进行同等考虑。第二个原因是,市场失灵可能给公司带来成本,且这种成本是公司无法内化的,因此导致了资源的无效使用,以及社会整体财富的减少。然而,科斯(Coase, 1960, P.18)认为单个公司或市场具备有效处理"负外部性"的潜力。他对完全竞争存在的信心使帕金森(1996,P.42)认为,市场的失灵允许公司"忽视公司行为对他人影响的成本"。相应的,社会通过规则制度来阻止"负外部性"的问题。

对利润最大化这个最终目标的重重约束,产生了又一种说法,即帕金森(1996,P.42)所定义的"法律允许范围内的利润最大化"。这种说法明显出自英美公司法律,通过追求社会总体财富最大化,并通过制度减少可能产生的社会成本,服务于"公共利益",这证明了该说法的合理性。弗里德曼(Friedman)的文章可能有些过时,但它精确归纳了目前公司法所规定的商业责任。当前，法律规则认为"只要公司活动处于法律规则之内，那么就可以使用资源用以增加利润"。

然而很明显，人们非常不满意"法律范围内利润最大化"这种观点，首先是由于法律设计保护特殊利益，使得在面对由公司活动造成的危害时，很多个人和团体的利益得到很少或得不到补偿（明显的例子是，1984年联合碳化公司在印度波帕尔的有毒气体泄漏事件，以及1989年美国埃克森美孚公司Valdez油轮的原油泄漏事件等）。其次，很多公司选择忽略这些条文规定并且采取违法的活动，或者就像麦克巴内特在这本书中所提出的一样，公司"创造性地服从"法律。因此，目前的法律约束和强迫程序在解决负外部性方面是无效的。

第三，公司采取的行动可能是在法律允许的范围内，却偏离于社会所期望的道德标准。瑞切（Reich, 1998, P.9）引用了一些不道德但却为法律所允许的例子，比如使用童工和在给总裁加薪的同时裁员。当一些不道德的行为受到媒体关注的时候，例如安然和世通的案例（其他案例包括壳牌在1995年对布兰特·史帕尔（Brent Spar）储油平台的处理，以及1970年雀巢婴儿食品丑闻），我们必须意识到，还有很多没有被察觉的不道德的事件正在发生。

已有很多例子证明，目前的规则制度不能令人满意，近期对于全球化问题的抗议就是这方面的体现，但是还存在着大量关于在一个社会内公司角色的争议，而这又产生了很多的概念，包括"公司社会绩效"（Carroll, 1991; Wood, 1991）、"公司公民"（Andriof & Mclntosh, 2001; Mclntosh, 2003）和"可持续性"（Andriof & Mclntosh, 2001; Henderson, 2001）。然而，这一章的剩余部分主要关注公司社会责任的概念，这一概念是最近75年争论的焦点。

公司社会责任

自从20世纪30年代对公司社会责任这一概念进行争论开始，已有大量关于此概念的学术文献，并且这个概念已经在全国范围、欧洲范围以及世界范围内进行传播（包括欧洲共同体关于公司社会责任的绿色文件以及联合国全球契约）。然而，尽管我们对它非常熟悉也经常使用，但是却没有一个为人们广泛接受的定义和理论框架结构。正如赫丝特（Hester, 1975, P.25）所指出的，"尽管在过去十多年中，已有很多企业家积极采用了公司社会责任的概念,但是,对于公司社会责任的具体概念,以及如何实施并没有达成一致意见。"

尽管对公司社会责任的概念缺乏统一的定义,但是可以这样认为,公司社会责任是在确保公司不仅仅遵守"法律原则内的利润最大化"的同时为股东谋福利。正如安卓和麦景图(Andriof & McIntosh, 2001, pp. 15 - 16)所主张的公司社会责任的理念:

> 产生于公司领导的这样一种理念,即认为除了赚钱,公司能够并且应该在社会当中起到一定的作用。它包含这样一种观点,认为公司的任何一项活动都会对公司内部或外部产生一些影响,这个范围从顾客和雇员到社会团体以及自然环境。

除此之外,很难再把这个概念更加具体化、专业化,但是通过考察一些有关该主题的相关文献发现,这些文献的结论也不一致,但至少可以了解到这个概念的外延内容。

公司社会责任的范围:从"合理的自我利益"到"公众利益"

合理的自我利益

董事的法律责任是保障公司利益的优先,这已成为公司社会责任以及该理念倡导者引起争论的焦点,并成为改革的主要障碍。在决策制定过程中,明确禁止考虑除股东以外的利益,正是否认了公司参与除利润最大化之外行动的可能性。正如克拉克森(Clarkson, 1995, P.112)所写的一样:

> 只要管理者赞成股东和股东利润的至高性,其他利益相关者的要求就处于次要地位甚至被忽略。管理者也没有必要去考虑公正、公平甚至真实情况。一心追求利润的任何行为,只要不违背法律,就是合理的。

20世纪早期,英国和美国的一些案例中强调了股东排他性的范围,以及这种排他性对其他利益的影响。这些案例认为,公司"对社会负责"的行为是"超越权限"(ultra vires),或者说,是背离自己的责任(Blumberg, 1972)。韦德伯恩(Wedderburn, 1993, P.235)引用了《每日新闻报》(Parke v. Daily News)中的一些内容,公司前雇员由于变卖公司财产导致失业(法定的裁员费用还未支付),董事会却决定救助他100万英镑,这种做

第8章 作为规则的公司社会责任：民主引发的争议

法就没有考虑"公司的利益"（Wedderburn，1993，P. 235）。类似的，美国的法庭支持股东利益优先的观点。例如，在道奇（Dodge）公司诉福特汽车（Ford Motor）公司事件中（204，Mich，P. 495，170 NW，P. 668（1919）），"对于福特公司牺牲股东利益以满足雇员和消费者需求的做法，密歇根州最高法院（the Michigan Supreme Court）给予了驳回"（Millon，1991，P. 230；Nunan，1988）。

法律规定的引入最终改变了在公司制定决策过程中考虑职工利益（例如，1985年的公司法，第309款；参见Davies，2003；对于可替代这一节的建议参见2002年白皮书）的观点，并且法庭认为，只要是为了提高公司在潜在消费者中的声誉，慈善活动可以被看做是与公司利润最大化目标相符合的（例如，可以参见美国A. P. Smich制造公司诉Barlow公司案，39 ALR 2d 1179（1953）案件）。事实上，法庭倡导类似于"合理的自我利益"的公司社会责任观点（Barnard，1997；Eisenberg，1998；Smith，1997），可通过米诺（Minow）所说的"公司通过做好事可以发展得更好"来解释。

一些评论员认为，起初，利润最大化是诸如慈善类活动举办过程中的障碍，但是利润最大化并不是没有问题的，它与公司社会责任所处的状况是一样的。例如，弗里德曼虽然对公司社会责任的批评最激烈最著名，但他对此也有独特的见解，即在坚持"法律允许范围内利润最大化"的基础上，公司社会责任也应坚持一些道德标准。正如他指出，由于公司管理者对股东负有直接责任，所以他们"有责任按照股东的利益诉求运作公司，即在遵循社会基本准则的条件下赚更多的钱。这两种要求都植根于法律和道德标准"（Friedman，1995，P. 138）。弗里德曼反对过多约束逐利动机，也反对追求超越法律或合理自身利益之外的利益。他认为，把其他社会责任强加在董事身上是违背民主的，因为董事将要"承担一种政治风险，这种风险不是民主选举的结果"（McClaughry，1972，P. 8）。

依据弗里德曼的观点，"公众利益"只有在社会财富最大化的时候才能够实现，并且为了使他们的利益最大化，公司只能为实现这一目标而活动。公司社会责任主要关注于经济价值，由于未能认识到公司绩效能够并且应该通过更广泛的指标进行评价，公司社会责任的观点遭到了批评。正如戴维斯（Davis，1960，P. 75）主张的"公众似乎并不希望公司只追求自我经济利益，他们对公司还有其他的期望"。然而，弗里德曼并不是唯一主张追求公司利润最大化的学者。

公司社会责任的四个方面

卡罗尔（Carroll，1991，P. 2001）是关于这个课题的最多产的学者之一，他从1979年开始推崇公司社会责任的模型，该模型已经成为进行研究需要参考的重点文献。卡罗尔描述了一个他自己认为"公司社会责任最全面的概念"（Carroll，1990，P. 40）。他从经济、法律、道德和慈善四个方面来描述公司社会责任。为了表明每个方面的相对重要性，卡罗尔（1991，P. 42）用一个金字塔模型来描述公司社会责任，金字塔的最底层是法律责任，往上依次是经济的、道德的、慈善的责任。卡罗尔不是用金字塔形状强调各个因素的重要性，而是强调这四个方面之间的动态关系，并且认为公司应该全面看待并设法同时满足各个方面。因此，在这个范围内，一个以公司社会责任为发展理念的公司，将会是一个"追求利润，遵守法律，符合道德准则的优秀企业公民"（Carroll，1991，P. 43）。

虽然社会希望公司都能成为"优秀的企业公民"的观点看似合理，但不能认为卡罗尔所主张的观点是正确的。例如伍德（Wood，1991，P. 695）认为，卡罗尔的观点并没有确立原则，而是将公司行为划分为四种类型，"卡罗尔的类型只能被看做是原则划分的结果，而不是原则本身"。例如，她认为，追求经济目标，是在很多动机的刺激下进行的，其中的一些动机就有可能与社会利益相违背，但是却满足于卡罗尔的关于经济责任的定义。

尽管卡罗尔的工作成果遭到了很多质疑，但他的观点在决定公司社会责任概念的内容上具有重要影响，使人们对公司社会责任的争论进一步发展，即决定公司对哪些个人或团体应负前述四个方面的责任。虽然法律的态度是明确的，但公司管理者必须首先保证公司的利益。公司社会责任暗含公司的目标已经超过了法律所限定的狭隘范围，还包括了公司内外群体的利益。

然而，为保证概念的实际意义，有必要确立公司责任的范围，或者确定弗里德曼已经描述的"谁和什么是真正有价值的"原则，正如乌尔夫（Wolfe，1993，P. 1694）所建议的：

> 对于社会上任何一个公司来说，除了公司的股东外，其他群体就是这个公司的"非股东"，这种定义方法使得"非股东"没有实际意义……如果有一些权力来抗衡董事，需要决定哪些非股东有这样的权利，以及为什么拥有这样的权利。

第8章 作为规则的公司社会责任：民主引发的争议

为了在某种程度上清晰地确认哪些利益值得获得这些"权利"，一些评论员已经开始倡导"利益相关者"理论。

利益相关者

"利益相关者"观点在20世纪60年代就已提出，但直到20世纪80年代才为学术界所熟悉（Andriof et al., 2002）。伴随着公司不能并且不应只为股东利益而运作（Ireland, 1996, P.287）的观点，"利益相关者"理论通过确定哪些个人或团体的利益在公司的决策制定过程中更值得关注，试图进一步否定"股东排他性"的观点。

在提供了一个相对简单易懂的定义后，卡罗尔（1991，P.43）认为，利益相关者是指"在公司的决策和运作过程中拥有某些投资、某种利益的个人和团体"。根据罗伯逊和尼科尔森（Robertson & Nicholson, 1996, P.1102）的观点，除了股东外，这些个人或团体还包括雇员、消费者、社区和环境。然而，根据乌尔夫的观察，这些定义太宽泛了以至于没有任何实用意义。然而，克拉克森（1995）提供了一个更为详细确认利益相关者的方法，他认为有必要在这些团体当中实行等级制，处于顶层的是"主要利益相关者"。"主要利益相关者"是指，如果没有他们的持续参与，公司就不能够继续运转下去（Clarkson, 1995, P.106）。这类团体包括雇员、顾客、政府和社区。

克拉克森将那些能影响公司、或者能被公司所影响，但是对公司的存续没有必然影响的个体或团体称为"次要利益相关者"。这类利益相关者包括媒体和特殊利益相关者等，虽然他们对于公司的成功与否没有必然影响，但是他们却"能够给公司带来巨大的损失"（Clarkson, 1995, P.107）。

主要利益相关者和次要利益相关者之间的重要区别是，主要利益相关者在公司内会被优先对待。然而，克拉克森在描述这两类目标团体的时候，并没有贬低次要利益相关者。通过证明股东并不是对公司生存至关重要的唯一群体，说明公司制定决策应考虑更广泛的利益相关者。因此，股东的要求不会自动超越其他主要利益相关者的要求，并且为了满足雇员和消费者群体的利益，不得不牺牲公司的利润最大化要求。

20世纪90年代，虽然利益相关者理论被证明特别符合新劳动和第三条道路（Ireland, 1996; Giddes, 1998），然而近十年来，学术界却渐渐不再流行这个概念。出现这种情况的原因可能是，法律仍然偏好于股东排他性，或者因为它被一个更具有广泛社会利益的概念所取代。并不是苛求公司管理者考虑那些在公司具有"利益"的个人或群体，但一些评论员已经找到能够顾及更多利益相关者利益的理念，即通常所说的"公众利益"。然而，明显的是，"公众利益"依赖类似于公司社会责任这样一个模糊概念，这无法推进争论的进一步发展。

公众利益

公司应该最终服务于公众利益，这个观点源于"经营许可证"这个概念（Gamble & Kelly, 2000, P. 21）。作为法律的产物，公司之所以存在的唯一原因是，社会认为这些公司在法律体系内的存在是有价值的。正如达尔（Dahl, 1972, pp. 17-18）指出的："公司之所以存在，是因为我们允许它存在。我们为什么允许它们存在？必然是因为它们在某种程度上能给我们带来利益。"

正如甘博和凯利（2000, P. 27）指出的，这种公司形态的观点必然会产生一些问题，即公司形成和继续存在所服务的利益对象，"在赋予某个公司经营权的时候，每个国家的司法体系必然会提到，这些公司将给社会带来什么样的回报。"为了寻求这些问题的答案，帕金森（1996, P. 22）提出，公司的"社会决策"是私有权力对公共利益的影响，这种决策的可能性提出了关于私有权力的合法性问题。他的观点是，如果公司的某项社会决策是符合"公众利益"的，那么该决策就是合法的（Parkinson, 1996, P. 23）。虽然人们对于什么是"公众利益"并没有达成一致意见，但他希望至少为这一概念提供一般的定义：

> 这个概念的意思是指，要使受影响的群体的利益保持均衡，这些利益相关者一方面包括雇员、顾客、供应商、社区或者整个社会，另一方面包括公司法通常关注的股东和债权人（Parkinson, 1996, P. 22）。

帕金森关于公众利益的观点受到很大质疑，因为他主要关注于特殊个人和群体的利益，反对任何包罗万象的"公众利益"的概念。事实上，该概念与利益相关者更为接近，但是帕金森并不是主要关注于提出公众利益的定义，而是进一步研究了"为确保公众利益运行的适宜机制"。他的研究目的是为了说明，利润最大化可能与公众利益一致，但目前必须把为股东创造收益看做是提升"公众利益"的机制，而不是将实现股东利益当作最终的目的（Parkinson, 1996, P. 24）。

当帕金森还热衷于内涵有些模糊的公众利益概念的时候，甘博和凯利提出了一个更为详细的解释。根据他们的观点，这种更为详尽的解释"可以与社会当中所有相关群体不断协商,以确定管理社会的原则和制度"(Gamble & Kelly, 2000, P. 25)。通过将它定义为一个政治概念和过程,他们否定公众利益只是由那些有权利群体的利益组成的观点,可以把权力群体称作是"主要利益"(Feintuck, 2004; Held, 1970),或社会内所有私人利益的总和。他们甚至认为,这个概念只产生于公众常说的"社会秩序所基于的宪法原则"(Gamble & Kelly, 2000, P. 26)。

通过将公众利益看做是一个不断商讨的过程,甘博和凯利承认不可能获得一个包罗万象的定义,并且还会产生不同概念(Gamble & Kelly, 2000, P. 25)。然而通过这种方式来定义公众利益,甘博和凯利致力于研究如何确定这个概念,而不是应该用什么原则来引导这个概念。尽管他们认为"争论的核心并不是确定是否有'公众利益',而是确定应该运用什么样的首要原则来定义'公众利益'"(Gamble & Kelly, 2000, P. 26),但他们并没有参与争论,而是从历史的角度阐述公众利益是如何影响公司的形成的。虽然这是一个值得研究的工作,但对于现在或将来为"公众利益"下定义的人并没有提供太多帮助。

歧义和纷争

有关公司社会责任范围的文献强调了一些反复出现的主题,最为明显的是,对公司社会责任这个概念内容的认同,以及组成社会责任实质内容的共识还是难以达成一致(Whitehouse, 2003a, b)。无法达成一致的原因有很多,并不仅仅因为对于希望使用这个概念支持某种观点的人各不相同,而且还因为该概念本身有很大的延展性。正如斯通(Stone, 1975, P. 72)所认为的,"这个概念的意思模糊不清。更糟糕的是,这种模糊性使它得到广泛的支持"。

一些评论员勉强达成一致意见,可以用来解释公司社会责任的模糊性,但它更可能起源于政治原因。公司社会责任提出了这样一个问题,即保护我们这个社会的价值,以及在何种程度上保护这种价值。通过对相关文献的回顾,发现关注焦点已经集中于一系列特殊价值上,比如说,公司活动的经济成功、私人财产利益的保护,以及公司内外的风险预防,最终目的就是进一步深化"公众利益"。

未能建立起足够清晰、并参照基本的合法规则的"公共利益"的概念,未能确定值得保护的特殊价值,已经导致了公司社会责任的争论局限在重复的无谓争吵中。亨德森(Henderson, 2001, P. 26)将公司社会责任看做是

"不论在它的具体内容,还是在它可能带来的结果上,都是具有颠覆性原则的",表明弗里德曼关于公司社会责任的观点是"根本上有破坏性的原则"(Friendman,1969,P.133)。这两种观点分别发表于 2001 年和 1969 年,指出了争论的内容缺乏进展。

因此,为了使争论有所进展,有必要确立出公司社会责任的基本目的,以及依照法律规则保护有关价值的合理性。为了使争论突破目前的局限,并且使这个概念拥有目的和意义,接下来的部分将通过参考民主价值,试图去确立并证明"公司社会责任的民主证书"在规制公司活动方面是一个有效和合法的工具。

公司社会责任的民主证书

为了利用基本的民主原则来维护公司社会责任模型,有必要先界定"民主"的含义(Arblaster,2002;Goodwin,1997;Leys,2003)。当然,关于民主含义的讨论能写成几篇论文,但是采用大多数西方国家所采用的民主模式,即自由—民主模式,我们可以归纳它固有的几个特点:

(1)民众至上;
(2)所有个体平等的民主权利;
(3)被治理者的一致同意是合法性的基础;
(4)法律原则:用和平的方法解决矛盾;
(5)共同的利益或公共利益的存在(可以参考 Goodwin,1997);
(6)个人自由和个人主义;
(7)资本和市场。

自从 20 世纪 80 年代,英国和美国新自由政策的主要部分保证了自由民主模式中的两大因素自由和平等得到极大的支持,并且,这对大公司维持地位也有重要意义。对于那些批判向市场自由化运动、并追求理性经济的人来说,里根/撒切尔(Reagan/Thatcher)时期的政策已成为被批判的靶子,但很难否定这些政策的深远影响。特别是私有化和放松规制这两项政策使私有公司有了新的、重要的角色。为公众利益服务的国有公司被出于私有利益动机的私人公司所代替,这在效用服务方面的过渡是非常明显的。

摩根(Morgan,2003)描述了澳大利亚政府的官僚机制追求理性经济的情况,他强调了这种政策的影响,即对作为最终用户的公民以及特困市民的必要服务。例如,与职能部门相关的社区服务责任不再被认为是一种减少

第8章 作为规则的公司社会责任：民主引发的争议

社会成本的方法，而被看做是减少经济成本的方法。"社会公平被清楚地定义为商业效率的负担，并且社会公平要以商业效率为基础"（Morgan, 2003, P. 159）。

国家和公司之间权利的重新调节，再次定义了国家的作用，使得国家不再是社会授权的提供者，而是开放市场的促进者。为了使这一观念顺利转变，有必要重新定义国家与公民之间的关系。为了强调个体公民保护自己需求的责任，在1979年至1997年间，保守党政府致力于使私人部门对包括住房和健康医疗等在内的"公共产品"负责。怀特豪斯（Whitehouse, 1998a, P. 187）认为，这些政策对于房地产市场，尤其是对公众租赁部门有一定的侵蚀作用。

> 考虑到公民权利这个概念，公众租赁部门的剩余部分已经产生了新的想法，他们认为在为社会提供体面的住房方面，政府没有起主要作用；相反，住户自己为获得这方面的权利负了主要责任。

这些政策以及与之相似的政策，已经导致了个人的地位由国家公民下降到消费者（Whitehouse, 1998b）。这种地位的转变是不会引起任何质疑的，尤其当"消费者"通常会与诸如"权利"和"保护"这些概念相联系时。明显的，消费者在市场范围内的选择和权力主要依赖于他们的金融手段、信息的获取，以及包括公司在内的市场当中其他参与者的力量。虽然消费者权益保护运动的口号保证要通过规章制度来消除任何的不平等（Lewis, 1996, P. 12），但明显的，市场失灵仍然继续存在，相对于大公司来说，公民还是处于弱势地位。

随着由政府承担的责任向私人公司转移，必然会使公司对个人和社区福利产生更大的影响，正如阿伯拉斯特（Arblaster, 2002, P. 100）所写的，"原来属于公共部门的、政府需要最终负责的功能，随着财产的私有化，公共权利开始由政府部门向私人部门转移"。然而，相应的用于保证这种权利能够为公众利益服务的规则设计并没有出现，"在很大程度上，国家的职能只是以最低的成本提供商业所需的公共产品和基础设施，并保护世界自由贸易体系"（Hertz, 2000, pp. 9–10）。

大量公众权利向私人公司的转移已没有争议。从公司目前的规模和地位看，他们不可避免会做出大量影响个人或社区利益的决定。然而，困难之处在于这些决策是私下制定的，且仅考虑股东的利益。正如赫斯特（Hirst, 1998, P. 364）指出的："一些困难或有害的决定在经济上是不可避免的；但是这些决策是由少量高级管理者、而不是由更广范围的受影响群体制定出来的，也缺乏合理性。"

非选举产生的公司经理如果以一种不负责任的方式运用重要的公共权力，这种能力是对民主的重大威胁。正如阿伯拉斯特尔（2002，P.103）所建议的："公司对公众生活不负责任的权力的增长，使得人们对民主缺乏普遍的信任。只有通过把越来越多的权力交给公共的和负责任的部门，才能够纠正这种情况。"因此，公司权力已经超越了民主协定的范围，并且无法证明其合理性。正如赫斯特（1998，P.364）所说的："没有民主责任的权力是不合法的，就是这么简单。"

因此，自由民主模式中经济价值的优先性，与"法律允许范围内的利润最大化"机制，形成了一种与所期望的民主相对立的态势。正如斯托克斯（Stokes, 1986, P.156）所解释的："自由主义反对不受控制的权力中心的存在，认为除非是受限制和受控制的权力，其他的权力都可能会威胁到个人的自由和平等，而自由和平等是自由主义的两个基本的原则。"因此，如果民主要盛行，公司运用公共权利就有必要是"被限制和控制"。为了达到这一目标，可以采用诸如自愿积极性的方法。但是，就目前的实践看，这种自愿的积极性行动不足以保护基本的民主权力和责任。正如赫兹（Hertz, 2002, P.242）所认为的："不能总是指望着市场保证公司以实现我们利益最大化的方式运行，所以我们必须继续依靠政府所起到的、作为最后调节器的功能。"

英国公司法体制提出了保护特定群体的相关规定，但显然，对特别规定和自愿的积极性行动的偏好，未能与大公司权力的增加及其对经济理性的追求保持同步发展（Whitehouse, 2003a, b）。这些结果对于个人和社区有重要影响，并带来各种社会成本，公司经理能够影响政治活动，民主国家却难以管理这些"巨兽"。

因此，目前需要一种规范公司权力的新方法。帕金斯（1996，P.2）认为有三种选择：保留利润最大化这个目标，同时设计出保护公众利益的外部约束；重构公司目标，由只考虑利润最大化转为考虑所有利益；把所有的公司权力都看做是不合法的，因此需要把权力分散或转移到合法的权威机构。本章支持第一种选择。支持这种选择的原因是，经济成功无疑是推动公众利益的一种方式。然而它可能只是一方面，并且偶尔可能被其他更为紧迫的考虑所超越，"虽然财富的有效创造可能被认为拥有较高的社会优先权，同时应该认识到不能以牺牲个人和集体的价值和利益为代价"（Parkinson, 1996, P.41）。

因此，对公司社会责任关心的并不是如何鼓励公司举行慈善活动，也不是公司应如何更加有道德,而是怎样使公司合法运用公共权力,以确保所有与自由民主相关的价值都能够得到保护。通过对这种观点的接受——公司社会责任的作用就是反对目前对经济利益的过分偏好,并在公司治理框架内恢复社会民主价值——这证明公司社会责任的争论可以有所发展,且能够讨论其进一步实践的形式。

结 论

对公司社会责任的争论一直集中于利润最大化和股东私人财产利益。虽然这些方面非常重要,但学术界和政治家却好像忽略或者干脆拒绝承认公司权力对民主的威胁。结果,过去75年的讨论消耗了很多的精力,最终的结果却是又回到了原地。

为了重新进行这个争论,本章提出了这样一个观点,即公司社会责任应该依据基本的民主原则,通过强制性的规制,使公司合法地运用公共权力。隐含的原则是,应该分配并保护私人财产和财富创造,使其最终为更广泛的利益相关者服务,使得当公司利润最大化与更广泛的民主目标相冲突时(例如与追求公共利益的目标相冲突),规则能够合理保护那些民主价值。正如赫兹(Hertz,2002,P.66)认为的:

> 将经济成功作为最终目的,而不是将它看做实现其他目标的手段,政府和民众已经忽视了这样一个事实,即经济增长本应该有更高的目标——稳定,生活水平的不断提高,社会更加团结,没有分裂。

因此,公司社会责任应该通过重新定义与自由民主相关的社会价值,抵消目前对经济理性和对市场自由化的偏好,只有如此,公司权力才会合法。

第9章

犯罪学透视：审视刑法与公司治理

劳伦·斯奈德

引 言

本章从刑法的视角审视公司违法行为，探讨将公司刑法纳入司法领域，在促进守法，建立威慑和实施法律平等方面的潜力。这一探讨通过考察以下几个方面得以完成：第一，加拿大证券市场规制的历史；第二，刑法和刑法外的新举措；第三，相信那些举措有效的理由；第四，继续阻挠和削弱对建立商业法律规制的因素。

2004年2月12日，加拿大联邦政府通过了C-13法案，修订了刑法典，以增加对内幕交易的处罚，加强政府调查的手段和强化对检举人的保护。2003年12月，一份高层报告建议联邦政府结束100年来分散的、以各省为基础的证券市场规制体制，创建一个新的全国性规制机构和制定一部统一的规制法典（Phelps et al., 2003）。这两项创新都是针对公司丑闻案件高发的举措，特别是美国世通（Worldcom）和安然（Enron）事件引发了技术类股票市场泡沫的破灭。它们显示了媒体和官方对国家打击公司犯罪的极大关注。20年来，政府撤销规制和精简机构，否认公司犯罪的普遍性和严重性，遗忘过去的教训，现在这些都结束了。

自由放任主义对商业不管不问的态度及其倡导的撤销规制的政策不复存在。今天，政府正在扩大公司刑事责任的范围，将其延伸至CEO和董事会成员（Archibald, 2004）。但是，美国已经出现了针对过度规制的指责：商会认为政府发动了危害美国梦想的政治迫害；保守的政治家预言，严厉的新规制将摧毁纽约证券交易所（Leonhardt,《纽约时报》，2002年2月10日，

3-1；Cernetig，《环球邮报》，2002年6月1日，F8)[1]。

　　商业规制的历史告诉我们，应当谨慎地对待政府打击公司犯罪的许诺。200多年的奋斗，伴随着数量上远胜于成功的失败，有必要迫使资本主义国家做到以下几点：第一，认识到公司应当对引起伤害、死亡和金融破坏的公司行为承担责任；第二，通过具备强制实施手段的法律；第三，切实实施和执行这些法律（Carson，1970，1980；Snider，1993）。过去政府不愿约束资本，这已经产生了一系列规制的循环，每次都始于明显的事故，例如一起主桥梁的坍塌或渡船的事故，一系列欺诈和大量的公司破产。随后，通常会引起各种政治家和官员的大量虚夸的评论，直至最终的立法草案。经过一系列修订后，新法得以通过。这些法律通常比原先许诺的要温和得多，而且在有些情况下完全得不到实行（加拿大最初的反兼并法就是如此）（Stanbury，1977，1986-1987；Snider，1978）。如果法律是适用的，并且问题仍然具有突出的政治意义，就会出现一连串公开的指控，紧接着是诉讼谈判、定罪、罚款和上诉。一旦媒体不再关注，规制机构就会回复到原来的状态，而以"无害的忽略"或"俘获"为特征的日常监管模式又重新出现。20世纪80年代，这一模式出现了一种新变化，首先出现在美国和英国，现在扩展到全球。在新自由主义原则的支配下，商业的政治经济力量迅猛增长。与回复到原来的状态相反，政府开始发起积极的运动来改变做法和废除规制（一场发起者称为规制改革的进程）。英国开始了大规模的国有企业私有化的进程[2]。在美国以及之后在加拿大发动了公开的声讨运动，规制者被描绘成无效的、权力集结的官僚主义者，规制机构的预算被砍掉了，自我监管取代了来自政府和刑法的规制（Fooks，2003；Tombs，1996；Doern & Wilks，1996，1998）。

　　有鉴于此，本章提出以下问题：基于文化的合规能解决公司违法的根本问题吗？犯罪学研究能够为公司治理提供一种更精细的理解吗？如果政府在这一特殊的历史关头真的有所打算，这些漂亮话能被转化为新的监督和执行的实际行动吗？而它们将会比现在媒体的狂热持续得更久。

　　在解决这些问题之前，有必要对将要用到的术语进行定义。证券市场欺诈是一种金融犯罪，而这本身又是公司犯罪的一种。公司犯罪是旨在促进自身及其个体成员利益的合法组织所犯下的罪行（Snider，1993，P.14；

---

[1] 作者感谢加拿大人文社会科学委员会的资助，感谢玛丽·康顿（Mary Condon）、史蒂夫·比特（Steve Bittle）和贾斯汀·奥布莱恩（Justin O'Brien）的评论和帮助。

[2] 并且，具有讽刺意味的是，要求有新的规制和规制机构（Pearce & Tombs，2003）。

Pearce & Tombs, 1998；Coleman, 1989；Braithwaite, 1989；Shapiro, 1984, 1990）。公司犯罪包括金融犯罪和社会犯罪两种。金融犯罪包括内幕交易, 贸易限制, 证券市场欺诈和商业行为欺诈, 它们损害了投资者、消费者、商业竞争对手和政府（作为投资者并且在许多情况下作为最后的贷款担保人）的利益。社会犯罪包括环境犯罪（空气和水污染）和健康与安全犯罪（不安全的工作场所, 危险的工作条件）, 它们损害了不同的、更弱势的群体（工人、雇员和所有市民）的利益。这一政治经济学的基本事实意味着, 在金融犯罪与社会犯罪中, 执法的受益者大不相同①。

　　社会规制增加了成本并威胁到公司盈利水平的底线。金融规制为商业领域创立了一个标准, 商业需要规则和可预期才能繁荣和发展。一个监督和制裁掠夺公司资产、销售虚假证券和内幕交易的国家将会对资本主义产生重要影响, 从长远看, 这符合投资者和公司整体的最大利益。那些放任"牛仔资本主义"的地方, 规制和法律体系无效和缺乏的地方会引发投资者的抵制。借助于先进的通讯, 投资者失去信心的情况会从地区逐步蔓延到全球, 这就很可能爆发国内银行挤兑和经济崩溃②。因此, 各国政府有充足的理由建立有效的体系来控制金融犯罪。

加拿大证券市场规制的历史

　　加拿大建立规制证券交易的监管机构始于两大立国之本：第一, 筹集资金以促进自然资源, 特别是采矿业发展；第二, 控制行业极易发生的欺诈。长期以来, 采矿业被认为是加拿大经济的中心——资源开发仍然占加拿大GDP的10%以上（商业杂志报告, TSX广告增刊, 2004年6月, 来自加拿大统计局的数据）。当皮毛贸易消失和易于开发的木材资源减少后（1900年以前在加拿大东部）, 人们开始关注地下的财富。筹集资本使私人企业家能够开发自然资源已成为加拿大资产阶级的重要任务, 这也是加拿大政府的主要目标。证券交易所在像多伦多、蒙特利尔和温哥华这样的地区中心城市建立起来, 以便给新的采矿企业提供一个筹集种子基金（当时的说法）的场所来为开发和发展融资。

---

①　每种类型还可做进一步地划分：工业资本主义和金融资本主义（许多人认为, 对后者的需求使前者黯然失色）；还可分为职业健康与安全运动（特别针对工人阶层）和环境保护运动（特别针对中产阶级）。

②　这一现象最近的例子出现在墨西哥和阿根廷。

第9章 犯罪学透视：审视刑法与公司治理

鉴于地质（荒地）和开发（一种低技术的、个人独立作业的、劳动密集型的活动）的特性，勘探、采掘和加工地下的财富在当时是一项风险很高的活动。勘探者竞相勘测和声称拥有一块看上去有可能成为沼泽和驼鹿牧场的土地。初级地理学，初级技术和基本（通常不存在的）通讯系统意味着在20世纪的很长时间里，任何一个具有简单科学知识的人都能够对一块土地虚报矿藏（即将有价值的矿石植入土地之中），通过向盲从的投资者兜售致富的梦想而中饱私囊，然后消失。在20世纪前半叶，这样的欺诈经常发生，以至于大公司和政治家们开始感到恐慌。如果太多的骗局被揭穿，投资资本将会消失，而加拿大将何去何从？更糟的是，证券推销商和银行家的职业将会怎样？在这个紧要关头，省级和地方的政府被迫建立规制机构，每一机构设计都用来满足当地资源产业筹集资金的需要。

作为加拿大的经济引擎和最大、最有影响的证券交易所的所在地，安大略省的规制历史为我们展示了基本的特征。加拿大规制机构的始祖是创建于1945年的安大略证券交易委员会（Ontario Securities Commission，以下简称OSC）。这是遵从了1944年皇家矿业委员会旨在修改当时证券法的建议而设立的，当时的证券法只有在欺诈被发现时才能起作用；相反，安大略证券交易委员会被授权，使其既能制裁也能预防欺诈。只有满足保证申请人诚实标准的公司才能获准在安大略销售证券（Condon，1998，P.19），申请人还必须提交披露重要事实的企业计划书。新的规定将得到更严格的执行，违反规定可能受到撤销登记的处罚（Condon，1998，P.20）。

因为促进采矿业是规制的主要目的，制裁并不是首选的规制策略；相反，为行业提供便利被视做加拿大经济增长和繁荣的核心，成为主要的规制目标，而抓住欺诈者，提升道德行为显然成了第二位。OSC的上市公司名录表明了当时资源业的重要性和中心地位：1951年，在多伦多证券交易所上市的327只股票中，有227只是矿业股和石油股。1961年这一比例略微下降，有101只矿业股和石油股，81只工业股和19只未分类股票（Condon，1998，P.29）。事实上，在20世纪50年代至60年代，多伦多证券交易所是最大的矿业股票交易商。

但是，大量的日常规制在过去和现在通过自律组织（self-regulatory organization，或称SRO）被授权给行业自身。最重要的SRO是多伦多证券交易所（Toronto Stock Exchange，以下简称TSE，现在为TSX）。当时的政府官员与重要的金融家关系密切，很明显，对他们来说，TSE成员最适于管理和约束他们的同行。早期OSC允许在TSE登记的矿业企业豁免OSC要求的披露义务，这表明TSE和国家不愿妨碍采矿业对资本的追逐。TSE必然引进自我监管，作为促进者和规制机构之间严重的利益冲突，这是规制者忽略的一个事实。

作为第二个自律机构，经纪交易商协会（Broker-Dealers Association, BDA），现在为投资交易商协会（Investment Dealers Association）于1947年建立。根据当时OSC主席的说法，这是应OSC的要求建立起来的，OSC需要一个私人部门来限制OSC的权力和地方的野心（Condon, 1998, pp. 24 - 25）。规制者对他们自身作用的辩解再一次表明政府不愿干涉商业活动。如同TSE一样，BDA也被指责为既促进行业又通过关注不守职业道德和伦理道德的人来进行规制。为了支持BDA，OSC拒绝给非BDA成员注册①。

20世纪60年代，两起公众皆知的丑闻，三个皇家委员会和一项来自地方的质询迫使多伦多政府重新评估这一体制。第一个危机是1964年温丰矿业公司（Windfall Mining Company）的倒闭，其CEO维奥拉·麦克米伦（Viola MacMillan）被指控为欺诈公众，隐瞒相关的重要事实，并通过造假销售毫无价值的股票②。第二个危机是1965年大西洋金融承兑公司（Atlantic Acceptance Finance Company）的破产，这是由其高管违反法律和道德的融资行为所引发的。法律变革的努力集中在强制披露的性质、意义和程度。OSC将投资者看成是谨慎的和厌恶风险的，并需要更多的保护投资者措施。而TSE和全行业都把投资者看成是负责任的，有知识的主体，他们应当自由地去选择高风险的股票。虽然TSE曾被一份皇家委员会的报告批评，后者称其为"私人娱乐俱乐部"，但TSE的立场仍然是成功的。商界宣称他们并不反对强制披露的原则，只是反对OSC追求的特别的劝阻投资的措施（Condon, 1998）。这种策略和言辞的变化是成功的，1966年证券法没有采用OSC发起的变革。

当美国在1975年放弃了交易佣金率的限制时，OSC在巨大的压力下开始照搬美国的做法。争论再一次将经济的价值与法律的价值对立起来，TSE和其同盟们都认为佣金费率只能由市场决定，市场是通向自由和公开竞争的唯一可靠之路。OSC认为，政府有责任保持佣金费率的公平与合理。在

---

① 勘探者和开发者协会（the Prospectors and Devolpers Association）早于经纪交易商协会（BDA），但它从来没有成为一个重要的角色。1945年建立的OSC则相反，它主要被看成是一个利益集团。

② 在多伦多将维奥拉·麦克米伦（Viola Macmillan）送进监狱，并对廉价股票（penny stock）的推动者进行制裁的行为促进了温哥华证券交易所（Vancouver Stock Exchange, VSE）的成长。VSE随后成为最受欢迎的投机者市场，它的法规松懈或者缺失，加上一个松弛的内部自律组织，足以保护任何欺诈败露的经纪人的名声。

1978年的法案中佣金费率仍然保持固定。但是 OSC 在不到十年以后推翻了自己，其规定在加拿大竞争法（1986 年修改）① 下禁止实行固定费率。其他 20 世纪 70 年代的争论包括公司收购和兼并，投资者应当在何时被告知收购出价或兼并正处在谈判中，他们应当被告知多少？OSC 认为，应当是最大程度地全面披露，但它又一次失败了。正如康顿（Condon）所指出的，在发行新证券时要求向投资者披露更加详细和相关信息的意图在很大程度上失败了（Condon，1998，P. 220）。但是，法律变革不是零和事件，通过斗争和谈判，双方的立场都有所改变，有时候还有折中。1978 年修改的证券法反映了这一点。

1980 年以来的发展

20 世纪 80 年代和 90 年代，改革的步伐加快了。随着美国总统罗纳德·里根和英国首相玛格丽特·撒切尔的当选，一场新自由的反规制改革被发动起来。私人企业、企业家和资本家的观点在各个方面都占有优势。规制和政府已经从"必要的弊病"变为"多余的妨碍"。芝加哥经济学派关于市场必须从政府规制中解放出来才能有效运转的主张，既富有理论性又具有政策意义（Friedman，1962；Posner，1976，1977）。20 年的私有化，放松规制和合法化的运动开始了。在美国和英国，规制机构在许多地方被破坏——一个最受欢迎的做法是（随着美国职业安全和健康法案的通过）把规制机构的最苛刻的批评者任命为新领导（Calavita，1983）。商界支持的规制机构保存下来，商界反对但有利于家庭、劳工或环境的规制机构却不复存在。

虽然加拿大的许多部门都较晚转向新自由主义（Clarkson，2002；Snider，2004），商业却是个例外。1986 年，布赖恩·穆隆尼（Brain Mulroney）的保守党政府重新解释了价格固定，虚假广告，兼并和垄断的法律含义，以灵活的、商业导向的竞争法案（Stanbury，1986 - 1987；Snider，1993）取代了严厉而无效率的兼并调查法案（关于同盟、标价操纵、掠夺性和不公平定价、虚假广告以及像金字塔销售那样的市场营销的综合立法）。1987 年 6 月 30 日，对传统金融业四大支柱产业（银行业、保险业、信托业和证券

---

① 这是一个被海尼斯和哥尼（Haines & Gurney，2003）称为规制冲突的典型例子，因为 OSC 认为固定费率将违反《合并调查法》（the Combines Investigation Act）（现在的竞争法），所设计的联邦立法则是促进竞争的。

业)的规制被撤除了。

170 四大支柱产业是阻止单一金融机构垄断所有金融交易的法律手段,例如银行不能销售证券或拥有地产经纪业,保险公司不能贷款或拥有银行。当这些限制被取消以后,新的金融服务加速了行业之间和行业内部的竞争。20世纪90年代,股票销售成为全球性的竞争。一个结果是加拿大的持股人数增加了,但财富的分配更不平均了(Fudge & Cossman,2002;Barlow & Clark,2002;Sharpe,1998)。1990年,有23%的加拿大人拥有公开上市的证券,2003年,有46%的加拿大人拥有证券并且证券价值占到了每个家庭全部财产的20%(Phelps et al.,2003,P.6;《商业杂志报告》,2004年6月)。虽然增加的公众参与几乎都是间接的——大多数的钱存在由职业基金经理人控制的养老金和共同基金中——整个市场中的公共利益还是增加了①。

过去10年里,新的信息沟通技术和相关的资本全球化已经改变了金融市场的各个方面。随着国内政府广泛的放松规制,资本几乎不受限制地在国家之间高速流动。过去依赖地方银行和交易所的商业公司现在却在全球交易所上市融资。跨国证券公司一周7天,每天24小时全天营业。随着国家间贸易区的日益扩大,市场容量也增加了:在1980年至2000年间,私人资本大量涌现……每年全球私人资本增长6倍多,规模接近4万亿美元(Phelps et al.,2003,P.2)。证券交易变得更加专业化和国际化。加拿大现在只有四个全国性的交易所:多伦多证券交易所交易优先股,TSX创业板交易普通股②,蒙特利尔交易所是全国的衍生证券交易所,温尼伯商品交易所专门从事商品期货和期权的交易(Phelp et al.,2003,P.4)。

作为资本增长的来源,资本市场也变得越来越重要:2002年,加拿大公司88%的长期融资来自资本市场,比1990年的73%上升不少(Phelps et al.,2003,P.4)。随着期权市场和期货市场的出现,投资者无须相信某个

---

① 公司的控制权仍集中在少数公司精英手中,财富分配很广泛——并且愈发——不平等了。1982年,美国CEO的平均收入是雇员平均收入的45倍,到2000年,他(极少是她)的收入是雇员的458倍。

② 多伦多证券交易所现在控制着加拿大95%的股票交易,一年3000万笔交易,有530名雇员掌握着1340股优先股票(《商业杂志报告》,2004年6月),这些基本上都是来自跨国公司的蓝筹股。在多伦多证券交易所创业板(TSX Venture Exchange)上市的股票是那些较小的、还在发展中的新兴公司,2004年,这样的新兴公司有2275家。该创业板由多伦多、温哥华、阿尔伯特和温尼伯交易所的小额资本联合组成,允许企业家迅速筹集资金。或者说,它允许"一个开拓者拿到创业资金后出去做他的事情",这在今天和这些文字被写下时的1945年一样重要——并且可能占主导地位(多伦多证券交易所广告增刊《商业杂志报告》,2004年6月)。

国家、部门或企业，无须有关公司真实价值的深奥知识。买进和卖出，迅速地进入和离开市场，以获得最大的短期利益才是最重要的。并且由于有了更多的投资途径，贯穿20世纪80年代和90年代的收购和兼并浪潮产生了更大的公司集中。如今，加拿大有777家上市公司，价值超过7.5亿美元，占整个市场资本的98%，而最大的60家公司就占到了全部资本的51.6%（Phelps et al.，2003，P.5）。

大量涌现的金融家和急剧增加的竞争已经削弱了曾经至关重要的非正式社会控制网络。30年前的多伦多，主要金融家在阶级出身、种族、宗教和性别上都是相似的（Porter，1965；Clement，1975）。运作多伦多证券交易所的精英们从孩童时代就保持着在私立学校和夏令营的联系，成年后又有着社交圈子的联系。女性精英们成为夫人，而不是同事或竞争者。政府规制者和政治家通常也有相同的背景。现在，这一盎格鲁——撒克逊式的白人绅士俱乐部虽然还存在，但是作用已经削弱了。这些人提倡和实施的伦理道德、价值观和行为准则不再称雄了。尽管校友网络存在缺陷（例如性别歧视、种族主义、民族中心主义和阶级偏见等），但是当时的游戏规则人尽皆知，并广受尊重——即使仅仅是因为背离这些规则对个人和职业有严重的影响。

最后，必须提及三个重要的反规制发展趋势。第一，新的抗衡股东权利组织的建立和增长。随着90年代技术市场泡沫的破灭，这样的组织变得越来越主动，有时候还抵制收购，反对重要的人事决定或质疑管理层的薪酬。许多组织开始进行政治游说，要求更多的披露，更多的关于盈利水平和债务负担的信息，甚至（有时）质疑环境保护的做法和雇员的工作条件（Yaron，2002）。第二，随着24小时的商业新闻和增强的投资传闻，一种新型的金融新闻调查记者出现了。加拿大主要的全国性报纸——《环球邮报》，现在发行一种定期的公司社会责任的鉴定报告，并突出报道关于内幕交易或管理层薪酬的事件。第三，新的技术提供了前所未有的强化规制的机会。电子监视设备易于获得和安装，鉴别内幕交易的电子"显示器"也有出售，使得交易从一发生就能够被跟踪到。电子邮件改变了证据收集的性质，对那些有足够时间、资源和计算机知识来获得信息的人来说，提供永远不能恢复的信息变得不可能。这些技术创新赋予了规制者在异常交易模式出现时发现和采取行动的可能。它们可以方便地进入高层的讨论和决定，这使搜集证据变得更加容易。但是这一可能能否实现，更多地取决于各方的相对实力，而不是技术的特性。

今天，像大多数现代国家一样，加拿大拥有一个先进的和复杂的规制系统，这个系统利用了自律组织（SRO）和政府规制机构。在全国每个省和地区设立了13个证券委员会①，监督资本市场运行并实行制裁。证券委员会是为了便利资源开采和筹集资金而建立起来的。它们一直被政府和商界看成是必要的弊病——有时候弊病多一些，必要性少一些，有时候相反。但在2004年，持反对态度的组织和媒体却在赞美规制，为严格执行而欢呼，支持通过新的法律和恢复其他法律②。下一节将讨论旨在实现这些目标的新的法律举措。

新的制裁

2004年2月12日，联邦政府提交了一系列加拿大刑法典修正案。法案使得"不适当的内幕交易"成为一项刑事犯罪，并将最高刑期从10年增加到14年。市场操纵罪的最高刑期从5年翻番到10年。"泄露内幕信息"被定义为"明知可能被用于获得交易好处或非法利益而故意将内幕信息告知他人"③，这被视为是一种犯罪，可以被提起有罪公诉或者轻罪简易诉讼。如果有罪，可处以5年的最高刑期；如果是轻罪，可以征收罚金（Mackay & Smith, 2004, P.5）。提交法案时，司法部长谨慎地强调了严厉的刑事处罚将只适用于最恶劣的案件（Mackay & Smith, 2004, P.4）。但是，为了鼓励司法更加严厉，法院被给予了一系列加重处罚因素的清单。C-13法案还向揭发非法行为的雇员提供了检举人保护，并授权法院强制提供资料令，强制第三方和像银行那样的机构，无论是否被调查，必须提供所有必要资料④。不服从

---

① 2003年春天，联邦委员会组建了"智者委员会"（Wise Persons Committee），负责调查这一体制的实用性和效率（www.wise-averties.ca）。2003年9月，该委员会发表了一份报告，建议废除现有体制而代之以一个全国性规制机构，由联邦政府控制和管理，各地设办事机构。

② 这包括像多伦多证券交易所这样的自律组织，其最近在加拿大的顶级商业期刊上刊登了一份3页的广告，吹嘘自己时时监督每一桩交易的能力和撤销交易的权力（广告增订版《商业杂志报告》，2004年6月）。

③ 多伦多证券交易所执行部主任迈克尔·沃森（Michael Watson），在2003年6月提交给参议院银行委员会的公开声明中，反对这一定义。他指出，这将使成功的起诉变得不可能，因为法庭将被要求证明如下情况：首先知情人知道该信息还未被披露给公众，而且他/她刻意地要从中受益。他建议将"了解内幕信息的使用"改为"通过了解到的内幕信息而进行交易"。这一建议未被采纳，原来的定义被保留下来。

④ 加拿大银行家协会（the Canadian Bankers Association）在听证委员会（Committee Hearings）中认为这样的处罚"不公平"，要求有更多的时间来执行提交资料的强制令。他们的要求显然没有被采纳。

第9章 犯罪学透视：审视刑法与公司治理

强制提供资料令的可能被处以最高25万美元的罚金和6个月的监禁①。

C－13法案是加拿大政府对美国安然、世通和相关公司丑闻事件的新近的和最明显的反应，也是对加拿大过去被指责为太宽容的反应。宽容注定存在问题，因为它损害了投资者的信心——而不是因为它损害了公正，威胁了法治或否定了受害者应得的赔偿。为强大的金融精英添加新的刑事罪名并不是联邦政府经常、迅速或者轻易做出的事情。例如，就不安全的工作条件向管理层施加刑事责任的问题已经被讨论了50多年（Glasbeek，2002；Bittle，2004）。宪法问题加重了规制的困难，因为尽管联邦政府有刑法上的职责，但是各省掌控着证券交易所和证券行业。以往，内幕交易由地方证券委员会按照行政程序处理或者由地方法院在准犯罪的基础上处理；C－13法案加强了联邦的权力，赋予加拿大检察长和地方检察长在所有威胁到整个资本市场中国家利益的案件里享有共同的管辖权（Mackay & Smith，2004，P.2）。

虽然联邦－地方的管辖权争斗长期存在，C－13法案还是被创设了，以此作为加拿大对美国的立法，特别是2002年《萨班斯－奥克斯利法案》的回应。自从1988年北美自由贸易协定（NAFTA）通过以来，加拿大的经济与美国的联系越来越紧密。加拿大是美国最大的贸易伙伴，加拿大的公司成为在美国销售股票的最主要的外国公司（Schrecker，2001；Snider，2004）。纽约证券交易所特别重要，当美国政府行动起来，加拿大政府必须跟随。事实上C－13法案明确地使用了在众议院讨论的术语，这被证明是合法的（加拿大财政部，2003）。

2002年3月，一个选举产生的由政府官员，资深规制者和行业官员组成的特别小组，在一次私人晚餐聚会上清晰地描绘出了加拿大回应的蓝图，这一小组包括安大略证券交易委员会主席大卫·布朗（David Brown），加拿大银行总裁大卫·道奇（David Dodge）和财政部副部长。这个小组讨论了安然事件对加拿大的影响，如何重塑投资者信心以及可能采取的政策建议（Howlett，《环球邮报》，2003年6月28日，B1；Howlett和McFarland，2004年3月30日，B10）。其中一些建议已经被地方规制委员会采纳，尽管还比较零散。

像加拿大证券行政会（Canadian Securities Administrators）这样的联合组织，代表了全国13个省的规制者，敦促其成员采取措施在商业中推动"最佳行为"。具体措施包括，在发布重要公司公告前强制停止股票交易，进行

---

① 民法和行政法的改革也应当予以考虑，比如为加强公司治理而修订加拿大商业公司法（加拿大财政部，2003）。

鉴别内幕交易的实时监控，控制离岸投机机构的措施和建立国际数据库（新闻稿，加拿大证券行政会，2003年11月12日）。在这方面，安大略处于领先的地位（Phelps et al.，2003，P.26）。OSC规定CEO和CFO个人必须保证财务报告中信息的准确性。审计委员会必须包括独立于管理层的董事，审计必须受到加拿大公共会计委员会（Canadian Public Accountancy Board，简称CPAB，2002年7月创立的一个新的规制主体）的监督。为了获得OSC的许可并在多伦多证券交易所上市，公众公司的财务报告必须由CPAB认可的公司进行审计。2003年9月，安大略和魁北克采取了另一项措施，这是由曼里特巴（Manitoba）在一年前倡导的，该措施允许证券交易委员会在非法行为或不适当建议引致投资者损失时，责令公司对投资者进行赔偿（加拿大财政部，2003）。

SRO还通过了新的标准和监督措施以及更严格的处罚程序，对注册会计师的行为进行规制。加拿大公共会计委员会（CPAB）的建立是为了规范审计标准。但是，在加拿大上市的公司可以通过在美国的公众公司会计监督委员会注册来规避CPAB（Howlett，《环球邮报》，2004年1月27日，B1，B5）。独立的证券分析师（告诉投资者买进、不买或卖出哪些股票的研究者）也受到了规制。根据多伦多证券交易所、证券经纪商协会和加拿大风险投资交易所早期的一份报告，2002年6月通过了关于证券分析师的新规定（Setting Analyst Standards，2001年8月）。

最后，一批作为金融界重量级人物的机构投资者，在2002年6月组成了加拿大公司治理联盟（Canadian Coalition for Good Governance）[1]。这一令人敬畏的实体发布了一系列建议，用它的话来说，"向董事会和审计委员会提供更多的权利、监督和独立性"[2]。TSX不仅采纳了1995年新的公司治理指南，还讨论了新的规则，例如要求公众上市公司进行持续的披露（《环球邮报》，2004年3月11日）。长期以来，公司管理层的薪酬是个令人忌讳的话题，现在也被建议进行一些变革，要求上市公司在采取特定的管理层薪酬方案前必须征得股东的同意（《商业杂志报告》，2004年7/8月，pp.84-86）。不过，高涨的管理层薪酬与暴跌的股票价格和盈利水平形成了强烈的反差。

---

[1] 但是，联邦财政部坚持公司治理已经"足够健全"。他们认为由于加拿大比美国有更多的小型公众企业和股东人数有限的公司，其应当比美国"更依赖于治理原则和自愿的方针"。有人认为这意味着他们反对更多的刑事责任，这是一种与司法部大不相同的立场（加拿大财政部，www.fin.gc.ca/toce/2003，2003年9月10日，2004年7月5日）。

[2] 正如罗能·夏米尔（Ronen Shamir，2004）指出的，通过最小化结构性监督和最大化自愿的、个人主义的、偏向公司的倡议，跨国公司现在正试图调整公司社会责任的含义。

规制的执行

执行现在被公认为是规制环节中的一个弱点。智者委员会（Wise Persons Committee）断言："加拿大的执法和对投资者的保护是软弱和不一致的，违法者经常逃脱处罚，判决总是过于迟缓"（Phelps，2003，P.25）。并且这一体系是"高成本的、重复的和无效率的"（Phelps，2003，P.25）。几乎没有高层管理者被判处监禁[1]，据说国际欺诈者视加拿大为首选的司法裁判国家（S. Won，《环球邮报》，2004年5月28日）。加拿大证券行政会（CSA）主席斯蒂文·西伯德（Steven Sibold）认为，在重大公告发布前的内幕交易案件，加拿大比美国增长更快（《多伦多之星》，2003年11月13日，C7）。

作为回应，2002年9月组建了一个调查非法内幕交易的专门小组。来自安大略、魁北克、英属哥伦比亚和艾伯塔的证券委员会以及重要的自律组织——投资经纪商协会，蒙特利尔交易所和市场管理服务机构的代表们发表了一份包括32项建议的报告。报告要求进行更多更好的来自加拿大联邦警察（RCMP）的调查，增加对来自监管不足地区的离岸账户的规制，制定有关高级经理、董事、律师和会计师如何处理内幕信息的新规则（《多伦多之星》，2003年11月13日，C1；Phelps，2003，P.26）。报告还推荐了从各种机构和所有三级政府中选择专家和执法人员组建小组的方法。

联邦政府迅速行动起来：一年后，1.2亿美元的新基金被拨付用于建立六个专门的联合市场执法队（Integrated Market Enforcement Teams，简称IMET），这些执法队分布在多伦多、蒙特利尔、温哥华和卡尔加里。每个执法队包括来自联邦、各省警方和自律组织的资本市场专家、经济学家和会计师。多伦多的两个执法队已经运作起来，其成员来自加拿大联邦警察、安大略证券交易委员会（OSC）、投资经纪商协会（IDA）、共同基金经纪商协会（MFDA）和市场管理服务机构（MRS），一个TSE内部的监督和报告可疑交易方式的机构（《多伦多之星》，2004年3月14日；《环球邮报》，2004

---

[1] 这并不新鲜，担心这可能向投资者传递"错误"的信号是新近才出现的。加拿大很少对公司犯罪处以监禁，不管是金融犯罪还是社会犯罪。《合并调查法》于1889年通过，现在是《竞争法》，覆盖从固定价格到虚假广告的一切行为。在该法实施100多年的历史中，没有一位管理者曾被判入狱。禁令使公司通过承诺不再犯罪而逃脱责任，并成为主要的处理方式（Snider，1978，1993；Stanbury，1977；Puri，2001）。

年5月23日）。

2004年6月14日，当没有固定住址的史蒂夫·麦克雷（Steve McRae）被指控盗窃了5000美元并从事洗钱时，IMET开始了第一次逮捕。从1998年7月到2000年3月，麦克雷被控从他当时的雇主汇丰加拿大公司（HSBC Canada Inc.）的无人认领的账户中取走17张证券凭证，其出售了这些证券凭证并获得37万美元（RCMP新闻稿，2004年6月14日）。IMET最近忙于第二个案件，其被称为"跨国的市场操纵和内幕交易计划"（S. Won, Howlett and McFarland,《环球邮报》，2004年5月28日）①。

即便在C-13法案通过之前，安大略提高了针对非法内幕交易的刑罚，相关法条规定单项犯罪的最高刑期为5年，最高罚金为500万美元。公司可能面临最高为非法获利或可避免损失数额的3倍的罚金。而在2003年以前最高刑期为2年，最高罚金为100万美元（《多伦多之星》，2004年3月12日，C1, C3）。OSC主席大卫·布朗称，从2000年到2004年，提起公诉的内幕交易案件翻了三番，100多件诉讼被裁决，平均司法程序的期限从21个月降为13个月，审判时间从15个月降为11个月。当需要判处监禁时（他没有告诉我们这种情况出现的频率），80%会被及时判处。布朗将所有剩下的问题都归咎于在三级警方（联邦、省和城市）、三级政府和13个管制委员会之间因缺乏协调导致的复杂和混乱（《环球邮报》，2004年3月30日，B3；大卫·布朗的讲话，2004年5月27日）。OSC的执行董事迈克尔·沃森（Michael Watson）也承认："许多人并不认为这有什么错。"收益是很高的，而被逮捕和定罪的风险却很低（《多伦多之星》，2004年3月14日，C3）。

但是，规制不起作用和"宽大"的例子仍随处可见。1997年春天，当Bre-X矿业公司（Bre-X Minerals）被发现其在印度尼西亚的黄金矿藏（一度被称为世界上最大的黄金储藏地）是虚假的时候，其公司价值锐减。股票价值从1股200美元急跌到0。该案直到现在才被提起诉讼——一位前管理者面临八项内幕交易的指控，被控在股价崩溃前售出了价值8400万美元的Bre-X矿业公司股票（《多伦多之星》，2004年3月14日，C3）。另一件引人注目的案件是1998年破产的多伦多娱乐公司——里文特公司（Livent）。OSC一直等到SEC采取行动几年后，才指控里文特的首席执行官操纵财务

---

① 2005年2月2日，联合市场执法队（IMET）对丰业银行（Bank of Nova Scotia）总部发动了一场引人注目的突然搜查。他们声称银行拒绝交出内部资料，25名持有60天搜查令的官员和一辆大篷车向多伦多金融界传递了一个消息：我们被告知逮捕即将到来（《环球邮报》，2005年2月2日，A1, B1, B5）。

记录以掩盖2003年的1亿美元损失（CBC新闻在线，2002年6月26日在网络公布，2004年6月23日访问）。

普拉姆·普瑞（Poonam Puri，2001）在对竞争法、收益税法和其他联邦立法的分析中发现，从历史上看，宽松的执法方式并没有改变。玛丽·康顿（Condon，2003）报道称证券规制者压倒性地偏好行政诉讼而不是刑事制裁。与刑法典或其他刑事立法相比，行政诉讼花费更少的时间并允许规制机构控制整个程序。但是那些诉讼不能带来犯罪的耻辱感和经由负面宣传带来的一丝羞耻。考察加拿大13个省的记录，算上重大的地区之间的变化，从2000年到2003年只做出了83个行政裁定（Condon，2003，P.419，见注释4）。剩下的213个案件以和解协议的方式结案，此时犯罪未被确认，而制裁也没有实际意义。在艾伯塔、英属哥伦比亚和安大略这些执法水平最高的几个省，和解都是可选的规制方式（Condon，2003，P.439，见注释22）。

自律组织既起不到事前威慑也起不到事后惩罚的作用①。像大多数 SRO 一样，投资经纪商协会既充当经纪业的说客又充当内部规制者的说客。对投资公司的投诉，多数集中在不适当的投资和未经授权的交易，这些诉讼在2003年迅速升至41%。一些增长是现实存在的，一些增长是新的报告规则和追踪体系的产物。2003年，共有1506件投诉，629件民事诉讼，11项刑事指控和57起内部调查。除此以外，IDA公开了729个案件，向公司开出了总共265 189万美元的罚单，向个人开出了320万美元的罚单②。

在过去的十年里，庞大的共同基金业规模翻了一番，从1994年的1315亿美元到今天的4740亿美元（K. Damsell，《环球邮报》，2004年6月22日，B8）。2002年，加拿大证券规制者建立的一个专门小组报告了当时存在的严重的利益冲突和对软弱的规则和标准的宽松执行，它建议公司应当建立独立的治理董事会，可以解雇那些将公司利益置于单个股东利益之上的经理。1969年，这一观点起初被忽视，但后来又被规制者采纳。

但是，强大的共同基金业发起了一场成功的逆转运动，他们认为投资者

---

① 加拿大最重要的自律组织（Self-Regulatory Organizations，SROs）有加拿大投资交易商协会（Investment Dealers Association）、共同基金交易商协会（Mutual Fund Dealers Association，MFDA），以及多伦多和蒙特利尔的证券交易所（多伦多证券交易所、多伦多证券交易所创业板和蒙特利尔证券交易所）。还有专门的私人服务机构，著名的市场管理服务公司（MRS），一家为多伦多证券交易所从事市场监控、调查和执行的独立机构，加拿大投资者保护基金（CIPE），一个防止投资交易商破产的行业基金组织（Phelps et al.，2003，P.18）。

② 2001年发表的一份OSC报告建议，应当分离IDA的游说功能和规制功能，因为二者存在极大的利益冲突。但是，报告的最终版本却没有这样做。正如出版版本所言，调查者"最后被说服……那样的举动不公平"（K. Howlett，《环球邮报》，2004年1月27日，B5）。

保护必须与市场效率相联系，以避免给行业造成不必要和高成本组织机构的负担（E. Church，《环球邮报》，2004年6月22日，B9）。作为 OSC 的前资深规制者，呼吁变革的专门小组代表，丘奇（Church）在共同基金任职后改变了她的论调。在新职位上，她说："CSA 的要求不可能也没必要。"（E. Church，《环球邮报》，2004年6月22日，B9）。一个代表200个最大共同基金公司的游说集团认为："股东的利益和行业的利益是一致的"（K. Damsell，《环球邮报》，2004年6月22日，B8）。结果，审查委员会只有权审查基金经理提交给他们的利益冲突。由于缺乏禁止权和有意义的制裁，他们只能引导基金经理以显示委员会的不满（E. Church，《环球邮报》，2004年6月22日，B9）。换句话说，强制性要求已经被劝说所替代①。

因此，在自诩对金融犯罪的最强制裁中，商业势力抵制、调整和挫败规制措施的例子仍随处可见。

乐观的理由

前文已经例证了迄今为止来自政府和自律组织的浮夸矫饰和故作姿态要多于严厉的、零容忍的制裁。除了几个新的法案、标准和最高刑罚以外，有什么理由相信21世纪的法律，特别是刑法会比19世纪和20世纪更有效呢？

早些提到的几个进展具有改变执法模式的潜力因而会提高威慑力。对抗的股东权利组织则具有更多的积极性和意愿为保护投资者措施进行政治游说，能够为困境中的规制者提供急需的支持。过去由于缺乏这样的压力集团，旨在严格限制强大公司游说集团的行动得不到拥护，使规制者在政治变动中摇摆。虽然那些组织可以寻求更好的投资者保护，但是在多数国家，投资者仍属于弱势群体。私人诉讼无法赔偿失去工作和养老金的雇员所遭受的损失，也无法赔偿用纳税弥补公司损失的市民的损失。此外，法律诉讼将最大的利益给予最大的、势力最强的投资者团体，即所谓的担保债权人。它们对绝大多数的未担保债权人并无益处，这些人失去了毕生积蓄，养老金和本钱。它们不能给犯罪方带来丝毫羞耻，也不能带来集体的或公共的补偿。

公众参与和股权利益的增加，与引人注目的金融新闻调查业一起向政府

---

① 游说集团还告诉我们，行业有了一部新的伦理准则，能阻止成员的"私人交易和接受礼物"（K. Damsell，《环球邮报》，2004年6月22日，B8）。大概该准则对管理层的薪酬保持了沉默，在股价水平下降时（2002年11.3%，2003年2.8%），薪酬却急剧地上升了（A. Willis，《环球邮报》，2004年6月23日，B9）。

第9章 犯罪学透视：审视刑法与公司治理

加大实施法律的政治压力。报道指出了传统犯罪与金融犯罪在制裁上极大的不公平。跨国公司盗取数百万却仅被处以相当于其半天的盈利；领取救济的人盗窃数百美元，却被处以5年的监禁并永远不能享受福利。这样的揭露可以加强对抗组织和赞成规制的力量，并对规制模式产生长远的影响。

最引人注目的创新，最被强烈推荐的灵丹妙药是技术上的解决。新的技术，例如鉴别内幕交易的电子显示器，新的监控设备和可追踪的电子邮件记录可以加强法律执行的力度。它们提高了解释力和透明度，使政府和自律组织在可疑交易发生时很难再声称没有注意到。从理论上说，新技术增加了透明度，并使定罪更加容易（但是仅仅在犯罪被提起公诉时）。但是，那些视技术为自动矫正器，能够终结宽松执行和宽大制裁的人们应当审视公司内外的权利模式。CEO和董事对引进什么技术和怎样运用技术有决定权。他们采用新的设计，决定这些工具如何被使用和这些工具被用来对付谁。迄今为止，技术监督的主要目标和受到监督最多的是底层的雇员，办事员和工厂工人，而不是高级经理和董事们（Ehrenreich, 2001; Snider, 2002）。

悲观的理由

也有其他原因反对乐观的看法。在全球市场的条件下，（多数）民族独立国家比过去拥有更少的权力来形成民族特色的规制体制。在加拿大以及整个世界，美国的势力增强了。美国拥有全世界最政治化的规制体制；商业和自由企业备受推崇，政府和规制遭到抵制①。当支持规制的力量占上风时，就像今天一样，便会通过强硬的措施，执行（相对来说）也是强有力的，美国强硬的言辞会覆盖到所有发达国家。但是，当股市由涨跌的循环回到繁荣上涨时，当媒体已经忘记今天的金融丑闻时，当新自由的力量和商业重新变得强壮时，有什么将能阻止削减预算和放松规制再次成为准则呢？正如奥布莱恩（O'Brien, 2003, P.1）指出的，现在美国的管制框架存在结构性的失衡。因此，在对利益最大化的外部控制削弱的地方，我们能见到公司违法行为的增多（Pearce & Tombs, 2003, P.18）。

事实上，商业力量并没有削弱，由于全世界对新自由主义政策和言论的

---

① 美国商业的历史是个适当的例子。一系列丑闻，从10世纪的铁路托拉斯，20世纪50年代和60年代的价格操纵，70年代的宾州中央铁路（Penn Central），80年代的麦克·米尔肯（Mike Milken）和垃圾债券，到万亿美元储蓄贷款的崩溃（Calavita et al., 1997; Rosoff et al., 1998），都是一开始产生强硬的言辞和新的法规，随后伴之以放松规制，预算削减和对规制的忽略。

采用，商业力量反而增强了（Pearce & Tombs, 2003；Mishra, 1999；Monbiot, 2000）。投资方对活动信息享有一种独占权，这是一种由专利保护法和竞争法保护的专有权。这些信息因对保护商业秘密和提供竞争优势极为重要而受到保护（Fooks, 2003；Tombs & Whyte, 2003）。在价值观层面上，赚钱被广为接受并作为唯一的价值衡量标准，唯一的向不同阶级、种族和性别分配收入的公平机制。通过宣传、市场营销和公共关系运动的倡导，这一信念将利益最大化置于第一位。"1992年，美国企业花在市场营销上的钱比美国全国花在所有私人和公共教育上的钱还多60%"（Glasbeek, 2002）。世界上最大的100家跨国公司的花费占到了这些花费的大部分。虽然跨国公司做了一些遵守法律的表面努力，但它们正在试图影响"社会责任"和"良好公司品德"的定义（Shamir, 2004）。它们倡导个人主义的伦理道德和自由行为，强烈反对政府规制和刑事制裁，这也就不足为怪了[①]。

对利益的推崇也影响了社会模式、道德心和伦理标准的形成。如果贪利的信条主宰着流行文化，推崇诚实、社会公平和对他人承担责任的信仰就会被认为是不符合特定集团的道德标准的或者是无用的。旨在追求建立良好公司品德的公司道德运动和教育被迫要应对根深蒂固的文化和社会态度的挑战。对社会来说，要使控制机制切实发挥作用；对个人来说，要通过内省监督自己和同事（Braithwaite, 1989），注重社会道德标准的内化。那些向家庭和宗教领袖灌输企业最重要的责任是赚钱和每时每刻制造利润的价值观，那些向管理层灌输这是一条通向财富、权力和社会尊重的价值观，使公司犯罪变得不可避免。赞美通过冒险（经常意味着规避法律）而获得财富和名誉的CEO，或者鼓动公司废除新政遗留规制的做法（Fooks, 2003, P.17），传达了这样的信条：对违法的原谅和辩护可以战胜羞耻心。

结 论

在全球化和新自由主义国家中，反对规制言论的复苏使人们相信国家近来的承诺未免过于简单。但是，认为过去的模式可以预测未来同样也未免过于简单。文化、人类、金融势力和技术的变化比人们的常规认识要复杂得多。刑法和非刑法的加强终会产生应有的影响。但是，这些影响是短期的还是长期的，深入的还是表面的，仍有待于观察。

[①] 国际法律体系处于初始阶段，在这一阶段，所有世界上最强大的国家都不愿放弃任何主权。

第10章

舞弊揭露与风险管理

尼古拉斯·M·豪德森

引 言

本章介绍了在过去17年中，根据已发生的舞弊事件及对舞弊风险管理的关注而形成的个人经验。文章简要地证实了舞弊行为的普遍性，并对近期财务报告舞弊行为进行了识别。从舞弊行为揭露制度实行的两个例子中进一步讨论了与舞弊风险管理相关的问题。

舞弊行为不同于一般偷窃，一般偷窃最基本的特点就是它能被发现。你不要妄想着去发现舞弊行为。因此，这对披露制度和风险管理都提出了挑战，这些挑战包含一些虽然简单但不得不引起人们注意的问题：

- 如果你想找出舞弊行为，前提是你必须知道什么是舞弊；
- 如果你想避免舞弊行为，你应该了解什么引起了舞弊；
- 当舞弊行为发生时，往往会有一些明显的迹象；
- 舞弊行为是切实存在的。

本文从以下几个方面来讨论上面的观点。

舞弊行为的普遍性

安永会计师事务所在对全球范围内的公司调查以及对北美的员工调查中为我们及时地揭露了当前公司舞弊行为的普遍性及其特性。

安永会计师事务所16年来对公司所做的调查突出表明了最严重的舞弊

案都是由本公司员工参与进行的。实践证明，调查所遵循的基本原则就是：如果你想知道现在正在发生的，就让知道真相的人来告诉你，这也就意味着你首先要了解谁知道真相。公司调查问卷说明了最严重的舞弊案往往是由内部员工参与进行的。于是在2000年，我们决定调查一些正涉嫌卷入舞弊案的员工们，因此委托了最著名的民意调查公司对加拿大员工进行了一次电话访问，主要的问题包括以下几方面：

> 认真想一下你所工作的场所和我们列举的舞弊案以及其他一些舞弊案，请你告诉我们，在过去的一年中，你是否对那些可能涉及你自己或他人的舞弊案情形有所察觉？请放心你的回答我们肯定会保密，只是想问一下你所亲身经历的舞弊情形。

我们在开始问卷调查之前，先问了一些他们关于舞弊案严重性的看法，主要是为了提高他们对于微小盗窃案的重视和让他们避免对舞弊案定义的错误理解，真正明白什么是舞弊，而什么不是。

2000年，1/4的加拿大员工对这个问题的回答是肯定的。但在2002年，我们对加拿大和美国都作了这个调查，而当时只有1/5的员工做出肯定的回答。从1/4减少到1/5，一个重要原因就是样本精确度的降低，因为受委托的调查公司在2002年缩小了他们的样本范围。在样本涉及的其他问题中，除加拿大人对他们自己忠诚的吹嘘，我们并没有发现加拿大和美国对问题的回答有什么不同。

有一些客观因素使得推断的精确程度大打折扣，主要是因为样本集合类似。我们发现，加拿大员工的答复几乎没有什么不同，与所处地区、所处公司、年龄以及工作年限等无关。尤为重要的是，那些在稳定部门工作的员工更倾向于参与舞弊案。由于高级主管有更多的机会参与舞弊并且从中获取巨大的利益，就不奇怪为什么在舞弊事件中，高级主管会使得公司丧失更多的价值。

从这些调查中我们得知，员工是公司最大的威胁，在过去的12个月中，高管以及明显超过5名的重要员工确实参与了企业舞弊案。

舞弊行为的最新变化

证券交易委员会（SEC）在出版发行的一本书中谈到了舞弊案的流行趋势，现在这本书被管理者们拿来随时更正自己对公司的安排。表10.1总结了从1997年到2004年9月间这类书籍的数量。

这个数字很值得关注：8年中涉及舞弊案的书籍从占图书总数的0%升至35%。另外值得注意的是，除了2002年外，涉及财务报告舞弊案的图书增长超过了涉及其他类型舞弊案的图书数目。在财务舞弊报告中，绝大部分都涉及主营业务收入及税收，资深的管理者一致对外公布与真实结果不符的财务报告，往往是夸大了事实。

表10.1　　　　1997－2004年间关于舞弊案的书籍量

年份	书籍总量	财务报告舞弊案书籍量	证券及其他舞弊案书籍量	舞弊案书籍百分比（%）
1997	117	0	0	0
1998	129	0	8	6
1999	177	3	19	12
2000	194	7	17	12
2001	152	4	14	12
2002	180	18	11	16
2003	184	15	44	32
2004.9	126	17	27	35

注：该图表仅对相关书籍做了一个主要分类，虽然有些书籍不止涉及一个类别，有些书籍将各种涉嫌舞弊的财务报告结合到了一起，它们都被概括为一个出处。不止一本书有时会涉及同一个舞弊案，提到对该案件的调查、审判和判决结果。在某种程度上，财务报告舞弊和证券舞弊的区别是主观的。这个表格应该被看做是一个大概的指示器，而非一种精确的分析结果。

答案的局限性

部分监管机构与立法机关认为对那些重大的公司舞弊案是很难制裁的，除非有高级管理部门的相关财务报告及内部审计师的相关证明。而公司舞弊案调查人员认为上述答复存在的问题之一就在于内部控制与风险管理两者间的明显脱节。公司的最大风险是由高级管理部门操纵的不真实的财务报告。当现有管理被高级管理部门摧毁时，对风险的有效管理又存在于何处呢？是不是应该考虑把风险管理作为减少公司控制失灵的一种方法呢？

在美国，由议会成立的权威部门——公众公司会计监督委员会（简称PCAOB），至少已经承认前述的这类问题的存在。当其第二次出台会计准则时提到：

> 由于存在对财务报告的内部控制，财务报告很难提供真实的已经实现的财务目标。财务报告的内部控制是一个涉及人们努力和合规的过程，并且容易由于人员失误而引起判断和分析的错误。内部控制也会被人们的共谋行为阻碍或被管理部门操纵而失效。由于这些局限性，使得虚假报告很难禁止，也使得财务报告的适时有效性减弱。然而，这些局限性是在财务报告汇编过程中无法避免的。因此，在财务报告过程中应制定安全准则去减少（尽管不能消除）这种风险（PCAOB 审计标准，No.2，第2节）。

在应用的时候，所有员工包括高级管理部门会发现，旨在提高诸如行为准则等的道德基础标准的内部控制或其他安全准则的作用非常大。有了一个标准化准则并不像奥布莱恩（O'Brien）在本论文集中所证明的那样，非要使得它的价值在整个公司固化。事实上，在每个重大财务舞弊报告事件中都可以发现公司的经营控制已经被瓦解。经过我们调查，假设那些有重大舞弊案被揭露的公司幸存下来，该公司管理者常常挂在嘴边的一句话就是"我们如何避免这种事情再次发生呢？"过去，笔者常常纳闷为什么他们总是问这个问题，而不是考虑"我们如何在它刚发生的时候就制止它"？

调查中对下面几个问题的回答多种多样，"它如何发生的？"或者"为什么没在刚开始的时候察觉？"或者更委婉地说"谁应该受到谴责？"对这些问题的回答暗示了谁是这个风险的负责人，往往这个负责人会在调查过程中提到这些风险管理的问题。但是这些负责人们为什么在当时不会问诸如下面这些问题："我们如何在它刚发生的时候制止它呢？"他们本应该在风险还没有出现时或者刚刚出现一点端倪时就防患于未然。即使是现在，它也是不太可能的，在当前环境中尤其如此。更或者，没有问上面这个问题的原因可能在于权责没有匹配。而那些对事前预防风险相关问题有疑问的人，可能是意识到了自己的责任，也或许是错误地认为应该承担相关责任。

责任感能够使得人们关注风险管理并且有助于建立系统的风险管理体系。如果你想做好一件事情，首先要确保这件事情有人负责，这是毋庸置疑的。因为如果你不能把责任很好地配置到位，那么就没有人会在意这件事将面临的风险，进而不能很好地进行风险控制。自从1934年证券交易法出台以来，那些发生在重要公司的大型舞弊案，如为霍林格公司辩解的安然，对资本市场造成了极大的威胁。《萨班斯－奥克斯利法案》和公众会计审计委员会法则等就主要涉及这方面的内容。如果美国世通公司、安然集团及其他公司的内部核心管理层问到诸如"我们如何阻止舞弊案再次发生？"的问题，倒不如说直接问在美国安然、世通、阿德尔菲亚（Adelphia）、泰科（Tyco）等公司内部发生的财务丑闻如何不会再在我们公司发生？我们已反复提到的那些丑闻之所以会发生，主要就是由于公司高层共谋篡改并控制了财务报告。

公司内部高级管理者以及审计师应该承担起更大的责任，以便风险管理更好地在企业内部实施、操作以及监督财务报告不再出现虚假成分，从而建立起企业范围内的风险管理体系，进而营造好的道德环境。但到底谁是风险管理系统真正的负责人还要取决于公司高层管理者。经典的委托代理理论认为，这些责任主要还是应该由董事会承担。

我们大体看一下那些公众公司的董事会对于涉及高层管理者的公司丑闻是如何反应的。在北美，有所反应的主要还是审计委员会（Audit Committees），该委员会主要依据其内部的法律顾问在自身利益基础上通过法规对这些企业进行监督和调查。如果最后的调查结果倾向于认为审计委员会应该是主要责任人，这就暗示了该委员会造成了这些风险。公众会计审计委员会法则在第二条中也有相关规定：

> 尽管审计委员会在控制大局和监督财务报告等内部控制方面起了很大作用，但是管理层仍然也要承担一定的责任，以便更好地保证财务报告等内部控制的有效性。这一法则并不意味着可以把责任全部从管理层移交到了审计委员会。

主要归因于高层管理者的财务舞弊事件使2号标准开始实施。表面上看，这两者之间并没有必然联系。公众公司会计监督委员会承认他们应监督高层管理内部财务报告控制的有效性，也就是说，他们的职能就是确保相关内部控制的存在并且得到有效实施，从而减少高管在财务报告过程中的舞弊行为。

含糊其辞推卸责任是没有用的。最初的管理设计已经清清楚楚地说明了审计委员会有义务监督内部控制的有效性以避免高管舞弊行为。

这些相关制度设计中可能会对审计委员会的职责有清晰的界定，比如在监督控制高管的共谋行为方面，以及在委员会执行其职能所获薪金方面应该也达成共识。董事会主要负责高层管理者的任免和报酬。所以那些董事会（审计委员会）应该考虑针对财务报告舞弊风险的认识，如何建立起准确的风险评价系统。但事实上，应该由谁承担起这个任务呢？

揭露舞弊

过去几年里，大多数舞弊案件具有一定的共性，即规模巨大而且会对分支机构带来毁灭性的结果。而究竟舞弊案到了什么程度时，人们才能有所察觉呢？人们对此并不确定。最具挑战性的做法就是，从一开始就制止它或者是在还有足够的时间弥补它所造成的灾难前察觉到并制止。

一天，妻子让我帮助她布置饭桌。当她放好菜板、刀具和作料之后，问道："可不可以帮我找一些醋来制作沙拉酱？"紧接着，她又说："还是我自己拿吧！"因为她认为我根本不知道要找的东西到底是什么样子。我向她保证肯定能帮她找到，但她还是坚持自己去拿，然后从冰箱的一个角落里拿出了装有作料的玻璃瓶。这只瓶子上标着"橄榄油"。这时我相信，如果让我找的话，肯定找不到。舞弊案就类似找作料醋，它需要被人们认出并揭露。如果我太太能告知在冰箱的某角落并装在什么瓶子里，我肯定能找到——因为我知道我要找的是什么。

那些舞弊案的实施者最根本的想法就是不希望你能觉察出他们的舞弊行为，所以即使你想去揭露，你也很难发现，更不用说你没有揭露的念头了。过去，董事会和审计委员会很难发现舞弊案，他们被自己设立的标准所束缚，这种标准假设高管具有高尚的品质。如果你认为自己并没有责任去控制风险，那就很难从现实中寻找它存在的证据或者从蛛丝马迹中推断它的存在了。

然而，当今审计委员会承认高管的优良品质与其是否注重舞弊揭露之间并没有显著关系，如果仅仅是为了不再一直查询舞弊踪迹而没有其他原因，那么这种对舞弊监督过程的设想是有问题的。因为几十年来监督者们没有系统地认知或董事会根本不了解舞弊到底是怎样产生的，有关报告并没有指出并证明能够引起舞弊案发生的种种迹象的本质特征。

先前的监督者们在舞弊案的前期预防和后期改善方面做得太少。审计监督的重点就是找到并且评估一些证据以便支持财务报告中的陈述。审计相关术语：确认、求证、核实等都应该是审计的基本内容而不应该被当作挑战。当人们开始怀疑时，最初认定是正确的就有可能最后变成错误的，而且最终会使人们改变原来的方法。笔者在培训审计师有关审计的多种方法的过程中

第10章 舞弊揭露与风险管理

发现，对于他们而言，很难对审计认识有概念性的转变。

可能你怀疑的事情就像干草堆中的一根针一样细微，但此时，往往审计师的经验会发挥作用，他们通过精确的样本和置信水平验证原本的结论到底应该是怎样的，研究经验有助于其成为优秀的监管者。区别就在于工作重点已经从"干草堆"到了"细针"，而且知道"细针"到底是什么样的，这对于研究工作至关重要。

发现舞弊的方法要不断演绎发展，以跟上舞弊行为和证据特点的变化，因为当你能找到舞弊证据时，那么舞弊方就会尝试改变方法。所以这就需要对相关经营过程有详细的了解并且建立起相应的风险控制，从而在舞弊行为发生时，能够很快地察觉并找到证据。事实上，存在舞弊的假设并不是子虚乌有的，反之舞弊行为肯定会有一些特殊的主张或者有值得怀疑的根据。但在调查中，我们经常面临这种问题：如果他们存在舞弊行为，那么接下来会发生什么等。对这些问题的回答需要一个逻辑分析的过程，有时候断言和怀疑也是不妥当的，会给人造成误解。

幸好舞弊行为仍是少数，也就是说大多公司的经营业绩及其财务报告都是真实的。那些正当公司会建立一个战略，不管是纵向的还是横向的，都会把时间和产出的随机性及不确定性考虑在内。而舞弊行为则会只关注"一个时间点"的产出而不会考虑到其他影响因素。人们不会觉察到舞弊的异常是因为它所表现出来的和你想象中的没有什么不同。而由于正当经营企业战略的完备性和复杂性，那它生产的实际目的很难完全冒充。因此，经常会有证据把"舞弊"和"正当经营"区分开来，当舞弊伪装水平很高的时候，你很难去发现有力的证据，反之你会很容易察觉到舞弊行为的存在。舞弊行为存在时会或多或少地引起别人的注意。

如果想要建立起舞弊揭露模型的话，主要还依赖于财务报告中的数据。但这些数据在提供是否存在舞弊行为的证据范围方面，有效性太低。而且还必须建立起对正向和负向误差的分析。但从时间序列上看，财务报告中的数据有可能是不可靠的，因为他们会受到某一时点公司合并、并购等事件的影响。当数据无效时，模型就不能仅仅依赖于财务报告而要从其他方面得到更多的信息。学术界遇到的问题就是很难去获取一些比较详细的内部数据。而公司实践者们有很多途径可以获取数据，但是他们都没有时间去查阅、验证、证明从而得出结论。

公司经营业绩可以越来越多地从网上数据中查到，而这些已经成为发现舞弊的一个越来越重要的数据来源。但就目前而言，网上数据还不足以被用作司法或正式的证据来指控舞弊行为。但作为辨认舞弊行为的标记之一，对数据的分析是很有价值的。事实上，如果不借助计算机以及一些数据分析工具，要对所有重大舞弊案调查结果进行处理是难以置信的。现在人们更多地致力于提高发现舞弊行为的技术。现有的分析工具尽管很成熟了，但仍需要选定一系列数据和规则才能运用。另外，还需要针对调查过程中的特殊情况来设定一些特定规则进行分析解释。

在发达国家，财务报告的披露过程很相似，而且人们对财务报告内容的需求也趋于一致。那些不真实的财务报告，其主要特点就是夸大主营业务收入，也就是说，报告的数据是与舞弊者们阴谋所要达到的结果保持一致。

根据某位学者的分类，财务报告弄虚作假的种类主要有 7~10 种。在这些方法中有很多变化和更新，但数目有限。也就是说，如果人们了解这些舞弊方法以及复杂的变化情况，而且对企业经营过程比较熟悉的话，就能建立起全球适用的舞弊揭露系统，依靠这些系统的能力，能够很容易区分正常经营与舞弊经营。

虚假财务报告出现的原因

为什么高级管理者会制订舞弊计划来谎报业绩？或许是市场早先对他们有预期，认为管理能够使企业达到一个好的结果。但事实上，预期结果未能达到。这也说明了其实大家都知道应该怎样。否则，就很难估计虚假操作的部分到底有多少，这就要求事先了解实际情况与市场期望会有多大的差距。越早意识到差距的存在，那么人为操纵经营业绩的可能就越大。

我们以桑宾（Sunbeam）汽车公司为例，这家公司的违法行为是当前涉及财务舞弊公司丑闻的最早版本。而且你会很清楚，这样的后果是长久以来形成的，并且在短时间内很难改变。那些刚刚聘来的被委以重任的高管，肯定来之前早已了解或分析了扭转这种局势的可能性。首先是要建立起根植于企业管理框架中的一系列战略，随后在经营过程中发现有些问题是很难管理的，当现实与期望相差越来越大时，高管操纵就开始出现了。这就是在桑宾公司真实发生的事情，就像邓拉普（Dunlap）的《链锯》（Chainsaw）中用纸牌建造的房子一样不可靠。

在其他情况下，对未来结果的预期更加复杂。这主要是因为在知道了结果之后，根本没有时间去修改。这说明财务舞弊报告总体上是被动的，没有时间达到预期。在舞弊揭露过程中，反应时间是一个需要考虑的相关因素。

只要阴谋计划得逞，舞弊就成功了。但越多人参与舞弊行为，阴谋泄露及舞弊被揭露的风险就越大，即越少人知道越安全。然而有一个与之相反的观点，如果一个人有可能察觉到舞弊行为的话，把他也引入到舞弊过程中，那么被揭露的风险会小很多。这使得他们不太可能对外公布其了解的欺诈信息，从而使得对主要舞弊人员的偏袒辩护有了可能性。

虚假财务报告——一个例子

在舞弊者看来，把经营成本转移到资本成本中是一个诱人的阴谋。由于很少有人能有权力这样做，这就使得高管在经营过程中能产生一些资金收入而不会涉及与税收认证有关的财务报告组成部分中的许多复杂关系。而税收认证计划常常会引起一些需要解决的现金流问题（人们公认的会计记账准则就是不可能把不实的应收账款记为现金流入）。

与前文多次提到的"越少人知道越安全"相一致，越少人参与经营舞弊过程，操纵结果就越容易实现，经营成本以流水账的形式转入到管理费用中。当资本成本最初产生时，同样的结果也会发生。当涉及其他人参与时，这中间有一个时间期限问题，他必须在真实结果被披露前进行操纵。流水账的增多比较引人注意，但几乎不会引发风险。

当审计师们检查资本支出情况时，他们往往会在评估风险和有形资产的基础上依照审计程序进行验证。大多数控制者和财务管理者（许多以前就是审计师）特别留意审计范围和审计师们检验的标准，从而想出办法实现期望目标和蒙蔽审计师。因为审计师发现结果与他们检验不一致时就会行使职责。而且也可以对为什么资本支出预算超支做出合理解释。这种舞弊有时会逃脱董事和审计师的追究，但他们必须及时复查，否则当出现更多舞弊技能或公司财产剥夺时，舞弊事件就更难"浮出水面"。

追查这种舞弊的一个有效办法，就是把环境当作一个初步的假设，首先认定证据肯定会出现，然后寻找那些证据。有证据证明了流水账的存在，并且其流入是因为把经营成本转移到了资本成本中，而且流水账可能会来自于更高的财务部门。在近一个月或一个月后，最初真实的结果出现被披露了，此时假设将会得到验证。

从负债表的日常经营费用栏中可以发现一些证据，或者发现在最初检查结果后从附属公司不定期地会有一小笔资金进入资产负债表中。如果发现调查结果与上述情况一致，那么将会通过集中访问、检查内部邮件及其他文件来进一步证实。如果调查过程没有发现有力证据，那么就会考察最初进入时的资本成本及各附属公司内部的支出转移情况，这种支出转移是指把一家的经营费用转移到另一家的资产负债表中。这种转移增加了公司风险，因为这样会涉及更多的人，从而使得管理变得更加困难。

资产挪用——一个例子

现实中我们发现，公司舞弊的最常见的模式就是捏造虚假的供应方从而转移资金。他们的目的不是为了麻痹资本市场而是为了在公司内部进行资本转移。在购进、采购和支付过程中的欺诈主要包括以下几种策略：

- 操控竞标（bid rigging）：与部分供应商共谋使标价尽可能低；
- 虚假竞标者（phantom bidder）：貌似公开竞标其实背后已经有一个操纵者或者敲定了一个供应商；
- 撇脂策略（skimming）：中间商介入到买方集团与实际供应商之间；
- 回扣（kickback）：难以揭发控制，是供应方私下提供给购入方负责人的回扣（这往往会使得购入成本增加）；
- 已支付的发票再生（reprocessing paid invoice）：已经支付的发票又通过欺诈手段递交和支付，从而使欺诈者有机会获取支票。

捏造虚假供应商是一个很诱人的计划，因为除了舞弊者本人外，不需要别的部门介入，从而可以获取欺诈所带来的全部收益。要想找出这种舞弊行为的证据，就需要找出正当供应商与虚假供应商的一些不同特征。选定一个固定的供应商往往是大多数公司的惯例，而且由于不同类型的公司在购买环节中使用的管理手段和记账方法是相似的，从而在很大的公司范围内提供了一个可参考的购入活动框架。

要想找出这类欺诈证据的一些迹象，首先要假定舞弊行为存在，然后在它可能存在的公司环境和相关环节中去验证这个假设。这个验证其实就是一个模拟过程，即特定环境下这类欺诈风险发生时，公司将如何运作及欺诈者如何尽可能减少被揭露的风险。然后将这个模拟过程与正当活动过程相比较，从而指认出犯罪特征。

把舞弊经营与正常经营区分开来的特点不可能仅有一个。舞弊者尽可能使舞弊活动及与虚假供应商的合作看起来像是正常的。在正当供应关系中，供应商的名字会记录在重要文件夹中，另外还有地址、电话和其他详细情况等。为了保证消费者的利益，公司还会核查供应商的信用等级、合法性及可

第10章 舞弊揭露与风险管理

靠性。一个舞弊者应该了解这些情况,当其被审查时尽可能地阻挠破坏这些审查。购货需求及订货单必须经过加工处理,而且要有相关单据证明货物或者服务已经送到(在供应商合谋计划中,服务更优于货物,因为很容易把没有尽到服务责任的证据销毁)。发票必须出示支付证明,并记下相关成本、支出以及收益账目、支付钱款等。从发出购物需求到款额支付全部都有电脑记录。当购货的某个特殊环节有了差异,那么各董事会大都会请求会计部门审核而且会发现购货交易。

虚假的供应商必须偷偷进行而且会想尽办法避免被发现。但是只要这种行为确实存在,就不可能都不被揭露。大公司会有成千上万家供应商,从战略角度考虑,公司会淘汰许多供应商。但有共谋舞弊行为的供应商不可能是公司的几大供应商之一,因为那样很难去掩饰舞弊;也不可能是一些不出名的供应商或者是一些几乎没有往来的供应商,因为那些不出名的供应商显然没有办法为采购舞弊者提供很多回扣,而且采购舞弊者也没有必要为了那么一点回扣冒如此大的风险。所以这些供应商都可以不作考虑,而且如果这个推测是错的,后果也不会太严重,最起码目前而言是这样。为了区分从而建立起一个调查的分界点,开始时需要一些主观判断。

因为供应商是虚假的,那么它就不可能是我们现实中知道的那些供应单位。通过与外部供应商做比较,有利于企业剔除一些不合格的供应商,如安永会计师事务所和微软公司所做的那样,但是调查过程中要尤为注意那些与合法供应商名字相似的企业。我们已经接触过的很多案件的供应商都有一个深思熟虑的名字。这样就会给人造成一种假象,即供应商是存在的,而且会使人联想成某一供应商。

在采购中共谋的供应商与采购方不可能再讨价还价或产生争议,如果存在,那也是一个虚假的争议。通常那些在以往交易过程中有良好等级评定的供应商,在我们进一步的调查中可以被排除。由于采购商不可能甘冒风险去进行舞弊行为而到最后只是为了获取极少的回扣,所以那些只有小额回扣发票的供应商是不可能参与公司舞弊的。因而可以排除对只有小额回扣发票供应商的怀疑。我们需要在考虑到舞弊事件的具体环境基础上做出主观判断,从而建立一系列比较琐碎详细的门槛来圈定范围。

在一个公司中,或许只有一个人知道供应商是虚假的,这个人就是公司舞弊者。所以只有他能对供应商发号施令。这也是一种很好的调查对象排除方法,因为这样也能辨认出一些舞弊者,也就是说,有多个发号施令者的供应商可以排除舞弊的可能性。在大多组织中,通过这种排除方法可以排除一些重要的合法供应商,但这种方法同时也存在一定风险。

排除那些供应商之后，可以对剩下的供应商们进行测试。一个正规公司通常会有一个与其主要产品或者服务相关的名字，而且会有公司地址、电话及传真号码以及邮箱地址或网址，有自己的员工、公司价值及税单或注册凭证及其他一些特征，而这些都是虚假公司所不具备的。而且这些正规公司还会提供一系列按时间归类的发票以做参考，并在相关发票上对其产品或服务有一定记载，且对产品或相关服务检查报告有发货或接收文件证明。发票上还会注明涉及的产品数量、价格及发票总额。通常这些发票还会注明经手人，以便于日后的一致性检验咨询。

而舞弊者必须虚构所有以上条目。虚假供应商的名字与真实供应商相比会尽可能做的不出名或没有特点。有时我们会发现，舞弊者往往会倾向于模糊其服务的一组字母的名字。实际上，很多时候这些只不过是欺诈者自己名字或姓的首字母。从而我们挑选出那些用自己名字首字母作为公司代称的供应商。舞弊者不可能为虚假供应商做得更多，但他们需要一个便利的地址。那可能是一个邮政信箱索引、一个居住地或一个互联网转交地址，甚至有可能是欺诈者地址、其家庭成员地址或共谋者地址，我们把这些供应商地址与主要文件中员工地址做比较。

因为那些虚假供应商不可能以自己的名字注册一个电话号码，但发票联上缺少电话本身就具有风险。对号码的彻底搜查会发现到底谁注册了这个号码，同样，可以查出给这个号码打过电话的那些号码。当没有传真号码时，几乎不会引起人们的怀疑，这就使供应商虚假的可能性大大增加；没有公司网址或缺少其他电子联系方式同样也使供应商是虚假的可能性变大，如同缺失有限责任情况、没有课税和其他注册号码一样。

舞弊者不得不虚构出发票上所注明的产品或者服务。因为虚构产品相对麻烦，所以提供服务的供应商很有可能是虚假的。而他们的发票要么细节模糊，要么就是复制了其他企业发票（在我们所处理的案件中，发票一般都会配有单独的税收、销售收入或收益联）。所以说缺少课税的供应商一般也是虚假的。而这些虚假公司必须编造他们的税额。舞弊者的目标就是使风险收益最大化而且获得超出他们权限的一些权利。这也就意味着发票上注明的收益，应与当初预期不要产生太大偏差。发票必须有相关数目，舞弊者必须编造以上所有项目。有时他们并没有足够能力去编造得天衣无缝，从而使我们能够从那些连续的货单发票中发现问题，这也意味着它们仅有一个顾客。

舞弊者的目的是以尽可能小的风险把钱尽快地转移到自己的钱包中，他们或许知道支票什么时候被做了手脚（网上银行储蓄的转移而非支票形式的转移也不能改变这件事情的实质）。只要那些虚假支票还在流通，舞弊者就不得不面对风险，他们必须做出一些虚假发票或在要求期限前使下一笔资金运转正常，这缩短了虚假发票存在的时间，但同样也缩短了支付到期日与发票结算之间的时间。那些大型供应商经常能够很快拿到支票但小型供应商却不得不等待更长的时间去获取支票。如果一个小型供应商总是能很快获得支票，那么它是一个虚假供应商的可能性就会很大。

然而，以上这些准则到底在多大程度上能够辨认出虚假供应商是不确定的。但是，如果一个供应商符合以上提到的所有特点，那么它极可能是一个虚假供应商。而且这些准则会使我们很容易做出决定，即这些供应商是否值得进一步调查或监督。大部分的这些特征通过数据分析就很容易发现，而且这些数据分析模型一旦建立，是很有效的也是很经济的。最困难的就是最初的规则的确定。但是，正如以前所看到的，这些分析并不能证明舞弊行为是否已经发生，从而也不能作为高风险环境下的有效指示器。而这些高风险我们可以通过与嫌疑人面谈或访问的途径进一步地做出评估。

之所以描述这些指标的细节是为了说明假如存在舞弊行为总会有证据证明其存在。在很多情况下，某个指标相比其他指标而言特别明显。证据越充足，舞弊者就需要更大的努力去化解个人风险，也就使他的精心伪装显得不那么完美。这些事例能够说明，舞弊的发现过程使我们对这些舞弊行为有了大体的了解，依此采取预防措施从而减少这些事件的发生。另外，对它们的了解可以帮助我们发现一些提高事前控制（预防控制）的机会，比如建立通过信用等级评定供应商合法性的一些条例。目前，网络技术及其他模式的认证软件所拥有的高端处理技术往往能成功地使舞弊者"逍遥法外"；但当这些工具被人们广泛应用到信用等级管理和证券交易中时，却往往产生差错，且在处理一些特殊事件（或不常见事件）时也是无效的。

风险管理

在我们较难处理的几大社会问题中，舞弊行为属于比较常见的。同战争、贫穷、死亡和税收等一样，舞弊似乎具有我们无法逃避的必然性。若天真地认为可以把它消除，那么对其管理的改进当然是可以实现的。这里也存在着其他难以处理的社会问题，酒后驾车就是能够想到的难题之一。这一问题仍然伴随着我们，但以笔者北美人的经验——当还是一个贝尔法斯特（Belfast）的年轻人时就把这一风险管理得很好。笔者相信这对舞弊的风险管理是一件有启发的事情。

在北美，犯罪的民间组织以及他们的朋友、亲属和崇拜者已经为立法、政策以及制裁的增加投身多年。他们的努力已经产生了明显的效果，这项工作将不断取得进展。

已经发生了些什么呢？通过立法的授权、强制性的增加以及技术的改进，酒后驾车被逮捕的可能性已经上升。通过罚款的增加、保险费的增加以及驾驶资格的可能丧失，使得制裁力度大大增加。酒后驾车已不能被社会所接受。这是通过一个有效的策略实现的，即不再单纯强调酒后驾车造成的死亡，而是通过从统计数据到死亡会带来的孤儿、悲痛的同胞和父母的事实来实现的。换句话说，他们使它难以成为一个可被忽略的个人问题。

一项综合政策中出现三种手段：

- 强制性减少机会。
- 制裁动机的权衡。
- 降低为"酒后驾车没有问题"寻找理由的能力并予以宣传。

如酒后驾车一样，舞弊也是一种犯罪，并且同样可以通过上述三种手段进行预防。这些条件、动机、机会和开脱罪责的能力已经作为舞弊行为发生的必备预防手段而被广泛接受。长期以来，企业界的反应只是谋求通过内部控制体系来防止和发现虚假陈述，它们将大部分目光集中在降低机会上，而很少涉及其他两种预防手段。

一个难处理的问题需要广泛呼吁来解决。这个问题有三个方面，且回答主要集中于一个方面。若没有机会就没有舞弊，但那是不现实的。商业管理者领取工资将资产进行风险投资，为股东谋取收益。在完全防止诈骗的控制下经营业务是可能的，但在经济上并非可行。

很少有人谈论动机。比如，为什么一个负责生产和公布财务信息的高级管理者拥有与公司运行结果（他或她没有影响但有重要的实现延迟成本或积累税收的途径）挂钩的、基于业绩的薪酬。基于绩效的薪酬如果与（以上）这些全部相关的话，那么对绩效的考核就应该与产品的即时生产量、政策执行的一致性以及使得管理层参与财务报告过程从而建立起反虚假财务报告的计划等联系起来。

在处理有关"能力合理化"问题时，最有效的办法就是建立一系列行为准则（可是，安然公司也有行为标准，仍不可避免地出现欺诈）。唯一的解释是，如果这些准则不能被管理层认可、遵从以及根植于他们之中的话，那么就没有任何意义。事实上，这比"没有意义"的结果还要糟糕。因为当行为与行为准则发生冲突时，人们往往会倾向于跟随公司角色模式行为，而不是依循那些政策性标准来选择疏远或接受这些行为。不管是哪种选择（接受还是疏远），这种做法都很糟糕。

在我们将这些行为标准抛弃之前，或许应该咨询一下为什么我们的管理模式会制造出如此卑鄙的、不务正业的公司高管？使得他们在过去3年里采取了一些可耻行为，从而与那些管理形式相比实际造成了更大范围上的道德沦陷？如果有人考虑在过去20年里影响动机、机会与合理性取向的因素，他们的这种做法是不值得鼓励的。这种线性思维方式在未来也不会得到提倡。与40年、20年、10年前相比，让我们看一下当今形势：

- 在他们的政治领导中是否有更好的角色模式？
- 在他们的企业领导中是否有更好的角色模式？
- 在他们的宗教制度中是否有更好的角色模式？
- 有没有宗教制度？
- 是否从学校、家庭以及宗教组织中受到更好的道德教育？
- 是否更忠于他们的老板？
- 是否更坚定地认为对组织有益就是对自己有益？
- 是否不再期望更好的生活方式？
- 是否很少面对个人财务压力？
- 是否很少获得基于绩效的薪酬支付？
- 对欺诈事件的社会制裁和经济制裁是否变得更严重？
- 科技的发展是否导致人所起到的作用变小？
- 是否更多的人在谈论他们在干什么？
- 经理对他们的事业是否有了更深刻地了解？
- 取得信任是否越来越难？

以上这些有没有启示？如果我们还要继续做我们以前所做的，那么它就没有任何启发。对于高级管理人员，他们应该把风险管理安排在重要的日程中，并与他们自己的目标保持一致。必须使他们自己的价值观与公司的价值评价相一致，否则他们必须改变自己的价值观或者目标。

如果他们的目标是为了获取薪酬，而这又与公司绩效紧密相连，那么他们的目标也就与公司绩效挂钩了。除非能够清楚地证明对舞弊风险的有效管理或者能逃避，制裁的无效管理能够增加与经营目标相一致的价值；否则对制度的顺从也只是表面的。可能加大制裁以及集中控制确实能有一些正面的影响，但我们仍需要清楚，作为体现公司基本价值的规章制度到底能有多少效果？因为欺诈仍旧存在，而且对高管舞弊事件的责任仍旧不明确。

第11章

安然事件反思：公司治理、创造性合规与公司社会责任[1]

多林·麦克巴内特

引言：安然舞弊案的背后

2001年夏末，安然公司当时还是世界上最大的能源贸易商、美国第七大公司、证券分析师的宠儿，它一直不断地吸引投资者购买它的股票。2001年12月2日，安然公司宣告破产，成为当时美国历史上最大的破产案。在此之前，10月16日，安然公司已经公开了其2001年第三季度的财务报告，宣布了5.85亿美元的收入，以及先前未公布过的12亿美元的债务（Powers，2002）。从那时起，美国证券交易委员会（SEC）就开始着手调查安然公司。11月，安然公司重新公布了近五年的会计报表。随着几个月调查的展开，人们发现，安然公司"不仅挥霍了700亿美元的股东利益，而且还拖欠了数百亿美元的债务"（Partnoy, 2002, P.1）。

公众都在感叹：为什么如此大规模的公司在破产前竟然没有任何征兆，这么庞大的债务与损失竟然没有被市场察觉？安然事件成为公司犯罪的典型案例。这一事件不仅涉及会计问题，还造成了一系列严重后果：员工失去退休金，只拿到没有实际价值的公司股票，然而公司高管却仍然以高价抛售股票而获取暴利；安达信会计师事务所销毁了大量与安然有关的文件；由于缺乏独立性，相关审计人员与分析师都要接受调查；接受调查

---

[1] 本章主要参考了英国经济与社会研究理事会（ESRC）的《规制、责任和法律》。这篇文章来自应用哲学与公共伦理研究中心（Centre For Applied Philosophy and Public Ethics, CAPPE）在堪培拉澳大利亚国立大学召开的关于"审计与道德"的研讨会，以及2004年7月召开的关于"全球商业、经济和道德"研讨会。

第11章　安然事件反思：公司治理、创造性合规与公司社会责任

的还有那些腐败的政府官员和监管人员。对安然公司的民事诉讼和刑事诉讼一直在继续，美国国会、证交会以及司法部门也已经开展了一系列的调查，并且加紧制定新法律法规。

安然事件成为一个分水岭，"安然事件以后"或者"后安然时代"被媒体和学术研究一再提起，这也表明了这一事件的意义重大。也有人试图借此把安然事件妖魔化，以此表明它们只不过是众多诚信企业中的害群之马。一位参与调查的议员谈道："在美国，安然的消亡并非常规的商业事件"（Tauzin, Subcommittee on oversight and investigations 2002b, P. 32）。本章主要关注安然事件的一些核心问题——安然的公司结构和财务报表，随之产生的"什么是美国常规商业行为"问题，英国及其他国家的情况，进而把安然事件置于国际背景下，得到一些公司治理方面的启发。

针对安然舞弊案已经提出了30多项指控，在这些指控中，有的甚至涉及高管层面。我们很容易把注意力仅集中在那些违反法律法规的指控——直接舞弊或者违反市场结构方面的法律的行为，这些行为违反了相应规定，股市内部交易，舞弊以及妨碍司法公正。然而，这样做可能会使得监管者在法庭上提出的法律诉讼与议会、媒体和公众提出的诉讼割裂开。人们对安然事件的一部分愤怒仅仅在于，安然利用了资产负债表外的会计机制，使得市场完全被安然的财务状况所误导，还有随之而来的一般情况下财务报表可靠性问题。正如两位议会调查人员所说，"进行账外交易的目的就是为了误导股东，使其不了解公司实际的财务状况"（Greenwood, Subcommittee on Oversight and Investigations 2002b, P. 2），"更深层次的是资本制度与会计透明度问题"（德国，Subcommittee on Oversight and Investigations 2002a, P. 4）。

这些关注点使我们更加深入地研究会计舞弊背后的问题。首先有必要研究关于"伪造账目"被广泛传播并应用的问题。安然利用舞弊和伪造账目来保持高收入低负债，维持上涨的股价和优良的信用评级，但其中最关键的是利用了"特殊目的实体"（Special Purpose Entities, SPEs），或者称做"特殊目的机构"（Special Purpose Vehicles, SPVs）、"非附属子公司"（non-subsidiary subsidiaries）。这些机构可以不顾规定，不把财务状况列入母公司集团账户，因而不列入资产负债表（OBS，或称为表外账户）。根据SEC的基本原则，如果SPV中仅有3%的资本来源于独立的外部机构，整个交易过程就存在一定风险，那么独立机构所有者就拥有对SPVs的控制权，则这个机构的财务状况就可能成为表外账户而不列入资产负债表（Partnoy, 2003, P. 210）。也就是说，安然公司的集团账户内不包含SPVs的亏损和债务（或者说理论上还包括收益或资产，但是大部分OBS机构很少有这些）。利用SPVs

与安然之间复杂的金融衍生品交易,双方就从形式上控制了风险并提高了财务绩效。直至安然事件发生时,已有大约4300个SPVs正在运作中。

这些交易过程是非常复杂的,一些控诉已经明确认定这些交易结构存在舞弊现象。然而我们更广泛关注的是,安然的许多做法违反会计准则和其他规定,它利用SPVs,并一直将这类机构列在资产负债表之外。举例来说,最近的调查表明,安然利用"3%规则"调整会计处理,但事实上安然和这些机构并没有附属关系(Powers,2002)。即使没有违反相关规定,很明显,安然已经在很大程度上误导了整个市场。如果当初安然一直利用符合规则的OBS条款,那公司账目中也不可能出现严重的负债和亏损。事实上,对安然大部分的表外业务是否违规还存在很大争议。更确切地说,安然"变通地"利用了规则或是利用了监管漏洞,包括金融衍生品的"规制黑洞"(Partnoy,2002,P.2)。当然,安然公司的OBS机构不是所谓的"隐名合伙企业"。正如所规定的,安然必须在会计账目中披露其财务状况,但披露的内容可能只是符合真实情况的最基本的必要信息,或者根据保密条款根本"不披露"(McBarnet,1991),但是需要提供充分的材料证明其合法性,并且与法规的要求是一致的。

这不是在维护安然;相反,只不过是为了更精确地表达控诉。人们认为安然一直在伪造账目和进行会计舞弊,引用一位议员的话强调安然伪造账目和进行会计舞弊的事实:"(进行账外交易的)目的就是为了误导股东,使其不了解公司实际的财务状况"(Greenwood, Subcommittee on Oversight and Investigations 2002b, P.2)。更进一步的,安然并不仅仅参与了伪造账目,还随之诱发了"更广泛的问题",即另一位议员所说的一般意义上的"资本制度与会计透明度问题"(Deutsch, Subcommittee on Oversight and Investigations 2002a, P.4)。

公众反应如此之强烈不仅是因为这涉及舞弊,还因为商业社会与审计师误导了市场,并且践踏了大众对OBS条款的信任(无论是否存在舞弊),更确切地说是对伪造账目的信任,这对我们来说是更基本的问题。事实上,作为历史上第二大破产案(安然舞弊案虽然没有世通舞弊案复杂,但是规模要更大),安然即使没有违反那些特定的规则,但舞弊案仍然意想不到地突然发生了。这种情况以前也曾发生过。

英国的波力派克公司(Polly Peck)就发生过类似的问题(Re Polly Peck International plc, No.3, 1996)。波力派克公司于1991年8月申请破产,而就在几周前还有分析师认为它的股价被低估,属于"必买股票"。然而破产时,之前公司财务报告中公布的20亿资产突然变成了15亿负债。与

第11章　安然事件反思：公司治理、创造性合规与公司社会责任

安然一样，人们认为在相关问题上存在舞弊现象，但是这些会计数据本身基本上没有变通地利用规则——或者利用规则漏洞。有人这样评论："这是波力派克案的另一面。公布的收益率……在一般的会计准则下是完全合理的，但却误导了人们"（Brewerton, The Times, 1990年10月2日）。

这就是为什么我们需要把安然事件置于更广阔的全球公司法背景之下的原因。我们需要了解到如果说安然舞弊案是不同寻常的事件，这种不寻常性不是因为它误导了市场，不是因为它利用了SPVs和其他表外业务手段，而是因为某些时候这些不正当行为被发现而不得不暴露在公众面前。这可能是一个极端的案例，一般情况下公司不会通过伪造账目来提高业绩。此外，还有很多伪造账目的方法在技术操作层面上是很恰当的，但是会造成误导，而且有很多通过技术处理的账目并没有被披露。事实上，大多数美国公司在安然事件发生之后、《萨班斯-奥克斯利法案》颁布实施之前忽然觉得应该对会计账目进行重新审定。但最重要的是：即便这些会计核算在操作上是正确的，而且一再宣称"完全合法"（变通地利用规则与监管漏洞而不是纯粹的舞弊），仍然会误导人们。

对于公司治理来说，那些"完全合法"的变通的会计处理方法已经成为与公司舞弊同等重要的问题。在以下章节中，首先会通过简要分析"完全合法"的表外交易结构来考察安然的案例，这种交易结构已经被广泛应用，并且被大部分审计人员接受；其次讨论如何制定会计法规来限制伪造账目，并且评价这些尝试；再其次，要挖掘形成这种现象的更深层次的原因；最后，要考虑利用"公司社会责任"改善公司治理绩效和公司控制权的可能性。

安然事件背景：完全合法的伪造账目

不仅安然利用资产负债表外的SPVs来隐藏债务并增加账面利润，这种做法已经持续了很久。20世纪80年代末期到90年代，笔者对英国公司进行了研究，证明了SPVs和其他OBS方法已经被广泛用于篡改账目（做假账）[①]。这一时期，伪造账目在英国很普遍（Griffiths, 1986, 1995; Smith,

---

[①] 在这个部分和以后的行文中，笔者将参考克里斯·惠兰（Chris Whelan）的研究成果（参见McBarnet, 1991b, 2003; McBarnet & Whelan, 1991, 1997, 1999）。这些研究的主要部分还来自最近的一些文章，例如McBarnet, 2004b。最后两章主要参考ESRC的研究成果。

1992)。美国的情况也差不多①。因此,伪造账目并不是"盎格鲁-撒克逊现象"。与之前的研究不同,在对安然的指控中,有一项是关于准备金滥用的,这表明,在德国利用准备金来篡改账目是很普遍的。

20世纪80年代,很多英国公司利用资产负债表外的SPVs篡改账目。"非附属子公司"纷纷建立,这些子公司都是经济实体,但又试图在合法范围内跳出对子公司的传统定义(子公司的财务状况必须包含在母公司集团账目之中)。债务或者亏损可以不列入资产负债表,因此这些子公司账目就处于母公司账目之外。这种方法被一些家喻户晓的公司普遍使用,如吉百利史威士公司(Cadbury Schweppes)、哈比泰特公司(Habitat)、波顿公司(Burtons)、仓储公司(Storehouse)、迪克森公司(Dixons)等。

正如公司法对子公司的规定,通过不违规的方式来掩盖一些不良的财务信息一点也不难,因此是"完全合法的"。当然,公司法还包括一条至高无上的原则,即会计账目应当反映真实而公允的情况,包括SPVs建立以后的账目情况。关于是否需要这样做,人们一直存在争议,但是会计人员与律师仔细地研究了法律细节,明确界定了法律判例,然后对"真实公允"原则对具体规则的践踏提出了质疑,最后支持公司的这种行为。这些公司也适时地宣称得到了法律顾问的认可,就像安然的做法一样。

再以安然为例,公司有时不得不四处寻觅一些会计师和律师,让他们承认自己的公司结构和会计创新是完全合法的。但是接下来不存在揭露"审计意见购买"数量的必备条件,这种情况一直延续到文书的签订。因此,只要有一名律师做出"看涨"的司法解释,并给予法律上的肯定,同时得到另一家会计师事务所的认可,或者自己使用某些"看涨"的审计方法,这就是实际中辩护财务报告合法性所需要的。

不列入资产负债表的SPVs机构被用于所有情况,包括伪造账面利润。例如,一家房地产开发公司会建立SPVs维持公司的发展,然后给SPVs放贷收取利息。SPVs不会把利息支付给房地产公司,但因为利息是应付的,所以房地产公司会把它加入到报表中提高收益(一次多达数百万英镑)。这期间,SPVs会使用另一种做假账的方法——把利息归为资本支出,因此这项成本就不会作为亏损出现在损益账目中。结果就像魔术一样:莫名其妙的收益弥补了亏损,正如安然公司那样。房地产开发公司如罗斯霍(Rose-haugh)有16家SPVs机构。如同安然公司,这些机构被披露在账目的脚注中(事实上,详细的脚注要写7页),而"令人费解的脚注披露"(Partnoy,

---

① 帕特诺(Partnoy)还认为:"这些会计欺诈行为是普遍存在的"(Partno, 2002, P.5)。

第11章　安然事件反思：公司治理、创造性合规与公司社会责任

2002），或者"愚蠢信息"（Powers, 2002, P. 17）太不完全，以至于有一个分析师这样说，人们需要成为会计方面的专家并能解释其重要性（Christopher Hird, House of Cards, Radio 4 (UK), 1991）。如此"非公开的披露"成为伪造账目和避税的永恒主题（McBarnet, 1991; McBarnet & Whelan, 1999）。

与安然不同，大部分公司并没有破产，它们依然在误导市场。表外负债、增加收益导致了一系列有价值的结果，确切地说，这正是这些公司的目的。这样一来，高管的绩效工资和奖金将会增加。就像安然公司一样，高额债务被排除在报表之外，而如果被列入表内的话，至少会产生令人苦恼的债权比。这个比率在公司财务和公司治理中是至关重要的。人们经常用这一比率评价一支股票是否值得购买。当银行认为公司的债务无法控制的时候，人们还把它用于贷款合同中。债权比还被普遍用于公司"条例"、买卖合同和公司章程之中，例如，在公司董事得到高额回报之前需要与股东进行磋商。因此，人为修改债权比就意味着脱离了基本的公司治理控制。

英国房地产商比泽公司（Beazer）的案例正说明了这个问题。比泽公司通过一家SPVs——美国科佩斯公司（Koppers），获得了相当于其本身价值2倍的市场价值。来自国家西敏银行（County NatWest）的分析师安格斯·佛尔（Angus Phaure）认为，这是"不可能的"，是"纯粹的魔术"（Accountanc, April 1988, P. 9）。就像安然公司，派生的事物可以从形式上转移风险，然而风险最终还是降临比泽公司而不是SPVs，这种情况在这些年里的确出现过（McBarnet & Whelan, 1997, The Times, 1991年6月26日）。

有些公司的确破产了。1991年，当房地产发展有限公司拉什和汤姆金森公司申请破产时，相当于现在的价值7亿英镑的未公布债务突然在相关的、但作为表外业务的合资公司账目上出现（The Times, 30 April 1990）。有时候承担比正常情况更多的债务，或者通过财务欺诈进行隐瞒也会导致公司破产。尤如安然事件一样，人们清楚地记得麦斯威尔公司（Maxwell）经常侵吞员工养老金，这样做的原因之一是公司通过巨额债务收购麦克米伦公司（MacMillan）而过分扩张自己的规模（Bower, 1992）。这项收购正是通过一家SPVs的表外业务完成的。没有它，收购就不可能完成，并且已经包含了巨大的债务危机。但是实际上正如案例所说的，风险依然存在于麦斯威尔公司（Maxwell）。

还有许多与安然事件相似的案例。安然建立了一个SPVs，利用它专门针对风电场的收益调整政策（SEC v. Fastow 2002）。如果风电场超过一半的股份是由电业局或者电力控股公司掌握的，他们不会取得收益。因为安然收购波特兰通用电力公司可能会失败，所以它便利用一家SPVs来购买风电

场。在英国广播业有一件与安然事件非常相似的案例。一家广播公司（EMAP）欲接管另一家广播公司，但是如果这样做就必须取得八项许可证。由于法律限制最多可拥有六项许可证，所以最终接管没能完成，而是通过表外业务的 SPV 完成正式收购。因此，这种收购被认为是纯粹的"走形式"，但却被法庭所认同（*R. v. Radio Authority* 1995）。

简言之，安然公司的伪造账目和安达信的审计舞弊需要在更广泛的常规商业实践中去理解——正常的经过论证的"完全合法"的实践，"创造性"而非会计欺诈，尽管这些"创造性"行为破坏了会计真实公正的原则，扭曲了市场信息，破坏了公司治理。

应该怎么做：法律控制策略及其局限性

看到像安然这样的丑闻，人们的第一反应是修改法律。美国已经建立了《萨班斯－奥克斯利法案》。但是法律并不是万能药。那些对新法律的妥协、不完全支持和不充分的监督资源的问题，可以被看做是法律不能提供有效控制的潜在因素。人们越来越认识到，即使法律的论据充分并不存在折中，它们本身也是不充分的，这是因为被管制对象能够有很快的适应能力。一项新的法律也许能够在今天阻止令人讨厌的伪造账目机制，但明天就会有人用新策略绕过新规则。新规则越精确，新策略就越清晰。

安然事件之后，美国提出了许多新的提案。这些提案不只为了加强管制和严格批准，还为了改变管制风格。笔者的建议是，不应过多地强调法规细则，而应更多地强调法规原则①。例如，哈维·皮特（前任证监会主席）就曾建议众议院："我们应寻求建立以原则为基本的一整套会计标准，那些仅仅依从于技术层面上的规定既不充分也不客观"（Pitt, 2002；或参见 Bratton, 2004）。这正是英国在 20 世纪 90 年代为了约束伪造账目（特别是表外融资）所采纳的策略。

安然的 SPVs 建立在特定的规则与指导方针之上，这些规则和方针决定了一个经营实体是否应该整合进入集团账户。同样也是英国 20 世纪 80 年代的公司法案例。当时的合并规则（要求一家控股公司在其集团账户中应包含所有的子公司）涉及两个关于判定 B 公司是否是 A 公司的子公司以及 A

---

① 《萨班斯－奥克斯利法案》已经解决了证券交易委员会（SEC）所产生的多委托人机制问题（《萨班斯－奥克斯利法案》，2002，s. 108（d））。

第11章　安然事件反思：公司治理、创造性合规与公司社会责任

公司是否应包含 B 公司财务账目的问题：第一，A 公司是否拥有 B 公司所有者权益股本 50% 以上的票面价值；第二，A 公司法人是不是 B 公司的股东成员以及 A 公司是否控制了 B 公司董事会的成立。

要想使 B 公司摆脱这些标准成为 A 公司的表外业务，既有简单的方法也有复杂的方法。就像上述的"非附属子公司"① 一样——实质上是子公司但表面上不是。其中一种方法就是建立"菱形结构"，即 A 公司建立两家子公司 B 和 C，分别拥有 B 公司 100% 的股份和 C 公司 50% 的股份。B 公司和 C 公司各拥有 D 公司 50% 的股份。因此 A 公司实际拥有 D 公司 75% 的股份，但是 D 公司不符合子公司的定义。另一种途径是 A 公司取得一笔银行贷款，B 公司以优先股的形式拥有 C 公司（SPV）50% 的股份。C 公司有一个四人董事会，其中两人来自 A 公司，另两人来自银行，但是 A 公司的董事拥有更多的投票权，因此 A 公司可以控制董事会投票而无需控制其"组成"（正如条令所阐述的那样）。尽管这样做无疑是在挑战会计"真实公平"的"最高标准"，所以这些行为会受到限制，但是阿盖尔（Argyll）法案（Ashton, 1986；McBarnet & Whelan, 1999, P.90）和更广泛意义上描述"最高标准"本质状况的法律争论为衡量任何类似的挑战提供了事实论据，并且鼓励了这类行为的推广。

利用表外业务伪造账目很普遍，但是这通常伴随着丑闻、破产、审查委员会、清理会计账目活动（最先由 David Tweedie 提出，他当时是英联邦会计准则委员会主席，如今是国际会计准则委员会主席）和法律与会计监管方面的重大变动。整个事件以及事件所造成的后果是非常复杂和细节化的（McBarnet & Whelan, 1999），但是基于本文的写作目的，笔者认为，关键是要清楚为了控制伪造账目所进行的法律变动，特别是表外融资和 SPV 的滥用。这些变化是什么？新的制度又如何发展？

新制度的核心是认为法律由于执行无力、监管不足以及过多强调规则而不能控制伪造账目，使得准确表述的规则和限制很容易被绕过，于是伪造账目就能够脱离各种规定，重新包装其组织和结构。这些规则为伪造账目提供了逃避惩罚的途径。从一项明确的规则变成另一项规则只能保证暂时的有效性，因为新的规则只会刺激人们创造出另一种新的机制来躲避最新的法律标准。因此，必须采用新的方法。例如，英国上议院的斯特拉西德（Lord Strathclyde，反对党联盟的领袖）曾说："我们的目的是通过控制非附属企业

---

① 还有许多关于这种结构的形式，例如，一个"被控制的非附属子公司"或者"没有母公司的附属子公司"。

以制止表外融资计划。对于这项术语的解释旨在鼓励人们避免通过一些词的字面含义而曲解规定"（Strathclyde，上议院简报，Vol.03，第1018期）。

因此本质上说，新制度采取了变换监管方式的哲学——从详尽的描述性规则转变为更广泛的目的性原则，从狭义的标准转变为包罗万象的宽泛定义，以及从强调以法律形式作为适当的会计处理标准转变为强调经济实体。法律的"真实与公平原则"也进行了修订以增加其适用性。目前最起码的任务是从审计方面理解财务报表的法律内涵而不仅仅是法律条文表面（Sir Ron Dearing, The Times, 24 January 1991）。一位新标准制定者大卫·泰迪（David Tweedie）和他所在的机构——英国财务报告审核委员会已经成为伪造账目的主要敌人，建立这个委员会的目的是调查账目而不是把所有这些任务交给审计人员。委员会也会重新审核那些有违监管的董事们。

20世纪80年代，属于表外业务的SPVs和相关规定无疑成为人们争论的焦点。于是，1989年的《公司法》（借鉴了欧洲公司法第七号指令）对于子公司的定义做出了"概括性"解释，这样避免了以前那种用50%股份限制或者控股来定义的方法，而是从广泛的意义上进行了必需的定义合并。如果A公司从B公司取得股票持有人均有权分享的利益（不同于所有者权益，这种形式更加明显），对B公司施加实际的显性影响（比任何特定法律条文更"实际"），那么B公司必须包含在A公司的账目之内。新制度的关键在于财务报告准则第五条（ASB，1994）。该准则直截了当地阐明了交易应当依据实际情况进行报告，把事实置于正式法律结构之前。这一条同样能够用于处理"准子公司"、行使子公司功能的经济实体（尽管不属于条款的定义范围）等特定情况，条款要求这些实体的账目应该包含在"准母公司"账目当中。

对于反对伪造账目的人来说，他们对通过制定以原则为基准的制度来避免规则的局限性，进而更有效地控制伪造账目。泰迪认为："我们相信这是形成标准的最可靠的方法，这种标准与商业和财务的改革有很大的关联性，并能有效地控制那些绕过标准的灵活做法"（FRC，1991，第5.5节）。然而，对于新制度和其他类似策略[1]的深入分析表明，即使从规则转变为原则也会造成法律控制的有效性问题。还要说明的是，这些问题是非常复杂的（McBarnet & Whelan, 1991, 1999; McBarnet, 2003），我主要关注这些问题的某些方面。

首先，要维持这些原则存在一个问题。有许多因素能够促使原则变为具

---

[1] 例如，英国、德国和澳大利亚的公司避税行为。

第11章 安然事件反思：公司治理、创造性合规与公司社会责任

体的规定、更明确地阐述规则、缩小法律的控制范围，并且为伪造账目的实施提供帮助。要游说众人，必须提供指导方针、法庭案例，或者一些非正式补充说明来解释实际中哪些行为被允许、哪些行为不被允许，这些都是侵蚀原则的因素，这些因素能够使原则重新变为规定。

其次，经验研究表明法律实施者面临一个问题，即如何将原则和一般而言更强大的力量应用于实践。讨论什么是真实和公正（这正是问题的本质）还有很大的回旋余地。人们往往关注法庭上的失败案例。事实上，如果法庭上的胜利可以更严格地定义什么是不允许做以及暗示什么可以做的话，人们也会关注这些成功案例。一般来说，人们只关注法官不能控制的情况。

作为控制手段的、以原则为基础的制度力量与制度产生的不确定性也有关系。因此当被问到新制度如何运行的时候，大卫·泰迪的回答是："我们就像是参加奥运会的眼睛斜视的标枪运动员。也许我们不可能取胜，但是也能让观众专心地欣赏比赛。"不了解标枪落地的范围可能会使得那些自称伪造账目的会计师和审计师更加小心谨慎，也会鼓励他们与政策实施者达成一致而不是相互对抗。公司有可能会以身试法去检验新制度的法律解释。另一方面，如果有很大的不确定性，那么新制度最后需要的就是澄清所有限制条款，而监督者也可能会因为太过留心于法庭案例反而被束缚了手脚。但这就自相矛盾了，因为如果标枪运动员不能对标枪驾轻就熟的话，他就会停下来犹豫不前。

更甚者，根据合法性定义，不确定性本身也有潜在的弱点。由于这种以原则为基础的制度不确定性太大，可以随时进行回顾性评论，给予了监管者太多的权力，为那些独断专行的政策制定者服务，所以很容易遭到批评。对于伪造账目的灵活应变，我们称之为"变通控制"，本身就很容易受到批评，而且这种对法律规则的违背是不被接受的。根据经验，这种情况的结果是一部分政策实施者会趋向于限制权力的使用。这样反复若干次之后，实际上就限制了以原则为基础制度的控制范围。

更进一步来讲，即使以原则为基础的系统能够控制伪造账目，即使这些规则是基于原则的，它们最终还是要以文字表述出来。即便是抽象的词汇也会被创造性地解释和具体化地使用。因此这些可供选择的共存规则，甚至其他一些原则，也会被用来限定原则的适用范围。

我们看到，1989年的《公司法》提出"概括性"这种表述来定义"在实际中具有的重要意义"，以防止利用一些异常手段钻法律漏洞的情况发生。然而，这种表述会产生"陷入僵局的合资公司"，即当A和B建立一家合资公司C，其中股份各占50%，二者的权力是相等的，A和B都不能行使

"事实上的绝对控制",而且 C 公司处于二者资产负债表之外。拉什(Rush)和汤姆金斯(Tomkins)的合资公司就是如此。即使人们认为更深入的监管(特别是 FRS5)可能会起作用,但会计师事务所表示,仍然会有构建这种实体以进行表外业务的途径,例如,建立合资公司 C,再利用公司法的免责条款避免公司合并。另一条建议的途径是利用"转椅",A 公司与 B 公司通过投票决定每年轮换指定 C 公司董事长。公司法的其他部分以及美国通用会计准则关于合规性的规定也被用来将 C 公司列在 A、B 两公司账目之外(安永,1997)。甚至"注重实际甚于形式"的理念本身也已经被创造性地、有目的性地利用了[①]。

不管是以规则为基础的法律还是以原则为基础的法律,通过法律控制伪造账目都存在一些问题。然而可以论证的是,由于另一个问题的存在,伪造账目最终只是一个问题,这个问题不仅在于法律本身,还在于那些严格依照法律条文对待法律的态度以及形成这种态度的文化。

创造性合规文化

不论何种法律或者什么类型的法律,只要是作为控制商业行为的工具,就会有人试图钻空子。这就是实践中商业监管的现实,在任何合法环境中皆是如此。合理避税和类似伪造账目的行为是另一个明显的例子,但是只要存在试图通过法律控制公司行为[②]的情况都会存在创造性合规行为,包括维护员工利益、环境问题、健康与安全、食品与药品、租赁条款等(McBarnet,1988)。"伪造账目"的概念已经深入到财务报告的实践当中,但是我们需要一个更深入实际的延伸概念——"创造性合规"(McBanet & Whelan,1997)。

通常,创造性合规的方法是:寻找法律漏洞——"法律中哪一条规定我不能这样做?"仔细观察那些豁免条款、除外责任与免责情况,看看交易行为或者公司结构是否能够重新包装以适应这些条款,是否能够自然而然地做或不做;寻找或者竭力推行一些特定的说明和门槛界限作为"合规"的指导方针;或者建立一种全新的现有法律条文无法监管或控制的技术。

---

① 例如,通过"实质上废止契约"(in-substance defeasance)。参见 McBarnet 和 Whelan(1999),第 11 章;Rosenblatt(1984),财务会计准则委员会(FASB,1996)。

② 这些控制工具的使用已经不局限于公司范围内,而是采用"高端客户"或其他"被推荐"的工具。

第11章　安然事件反思：公司治理、创造性合规与公司社会责任

创造性合规实际上是两种因素的产物。本质内在的限制因素、法律条文及其执行都会提供这样的"机会"，但是这种机会也会被法律主体（即公司管理层、顾问和审计人员）利用。影响创造性合规的不只是法律的制定与实施，还包括法律是如何被接受的。如果随之产生一些后果，那么这些后果不仅有法律条文的表述问题，还有法律主体对待法律的态度问题，以及其背后深层次的文化问题，这些都是需要考虑的。

创造性合规在文化本质上是消极的。它是基于"为什么不"而提出的。如果一种行为没有被明确地定义为非法的，那么为什么就不能使用并且宣称合法呢？如果某种类型的交易行为没有特定的法律条文约束，那么为什么不可以只做形式上的改变而不改变内容，并且强调其与前者的不同呢？

这种文化仅仅以最狭义的方式定义合规，只关注与法律条文的合规而不是与法律精神的合规。这种文化把合规视为立法者与监管者的责任，即要使得法律条文更确切。如果法律的起草过程中的漏洞是可以跳过的话，那么不论法律制定者的本意如何，利用这些漏洞必然就变成完全合法的了。

这种文化不把法律当成是权威和合法的政策去遵守，而是视做需要克服的障碍，事实上就是"工作的原料"（McBarner，1984），而不管背后的政策如何，他们只会按照自己的利益来调整和修改法律。

这种文化非常关心法律，但只是看，而不去问"我这样做是不是合法？"而是问"无论如何我怎么做才能证明合法？"

在这种文化里，法律是一项游戏，人们在游戏里提出的任何对法律的解释、编造出的论据都是合法的。然而在我看来，这些解释是"虚假的"、"愚蠢的"或者说"打擦边球"①。

只要这种文化一直持续，在公司治理领域以及领域之外通过创造性合规阻碍法律的企图就不会停止。因此我们需要再问一遍："将来要怎么办？"

公司治理、创造性合规与公司社会责任

作为要讨论的广泛问题②的一部分，现在有必要开始研究当今公司社会责任（CSR）的发展动态和观念意识的潜在角色。公司社会责任的概念不仅包括各种社会力量之间的活动，例如非政府组织（NGOs）试图进行的合规

---

① 引自笔者对高级律师、会计师和高级经理人的采访记录。
② 更广泛的讨论参见 ESRC 的研究项目。

控制，尤其是跨国企业；还包括商业本身，关于 CSR 政策的"商业案例"已经成为商业领域的专业术语，人们开始关注"名誉风险管理"问题。这些公司（由于各种各样的"商业案例"的原因）强制或者自愿接受 CSR 政策，公布行动准则，并且在其社会报告中公布关于社会、环境和财务绩效的"三重底线"（Elkington，1997）。如今，社会责任投资（SRI）、"道德银行"（ethical banks）和 CSR 咨询、会议和新闻报道的整体产业已经成为商业社会的特征（McBarnet，2004a；Zadek，1998）。CSR 已经进入到主流文化中，比如电影《解构企业》（2003），以及一系列受众群体不只是学校和商界读者的著作（Klein，2000；Bakan，2004）。

CSR 通常表述为除了基本的法律责任之外公司所作的"额外工作"。英国电信的社会与环境项目经理克里斯·图朋（Chris Tuppen）把 CSR 写在第一份公司社会报告中："关键问题是除了仅仅遵从于法律，我们还需要做些什么"（Perrin，1999）。关于 CSR 的观点假定存在与法律合规的基准，但事实上，这些法律是有问题的。这是因为商业实践中不仅存在明显的非合规行为，还存在对于"创造性合规"例行公事的使用。安然事件印证了这两种情况。问题在于，公司在进行创造性合规的过程中一直宣称自己符合严格的法律条文，但是我们不禁要问：创造性合规是不是也应该满足 CSR 假定的合规标准？如果本身已经公然违背了法律精神，那么仅仅与法律条文相符就足够了吗？难道仅仅宣称自己形式上合规而不是实质上相符就算是"有社会责任"吗？

公司一般会在规制方面、社会与环境问题以及更深层的公司财务方面使用创造性合规的手段。但是即使在对财务报告的严格的法律背景之下，社会责任亦存在一些显著的问题。市场是社会的一部分，当安然破产时，不仅仅是股东受到影响，安然的员工以及大量依靠养老基金的退休员工都会受到影响。税法是一个社会问题，安然同样也在很大程度上极力去规避并且成为公司创造性合规的基本目标。事实上把这些方法称之为 CSR 好的做法而积极地为医院、学校和大学①做一些慈善活动是荒谬的。但同时，公司谨慎地避税，损害了公众利益而使得政府难于提供公共服务（当然除非是依靠一些可以减少资产负债表中债务的变通手段，譬如私人主动融资（PFIs））。

这就是 CSR 的现代理论以及可能被用来处理财务报告、公司治理和本章多次提出的创造性合规问题的发展变化。CSR 的发展是一个本身包含明显限制的，甚至是危险的话题，但 CSR 也存在自身的力量（McBarnet，

---

① 例如，安然公司就是得克萨斯大学（University of Texas）的重要赞助者。

第11章　安然事件反思：公司治理、创造性合规与公司社会责任

2004a）。考虑到关于创造性合规的法律限制，就很有必要讨论国民经济中的一些政府外力量以及经常被视做CSR发展驱动力的市场的潜在角色。

非政府组织、道德性投资基金、维权股东、理性消费者的购买力、网络活动和类似的问题目前已经强迫公司通过不同的方式做（或者表面上）一些事情。这些压力目前主要集中在诸如人权问题和环境问题上。当然他们可能也会乐于提出一些在商业中对于法律责任的不同态度。人们通常认为CSR要鼓励公司不仅仅是承担法律责任还要承担更广泛的社会责任。但是商业本身可能是对CSR新态度的最好印证，不仅仅超越了法律的要求，而且至少在法律精神上满足这些要求。我们以这种方式扩展讨论CSR，可能不仅仅是一种强迫商业社会提高公司治理水平、维护给予市场中各种势力和道德压力的法律执行力的方式[①]。

具有讽刺意味的是，安然可以帮助我们认识到这一点。CSR的一个显著发展方式已经出现了。从安然事件中得出的积极启发就是对于内部问题的大规模公开，把所有深层次的公司财务结构和对于法律的操控更广泛地暴露在公众面前。是不是每个人都明白其中的细节就变得不那么重要了。复杂的舞弊案和通过"完全合法的"创造性合规的法律操纵已经被公之于众。安然事件发生以后，我们有必要进行更详细的审查，但公司可能会面对公众更多的不信任，以及消除这些行为的压力。事实上人们已经认为安然事件对任何可能的活动提出了预警，这使公司纷纷宣称自己是有社会责任和法律责任的。颇有讽刺的是，安然事件的明目张胆和规模之大，足以证明这种方式给予了公司更积极的公司治理对策。

---

① 的确，最近的一些事实证明，企业的避税行为如果不是普遍意义的创造性合规，就是公司社会责任的开始。最近刊登在《金融时报》的一篇名为"放开视野：避税已经上升为道德问题"的文章引用了税收正义网（Tax Justice Network）的观点（《金融时报》，2004年11月29日）。还可参见文章"公司社会责任：避税行为是一个道德问题"（《金融时报》，2004年11月22日）。

第12章

律师的作用：被雇用的枪手还是公众的仆人

杰里米·P·卡弗

如今，律师已经全面参与所有重要的金融交易环节，这一点比起十年前更加确切了。毫无疑问，这一现象的主要原因在于现代交易的规模，特别是交易的复杂性。无疑，那些跨越数个国家及司法管辖区域的交易所包含的风险更大了。今天的金融市场比过去更加成熟了，我们也比以往更具有风险意识，因为现在的投资基金集合了许多人的储蓄，与少数相当了解市场的人相反，这些人对市场知之甚少。

但是，律师们更多地参与谈判、缔约和公司日常事务能够为交易提供更可靠的担保吗？答案是模糊的："也许"。对某些人来说，一名一流律师的参与为他们提供的绝不仅仅是一种安慰：相关的风险已经得到分析和保证。律师的经验确保过去的错误可以避免，相关的法律法规得到查明、适用或提供。但是没有律师能比他或她受到的指示，或者是为了使其得以工作而提供的信息更有帮助。并且，不是所有的律师都工作出色或者按照他们的才能被选任。经济的及其他的因素在选任中也会起一定作用。

此外，本书及形成本书的研讨会不是在描述一个理想的公司当事人的情形，即公司管理有方，并严格遵守所有适用的法律法规。他们更关注普遍的、各类的当事人群体，他们在一般环境下经营。在那里，为了达成协议或产生结果，特殊的情形能够并经常被忽略。我要提出的问题是：在那种情形下律师有什么作用？他或她真的能起作用吗？他的行为会影响交易的安全性和投资的可靠性吗？

不管怎样，简短的和显然的回答是："是的"。律师的参与不仅仅是装饰门面，以给交易提供有"合格标记"的质量担保。律师的报酬很高，

第12章 律师的作用：被雇用的枪手还是公众的仆人

其工作应当是有价值的。在现实的商业竞争动力和法律障碍之间，他们通常需要经过一段时间的调查和创造性行为来催生交易。因此，如果我们承认律师的重要作用，他发挥作用的方式就会产生影响，这正是本章关注的问题。

第一种作用：被雇用的枪手

假定今天的金融法律专家具有四种潜在的作用，虽然这些作用及其内在的困窘对多数律师来说都是共同的。第一个作用是作为被雇佣的枪手。这一作用取材于经典西部影片的牛仔形象。好莱坞电影塑造了许多由詹姆斯·斯图尔特（James Stewart）、加利·库珀（Gary Cooper）等人扮演的理想化的英雄人物。好莱坞导演赛尔乔·莱翁（Sergio Leone）拍摄的美国西部片还赋予牛仔一种更神秘的性格。但是，"被雇佣的枪手"最重要的因素是他和他的手枪可以受雇，一旦受雇，就必须为雇主效力，不管是危险的还是肮脏的工作。工作所包含的风险与努力反映在价格上。如果价格合适，他将做他必须做的事情，即他受雇去做的事。他可以是夏恩（Shane）——典型的高贵正派的人物，也可以是杰西·詹姆斯（Jesse James）——一个冷酷无情的杀手，或者是介于他们之间的角色。

笔者不想赞美律师作为被雇佣的枪手的作用。大多数人会承认这一现实，会认为这是律师与当事人关系的根本特征。律师仅以雇用他的当事人为主人；当事人的利益——至少在指示的范围内，并且可能更广——是至上的。不管是作为谈判者、咨询者或者在和解争议的法庭上的辩论者，律师将只为当事人的利益最大化而战斗。

有许多这样的律师，至少在行业里，大多数参与金融实践的律师都是这样的，这种关系反映了一种商业实质。一个满意的当事人不仅会更乐意支付该交易的律师费，而且更可能有下一次的交易合作，因此他们结成了更紧密的相互依赖的关系。随着合作规模的增加，客户对于律师的重要性扩展到了律师职业的其他领域。他必须优先考虑最重要的客户，即给他带来律师费和利益最多的客户。其他客户只能等待，甚至存在他们可能去寻求别的律师的风险——这进一步增加了经济的联系，潜在的附属性和俘获的风险。

这样的律师会据理力争，在这种关系中没有任何事情意味着律师违反了伦理或法律规定。但是律师对不那么重要的当事人是否持有同样程度的客观公正态度则是值得怀疑的。建立律师与当事人关系的因素——对各自技巧的共同认识和理解——妨碍了客观性的实现。律师很容易陷入当事人的商业责任之中，尤其当这些特征存在于律师与当事人之间的经济关系时。

让我用一个培训方案的例子加以说明，该方案是我们数年前在高伟绅律师事务所（Clifford Chance）同一家与我们有着长期重要合作关系的顶尖国际财团共同开发的。我们为年轻、符合要求的合伙人运作这些方案，安排他们在紧张的情况下与银行家团体会见，他们被置于真实生活中经常发生的那种压力下。我们提供了一种场景：一组律师正在给一组银行家做顾问，每个人都各司其职。一系列的事件随之展开——需要大规模的融资，交易被安排并与当事人进行了谈判，必须准备上市；律师们尽到了应有的勤勉，不同的市场规则将被验明和准备；交易很重要并充满了困难，经过激烈竞争，交易成功完成了；银行只有在上市成功以后才会支付佣金。这次上市涉及一个新兴市场，因此必须进行详尽的研究；延迟不断出现；更多的资源投入进去；但进展却不明显。突破出现了，这时离截止时间仅有几天；一个新的事实出现了，如果这个事实被披露，将对交易产生灾难性影响；银行家小组知道这一点，律师们也知道。银行家们的立场非常清楚：他们想要掩盖这一事实。那么律师们该怎么办呢？

如上所述，作为一个假设的问题，多数人只能从某种意义上做出回答。在对现实的选择中，答案十分有趣。我们发现，通常，在当事人的压力下，律师们屈服了。当我们在这一场景中引入两组律师：一组仍是交易律师，另一组是金融诉讼律师，答案就更有趣了。金融诉讼律师采取的总是坚定、毫不妥协的立场：即不管后果如何，新的事实必须被披露。这几乎不可避免地导致交易律师与金融律师的争吵。事实很明显，非诉讼律师会站在银行家的立场和视角，反对清教徒式的、非商业的、诉讼律师的立场，后者被嘲笑为不懂市场、不现实和幼稚。

这一有用的培训方案简单地阐明了笔者提出的第一种作用和第二种作用的区别：第一种作用是作为被雇佣的枪手，第二种作用是作为公众的*仆人*。

第二种作用：公众的仆人

最初看来，将私人业务中的律师描绘成公众的仆人是不适当的，甚至有悖常理，但事实并非如此。在资格上，每个律师都有被选派而获得出庭陈述的资格——有时甚至是在国家的最高法院。律师义务的规范因国家的不同而

第12章 律师的作用:被雇用的枪手还是公众的仆人

不同,即使在同一国家,不同的司法管辖范围内这些规则也不一样。但是每一套法律职业的规范都包含有调整律师与他可能代表当事人出庭的法院的关系的规定。在那些规范中,有一项义务是律师不得误导法庭。有的规范要求更高程度的坦白,比如要求律师对其知道的事实和适用的法律做一个全面和坦率的反映,甚至是有利于对方的反映。这样做的原因很简单,至少在英国普通法的传统中是如此:司法系统依赖于此。除非一个法官能自信地认为站在他面前的律师已陈述了所有的重要事实和相关的判例法;否则,他必须自己更深入地调查事实与法律,这不可避免地会导致迟延。法律诉讼的对抗机制极大地依赖于律师不得误导法庭的义务,这是英国商业法庭能够对远在英国之外的市场做出迅速和可预期裁决的基石。

律师对法庭的责任高于其对当事人的责任。当然,他必须最大限度地代表当事人的利益,但是这不意味着可以造假或撒谎,或者——更重要的——不予披露他知道的与案件相关但会损害当事人利益的事实。这就回到了前面描述的培训方案,它也有助于解释为什么诉讼律师更清楚地理解披露的义务,尽管这会损害当事人的商业利益。

这一义务可追溯到英国法律职业的起源。亨利国王(King Henry)和托马斯·贝克特(Thomas a-Becket)的故事广为人知。托马斯,国王的一位密友,被选为坎特伯雷的大主教,托马斯在二人之间发动了激烈的斗争,斗争最终以其殉教者的死亡而结束。君主与教会的关系更加紧张,教会在法律诉讼中仍保持着绝对的和积极的作用。世俗的律师参与进来,但是国王的计划被那些教会控制的、不屈从政治压力的律师所阻挠。这样的形势一直持续下去,直到一位聪慧的国王顾问劝说国王建立自律的法律行业。这样,任何违规的律师将由整个法律行业追究责任,他们就能从教会的外部控制中——或者实际上任何第三方,包括国王的控制中解脱出来。

自律的权利是律师行业最珍贵的特征之一,它经常被称赞为是自由民主社会的基石。在那里,法律能够不惧后果地适用于所有人。坦率地说,这一点被过分渲染了。自律权源于7个世纪以前,当时的情形非常特殊,与今天完全不同。今天,这一权利像其他承继下来的权利一样,需要被更严厉地审查。像其他权利一样,享有权利者必须要担负相应的义务。权利只有在被正当地获得时才能被证明是正当的。换句话说,至关重要的是法律职业坚持并实施道德品行的最高标准。笔者认为,这贯穿了律师职业行为的整个过程:在法庭上和庭外的谈判,或者是复杂交易的安排。

第三种作用：满足自己的需要

228 这直接导出笔者认为的律师的第三个作用，即既不是被雇佣的枪手，也不是公众的仆人。提到这一点，因为事实上在今天，律师们经常被要求做无需任何职业技巧的事情。

1969 年，在笔者加入高伟绅律师事务所时，当时的一位高级合伙人有一个习惯，坚持试图告诫年轻的律师：他们必须不断警惕自己被变成印刷商。这不是在开玩笑，他是很认真的。他理解当时的律师还处于向当事人提供更好看的文件的压力下。"时间"通常"至关重要"。律师与印刷工的关系（为了一项重要的要约）说明了这一点。文字处理器的到来拓宽了律师的作用范围，完全不需要其职业的技巧。

同样，今天的律师为了设法满足客户利益可能做了很多不需要法律资格或背景的事情。他可能被要求创建公司，设立复杂的公司机构来最大化投资者的回报（例如安然）。除了可能需要设计复杂的税制结构、熟悉公司注册官和其他管辖区域工作的律师之外，都与律师这一职业毫不相干。

在现代市场规制的背景下，律师与非法律专家的作用出现了一个更明显的对比，这就是称为"在表格里打对号"的填表，很多人发现他们必须填表，特别是在美国市场。对一份特定的问卷的准确报告可能需要判断，这在某种程度上可能基于法律经验。但是，它经常是一种非常乏味的谋生手段。更重要的是，那种填表似乎是向市场提供有关交易的重要信息的一种特别无用的方式。填表当然占用了律师的时间，但这似乎对起诉主要的公司违法者没有用处，因为后者的案件正在美国和其他地方进行审理。如果有关的律师对 SEC 的表格填得更好，安然和世通会存续下来吗？显然不是。

229 律师既不是被雇佣的枪手也不是公众的仆人，由此得出的一个推论就是律师可能只为他自己工作。像一个印刷商一样，他只关心自己的商业期望，这包括提供优质服务和为了吸引新业务而保持价格竞争力。今天的跨国法律公司是非常重要的行业，巨额的税收负担足以吓退多数私人律师，这成为一个决定性因素。交易的规模扩大了，但成为一个好律师的实质特征并没有改变。30 年前，致力于为客户提供优质服务的律师，不考虑自己的利益，满意的客户给他支付报酬，而他几乎是夜以继日的工作；现在的工作变得更加费力，竞争更加激烈。当不再有周末和只有极少的睡眠时，律师的"职业满意"似乎更困难了。但是转向满足自己需要而不是客户需要的律师会很快发现他打破了工作和酬金的联系。

第四种作用：三种作用的集合

那么，现代商业律师的第四个即最后一个特征是什么？对于一个仅仅作为被雇佣的枪手，或者公众的仆人，或者为自己工作的律师来说，第四种作用是什么呢？答案是：可以具有以上全部的三种作用。律师不能逃避根植于律师与当事人关系的义务，这是合同义务，双方有共同的义务和责任。但是为当事人利益服务的义务不是无条件的，它以一系列公共义务为条件，其中包括不得提供虚假信息的义务。

近来，这一特定的义务在可疑交易的背景下形成了鲜明的对比。当反洗钱的法案被提出时，有人要求特定的职业——特别是律师和会计师——应当被排除在外，因为他们已经有了严格界定的义务。律师对法庭的公共义务已经与其对当事人的保密义务绑在一起了。反洗钱法案对那些人并不合适。笔者和其他一些人反对这种限制的观点。因为，二者择一的逻辑是有缺陷的，但更主要的是因为日益增多的第三类律师：他们并不像真正的律师那样工作，而是利用他们的技巧和经验来帮助当事人通过隐蔽的避税为腐败和犯罪的非法营利进行洗钱。大约在10年前，纽约州地方副检察长约翰·莫斯科（John Moscow）认为伦敦是世界上唯一的最大的洗钱中心。这在过去，并且现在也很可能仍然如此。在最大的金融市场，即使是很小比例的洗钱也能形成巨大的资金规模。显然，那种漠不关心，认为小比例的洗钱是可接受的观点是无益的。要想成为拥有许多金融工具的最大的金融中心，就必须承担起这样一项责任，即从各个方面监督市场。这是每一位市场参与者都必须承担的义务，包括律师与会计师。

值得称赞的是，代表英格兰和威尔士初级律师的律师协会（Law Society），在欧洲律师协会（CCBE）中主张律师不应当被免除报告可疑交易的义务。他们遭到了几乎所有其他律师协会的强烈反对，包括英国高级律师委员会（English Bar Council）。由于初级律师在很大程度上使高级律师免于直接卷入当事人的金融事件，其对这些问题的知识和理解是无关紧要的，律师协会取得了一些进展，得到了欧洲委员会的支持，后者对律师和会计师明显不如对其职业团体那么恭敬。

案例研究有助于阐明重要的观点：以一个具体的、真实的案例描述来得出结论，该案例把所有方面清楚地集中到一起。这个案例发生在20年前的新加坡。对所有涉案者来说，该案令人吃惊，甚至令人震惊。

那时新加坡正处于迈向其势不可当的经济成功的艰难奋斗中：由英明和坚定的政府领导，为精明的企业家提供了重要的商业机会。大量为日益富裕的当地商人和外国商人及其家庭服务的传统休闲俱乐部涌现出来并成为非常成功的行业，为满足需求，当时还出现了建立新俱乐部的浪潮。一个由四位商人组成的团队找到了合适的修建地址并决定在浪峰时刻挺进市场。他们雇佣了一名律师，一名被大家认为是新加坡最佳律师事务所的顶尖合伙人。他们的想法很简单：集合了各种要素后，经营场所开始修建，他们想邀请250个"创始会员"作为主要投资人，这些会员以后能够通过出售时尚的俱乐部的会员证来盈利，从而获得投资回报。俱乐部通常是会员组织，具有自身的规则。这些商人的重要问题是，交易能否在公开发行的规制范围外进行，因为公开发行需要提供繁琐的和费时的招股说明书。如果能办到，就节省了时间和可观的印花税。

律师了解情况后，就去见公司副注册官（Deputy Registrar of Companies），向他描述了计划中的交易，以及为什么在律师看来它在招股说明书规制之外。公司副注册官接受了律师的观点，但并不愿以自己的权力来开绿灯。他建议律师从一位伦敦王室商业顾问（commercial QC）那里获得一份正式的法律意见书（这是新加坡的一种习惯做法）。于是律师依此办理，获得了一份法律意见书，并回到了副注册官那里，这位副注册官同意了规制的豁免。面向250个创始会员的发行持续了下去，这引起了当局的关注——它看上去很像一次公开发行，应当适用招股说明书规制法规。他们起诉了4位董事，并控告了他们的律师，一名新加坡非常优秀的律师。一场引人注目的审判确定了日期，5位一流的英国王室商业顾问前来代表被告。审判的前夕进行了紧张的谈判，控辩双方达成了认罪辩护协议，并在审判开始时向法官宣布。前四位董事的协议得到法院认可，并宣告了协商的罚金和处罚措施。但轮到该律师时，法官拒绝了和解的辩护，并说这过于宽容了。震惊的辩护方只得面对只针对当事人做出的即决审判。当局调查的事实对律师不太妙了：该律师已经在伦敦获得了一份法律意见书，但很显然，计划中的交易在法规适用的范围内。这不是当事人想要的，于是该律师指使一位完全无经验的王室法律顾问，提供了少得多的相关信息，使后者出具了一份"清洁的"法律意见书。"坏的"法律意见书被隐藏起来，而另一份用来获得注册官的许可。获得律师的文件档案后，一切都变得十分明显，包括律师和他的当事人精心计划规避法规的程度。法官严惩了该律师：判处了巨额罚金，一定期

第12章 律师的作用：被雇用的枪手还是公众的仆人

限的监禁并建议新加坡律师协会对他进行纪律处分。最后，该律师被正式吊销了律师执照。

审判结果使当时新加坡所有执业律师都感到吃惊，尽管笔者参与了此案，但是很难在客观公正的基础上指责政府无情的决定。这些决定使律师行业和整个商界铭记：新加坡要获得成功需要具备更高标准的伦理道德和诚实。不用说，它奏效了！

第13章

财务报告、公司治理与帕玛拉特：是财务报告的失败吗

乔瓦尼·梅利斯　安德烈亚·梅利斯

引 言[①]

2003年12月，在承认数十亿欧元从其账户消失之后，乳制品行业的全球巨头帕玛拉特集团（Parmalat）解体并进入了破产保护。其解体被打上了"欧洲安然"的标签，并且引发了人们对会计和财务报告标准以及意大利公司治理体系健全性的深刻讨论。本章的主要目的是理解为什么财务报告体系和公司治理体系会在帕玛拉特案例中失败。

在帕玛拉特案例中，高级管理者（或者至少是其中的一部分）和控制股东显然出了问题。这引发了一系列问题。它怎么可能呢？特别的，本章将试图回答下列问题：公司的错误报告是由于会计标准的差异吗？它仅仅是由于守门人[②]的失败吗？它是财务报告的失败还是信息需求方的代理人（比如财务分析师）的问题？一个经验丰富的外部分析师可以或者应该对帕玛拉特报告的经济和财务结果产生怀疑吗？

成功的案例研究需要依赖于广泛的证据来源，这一点已经被证实（参见 Rusconi，1986；Yin，1989；Hamel et al.，1993）。然而，当案例研究关注一个破产公司如帕玛拉特时，获得公司数据是非常困难的，在这类公司中，检察官仍在调查，公司的一些关键成员被控告存在欺骗。尽管存在

[①] 论文是两位作者共同努力的结果。其中，乔瓦尼·梅利斯（Giovanni Melis）承担了"帕玛拉特合并财务报告分析"一节，其余部分由安德烈亚·梅利斯（Andrea Melis）完成。

[②] 守门人被定义为向投资者提供证明和鉴定服务的具有良好信誉度的中介（Coffee，2002）。更深入的和理论性的定义参见克拉克曼的论述（Kraakman，1986）。

第13章　财务报告、公司治理与帕玛拉特：是财务报告的失败吗

着这些显而易见的困难，案例研究的数据来源还是多种多样的，例如公司财务报告（包括法定审计委员会报告、外部审计师报告等）、公司所有权和控制权数据、公司治理报告、董事会会议记录、股东年会记录、提交给机构投资者的公司会议记录、财务分析师报告、负责规范和控制意大利证券市场的公共部门的报告，最后但最重要的是重要人物在意大利议会前所做的证词。

本章结构如下：第一部分考察帕玛拉特的所有权和控制权结构，特别关注作为最终控制股东的坦济（Tanzi）家族的作用；第二部分讨论会计标准的作用，以理解帕玛拉特丑闻在何种程度上源于广为接受的会计原则的失败；第三部分考察信息供给方的代理人（例如内部治理代理人和外部审计师）的作用，以描述内部控制结构是如何失灵的；第四部分分析信息需求方的代理人的作用，特别是财务分析师；最后是总结全文。

帕玛拉特的所有权和控制权：坦济家族的作用

通过对帕玛拉特集团所有权和控制权结构的分析，我们看到了强势股东（坦济家族）以金字塔方式控制着这个复杂的公司集团①。尽管有着所有权披露规则，集团的（所有权）结构仍然难以理顺，尤其是那些纳入统一财务报告的海外公司，更是难以琢磨。

1990年，帕玛拉特财务集团（Parmalat Finanziaria）首先在米兰证券交易所上市。1994—1999年期间，这一集团属于MIB30②的一员，2003年1月又重新进入MIB30，直到解体。它的主要股东（根据2003年6月30日数据）包括拥有50.02%公司投票权股本的克罗尼尔控股公司（Coloniale SpA）③及两个机构投资者代表（见图13.1）。

---

① 金字塔结构在意大利广泛存在，它被定义为"由同一个企业家（集团的领导者）通过所有权关系链条控制的、在法律上独立的企业组成的组织"（Bianco & Casavola, 1999）。对这类集团在意大利如何运作的更深入分析参见奥奈达（Onida, 1968）和萨拉切诺（Saraceno, 1972）。

② MIB30是指意大利的股票市场分割，它囊括了资本额高于8亿欧元的公司。

③ Coloniale SpA 直接持有49.16%，并通过卢森堡的 Newport SA 间接持有另外的0.86%。

图13.1 帕玛拉特财务公司的所有权结构

饼图数据：
- 克罗尼尔控股公司（Coloniale SpA）：50.02%
- 公众持股（Free float）：45.72%
- 赫尔莫斯（欧洲）资产管理公司（Hermes Focus Asset Management Europe Limited）：2.20%
- 兰斯唐恩对冲基金公司（Lansdowne Partners Limited Partnership）：2.06%

资料来源：根据2003年6月30日证监会数据库数据制作。公众持股包括2003年6月30日所有低于2%公司投票权股本的股权。

图13.2显示了帕玛拉特集团的一个简化结构，图中只提供了与理解本文案例研究最密切相关的证据。事实上，整个集团结构包括了在全球大约50个国家运作的200多个公司。

克罗尼尔控股公司（Coloniale SpA）由坦济家族通过一些卢森堡的非上市公司来控制。因此，坦济家族是帕玛拉特集团的最终控制股东。

大股东有动机实施监督（Shleifer & Vishny, 1986）。此前，对意大利上市公司的经验研究（Bianchi et al., 1997; Molteni, 1997; Melis, 1999）表明，最终控制股东愿意并且有能力去有效监督高层管理者。控制人的出现减少了高层管理者和控股股东之间的代理问题，但是却产生了新的代理问题——控股股东和小股东之间的代理问题（La Porta et al., 2000; Melis, 2000）。事实上，控股股东可能会利用自己的权力去追求自身利益，甚至以牺牲小股东利益为代价。

作为公司创始人的坦济身兼控股股东、董事会主席和CEO三重角色，既乐意又有能力在整个帕玛拉特集团公司行使他的权力。他被指控将数十亿欧元从帕玛拉特集团转移到由坦济家族私人拥有的公司。显然，他是丑闻的中心。但在分析帕玛拉特案例的主要原因时不能孤立地去考虑这一点。

帕玛拉特会计失败的根本原因：是会计标准问题吗

帕玛拉特案例引发出的第一个问题（帕玛拉特的会计失败）是公司高层管理人员使用不同的会计阴谋来避免或披露有关的损失，还是把错误的财务报告简单地归因于会计的失误。如果是前者的话，为了操纵盈余、资产和

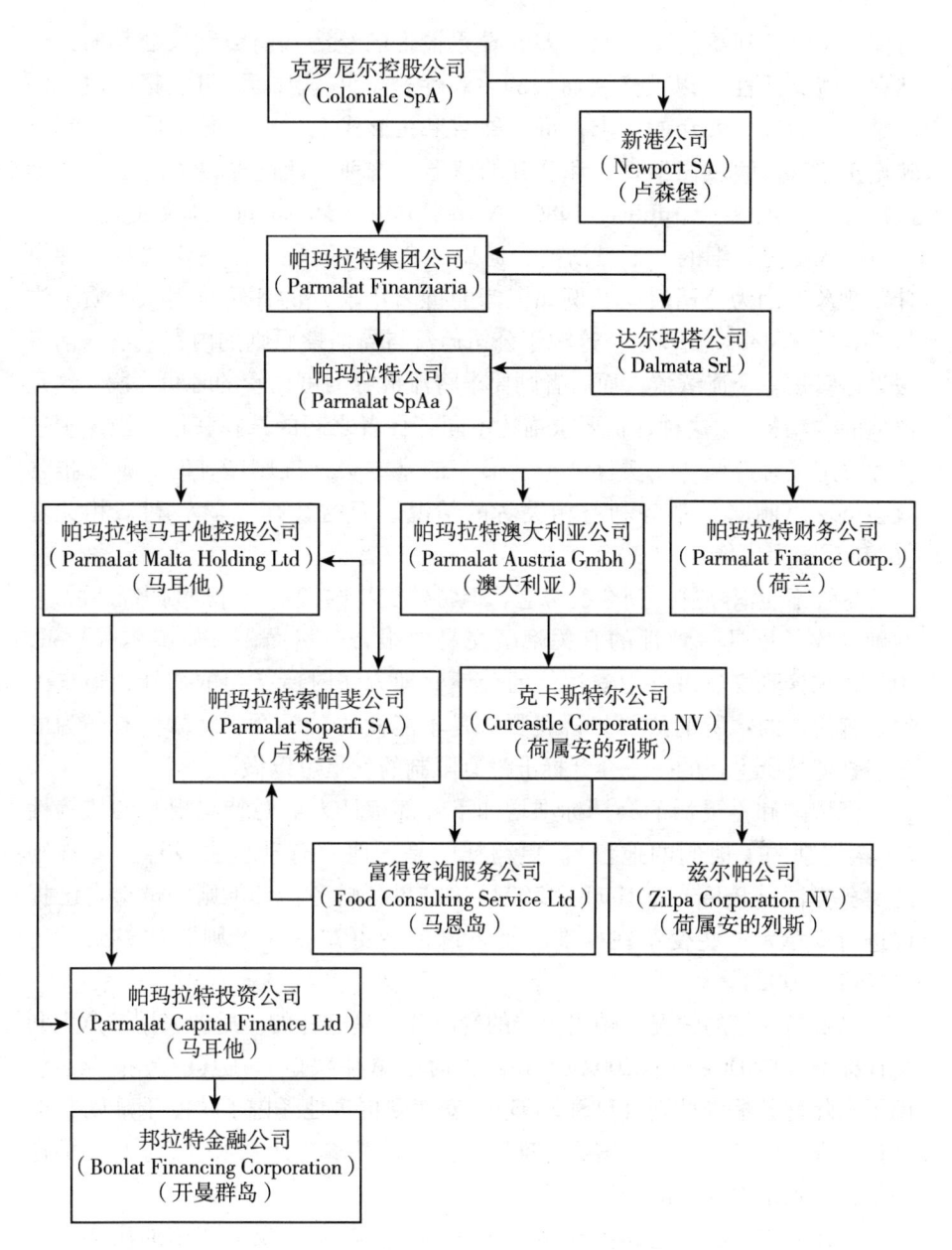

第13章 财务报告、公司治理与帕玛拉特：是财务报告的失败吗

图13.2 帕玛拉特集团结构：一个简化版本

注：除非特别提到一个不同国家，所有公司都是意大利公司。

负债，高管就会利用通用会计准则间的差异，那么，这里值得警示。使用广泛接受的会计原则也不能减少财务报告系统中这样一个基本局限：不同会计处理方法可能被应用于同一事实。当有关某一特定现象的意见（可能是也可能不是源于利益的多元化）差异导致报告的经济和财务结果变化时，仍然存在着灵活性（以及随之而来的主观性）空间。因而，可能报告出不同的结果。为适应大众的要求，每一种结果在形式上（而不是本质上）都反映出正在营运的公司中真实和公开的情形。这种灵活性导致了所谓的"创造性会计"现象（Griffiths，1986；Naser，1993；Mcbarnet，本文集）。

　　引入更为详细的、不灵活的、通用的会计准则也无法消除"创造性会计"现象，因为公司活动（例如资产的折旧年限）的评价过程从本质上讲是主观的（Melis，1995）。这源于公司运营与周期性原则的内在矛盾：前者假设运营是一个连续流，而后者则要求将流拆分为可比较的时间片段。这是评估的"精神"，这种评估要求描述不同替代者之间的选择特征。当这种选择性决定没有遵循"真实且公正情形"的基本会计准则精神时，财务报告就会呈现出倾向于强势利益相关者的情况，而这往往以弱势利益相关者（的利益）为代价。

　　尽管不能消除这一周全的考虑，但特殊交易的特定会计规则出台后，它的确导致了更具一致性的有关隐蔽交易的报告。然而，正如威尔（Weil，2002）在谈到安然事件中安达信的会计处理方法时所指出的那样，追求一致是有代价的：所谓的"告诉我哪些是不能做的"问题，就如同有作为的公司管理员所主张的——会计标准没有限制的就是可以做的。

　　机械的和不灵活的会计标准增加了外部审计人员对特定规则的依赖性（并最终削弱了他们的地位）。更糟糕的是，他们有动机去设计规避规则的财务方法（Palepu & Healy，2003）。结果，财务会计准则委员会自己提议进行变革，这些变革在标准环境下以创造更"基于准则"的方式进行（FASB，2002）。

　　以上是安然的情况，帕玛拉特的情况并不是这样的。后者采用了意大利会计标准（CNDC-CNRC2002），并且，为了填补缺口，在其财务报告中使用了国际财务报告准则（IASB2003）。安然则更多地考虑了"基于准则"的会计标准，换言之，与美国会计准则相比，从基本会计原则中衍生出来的通用会计准则是更详细的会计标准。

　　现在面临的问题是，主导型公司的内部人员坚决反对实施通用会计准则，公司内部人员有动力使财务报告系统服从其自己的利益，而不是遵循基本的"真实且公正情形"的目标。人们发现，主导型利益相关者的出现和糟糕的信息披露（Forker，1992）与整体上不充分的公司交流质量有关[1]。

---

　　[1] 参见奥瑞奇（Oricchio，1997）和梅利斯（Melis，2004a）的综述。

第13章　财务报告、公司治理与帕玛拉特：是财务报告的失败吗

解决这一问题，提高由负有解释义务的公司内部人员提供的财务报告系统的信息质量，是完善的公司治理系统的一个任务（Melis，2004a）。

在安然的案例中，高管不仅利用美国会计标准的缺陷操作盈余和资产负债表（Palepu & Healy，2003），其财务报表也没有遵守现有的美国会计准则（Catanach & Rhoades，2003）。这是帕玛拉特不同于安然的地方。人们很少发现帕玛拉特的会计问题，尽管他们显然违背了这一标准的总体精神，但人们没有证据表明帕玛拉特财务报表违背了其采用的会计标准，因为他们没有遵守基本的"真实且公正情形"的原则。

帕玛拉特的主要问题是财务造假，而不是使用允许其隐瞒真实公司财务结果的财务标准的差异。安然案例则与熟练的盈余管理有关（Palepu & Healy，2003）。除了公司高管（至少他们中的一部分）简单地篡改公司账目去操作不能被管理的公司盈余、资产和负债外，帕玛拉特并不涉及复杂的会计技巧。帕玛拉特的前任首席财务官承认，对系统的篡改可以上溯到15年前。马上进入我们脑海的问题是：这种行为怎么可能在如此长的时间里存在而未被发现？监管者在哪里？

守门人的失败：监管者到哪儿去了

与安然一样（Coffee，2002），帕玛拉特案例展示了一个守门人失败的清晰案例。在帕玛拉特集团内部，最重要守门人是法定审计委员会、外部审计师事务所和内部控制委员会。下面就来检查和讨论这些守门人。

法定审计委员会的作用

直至2003年，意大利法律才要求上市（和非上市）公司建立法定审计委员会①。其主要职责和责任包括（德拉吉改革，1998，Art.149）（德拉吉是意大利央行行长兼主席——译者注）：（a）检查董事会的行为，并判断其是否遵守了法律，与公司密切相关的特定的公司议事程序以及执行管理层和董事会是否遵循了所谓的"正确管理原则"。（b）检查公司管理结构是否恰

---

① 2004年1月起，新公司法允许公司在单层董事会结构（审计委员会在董事会内部）、双层董事会结构（一个管理董事会和一个监督董事会）和拥有法定审计委员会的传统董事会结构中进行选择。

当，包括内部控制系统、管理系统和会计系统，并确保后者在正确代表任何公司交易时具有可靠性。(c) 确保公司拥有足够的操作指南，并下发给分支机构，要求他们必须遵守法定的所有相关信息披露条款。

另外，在公司议事程序中，要求提供审计人员的数量（不少于3名），并确保一个法定的审计人员（当审计委员会由3名以上的审计人员组成时应该有两个法定审计人员）由少数股东任命（德拉吉改革，1998，Art. 148）。

帕玛拉特财团的法定审计委员会达到了法定的最低要求。在意大利上市公司中，这是非常普遍的：大约92%的法定审计委员会由3名成员组成（CONSOB，2002）。即使在MIB30的最大公司中，大约只有31%的公司建立了较大的审计委员会（见图13.3）。

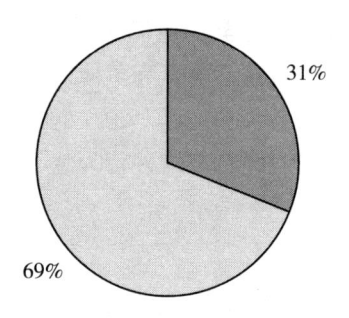

注：①详细数据来自CONSOB数据库，数据更新至2003年12月。②MIB30中的一家上市公司没有建立法定审计委员会，该公司选择了具有监督董事会权力的双层董事会结构。

图13.3　意大利MIB30上市公司的法定审计委员会规模

审计委员会的规模直接影响对少数股东的保护程度，因为一些权力（例如，执行任务时寻求与公司员工合作的权力，或者为讨论决策预案而召集股东会议的权力）只有在至少2名审计人员同意的情况下才能被行使①。正如之前已经提到的，少数股东只有在审计委员会的规模超过3人时才有权任命2位审计人员。

前面的研究（Melis，2004b）强调，当公司治理系统存在一个主动的控制性股东时，例如帕玛拉特中的坦济家族，审计委员会主要是作为一个法定机构存在，而不是作为一个真实的监控机制存在。作为监督者，其无效性在于：一方面它没有能力去有效获取有关股东行为的信息，另一方面

---

① 参见梅利斯（Melis，2004b）对有关法定审计委员会构成与少数股东保护水平之间关系的进一步分析。

第13章　财务报告、公司治理与帕玛拉特：是财务报告的失败吗

它缺乏类似于控制性股东的独立性。帕玛拉特案例的经验证据似乎证实：作为一个有效守门人，审计委员会是失败的。因为它没有任何有关帕玛拉特财团审计委员会在公共文件和对法院或者对 CONSOB① 信息披露中的担忧记录（Cardia，2004）。作为一个有效的控制力量，这样一个事实进一步显示了审计委员会其他方面的能力：2002 年 12 月，一个机构投资者（持有大约 2% 的股份）要求委员会调查帕玛拉特集团公司与坦济家族的一家旅游业运营公司（HIT SpA）之间的关联交易。结果没有发现任何实际的或者法律上的不正当行为。

外部审计师的作用

均富会计师事务所（Grant Thornton SpA）是帕玛拉特财团 1990—1998 年期间的审计师。而派卡（Pecca）和比安奇（Bianchi），分别是意大利均富会计师事务所的主席和高级合伙人，他们与帕玛拉特有着长期关系。20 世纪 80 年代，两人作为 HLB 公司（Hodgson Landau Brand）的审计人员卷入了帕玛拉特审计一案。

1999 年，因审计师强制轮换制②，德勤会计师事务所（Deloitte & Touche SpA）代替均富会计师事务所成为首席审计师。然而，帕玛拉特找到了又一个法律漏洞，即允许其喜欢的咨询师作为分包商。与法律精神相背离，均富会计师事务所继续成为帕玛拉特子公司以及一些海外分支机构的审计师。这里特别重要的一点是，在这种分包商角色中，均富会计师事务所通过派卡和比安奇，审计了开曼群岛的子公司博拉特财务公司（Bonlat Financing Corporation），该公司现为著名的美国虚拟银行账户所有。

这个虚构的银行账户产生了有关外部审计师角色的重大问题。我们有理由相信，在执行标准审计程序的过程中，如果均富会计师事务所的审计师能遵循通用审计标准，并表现出恰当的专业"怀疑精神"，就能够发现这一欺诈行为。

即便美国银行账户的确认函是伪造的（我们现在知道它是伪造的），审计师仍然犯错了：评估现金存款并不复杂，因为他们能很容易将这作为一个公司协调程序与银行报告单对照起来。这些程序的目的是确保银行报告单直

---

① CONSOB 是负责监管和控制意大利证券市场的公众机构。
② 意大利法律（德拉吉改革 1998，Art. 159）要求首席审计师在 3 次任命之后强制进行轮换，使得首席审计师从参加审计起最长服务 9 年（每个任期为 3 年）。尽管法定审计委员会对审计师事务所的选择有发言权，但外部审计师事务所最终还是由股东大会任命。

242 接交到客户手中，并在协调程序中不会被更改。检察官指出，审计师依赖于帕玛拉特的邮件系统而不是与美国银行的直接联系。对信托责任的违反包括对受托错误的辩解和疏忽。根据帕玛拉特前任首席财务官（CFO）提供给意大利检察官的证据，设立邦拉特公司是均富会计师事务所审计师提出的主意。这存在一个保证效果，即集团面临危机的真实程度在即将上任的首席审计师（德勤会计师事务所）面前被有效地隐瞒起来。

正如帕利普和郝利（Palepu & Healy, 2003）指出的，对于负责安然审计工作的安达信会计师事务所来说，首先，他们在检查那些仅仅为了财务报告而不是出于商业目的而设计的交易做出不尽合理的商业判断；接下来，他们更屈从于来自安然管理层的压力（参见 Walker, O'Brien & Mcbarnet，本文集）。同样，在帕玛拉特丑闻中，均富会计师事务所的审计师要么是总体不称职，要么（更有可能）是不独立于其客户。

由此，意大利法律中的审计师强制轮换条款被证明是无效的。在某种程度上，当涉及建立离岸分支机构的欺骗时，这一条款受到了指责。即使考虑到公司内部的更广泛的系统问题，我们仍然很难相信这样一个事实：从首次任命到4年后，德勤对财务账户的暂时检查都没能发现帕玛拉特的主要投资者艾皮丘罗姆基金公司（Epicurum Fund）的利益输送问题。卡尔狄亚（Cardia, 2004）注意到对帕玛拉特的公众质疑并非源自德勤，而是作为证监会（CONSOB）对审计师的压力的直接后果而出现的。更令人担忧的是，看起来德勤未能私下提醒证监会有关其客户公司健康方面的任何潜在问题。

在德勤的审计报告中，仅仅强调了集团总资产的49%和合并收益的30%来自分支机构，而这些分支机构是由其他审计师审计的。报告指出，他们有关这些资产和收益的观点仅仅基于其他审计师的报告。这就是说，德勤依赖均富会计师事务所的工作给出有关帕玛拉特财务集团合并财务报告的意见。除了一个单独外部审计师的角色之外，从帕玛拉特案例中引申

243 出的一个更一般的政策质疑是：如果后者可能依赖于根据法律漏洞无需强制轮换的审计师的报告的话，那么建立首席审计师强制轮换制度的意义何在？

内部控制委员会的作用

根据意大利公司治理中实施得最好的法规的要求，2001年帕玛拉特财团建立了内部控制委员会。普莱达准则（The Preda Code, 1992, 2002,

第13章 财务报告、公司治理与帕玛拉特：是财务报告的失败吗

第10.2节）认为，这样的委员会应具备四个相互关联的职能，其作用是评价内部控制系统的完备性。监督公司内部审计委员会要在6个月内至少报告一次有关董事会的行动，以及与外部审计师事务所进行独立性讨论。尽管这一委员会由董事会任命，根据这部意大利实施得最好的法规，为确保委员会的自主性和独立性，委员会应该由非执行董事组成。普莱达准则（The Preda Code，2002，第10.1节）进一步建议，大多数成员应该是独立董事[①]。

审计委员会是有效控制系统的中心（参见 McDonough & Walker，本文集）。在许多涉及财务报告欺诈的美国公司中，审计委员会要么不存在，要么是无效的（COSO，1999）。此外，大多数审计委员会并非由专业的财务人员和会计人员组成。最近的一项对英国审计委员会主席的调查（Windram & Song，2004）显示，独立性被认为是审计委员成员最为重要的特点，甚至位于董事的财务专长之上。普莱达准则（The Preda Code，1992，2002，第3.2节）也认为，当公司由一个股东集团控制时，对一些董事独立于控制性股东之外的需求是至关重要的。审计委员会的会议频率和董事的财务专长在帕玛拉特案例中并不是问题：内部控制委员会多数成员拥有会计背景，并且委员会常常2个月开一次会。问题在于其独立性，或者说是缺乏独立性。

帕玛拉特财团的内控委员会有3名成员，其中2名同时也是执行委员。并且，这位声称为独立董事的非执行成员是委员会的主席。然而，进一步调查（基于可以从公共渠道获得但是并非由公司提供的数据）显示，事实上，这名声称为独立董事的委员（Silingardi）是坦济家族的特许会计师。我们有理由相信，他与控制性股东之间的关系代表了明显的物质利益冲突，这一冲突可能损害其进行自主判断的能力。

以下事实进一步削弱了委员会的独立性，委员会的另一名成员最终成为公司的首席财务官，1987年至2003年3月，这位成员一直担任这一职务。更复杂的事实是唐娜（Tonna）也是克罗尼尔控股公司（Coloniale SpA）的

---

① 根据普莱达准则（Preda Code，2002，第3节），一名独立董事被定义为要满足如下标准的董事：
- 他（她）不能以直接、间接或者由第三方来代表的方式接受（或者近期曾经接受）来自公司、其分支机构、执行董事、股东或者控制公司的股东集团等能够显著影响他们自主判断的商业关系；
- 他（她）不能以直接、间接或者由第三方来代表的方式拥有能够使他们控制或者显著影响公司或者参与控制公司的股东协议的股份数量；
- 他（她）不能是公司执行董事或者以上部分提到的情况中的任何人的直系家族成员。

主席,这家由坦济家族控股的公司同时也是帕玛拉特财团的大股东。内控委员会的成员中没有人是真正独立的。通过允许其 CFO 进入委员会,帕玛拉特违反了最佳实践准则,这意味着这家公司将其功能视为实施自我监督。它也引发了这样的问题:公司反对高管进行蓄意欺诈是否存在困难。关于这一点,豪德森(Hodson)在本文集中进行了详细讨论。

帕玛拉特:财务分析师的作用

人们可能会说,在帕玛拉特案例中,如果财务报表是伪造的,外部财务分析师可能不用承担责任。由于公司内部人与外部人之间存在着信息不对称,他们不得不相信内部治理代理人的诚实和正直。这清楚地表明:在帕玛拉特案例中,财务报表分析过程在内部被弱化了。但这是责任的局限吗?是否存在任何可以被专业投资者或财务分析师关注的信号?财务分析师在集团出现灾难性崩溃之前是否确实在报告中提出了一些担忧?如果没有,他们应该报告吗?

在美国,因为没能提供有关安然和其他公司问题的早期预警,财务分析师受到了大量的批评(见 O'Brien,本文集)。在安然出事前 7 个星期,帕利普和郝利(Palepu & Healy,2003)报告了其股票在 5 分制中的平均评级是 1.9,这意味着"买入"①。甚至是在会计问题被宣布之后,著名机构仍继续发布对安然"强烈买入"或"买入"的建议。接下来我们研究帕玛拉特案例中财务分析师的角色。

财务分析师的作用:经验证据

发生了的案件几乎都是雷同的。直至案发前,财务分析师都没有发现帕玛拉特内部存在任何结构性缺陷(见表 13.1)。

2002 年 12 月 5 日,伦敦美林证券公司(Merrill Lynch)第一个在其研究报告中进行市场公开预警(Merrill Lynch,2002),报告十分低调,帕玛拉特被降为"出售"评级,潜在风险也从中级上升到高级。这一决策出于以下理性考虑:(a)资本成本的上升;(b)"无效的资产负债表管理";(c)"规律性地开拓债务市场",以及对集团潜在现金产生能力的相关质疑。

---

① 帕利普和郝利(Palepu & Healy,2003)建议将"强烈买入"赋值为 1,"卖出"赋值为 5。

第13章 财务报告、公司治理与帕玛拉特：是财务报告的失败吗

美林证券进一步发布了 7 个公开报告，强化了其出售建议。这是一个外行的建议。但其余财务分析师看起来并没有意识到帕玛拉特即将发生的事情，或者，即使他们意识到了，却未能披露任何担忧。

如果我们从样本中抽出美林证券的报告，就会发现，2002 年 11 月（危机开始前 1 年）至 2003 年 10 月（公司崩溃前 2 个月）期间，分析师推荐帕玛拉特财团给出的均值是 5 级中的 1.6 级，没有出售建议（见表 13.1）。

表 13.1 财务分析师对帕玛拉特财团的建议

时期	买入(%)	持有(%)	出售(%)	未评级(%)	均值
2002 年 11 月至 2003 年 12 月	53	30	11	6	2.1
2002 年 11 月至 2003 年 12 月*	59	33	2	6	1.8
2002 年 11 月至 2003 年 11 月	57	31	11	1	2.1
2002 年 11 月至 2003 年 11 月*	63	35	1	1	1.8
2002 年 11 月至 2003 年 10 月*	69	31	0	0	1.6
2002 年 11 月至 2003 年 12 月	30	37	15	18	2.6
2002 年 11 月 17 日至 2003 年 12 月	30	30	15	25	2.6

数据来源：详细的数据可以在意大利证券交易所（Borsa Italia Stock Exchange）获得。"买入"包括"强烈买入"、"买入"、"增加"和"胜过"建议；"持有"包括"持有"、"中性"和"市场表现"建议；"出售"包括"出售"和"减持"建议。因为未评级报告的存在，三类建议之和不等于 100%。计算均值时将"强烈买入"赋值为 1，"持有"赋值为 3，"出售"赋值为 5。*表格第 2、4、5 行排除了美林证券报告的出售建议。

下一步就是打破"羊群效应"（Herd Mentality）。2003 年 11 月 17 日，卡伯托意大利联合商业银行（Caboto IntesaBCI）发布了出售评级的公开报告；3 天后，米兰投资银行研究部（Mediobanca, 2003）发布了"不予评级"的报告，声称没有足够的信息进行有效评级，说这是对帕玛拉特不透明的财务结构和核心资产盈利能力担心的结果。即使在帕玛拉特发表对其海外艾皮丘罗姆基金公司债务清理失败的声明后，著名机构（例如花旗集团）还发布了对帕玛拉特财团的买入（中性评级）推荐。在该公司陷入破产前两周，这是如何变成可能的呢？

美国反欺诈财务报告全国委员会（The Treadway Commission, 1987）强调了评估财务报告造假风险的三个标准：疏忽、绩效压力以及改变结构性条

件。卡塔纳奇和罗迪斯（Catanach & Rhoades, 2003）声称安然案例符合上述三个标准。帕玛拉特案例至少出现了符合其中两个标准的问题迹象：疏忽和绩效压力。

关于前者，帕玛拉特使用了复杂的所有权和财务结构来执行其商业战略，这给分析师（以及审计师）有效监督其运营带来了困难。关于后者，在安然案例中来自有关契约的激励（例如债务和股票期权）给高管带来了维持并提高绩效的压力（Catanach & Rhoades, 2003），帕玛拉特的绩效压力归结于其财务结构非常高的负债水平特征，如果没有报告良好的绩效，将会引发不能承担的资本成本，并减少控制性股东在整个企业中的利益。

人们可能会认为，像美国反欺诈财务报告全国委员会（The Treadway Commission）提出的那些定性因素在单个案例中是难以应用的。在这类案例中，定性的争议需要通过对定量数据的分析进行补充。因此，我们使用来自公开领域的有关帕玛拉特集团的数据和公司自己报告的数据（这些数据已经被证实存在误导），进而评价一个专业财务分析师能够（或者应该）在何种程度上怀疑帕玛拉特财务报告的结果以及支持这些财务报告的商业模式。

帕玛拉特合并财务报告分析

帕玛拉特案例中的伪造财务报告表明，传统的分析技巧从本质上讲是无效的。用虚假会计数据计算财务比率可能没有太大意义。为确保能报告一个漂亮的财务状况，帕玛拉特的财务数据经过了精心伪造。考虑到上述的明显局限性，分析帕玛拉特集团公司合并财务报告仍有一些收获。它展示了一个专业的财务分析师应能对帕玛拉特的绩效提出的一些质疑。一些证据与下列事项有关：(a) 商业的本质；(b) 流动性管理的盈利能力；(c) 报告的流动性本质。

第一个质疑是不证自明的。2003年4月，在投资者和财务分析师参加的会议上，帕玛拉特的高管清楚地宣布："帕玛拉特是一家专注牛奶、乳制品和饮料的食品集团"（帕玛拉特财团，2003）。财务报告分析显示，1998—2002年间，帕玛拉特的现金及其等价物以及其他短期证券约占总资产的25%以上；2002年，这些现金流约占整个商业活动的32.7%（见表13.2）。

第13章　财务报告、公司治理与帕玛拉特：是财务报告的失败吗

表 13.2　来自帕玛拉特集团公司合并财务报表的详细数据

资产负债表

（单位：百万欧元）

	1998年	百分比(%)	1999年	百分比(%)	2000年	百分比(%)	2001年	百分比(%)	2002年	百分比(%)
固定资产										
无形资产	1 414.8	19.3	2 205.3	23.4	2 394.1	23.6	2 376.8	22.6	2 163.0	21.0
房产、工厂和设备	1 944.9	26.6	2 202.4	23.4	2 269.0	22.3	2 243.1	21.3	1 817.5	17.7
长期金融资产	249.0	3.4	385.2	4.1	522.2	5.1	508.4	4.8	723.4	7.0
	3 608.7	49.3	4 792.9	50.9	5 185.3	51.0	5 128.3	48.7	4 703.9	45.8
流动资产										
存货	506.2	6.9	566.9	6.0	587.0	5.8	719.1	6.8	547.9	5.3
应收账款和预付账款	1 370.3	18.7	1 791.0	19.0	1 689.2	16.6	1 768.1	16.8	1 666.4	16.2
其他证券	708.5	9.7	937.2	10.0	782.2	7.7	1 459.7	13.8	2 412.9	23.5
银行存款	1 131.0	15.4	1 326.0	14.1	1 920.4	18.9	1 464.8	13.9	950.6	9.2
	3 716.0	50.7	4 621.1	49.1	4 978.8	49.0	5 411.7	51.3	5 577.8	54.2
总资产	7 324.8	100	9 414.0	100	10 164.1	100	10 540.0	100	10 281.7	100
股票和储备金										
归属于集团	1 276.9	17.4	1 551.6	16.5	1 714.4	16.9	1 873.8	17.8	1 541.0	15.0
归属于小股东	694.6	9.5	936.0	9.9	928.9	9.1	961.3	9.1	708.6	6.9
	1 971.5	26.9	2 487.6	26.4	2 643.3	26.0	2 835.1	26.9	2 249.6	21.9

续表

资产负债表

	1998年	百分比(%)	1999年	百分比(%)	2000年	百分比(%)	2001年	百分比(%)	2002年	百分比(%)
长期负债										
风险和费用准备金	43.7	0.6	277.0	2.9	326.8	3.2	418.8	4.0	410.5	4.0
养老金	43.8	0.6	67.7	0.7	68.0	0.7	68.9	0.7	66.8	0.6
借款	2 915.3	39.8	3 873.2	41.1	4 448.8	43.8	4 389.8	41.6	4 538.3	44.1
流动负债										
应付账款	729.0	10.0	986.7	10.5	1 085.8	10.7	1 259.4	11.9	1 113.9	10.8
借款	1 209.1	16.5	1 154.6	12.3	1 075.9	10.6	985.2	9.3	1 287.2	12.5
其他应付款	412.2	5.6	567.2	6.0	515.4	5.1	582.8	5.5	615.4	6.0
	2 350.4	32.1	2 708.5	28.8	2 677.1	26.3	2 827.4	26.8	3 016.5	29.3
权益和负债总和	7 324.8	100	9 414.0	100	10 164.0	100	10 540.0	100	10 281.7	100

利润表

	1998年	百分比(%)	1999年	百分比(%)	2000年	百分比(%)	2001年	百分比(%)	2002年	百分比(%)
营运收入										
销售额	5 078.1	100	6 357.4	100	7 349.3	100	7 801.6	100	7 590.0	100
其他营运收入	85.0	1.7	69.3	1.1	85.7	1.2	106.5	1.4	113.3	1.5

第13章 财务报告、公司治理与帕玛拉特：是财务报告的失败吗

续表

利润表

	1998年	百分比（%）	1999年	百分比（%）	2000年	百分比（%）	2001年	百分比（%）	2002年	百分比（%）
合　计	5 163.1	101.7	6 426.7	101.1	7 435.0	101.2	7 908.1	101.4	7 703.3	101.5
营运支出										
销售费用	2 874.2	56.6	3 534.5	55.6	4 020.7	54.7	4 434.3	56.8	4 255.8	56.1
服务费、租赁费和租金	1 066.9	21.0	1 311.0	20.6	1 534.6	20.9	1 538.0	19.7	1 600.1	21.1
人工费	624.5	12.3	776.4	12.2	914.8	12.4	932.6	12.0	864.0	11.4
其他营运支出	49.5		53.6		55.9		49.7		55.5	
资本化的成本和支出	−14.7		−13.1		−9.1		−30.9		−37.1	
折旧与摊销	211.1	4.2	319.5	5.0	390.9	5.3	405.7	5.2	375.8	5.0
合计	4 811.5		5 981.9		6 907.8		7 329.4		7 114.1	
营运利润	351.6	6.9	444.8	7.0	527.2	7.2	578.7	7.4	589.2	
财务收入	173.9	3.4	212.3		235.1		250.7		245.4	
财务成本	−274.8	−5.4	−308.1	−4.8	−348.4	−4.7	−373.1	−4.8	−402.7	−5.3
异常事项	21.8	0.4	−17.1	−0.3	−35.2	−0.5	−42.2	−0.5	−58.5	−0.8
收入所得税	−106.1	−2.1	−135.9	−2.1	−143.4	−2.0	−152.1	−1.9	−104.1	−1.4
集团利润	166.4	3.3	196.0	3.1	235.3	3.2	262.0	3.4	269.3	3.5
少数股息	31.1	0.6	22.2	0.3	40.6	0.6	43.6	0.6	17.3	0.2
净利润	135.3	2.7	173.8	2.7	194.7	2.6	218.4	2.8	252.0	3.3

帕玛拉特还是一家食品企业，抑或它已经转型为一家金融集团？经验证据看起来倾向于后者。帕玛拉特改变其核心业务，这原本并没有什么问题，但是，它应该将规模以及公司承担风险的本质告知小股东。财务分析师也应该清楚地在其报告中说明：增加证券交易后，需要进行相应的风险评价，因为食品公司的分析与金融公司的分析明显不同，但是几乎没有任何分析师做到了这一点。

第二个质疑与帕玛拉特拥有的流动性资产的数量有关。帕玛拉特继续为相对少量（然而更复杂）的债务发行而开拓市场。事实上，尽管从1999年起帕玛拉特的债券评级得到提高，但这并非债务偿还的结果，而是现金及其等价物数量增加的结果（见图13.4）。

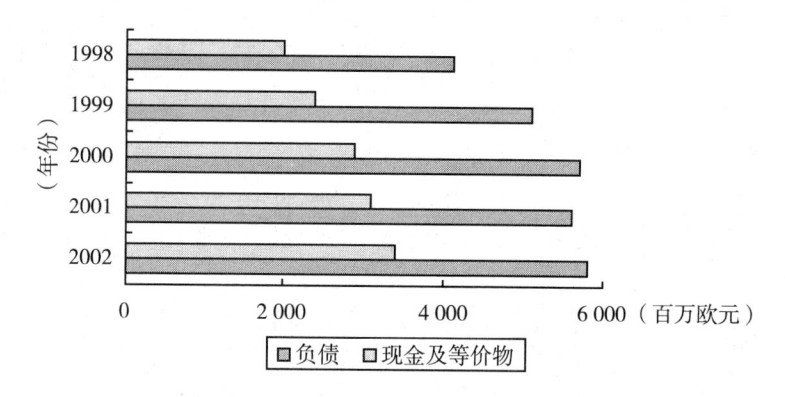

图13.4 帕玛拉特集团公司负债和现金及等价物总额的改变

资料来源：详细的数据基于帕玛拉特集团公司合并财务报告，报告期1998—2002年。

现在，我们知道，事实上并不存在这种流动性。但是如果我们像财务分析师所做的那样，假设财务报告是真实和公正的，那么报告中没有提及一个关键性问题：为什么帕玛拉特没有使用其流动性去清偿债务呢？

首先，帕玛拉特高管声称这一财务结构是出于税收考虑：现金和等价物的收入（基于海外国家的法律）不需要纳税，而负债利息可以减免税收。接着，他们愿意承担为了财务灵活性而发生的0.15%的微小的机会成本（帕玛拉特集团公司，2003）。即便将报告的全部流动性资产视为为了减少拖欠的风险，帕玛拉特高管对拥有如此高的现金和债务比率的解释仍然值得质疑。尽管在理论上，保持一个高现金水平可能会在会计上盈利，但是相对而言，较少的报告利息收入看起来并不能支持这一激进的财务结构。此外，对现金流量表和负债表中各自报告的利息收入和支出的分析也表明这种财务结构很难盈利。该集团声称自己的信用评级至少为A级，然而标准普尔信

第13章 财务报告、公司治理与帕玛拉特：是财务报告的失败吗

用评级是 BBB。更深入的分析证实了这一判断（见表13.3）。

表13.3　　帕玛拉特集团公司利息支出和收入的调整　（单位：百万欧元）

长期金融资产	2000年	2001年	2002年
长期应收账款收入	38.9	29.9	32.8
年末余额	381.6	379.7	409.4
其中：利率	10.2%	7.9%	8.0%
非流动投资收入	3.1	3.0	3.8
年末余额	38.4	44.3	210.1
其中：利率	8.1%	6.8%	1.8%
来自长期金融资产的收入	2.1	5.3	3.4
年末余额	102.3	84.3	103.8
其中：利率	2.1%	6.3%	3.3%
流动金融资产			
流动投资收入	44.9	52.8	66.7
年末余额	782.2	1 459.7	2 412.9
其中：利率	5.7%	3.6%	2.8%
其他金融性收入（现金）	108.8	70.3	84.8
年末余额	1 920.5	1 464.8	950.6
其中：利率	5.7%	4.8%	8.9%
金融性收入总额	197.8	161.3	191.5
现金增加	37.5	89.4	53.9
** 来自关联和分支机构的收入	-2.1	-5.3	-3.4
合计	233.2	245.4	242.0
金融资产总额	3 225.0	3 432.8	4 086.6
对关联和分支机构的投资	-102.3	-84.3	-103.8
合计	3 122.7	3 348.5	3 983.0
其中：利率	7.5%	7.3%	6.1%
金融负债	**2000年**	**2001年**	**2002年**
债券利息支出	36.4	46.9	55.7
年末余额	642.7	992.7	1 545.9
其中：利率	5.7%	4.7%	3.6%

续表

金融负债	2000 年	2001 年	2002 年
与关联机构有关的利息	2.2	3.8	4.4
年末余额	29.4	51.8	31.6
其中：利率	7.5%	7.3%	13.9%
其他负债的利息支出	247.0	247.5	246.5
年末余额	4 369.7	3 932.4	3 889.9
其中：利率	5.7%	6.3%	6.3%
金融费用合计	285.6	298.2	306.6
现金损失	62.8	74.8	96.0
与关联机构有关的利息	-2.2	-3.8	-4.4
合计	346.2	369.2	398.2
金融负债总额	5 684.5	5 969.6	7 013.3
与关联机构有关的负债	-29.4	-51.8	-31.6
合计	5 665.1	5 917.8	6 981.7
其中：利率	6.1%	6.2%	5.7%

资料来源：详细数据来源于 2000 - 2002 年帕玛拉特集团公司合并财务报告，计算方法依据美林证券（2002）所使用的方法。

报告的流动性资产的本质也应该引发一些质疑。帕玛拉特的高管辩解说，他们选择这样一种财务结构代表着有效的流动性管理。在一个他们称之为"困难的市场环境"中运营，帕玛拉特承诺在 2005 年使用流动性将其债务水平减少大约 9 亿欧元。这一数量相当于其报告的流动性总资产的 25% 左右。当把这些基本的未改变的净债务情况汇总时，这一承诺能够使财务分析师得出如下结论：尽管拥有超过 30 亿欧元的流动性资产，事实上仅有大约 25% 在短期内是流动的和可获得的。因此，剩下的 75% 应该被划为非流动资产，这明显提高了帕玛拉特的净负债状况水平。

结 论

限于范围和篇幅，本文没有分析这一案例潜在的某些重要问题。进一步研究帕玛拉特案例，重点可放在如下几方面：作为与帕玛拉特集团有相关利

第13章 财务报告、公司治理与帕玛拉特:是财务报告的失败吗

益的借款人,银行的作用是什么?再看证监会,其监督者的角色已经引起媒体的质疑。尽管如此,我们还是得到了一些重要的结论。

显然,控制性股东的角色是帕玛拉特丑闻的中心;然而,在分析帕玛拉特案例的根本原因时,却不能孤立地去考虑它。本文试图解释财务报告系统和公司治理系统在帕玛拉特案例中失败的原因。

首先,简要讨论会计标准的作用,以理解帕玛拉特丑闻在何种程度上可归结于意大利通用会计准则的失败。尽管财务虚报可能是最显而易见的事情,但它被归结为虚假的会计处理,而不是创造性会计技巧的使用。

其次,本章回顾了帕玛拉特案例中信息供给方代理人的作用(法定审计委员会、内控委员会、高层管理人员和外部审计师事务所)。看起来,在帕玛拉特案例中,控制性股东的作用和守门人的失败至少能得到解释。

最后,丑闻出现的原因的确应归结为外部审计人员、内控委员会和审计委员会等信息提供方的失败,但却不能孤立地去考虑这些因素。就信息需求方而言,直到最后一刻,财务分析师似乎也未能发现帕玛拉特的崩溃。然而我们认为,使用当时可以公开获得的数据,一些证据可能会引起专业分析师对帕玛拉特报告的绩效产生某些怀疑。因此,帕玛拉特案例说明,引发失误的因素是系统性的,其根源在于公司治理制度的深层次缺陷,这包括意大利市场及其所运行的国际金融市场的治理。

第14章

爱尔兰的公司规制

保罗·阿普莱比

引 言

从2001年开始，爱尔兰的公司规制结构发生了根本性变化。本章首先介绍爱尔兰几十年前一直通行的规制框架，然后讨论导致对上述规制框架进行根本性重新评价和重构的一些重大事件。最后，笔者以所观察到的新规制制度开始实施后产生的影响作为本章的结论。

2001年以前的爱尔兰公司规制

爱尔兰的公司法由所有公司都必须遵守的一系列基本法规组成。首先，我们必须认识到爱尔兰公司法在传统上受到了英国公司法的重大影响。1963年颁布的爱尔兰公司法与1948年英国公司法具有很多相同的特征。爱尔兰1990年颁布的公司法借鉴并完善了英国1985年公司法中的部分条款，而且包含了英国1986年的破产法及同年颁布的公司董事资格取消法中的部分条款。

自1973年爱尔兰加入欧盟以后，爱尔兰国内的公司法受欧盟的影响越来越大。像其他成员国一样，爱尔兰也将欧盟的重要法律移植到本国法律中来。尽管英国和欧盟的法律对爱尔兰公司法的立法产生了持续性影响，但是最近，爱尔兰国内针对20世纪90年代末所发生的一系列公司经营不善问题做出了与英国和欧盟截然不同的反应。

在罗列这些公司经营不善问题之前，简要概述20世纪末爱尔兰公司规制领域的一些主要参与者：

● 企业贸易和就业部（Department of Enterprise Trade and Employment）及该部的部长。他们负责公司法的立法准备工作，同时也负责公司法的执行工作。但是在相当长的一段时间里，他们为执行法律而可以获得的资源（法律所赋予的权力及工作人员的配备等）却是非常不足的。

● 对附属于企业贸易和就业部的公司进行注册的官员。他们负责公司的合并以及确保公司能够及时按照公司法的要求填写并向公众公布公司的相关信息。但由于时常出现相关资源（IT、工作人员的配备以及一般的基础设施）投资不足的问题，使得这些注册官员难以高效地履行其职责。

● 经企业贸易和就业部部长认证的五家职业会计机构。企业贸易和就业部部长通过这五家会计机构向审计师颁发执照并规范审计师的行为，同时负责监督会计机构的规制行为是否正当。同样，这些扮演规制角色的会计机构的信誉度在20世纪90年代末也受到很大的质疑。

● 公司规制领域的其他相关参与者还包括：爱尔兰中央银行（Central Bank of Islands），负责爱尔兰的货币政策制定，以及规制银行和其他一些金融服务机构；税务局（Revenue Commissioners）不仅负责个人和企业收税稽查；爱尔兰证券交易委员会（Irish Stock Exchange），负责对上市公司进行规制。

近期丑闻及其对法规变迁的影响

自1996年之后，爱尔兰商界发生的一系列案件引发了人们对现有公司法规体系的运作方式的深层反思。这一期间，对公司法的重新评估导致了公司规制领域的许多重大革新。

毫无疑问，引发爱尔兰公司规制发生变化的根源可以追溯到爱尔兰的商业丑闻。自1996年，商业丑闻就在公共领域不断地出现。尽管具有影响力的商业丑闻数量众多，但我们还是可以把商业丑闻分成几个截然不同的种类。

对邓恩集团献金案的法庭调查及其结果

第一类是由家族围绕对邓恩商业集团（Dunnes Stores group）——爱尔兰最大的杂货和零售商业集团——的控制权争夺所引发的激烈纠纷。对这一纠纷进行反诉所引发的后果是使公众了解到邓恩集团的负责人在长达数年的时间里为下述人员提供了资金帮助：

● 一位是当时担任部长职务的官员，他在担任部长之前曾直接参与了为邓恩集团提供冷冻业务的活动；

● 另一位是爱尔兰共和国的前总理，他在20世纪60年代完全参与政治事务之前是都柏林（Dublin）一家会计公司的合伙人。此外，总理的一位公子也与邓恩集团负责人有着密切的商务往来；邓恩集团负责人还曾经接受了由总理公子的直升机业务提供的服务。

由于担心邓恩集团的献金行为，以及其与政府官员之间的商务往来可能造成内阁在行使公共权力时出现腐败行为，政府最终决定对邓恩集团的政治献金案进行法庭调查。法庭调查的正式程序也被公之于众。

此次法庭调查的一个重大成果是他们发现爱尔兰前总理及其他人员（这些人员中的一部分后来成为非常有名的商业领袖）是一家与开曼群岛（Cayman Islands）有联系的秘密国外银行机构的顾客。这家秘密的国外银行机构的会计业务由前总理的一位已故的合作人经营，时间长达25年。在这25年的大部分时间里，这位合作人都是位于都柏林（Dublin）的一家商业银行的重要人物，随后又成为爱尔兰最大一家上市公司的董事长。在这家上市公司的私人办公室里，这位合作人继续经营他的秘密业务。相关的规制机构根本就没有察觉到上述秘密业务的存在，也没有发现他们的业务活动。

这份法庭调查报告①，即后来所谓的麦克拉肯报告（McCracken Report），使得爱尔兰共和国副总理与企业贸易和就业部部长能够在1990年公司法所赋予的调查权限下，对有关公司开展了一系列的秘密调查。这些被调查的对象包括两家邓恩集团的百货公司，时任部长所开办的冷冻业务，总理公子的直升机业务，四家国外实体公司以及两家为这些国外实体公司提供服务的爱尔兰上市公司。在调查过程中，一个由高等法院任命的检察官对其中一家海外实体公司——安斯巴切（Ansbacher）有限公司（开曼）——展开调查②。

麦克拉肯报告促成了一家得到公认的会计机构的成立，该机构设有一个正式的委员会来调查报告中涉及事件的部分会计师的行为。这次调查与两家会计师事务所（一家是大的，另一家是小的）以及上述会计机构的几名成员密切相关。由于调查是在非常秘密的状态下进行的，作为这家会计机构的

---

① 《关于邓恩集团政治献金案》的法庭调查报告，1997年8月。
② 高等法院任命的检察官对安斯巴切公司（开曼）事件的调查报告，2002年6月。

管理者的企业贸易和就业部，运用法律所赋予的权力坚持要求自己以观察员的身份参与到调查中。

对规划献金行为的法庭调查

第二类，公司的不端行为也开始在其他领域公开出现。1997年，政府展开了一项单独的法庭调查来调查土地开发商为了从地方当局获取有利的规划决策所进行的献金行为。这项调查①是在公开状态下进行的，并且由于调查不断揭露出存在问题的公司，从而使调查很快就引起了公众的极大关注。

对爱尔兰国家银行的调查

第三类，1997年年末和1998年年初，国家广播电视台（RTE）播出的一期节目指控爱尔兰国家银行———一家上市的零售业银行及其所属子公司———的金融服务有限公司采取了如下行为：

• 通过对部分客户征收未经许可的费用以及对他们账户中的利息征收费用而使顾客蒙受损失；
• 通过向部分客户出售未受法律许可的国外保险产品来帮助这些顾客规避税收。

国家广播电视台的这些指控导致了对上述两家公司的调查。此次调查是应部长的要求展开的，并由高等法院任命的检察官予以执行。检察官对上述事件所形成的调查报告②最终在2004年7月得以公布。

对这些未经揭露事件最为宽容的解释是：法律范围可接受的商业行为和个人行为与真实的市场环境之间存在着一条"鸿沟"。然而，这种解释也清楚地表明，商业机构可能会滥用法律，并在运用法律过程中忽视道德问题。

对遵守和执行公司法的检查

第四类，1997年和1998年，形势所引发的变化促使企业贸易和就业部

---

① 法庭对规划事件和献金案的第二次中期调查报告，2002年9月。
② 高等法院任命的检察官对爱尔兰国家银行及爱尔兰国家银行金融服务公司的调查报告，2004年7月。

通过建立一个工作委员会来对公司法的遵守和执行情况进行全面的检查。工作委员会所得出的结论非常令人震惊：

- "爱尔兰公司法没有得到很好地遵守"①；
- "对未经登记的公司出现的违法行为所采取的执法行动非常少并且不可预测"②；
- "那些企图严重违反公司法的人很少担心会被发现或者被起诉。就公司法的执行而言，从来就没有听说执法人员会紧紧盯住违法行为"③。

在报告中，工作委员会建议：

- 加强与公司法执法相关的法律建设；
- 组建一个独立的跨部门的机构，该机构旨在改善公司法的遵守和执行情况，并在公司法执行主任的领导下工作；
- 成立一个公司法检查小组（Company Law Review Group, CLRG），这个团体可以巩固和改进爱尔兰公司法，并使爱尔兰公司法的立法工作始终按照市场发展的需要进行。

1999年年初，爱尔兰政府认可了报告中的建议，并将这些建议体现在2001年公司法的执行法案部分。笔者的办公室（公司执法委员会办公室，Office of the Director of Corporate Enforcement, ODCE）以及公司法检查小组都是在2001年成立的。

对存款利息保留税的调查

第五类，尽管上述决策已经付诸实践，然而，有证据表明商业不当行为仍然不断出现。总审计长于1999年提交的报告④显示，大量的上市金融机构或多或少地帮助他们的顾客逃避存款利息保留税调查（Deposit Interest Retention Tax Inquiry, DIRT）。随后，爱尔兰金融机构的离任的和在任的董事长、高层经理人员及审计师的部分代表，都在由爱尔兰国会审计委员会所主

---

① 公司法遵守和执行工作组报告，1998年11月30日，第2.4节。
② 公司法遵守和执行工作组报告，1998年11月30日，第2.5节。
③ 公司法遵守和执行工作组报告，1998年11月30日，第2.5节。
④ 对存款利息保留税及相关问题执行情况的第1期研究报告（1986年1月到1998年12月），1999年7月。

持的一系列听证会上,就他们的表现以及他们是否遵守公司法接受了质询。相关国家机构的高级官员也受到了审问。审计委员会所提交的报告强烈地批评了银行、银行的审计师以及相关国家机构在存款利息保留税调查事件中的不当行为和失职表现。最终,存款利息保留税事件所涉及的大部分机构都因其被揭发的行为而被税务局进行了税收清算。

审计复核小组

遵循审计委员会(Committee of Public Accounts)提交报告中的建议①,政府设立了审计复核小组(Review Group on Auditing),对以下事件进行了审查:

- 审计业务中的自我规制是否有效,且是否自始至终在发挥作用;
- 是否需要成立新的组织机构和进行新的安排或改进原有的组织机构和安排,以提高公众的信任;如果这样做的话,这些组织机构和安排应该采取何种形式;
- 其他众多的与审计师/客户关系相关的情况。

审计复核小组提交的报告②建议成立爱尔兰审计和会计监督局(Irish Auditing and Accounting Supervisory Authority, IAASA)对会计和审计业务进行监督,对公众有限公司发布的财务报告进行审查,并督促会计和审计行业进一步提高行业标准。审计复核小组的绝大部分建议都在2003年公司法的审计和会计法案中得到了体现。

为了确保法案中众多条款得以实施,大量的准备工作正在有条不紊地进行。爱尔兰审计和会计监督局的过渡时期理事会刚刚任命了执行委员会,并且一旦招募到合适的成员,过渡时期理事会就会在未来的数月里良好地运作起来。

公司董事的合规声明

根据审计复核小组的特别建议,2003年公司法的审计和会计法案也要求大公司的董事长就他们的公司是否遵守税法和公司法以及其他相关的法规做出公开声明,因为遵守这些相关法规可能会严重影响公司的财务报告。这

---

① 国会对存款利息保留税的第一次调查报告,1999年12月。
② 审计复核小组报告,2000年7月。

些公司的审计师也必须依据他们自己的判断对董事长的声明是否公平及合理做出公开的声明。有必要指出，这些建议早在安然公司（Enron）及其他国际公司的丑闻爆发之前就已经做出了。这些建议可以看做是美国萨班斯－奥克斯利法案（Sarbanes-Oxley Legislation）的温和版。

考虑到其他的利益相关者，公司执法委员会办公室于2004年7月就公司董事遵守法律的声明所涉及的义务发布了一份咨询意见和指导草案①。与此类似的是，审计事务委员会（Auditing Practices Board）最近就审计师在评价公司董事是否遵守法律时所需承担的义务出版了一份公示草案②。迄今为止，这两份文件都在商业界和专业领域引起了极大的兴趣。

其他方面的发展

公司法核心领域发生上述特定变化的同时，爱尔兰税务局及中央银行也经历了重大的改组。在爱尔兰中央银行改组方面，爱尔兰组建了金融服务规制局（Financial Services Regulatory Authority），该机构获得了更多的法律支持和更多顾客的关注，对那些违反规制义务的上市公司具有更大的惩罚力度。此外，由于公司、税收及金融服务等领域的权威机构有法律义务对他们关注的信息进行保密，所以现在相关法案通过豁免这些权威机构的一般性法律义务来为这些机构提供更多的共享信息。

ODCE 的任务和目标

我们已经大概介绍了导致成立公司执法委员会办公室（Office of the Diretor of Corporate Enforcement，ODCE）的主要事件以及所发生的其他一些变化，现在该讨论公司执法委员会办公室所扮演的角色及其所从事的活动了。公司执法委员会办公室的任务有：

- 鼓励公司和个人遵守自1963—2003年的公司法所提出的相关要求；
- 要求那些漠视公司法的人做出说明。

---

① 公司执法委员会办公室（ODCE）咨询报告（C/2004/1）。公司董事响应合规政策及年度合规陈述的义务指南，2004年7月。相关文件可以从ODCE网站下载：www.odce.ie/。
② 审计事务委员会草案公告（2004/3）：董事合规陈述：基于爱尔兰公司法的审计师报告（2004年8月）。相关文件可以从网站下载：www.frc.org.uk/apb/。

第14章 爱尔兰的公司规制

与以上任务相一致，公司执法委员会办公室在 2003—2005 年的战略声明中确定了以下五项重要目标[①]：

- 鼓励企业进一步遵守公司法；
- 揭露可能涉嫌违背公司法的行为；
- 起诉已经审查出的违背公司法的行为；
- 对破产公司的不当行为进行惩罚；
- 为内部和外部客户提供优质的服务。

鼓励和促进合规行为

公司执法委员会办公室所颁布的法律涉及所有在爱尔兰经营的公司，这些公司必须遵守公司法。比较典型的公司涵盖了从小的家族企业到大的上市公司、从跨国公司到专门为社区服务的公司。尤其那些和小企业相关的个人对公司法以及相关义务知之甚少，他们在某种程度上依赖于专业顾问的督促来遵守这些法律。

首先，为了弥补上述的信息不足以及有助于法律的遵守，我们在公司法领域已经通过发放基本的指导材料来与个人股东及董事们建立联系。例如，我们已经就七种利益相关者（即公司、公司董事、公司秘书、公司成员/股东、审计师、债权人及破产清算人/破产企业审查人员/破产管理人员）的主要责任和义务出版了七本小册子[②]。大量的小册子已经分发到每一个已注册的爱尔兰公司所登记的办公室。

其次，为了符合各方面的专业要求，我们也就某些公司法中新出现的义务印发了特定的指导手册，这些新出现的义务有助于提高遵守公司法的标准。具体的例子包括：

- 对审计师所提出的新义务，这些义务要求审计师向公司执行董事报告可疑的并且可以被起诉的违反公司法行为[③]；

---

① 公司执法委员会办公室（ODCE）战略声明（2003 – 2005），2003 年 1 月。相关文件可以从 ODCE 网站下载：www.odce.ie/。

② 公司执法委员会办公室（ODCE）决策通告（D/2002/1）：公司利益相关者的主要责任与权力。这个指南以 7 本资料书的形式出版。相关文件可以从 ODCE 网站下载：www.odce.ie/。

③ 公司执法委员会办公室（ODCE）决策通告（D/2002/2）：审计师向公司执法主任（Director of Corporate Enfoucement）报告的责任，2002 年 7 月。相关文件可以从 ODCE 网站下载：www.odce.ie/。

● 对公司破产清算人员提出的新义务,这些义务要求清算人员在清算时向监督破产的公司董事报告①;

● 即将向公司董事提出的新义务,这些义务要求公司董事每年向股东发布他们遵守公司法的报告,并将这些报告作为年度报告中的一部分进行准备。

笔者和同事经常参加此类相关的会议和研讨会,直接处理利益相关者所担心的问题,并将我们当前所做的事情制作成各种信息材料予以提供。为满足各方面专业要求所做的报告、公司年度报告以及其他指导材料和信息都可以从公司执法委员会办公室的网站上下载:www.odce.ie/。

揭露涉嫌违背公司法的行为

关于可能涉嫌公司违法行为的信息来源以及相关案发报告的来源主要有:

● 审计师以及他们的专业机构,这些审计师及专业机构负有新的强制性义务,该义务要求他们就可起诉的违背公司法的行为进行报告;
● 那些关心公司不端行为的一般公众;
● 通过新的信息分享安排获得信息的国家有关权威机构;
● 媒体和其他公共信息来源,例如可以在公司登记部门获得的信息。

尽管将来可能会有大量潜在的违背公司法的行为浮出水面,下述这些情况仍然构成了已经被公司执法委员会办公室审查出的违反公司法的绝大部分:

● 没有保存会计账簿和/或关于欺诈交易的记录;
● 受到限制、身份不合格的人或者是未清偿的破产者担任公司董事;
● 身份不合格的人担任公司的审计师或者公司的资产清理人,或者是此人因为正在或已经担任面临问题公司的董事而被取消了担任公司审计师或公司资产清理人的资格;
● 超出允许范围从公司的资产中向公司董事或者其他的相关人员提供贷款;
● 在股东大会上没有按时向股东提供准确的信息披露,或者没有按时向公司登记机关提供准确的信息披露;
● 没有按照公司法规定的义务提供准确的信息;
● 审计师和资产清算人员没有按时履行他们的报告义务。

---

① 公司执法委员会办公室(ODCE)决策通告(D/2002/3 和 D/2003/1):公司执法主任责任相关清单,2002 年 11 月,2003 年 7 月。相关文件可以从网站上下载:www.odce.ie/。

执行行为

自从2001年末公司执法委员会办公室成立以来，它已经超过100次成功地判定公司、公司董事以及其他人员有罪。并且，我们也获得了高等法院的判决，要求某些个人纠正自己不遵守公司法的行为。

尽管公司执法委员会办公室大部分的调查工作是通过与相关人员进行讨论、通信以及正式的面谈等方式开展的，然而，大约有50次调查可能涉嫌没有遵守公司法的案件时，办公室还是利用了某种法律权力。这些法律权力包括：

- 要求公司、公司董事、审计师、资产清算人员提供符合规定的账簿和文件；
- 对商业经营场地，有时甚至是私人住宅进行搜查的权力；
- 要求提供相关银行业务的文件；
- 逮捕或者根据情况拘留嫌疑人。

到目前为止，仍然有数百个案件面临刑事或民事的调查。

惩罚破产公司的不当行为

现在，破产公司的资产清算人员必须向公司执行主任办公室报告，并向高等法院申请对破产公司的董事们进行限制①，除非资产清算人员得到了公司执行主任的豁免而无需报告和申请。如果法院认为公司董事在履行职务时不够诚实或者不够负责，那么就应该对这个董事采取限制措施。目前，已经超过200名董事仍受到限制，他们中的绝大多数是因最近颁布的公司法执行法案中的新条款而受到限制的。

公司执行主任办公室也对大量未清偿的破产公司和已解散的公司进行了审查。这些公司的董事们可能会肆无忌惮地违反法令或者逃避他们的法律义务，甚至通过损害其他人的利益来抽取公司的资产。不久之后，针对这些案件的法律措施将会得到实施。

---

① 限制的结果是受限制人员在5年内不能担任公司董事，直到公司资本金充足为止。在私人公司里，资本金的要求是63 478欧元，而公众公司的资本金要求是317 435欧元。上述两种公司里，所要求的资本金都必须现金支付。

为客户提供优质服务

一般情况下,公司执行主任办公室的职员组成中有 37 个全职工作人员,他们由会计、行政、法律和警察等专业人员构成。大部分工作人员在团队里一起工作来完成侦查和执行工作。2004 年,我们的预算是 425 万欧元。

公司执行主任办公室继续为我们的客户提供优质的服务。例如,我们的网站在提供可获取的公司法材料的数量和质量方面一直得到很高的评价。

ODCE 对公司法合规环境的影响

尽管我们办公室还处在初创期,但笔者仍然坚信遵守公司法的大环境还是得到了很大的改善。这一点在 2003 年末由公司执法委员会办公室进行的关于特定阶段的市场调查研究中,已经得到了独立咨询公司的肯定,即:

- 大家认识到了公司执法委员会办公室的存在。"公司执法委员会办公室在会计师和审计师以及公司秘书中被认为是最重要的"……"一般而言,公司执法委员会办公室在公司董事长及股东中认知度要低一些。"
- 对公司执法委员会办公室信息材料的认识。"大部分受访者肯定了公司执法委员会办公室总体上对改善遵守公司法的环境所起的作用,绝大多数受访者认为公司董事长尤其关心围绕他们职位的规制措施。"
- 感受到遵守公司法的环境得到巨大改善。"大多数人都认为公司法所遵守的程度在过去的 5 年里得到了很大的提高。"
- 注意到了公司执法委员会办公室所采取的行动。"受访者认为尽管公司执法委员会办公室的执法行动只是在某种程度上改善了遵守公司法的环境,但他们还没有完全发挥出他们的潜力。"

一些个人观察

在前面所提到的那些事件发生之前,政府在对公司事务规制方面没有发挥出半点作用。那是在一种自由放任(laissez faire)的环境中所出现的最坏的情况,那些占据有利位置的人使用并且偶尔滥用他们的权力而无需担心受到任何惩罚。只有那些拥有足够金融和专业知识的人士才有能力在法庭上保

第14章 爱尔兰的公司规制

护自己的利益免遭犯罪行为的侵害，而更多的人认为自己非常无助，无力维护自己的权利。

由于以前的制度既不鼓励正确的专业行为也不奖励这些行为，会计师和其他专业人士常常面临着道德败坏的可能。为顾客提出的正确建议通常会遭到顾客反问："如果我不这样做又会怎么样呢？"面对这样的反问，回答常常是"不会怎么样"，这同样会让负责任的建议者感觉自己很虚伪、很傻。总而言之，过去的公司法框架既没有为公司法领域中的守法行为提供激励也没有提供支持。就本质而言，这个在法律框架中被小心谨慎建立起来的可问责体系，本来目的是使各个利益相关者（董事、股东、责权人、相关专业人员以及为广大公众服务的政府）的权利和义务在理论上达到合理平衡，然而，实际情况是他们完全偏向于控制公司资产的董事们。

笔者相信，我们在发展一个更加平衡的可问责法律框架方面正在取得进步。董事们再也不可能很轻易地延迟提供公司登记办公室所要求的公司信息了，因为如果他们不那样做的话，公司可能会面临巨额的罚款甚至出现公司被解体的可能。一些公司董事已经是公司执法委员会办公室进行刑事或者民事调查的对象了，其他董事们也已经清楚地知道如果不遵守公司法可能会导致随后出现的法律控告甚至法律制裁，这样的话，不遵守公司法可能会给个人声誉带来重大损失。

审计师和公司董事的关系也发生了变化。现在要求审计师将可疑的可以被起诉的违反公司法的行为报告给笔者的办公室，而且这种要求是强制性的，这意味审计师无视这个要求就会给他们带来巨大的风险。当审计师提醒董事，他们会将公司的可疑违法行为报告到笔者的办公室时，大部分的董事会付出真正的努力来改正他们的违法行为，并且他们会按照规定直接与我们办公室取得联系。我们的这些法律条款所发挥的作用就是为审计师进行独立的监督行为提供支持，因为在这种环境下审计师会认真履行维护股东权利的职责，同时，我们的这些法律条款也会有利于改善符合公司法要求的守法环境。

那些正面临财务困境的公司董事也清楚地知道如果他们的公司进入破产清算的话，在公司破产前的12个月里，他们也要就自己的失职行为对公司资产清算人负责。例如，如果董事采取一些损害债权人的不公平行为，那么他们就需要在高等法院上为自己的行为进行辩解。债权人一方认为这些法律条款有助于阻止董事在公司破产前肆无忌惮的行为，并且这些条款也有助于在公司破产时提高债权人的收益。

即将出台的要求某些大公司必须做出遵守公司法的声明会进一步扩大公

众关注公司董事们遵守公司法的情况。

改善公司法的规制状况可以丰富市场信息,从而有利于债权人更好地评价市场风险。我们可以看到,金融制度在贷款政策上的安排可以帮助识别出那些最近受到限制的董事们。其他债权人可以从公司登记办公室那里得到更加及时的信息来评价特定公司的偿付能力。从本质上讲,对于那些利用可获取的信心来评价信贷风险的市场参与者来说,他们的商业风险得到了有效降低。

关于上市公司这一重要领域,我们要求爱尔兰上市公司向笔者的办公室报告诸如可以随时揭发董事进行股票交易的那些行为,按照笔者的理解,这会促使公司将更多的注意力集中在这个领域的义务中来。这样做的结果是使市场的透明度进一步增加。

上述这些收益显然超过了抽象的公司法本身。我们认识到,在一个特定的案例中,当我们对一个公司的场地进行搜查并且获取了相关的文件后的几天里,该公司也开始对未申报和缴纳的税款进行"自愿揭发"。税务机关也从我们决定对那些没有很好保存会计账本的公司进行起诉中获得了大量的好处,因为这些没有很好保存会计账本的公司一般都会压低公司的营业收入进行逃税。简而言之,更有效的公司法规制在支持其他政府机关为保护公众利益而行使他们的权力时提供了更多的帮助。

我们已经参与并正在参与的进程是一个行为不断发生变化的过程,同时也是一个从不遵守公司法的文化背景转变到遵守公司法的文化背景的过程。为了实现这个转变,我们采用了"胡萝卜加大棒"的政策。试着通过为那些遵守公司法的人们提供可获取的、准确的指导材料的方式鼓励和支持他们;并且,当纠正行为的情况有可能出现时,我们也支持那些试图纠正以前过失的努力。对于那些选择不遵守公司法或者那些没有给纠正不守法行为以足够重视的人,我们会认真调查这些存在问题的公司并考虑予以某种惩罚。有效的执法行为当然也进一步强化了人们总体遵守公司法的信心。

笔者相信,我们的这些措施与公司法执行和遵守委员会为我们办公室提交的报告所倡议的做法完全一致。一个平衡的公司法框架存在的目的是为了促进公司发展而不是阻碍公司发展。更进一步地讲,一些人在不遵守公司法的同时也损害了其他人所面临的经济机遇。从这种意义上讲,笔者完全支持委员会报告中的如下评论:

除了我们对遵守和执行公司法总体的强烈愿望以外,公司法必须得到遵守和执行的特别原因主要包括:

- 保护公众免受商业欺骗或者不负责任的商业行为；
- 在顾及雇主的情况下保护雇员的利益；
- 保护交易方和供货方的利益；
- 保护国家税收及纳税人；
- 保护投资人及信贷机构；
- 保护合法商业活动免受不正当竞争的干扰；
- 保护爱尔兰的贸易与金融的信誉。

一个遵守公司法的公司应该在商业效率、透明度、资金收益、社会团结以及处理不守法行为所需要的个人和公共的时间节省等方面产生巨大的收益[①]。

已经被实施的和正在被实施的新的规制安排将给爱尔兰的公司规制带来一个良好的环境。这种环境对公司的成长和发展都是有利的，并且会使那些因公司风险增加所带来的威胁降到最低。笔者相信，在实现目标以及为国家进步做出贡献的道路上，我们将继续得到来自政府的支持，并且希望在未来的日子里，政府的持续支持将进一步改善公司法发展的环境。

[①] 公司法遵守和执行工作组报告，1998年11月30日，第1.19节和第1.20节。

第15章

公司治理：超越理念

尼尔·巴克

引 言

本章讨论澳大利亚公司治理中的一些问题，包括背景、监管及组织对现实变化压力的反应。这里集中讨论了公司的经验，并研究了最近治理问题的几个案例，以及政府、非政府规制者和标准设置机构对这些案例的反应。笔者认为，治理至少需要在董事会和高管中间形成一种理念，这种理念形成于（治理）系统程序化之前，随后才是那些有助于维持这一理念的文化和行动。没有这种正确的理念，或者按詹姆斯·瑞森（James Reason）[1]所说的"完美的思想"（mindfulness），一切最完善的系统和对治理的控制都不能使组织将自己的偏好与组织治理现实所面临的风险相匹配。只有理念没有工作系统也一样于事无补。

笔者总结了在监管领域20多年的经验。特别总结了过去9年做独立咨询师和评论员的经验，及在澳大利亚和新西兰的200多个公司、政府机构和国际协会做治理、合规和风险管理审计员的经验。本章介绍了因公布评论报告而导致的两个曝光频率很高的事件。它也来自于关于建立一些关键控制机制的尚未公开的研究，这可能对评论治理系统失灵的风险有用。

2003年1月31日早上大约7时14分，在悉尼郊区附近一个叫瓦特弗（Waterfall）的地方发生了悲剧。一辆新南威尔士州铁路局的火车在高速行驶中翻车了，驾驶员和6名乘客身亡。

2004年1月，澳大利亚四大银行之一，澳大利亚国家银行（National

---

[1] J. 瑞森（J. Reason）：《组织事故中的风险管理》，Aldershot Ashgate，1997。

第15章 公司治理：超越理念
治理译丛

Australia Bank）发布了三个公告。1月13日它公布了未被授权的外汇贸易活动的亏损情况；1月18日这一亏损上升到1.85亿美元，并且银行认为其总量预期不超过6亿美元；1月27日，它宣布预期亏损总量不超过3.6亿美元。通过分析这家银行不准确的导向，澳大利亚一家备受公众欢迎的杂志《公司董事会》认为："起初作为在外部风险管理指导方针下运作的欺诈性交易行为逐步成了澳大利亚董事会争吵的最肮脏的主题之一。"① 从治理、合规和风险咨询方面看，这两个事件的独特之处是做出独立研究，并十分迅速、公开地进行报道。关于澳大利亚国家银行，共公布了两个报告，一个是澳大利亚规制委员会②发布的，另一个是负责这家银行审计工作的普华永道③发布的。在铁路事件案例中，新南威尔士政府在新南威尔士州铁路局（这一系统的运作者和当事人）的配合下，在事故当天就指派皇家专门调查委员会的一名调查员去指导调查，最后的报告已经公布。此外，负责铁路安全监管的新南威尔士交通运输署本着协助这名皇家调查员的目的提出了自己的疑问。他们在交通运输署的网站④上公布了调查结果。

人们可能批评导致这些事件的行为，并且有可能批评允许它们出现的系统和结构，人们相信这些组织必然会公布其内部的评论，以便他人从中学到些什么。毫无疑问，政治压力和声誉因素意味着决策公开，但透明度更有用。作为从业者，在这个领域进行交流的难题之一就是你自己被卷入了。我们被要求保守秘密。由于这两个组织用开放和公开的方式披露了与事件相关的问题，它们会受到称赞。

本章不是介绍与火车或平台贸易相关的铁路和技术方面的问题，而是反映涉及所有部门的治理事件中存在的共同问题，还有从这些事件中汲取的教训，这些教训是不分部门和监管者的。其他工业部门的"火车事故"可能很少涉及身体上和精神上的损害，但也会采取类似方式。

本章得到以下结论：商业和社区在鉴别、从事和管理相对直接的合规、风险管理和治理问题方面的整体失败效应可能引发大灾难。所有组织内都会存在事故隐患，也有共同的能从其他事故教训中获得的警示和处理方法。传

---

① 澳大利亚公司董事协会：《公司董事》(20/5)，悉尼，澳大利亚，2004年6月，第3页。
② 澳大利亚审慎规制署：《关于澳大利亚国家银行货币期权违规交易的报告》，2004年3月23日，参见网址：www.apra.gov.au。
③ 普华永道：《对澳大利亚国家银行外汇交易损失的调查研究》，参见网址：www.national.com.au。
④ 新南威尔士交通运输署：《关于2003年1月31日瓦特弗交通安全调查的最终报告》，参见网址：www.transport.nsw.gov.au。

统上，这个方法能应用于工业事故和飞机相撞事故。在所有治理公司"火车事故"中都存在着共同原则和关键的控制机制。

本章讨论了澳大利亚的公司治理问题，例如公司治理背景、规制以及对公司治理变革的反应等。文中还介绍了政府部门、非政府规制者和政策制定者对公司治理的一些新观点。正如詹姆斯·瑞森[①]所说的"完美的思想"（mindfulness）一样，所有规制公司治理的系统和控制手段都不能使组织与其风险态度相匹配。如果没有行之有效的制度，任何对公司治理的观念陈述都是于事无补的。

在行为、系统和风险之间找到平衡是董事、管理者和他们的公司面临的挑战之一，也是监管者、公众和相关公共政策面临的挑战之一。

背 景

在澳大利亚出现了一系列涉及公司失灵、滥用职权、重大危机或重要制造业系统失灵的事件，这些事件被频繁曝光。许多案例引发了人们对司法或监管的质疑，导致了组织声誉的实质性损失及个人、公司和政府股东的大量损失。

本章所关注的与这些事件或事故有关的组织都是一些受到商业界或政府高度尊敬的组织。多数人，当然不是所有人都认为，在那时，董事和高级管理人员都相信他们有称职的治理系统、合规的风险管理系统。公众都渴望这些组织在实践中能得到最好的治理。现实中，这种事后的聪明也许并不一样。

例如以下这些事件：

● 朗福德（Longford）瓦斯爆炸事件。事后，墨尔本（澳大利亚第二大城市，有300万人口）的主要能源供给停止了好几个星期（还有与爆炸有关的死亡人数）。随后皇家调查委员会对政府和相关公司给予了批评。据笔者所知，起诉正在进行中。

● 哥伦布卢克（Glenbrook）和瓦特弗（Waterfall）铁轨事故。这是一次往返于悉尼（澳大利亚最大城市）（译者注：悉尼与新南威尔士之间）的上下班火车的重大事故。新南威尔士政府受到指责，他们拥有制造产业，却

---

① J. 瑞森（J. Reason）：《组织事故中的风险管理》，Aldershot Ashgate，1997。

放任机器和系统而不加维修,结果在 5 年内发生了两起重大事故,导致人员伤亡。第一次事故,即格林事故的法律程序的质疑完成于 2002 年,第二次事故的司法质疑正在进行。新南威尔士(NSW)交通运输署是对铁路系统负有责任的部级单位,在第二次事故中它出台了一个安全报告,可作为这一案例研究的基础。

● 澳大利亚第二大保险总公司 HIH 的破产。这次破产受到了皇家调查委员会的关注,公司监管者和由精明监管者组成的机构正在对此进行调查。

● 大型通信公司——一电通电讯公司(One Tel)的破产。这是一家得到杰出商业部门实质性支持的成功公司。事件原因仍在调查之中。这家公司还受到了澳大利亚证券委员会——公司和证券监管者的起诉。

● 对澳大利亚最大的银行——澳大利亚国家银行的一些职员滥用职权和董事成员及其治理系统失灵的指控。独立审计员和澳大利亚规制委员会(APRA)分别发布公告。接下来便是长达 6 个月的董事会公开斗争,结果是一名董事被辞退,其他一些董事的任期被缩短。

本章中,使用瓦特弗火车相撞事故和澳大利亚国家银行交易问题这两个案例说明了治理系统失灵的共同原因。每一个案例分析都基于公开的独立报告,这有助于公众对此进行讨论。

笔者的团队创立了能够反映治理失灵的高风险区域的警示器。这些警示器以我们对法院案例的分析及职员的经验为基础。由于警示器中很多案例是保密的,因此,参考公共信息去证实警示器的基础有时是很困难的。我们会继续使用本章中的例证对其进行检测,也会使用警示器在那些要求用治理干预控制风险的领域,指导风险控制机制的建立。

作为对上面所列举事件及最近一些类似事件的反映,澳大利亚政府、一些监管者和标准设置机构已经引入了新的法律、法规和标准。它们包括:

● 澳大利亚标准,3806 合规计划、4269 风险管理和 8000 公司治理系列,其中包含公司治理方面的独立标准、检举活动和公司社会责任①。

● 公司法经济改革计划(CLERP)。在这一计划下,澳大利亚政府重写计划,并改革公司。在有标号的一系列计划中,政府普遍地改变了许多市场、公司和商业公司的结构和运作。其中在国会之前的第 9 号计划,主要集中于董事层次的公司治理、董事的作用和独立审计员的作用②。

---

① 参见网址:www.standards.org.au。
② 更多信息参见网址:www.asic.gov.au。

● 金融服务改革法案。按照这部法案，联邦政府要求所有与金融服务部门、银行、保险公司经纪人和实体机构有关的公司使用新的执照标准，包括对所有一线职员和决策者进行会议控制训练的标准、事前契约披露标准、风险管理标准，其中，风险管理标准包括澳大利亚风险管理标准、合规计划、怨言处理、控制组织能力的警示器以及治理框架①。

● 澳大利亚证券交易所（ASX）公司治理指南。ASX 是股票市场的监管者，ASX 具有由澳大利亚证券与投资委员会授权给它的监管市场的责任。上市公司必须遵守澳大利亚证券交易所（ASX）公司治理指南，否则就会被要求解释原因。指南采用了实践义务条文的形式②。

这一监管效应使公司和组织发生了实质改变。许多公司的董事宣称这一版本有点过分，也许在未来才会看到这种方式。那些被《萨班斯－奥克斯利法案》授权运作此事的人可能会有另外的看法。

为了有比较地理解这些问题，有必要勾勒这两个案例的图像。以下所有的讨论均来自于上述所引用的参考资料。

案例研究

瓦特弗铁轨事故

引言

2003 年 1 月 31 日大约早上 7 点 14 分，悉尼郊区附近一个叫瓦特弗的地方发生了一起悲剧。一列火车在高速行驶中翻车了，驾驶员和 6 名乘客死亡。这一事故是在短期同类事故中属第二位的重大事故。它暴露了大量低效率问题及其包括 000（911）紧急呼叫系统在内的众多问题。事故起初不能找到火车，而当救助人员赶到后，即使通过建议使用周围正在按常规运行的基础安全系统，也难以进入火车展开营救。

2004 年 1 月，新南威尔士（NSW）交通运输署发表了一份对瓦特弗灾难的最终铁路安全调查报告，它评估了瓦特弗灾难中所发生的一切。这一案例研究就是以它为基础。

---

① 参见网址：www.asic.gov.au。
② 参见网址：www.asx.com.au。

第15章　公司治理：超越理念

在笔者看来，由于这一报告早就准备告知别人，且具有改善安全的观念，因而这些调查没有刻意掩饰组织中的缺陷。

风险管理

报告认为："调查没有发现任何存在有混淆了风险和危险记录的证据；相反，州铁路局安全管理系统的陈述表明，这样的记录被定期地审查，以确保风险安全得到识别和管理。"①

这一报告的关键在于指出有效服务系统的缺乏。

不可能的投资回报

报告指出，在这一事故中，相关类型火车在事故发生地段——两车站之间的铁路轨道上的允许运行时间是 19 分钟；而调查报告得出的结论是：实际上，那种类型火车在那段距离上运行的时间是 20 分钟。

安全与合规系统

正如瓦特弗灾难中那样，火车合规和风险管理控制的关键是采用临时脚控。这种安全设施要求驾驶员不断地用脚踩——否则火车就会停止运行。报告撰写人提供的证据显示，为使脚踩的效果保持稳定，师傅们有自己的方法，他们用自制设备来辅助完成控制工作。报告说：

> 在讨论关于驾驶员使用临时系统的方式时，展示了一些直接或间接的知识：一些驾驶员在其操作平台和临时脚踏板之间的壁橱中插入了一面红旗……随机检查与这次事故中的火车型号相同的唐伽纳火车 29 节车厢中的任意一节，每节车厢都可发现这种标记的使用②。

报告没有发现导致这起特殊事故发生的直接行为。

报告问题

报告指出："由于头脑中残留有怕被批评的意识，雇员没有勇气使用脱

---

① 新南威尔士交通运输署：《关于 2003 年 1 月 31 日瓦特弗交通安全调查的最终报告》，第 52 页，报告下载于网址 www.transport.nsw.gov.au。

② 新南威尔士交通运输署：《关于 2003 年 1 月 31 日瓦特弗交通安全调查的最终报告》，第 549 页，报告下载于网址 www.transport.nsw.gov.au。

险设施和其他脱险方法。"①

与总调度室的距离

出事火车离瓦特弗（悉尼郊区的外部）南部仅几公里，再向南就是卧龙岗（Willongong，通往悉尼上下班道路上的一个城市），但却不能直接与瓦特弗车站工作人员联系。报告说："随后，当瓦特弗的信号员十分担心这列火车时，他向卧龙岗信号室发出信号，请求向这列火车发出无线呼叫，并将结果反馈给他。"②瓦特弗车站只是与向北的火车进行联系，没有与向南的火车联系，这样，火车更远离总调度室（head office）或中心站的调度。

事故和事件的发生

身陷车厢的乘客和试图救援的那些人难以离开或进入受损火车。报告说，火车车门被锁住，起初没有人能打开。报告认为，诸如此类的火车翻车并非第一次，相同的进入和外出问题早就受到南威尔士和其他地区的关注。报告指出，（事故中）不能迅速找到能指示进入事故区域道路入口点的核心地图集；为火车提供动力的电力中断后，事故发生了，电线掉在了火车上方或附近；负责电力的工人进行了几次尝试，试图在事故后重新启动自动或人工程序的电源，乘客和待命营救人员就在掉落电线的附近。

报告说："铁路监管员没有准备或调集资源在瓦特弗事故范围内展开调查。没有调查程序员，没有关键的事故应急团队。"③

培训和程序

报告认为，铁路部门忽视了对有效通信、信号和团队工作的雇员培训。这种状况正好出现在（这次事故的）火车驾驶员和火车警卫人员中间（在已讨论的较早的格林布克事件中，这些障碍出现于火车驾驶员、信号员及整个线路控制者中间）。其结果，即使在事故发生最严重的那一刻，警卫人员可能不愿采取行动，因为这些行动被认为是有损那些高职位驾驶员权威的行动。

---

① 新南威尔士交通运输署：《关于2003年1月31日瓦特弗交通安全调查的最终报告》，第52页，报告下载于网址 www.transport.nsw.gov.au。
② 新南威尔士交通运输署：《关于2003年1月31日瓦特弗交通安全调查的最终报告》，第47页，报告下载于网址 www.transport.nsw.gov.au。
③ 新南威尔士交通运输署：《关于2003年1月31日瓦特弗交通安全调查的最终报告》，第49页，报告下载于网址 www.transport.nsw.gov.au。

第15章　公司治理：超越理念
治理译丛

事故不能发生在这里

报告也说："有人认为铁路本来就是安全的，瓦特弗事故是一次不可预测的事故。"①

皇家调查委员会正不断卷入这起事故之中。铁路部门已经更换了一些职员，结构发生了实质性变化。在以后的 12 个月内，皇家调查委员会的报告将会遵循最初的报告（本章的基础性报告）。

澳大利亚国家银行

2004 年 1 月，澳大利亚国家银行，四家最大的银行之一，宣布了其在非官方外汇贸易中的损失。截至 1 月 27 日，这些损失从起初 1 月 18 日的 1.85 亿美元上升到 1 月 27 日的 360 亿美元。

澳大利亚媒体和公众认为这是一个传奇。监管者和公司对所发生的一切进行了质疑。公司的质疑报告由一家会计公司完成，监管者的质疑报告由公众完成。这一部分笔者吸收了监管者——澳大利亚规制委员会（APRA）和普华永道（PWC）的质疑报告。

报告表明，澳大利亚国家银行（NAB）的损失显然由 4 位货币交易者的行为造成，他们预期美元会保持稳定，变化较少，并以此为基础对 NAB 外汇贸易进行决策。由监管者和独立专家撰写的关于这一事件的报告发现，当市场向相反方向变化时，他们隐藏了真实的立场；在事件被发现的前 3 个月，他们的处境就在不断恶化。

董事会的几位董事讨论了有关责任问题，几个月后，这一事件被媒体报道。最后，几个董事和高级主管接连辞职。

2004 年 6 月 12 日，商业小报报道说：

> 尼尔森调查公司的调查显示，相关董事导致了 NAB 外汇交易崩溃和清洗，并造成了银行信用的丧失。
>
> 本季度，那些考虑变更银行的人中只有 2.6% 会选择 NAB，而 3 个月前这一数据是 5.6%；这相当于少了 28 000 名顾客②。

---

① 新南威尔士交通运输署：《关于 2003 年 1 月 31 日瓦特弗交通安全调查的最终报告》，第 49 页，报告下载于网址 www.transport.nsw.gov.au。
② 《悉尼电信日报》，2004 年 6 月 12 日星期六，第 79 页（商业头条）。

APRA 报告说：

> 首先，也是最重要的原因可能是贸易者的共谋行为。当然，它也归咎于松懈的、不受各级责任管理部门质疑和监督的运行环境；不完善的风险管理系统和内部治理程序的弱化也是原因之一①。

这是由一位货币期权交易柜台的雇员揭露的，他自告奋勇，对这些行为提出了质疑。

PWC 报告说，这里人们的诚信、风险及其控制系统、治理和文化出了问题。

报告区分了类似大组织中存在的许多内部控制层，正如 NAB 一样。

APRA 报告注意到：

> 交易者的共谋行为能成功地隐瞒许多银行早期警告信号，NAB 的内部控制系统未能检测到并制止这些违规的货币贸易活动。按理说，NAB 的内部治理模式应该能够对迅速加剧的重大风险做出及时有效地识别，但却一点儿也没有发挥作用。

这种情况反映了组织文化对产品风险服务缺乏足够重视。
特别是②：

- 各级管理者在考虑风险控制方面是十分盲目的。尽管一些违规的、令人忧虑的贸易信号已经出现在货币期货贸易中，但却都被忽略了。"利益至高无上"是我们与公司和机构银行（CIB）成员交流时的口头禅。只要贸易中存在利益，其他的缺陷就可能被忽略。

- 运行查证程序（后台职责）含有重大缺陷，随之产生资源和技术的充分性问题，以及在成本减少和对前台职责增加的压力下，其命令是否会削弱的问题。

- 市场风险（中间职责），在注意到大量的违规行为时，没有利用交易柜台有效地加以解决，也没有吸引高层管理者的注意力或其他更高层次有关人员的忧虑。

---

① 澳大利亚审慎规制署：《关于澳大利亚国家银行货币期权违规交易的报告》，第 5 页，2004 年 3 月 23 日，www.apra.gov.au。

② 澳大利亚审慎规制署：《关于澳大利亚国家银行货币期权违规交易的报告》，第 5—6 页，2004 年 3 月 23 日，www.apra.gov.au。

第15章　公司治理：超越理念

- 职业风险委员会是特别无效率的。他们或者遗漏了风险信息，或者发布了与问题相关的风险信息，却没有提出警告。如果 CIB 风险管理委员会在他们之前发出了信号，例如，通过内部审计员发布一个有目的的、对已知控制性弱点的评论，那么违规贸易就一定会被发现。
- 主要委员会在风险问题上不会提前采取充分措施。尽管他们经常断言风险问题是如此的重要，以致他们应当受到委员会的高度重视，但委员会却没有充分注意到风险问题。直到一个独立风险委员会建立后，他们似乎愿意把风险问题的提升留给审计委员会。

PWC 报告形成了类似的观点——
（1）关于风险和控制系统的报告。

缺乏充分的监督——交易者获取了很高的、复杂的和有风险的职位，而监督者被限制在显著的利益处，并失去监控。通过隐藏损失，CIB 管理者错误地相信风险是可容忍的。多重风险限度的临界值和其他警告没有被认真对待，也没有采取有效的措施来限制交易者。

对大额的或不平常的货币交易的市场警告引起了国民代表的焦虑，但未经适当的调查，这种忧虑就逐渐消失了。2003 年 1 月，EGM 风险管理主席和工作人员收到了 APRA 的信函，但没有引起国民的充分响应。

风险管理失败——风险管理的设计、执行和实施都存在缺陷。市场风险和谨慎控制机构（MR&PC）了解风险，也报告了风险，但却不能有效地提高持久风险限度的临界值。

金融控制的缺位——我们的调查区分了不充分的程序来鉴别、调查和解释不平常的或有疑问的交易程序。正常的月结程序缺乏充分的定点程序，并且没有重申取消或修正交易的结果。

后台职责程序中的缺陷——后台职责不能诊断出错误的交易。这种失败的一部分原因是，为报告和后台职责的检查而停业 1 小时的时间，这期间，交易者能够伪造柜台的真实部门。从 2003 年 10 月开始，初级后台职责成员已经停止检查内部货币交易。结果，交易者进行了欺诈性的单方面内部货币交易，却没有被发觉。①

---

① 普华永道：《对澳大利亚国家银行外汇交易损失的调查研究》，第 3 页，www.national.com.au。

(2) 关于治理和文化的报告。

董事会监督——主要董事会收到的风险管理信息是错误的、不完全的，或者很粗略，不足以就有限的违规行为或其他与货币交易柜台操作有关的事情向他们提出警告。

首席董事审计委员会（PBAC）——审查了大量来自内部和外部的报告，这些报告不能对任何与货币交易相关的问题直接向他们提出警告。阅读了这些支持文献后，对管理的探查可能能够揭示出一些控制故障的严重性。

首席董事风险委员会（PBRC）——2003年11月，PBRC第一次会议虽然没有获悉货币交易柜台的风险限度临界值，但却因为整个市场部门在VAR[①]控制下的良好状态而重获信心。

经理类论坛、风险类论坛和中央风险管理委员会——对这些机构来说，没有证据显示那些与货币交易柜台相关的问题扩大了。

CIB意识到了有意义的限度临界值，但却没有展开调查和采取行动。由于系统和数据问题，CIB管理员对VAR数字没有信心，而且有效地忽视了VAR和其他限度临界值。在解决VAR计算问题上没有了紧迫感，这在两年或多年来已经成为一个问题。

风险管理——关于货币交易柜台的限度临界值和其他争论，MR和PC提出了警告。这些警告没有提交给CEO或董事会。

内部审计——报告重要的货币交易问题，但却不能探究或确保执行适当的控制和程序变化。

民族文化——过分注意程序、文件和程序指南，而不是理解问题的实质、肩负的责任和解决问题。在审计中，对处理警告信号存有傲慢态度（如APRA信函，市场评价，等等）。调查发现，管理有一种传递趋势而不是假设、责任。类似的，问题没有提交到董事和它的委员会，坏消息被压制下来。我们的调查表明，文化哺育了

[①] VAR是国际上新近发展起来的一种卓有成效的风险量化技术，它是英文Value-At-Risk的缩写。它的一种较为通俗的定义是：未来一定时间内，在给定的条件下，任何一种金融工具和品种的市场价格的潜在最大损失。在这个定义中包含了两个基本因素："未来一定时间"和"给定的条件"。前者可以是一天、两天、一周或一月等，后者可以是经济条件、市场条件、上市公司及所处行业、信誉条件和概率条件等。概率条件是VAR中的一个基本条件，也是最普遍使用的条件，它的发布与天气预报的发布相类似。例如："时间为一天，置信水平为95%（概率），所持股票组合VAR＝10 000元"，其含义为："明天该股票组合可有95%的把握保证，其最大损失不会超过10 000元。"或者说是："明天该股票组合最大损失超过10 000元只有5%的可能"——译者注。

这样的环境：尽管有充分的警告信息，环境还是给交易人员提供了实施亏损、隐藏损失和逃脱检测的机会。这使他们在没有受到检查的情况下进行运作，轻视规则和国家标准。最终，董事会和 CEO 必须承担责任。①

文化

本章引用的三个报告表明，即使有最好的系统和程序，如果没有优秀的文化，所有的系统也都不能运行。

在报告中，关于路轨事故前前后后的已经鉴定的诸多事项，皇家调查委员会早就做出鉴定，而早在 3 年前，这些事项就已经出现在先前发生过的事故中了。

在 NAB 案例中，报告认为，公司系统认可了这些事件发生的可能性，他们认为这些事故发生在既不能预防、也不能事先控制的状态下，但他们应预见到事故的发生。

在两个案例中，如果在组织中的一些部门存在有不同的合规文化，就有可能渗透组织，这会使这些事件发生的可能性大大降低。

合规失败的共性

以下部分分析了一些治理和合规失败的共性，笔者已经将这些共性应用于文章和两个案例分析中。这些特征可能并不能适用于每种情况，但却有助于指导对处于所有领域中的组织治理和合规系统的弱点进行区分，也有助于设计新的治理系统或重新审视、调查既有的系统。

- 对义务和风险评估系统的缺乏证明了现有系统的缺陷。

在两个案例研究中，人们认为这些系统存在问题。

- 失败是由那些为公司创造债务的人造成的，但这些人却不包括在系统内。这类人包括那些没有经过训练或指导的人，以及系统设计中没有包括

---

① 普华永道：《对澳大利亚国家银行外汇交易损失的调查研究》，第 4 页；www.national.com.au。

在内的人。

APRA 关于 NABR 报告显示：

● 1998 年和 1999 年，JHFX 在从事货币交易组合中废止了正式的招募过程（例如，没有进行相关的内部检查）。虽然人们认为对其中一个交易商的绩效评估存在风险过度的问题，但却没有人对此采取行动。控制交易所操作环境和对前台工作人员的压制、恐吓行为的其他措施被证明是无效的。[1]

● 公司与职员、顾客以及其他重要股东之间的交流存在困难。

瓦特弗事故突显出那个事件在关键时间是缺乏交流的，也突显了火车驾驶员和火车警卫之间交流功能的失调。

来自澳大利亚国家银行的报告清楚地表明，董事会层面也存在交流问题。APRA 注意到，至少有一个关键文件似乎没有递交给董事会。

● 监督或报告功能失调使个人或核心利益集团能够在道德原则或公司系统之外进行运作。

在 NAB 案例中，这似乎是一个重要的作用因素。

在瓦特弗案例中，安全踏板（见前文）问题和随后的调查都显示，通常情况下，安全控制系统被回避了，这似乎已成共性。

瓦特弗案例的一个特点显示了又一挑战。事故中，大量乘客试图拨打000 紧急电话，可是呼叫中心的职员并不相信事故发生中的呼叫者，还认为最初的几个呼叫是骚扰。

● 与总控制室的操作距离。

笔者发现，NAB 案例中的一些交易者正在进行场外操作。身处那种环境下的人十分清楚这种交易文化，但对银行系统的其他成员来说，这样的行为却是不可能符合标准的。

在瓦特弗案例中，当这一关键性事件发生时，与总控制室（head office）的距离是一个十分重要的因素。例如，最初没有人能确定事故发生的地点。因为这一事故发生在十分复杂的地形中，传统的无线电通信系统不能工作，附近车站的职工不得不向距南部一段距离的火车站呼叫，以努力取得联系。

---

[1] 澳大利亚审慎规制署：《关于澳大利亚国家银行货币期权违规交易的报告》，第 76 页，2004年 3 月 23 日，www.apra.gov.au。

第15章 公司治理：超越理念

最终的联系是通过手机来完成的。

- 在投资需求或公司利益预期方面虚构无法实现的回报，并把这样的预期与个人支付联系起来，或与个人、企业消费者的经济生存联系起来。

在瓦特弗案例中，这一特征通过对时间表的过度关注和"准时高于一切"的态度显现出来。

NAB 报告表明，鼓励投资回报的文化给事故的发生营造了一点儿氛围。

- 当可用的资本或运营基金有限，或者强有力的标准和程序不起作用的时候，特别需要开创新局面。

在这两个案例中，两家公司都不处于启动状态，这是我们评价治理状况中使用的有效指标之一。

在瓦特弗案例中，安全监管者在这一灾难性事件中并没有经验，也没有处理这种事件的适当的计划或系统。

- 在一个市场中只有少数公司与之竞争，并保持长期关系。

铁路公司是政府垄断性企业，并且那时没有独立的安全监管者。

澳大利亚政府有这样一个政策，将主要银行的数量限制为 4 家。

- 董事会或高级管理者不会坚持去了解合规系统、投诉处理和双方争端解决系统的情况。

NAB 案例中的报告表明，这似乎是一个问题。

关于铁路案例的报告发现，董事以外的高级管理者并不知道安全报告中描述的几个重要问题，这是令人难以置信的。这位皇家调查委员会成员听到这个事故，就像听到那些最近在 NSW 发生的类似事故一样，并且，他已经在之前的报告中评论了这个事故。

- 新法律的实施时间。

在这一案例中，这似乎不是问题，但这却是一个共性问题。

- 系统内的个体或组织可能认为自己受到公司或系统的经济掠夺。

在两个案例中，人们都有很大的执行压力。

- 处于投诉处理系统内部和外部的公司并不符合澳大利亚的标准。

在每个案例中，我们很难相信对这些行为的投诉不会阻止问题的发生，或者至少不会降低其影响，即使这些事情已经由内部员工完成了。

在 NAB 案例中，事情明显被揭发者披露。

在瓦特弗案例中，报告讨论了一种不利于报道的文化。

- 学习、训练、教育和普遍性技术的获取不是为迎合公司和学习者双方的需要而设计、发展和传递的。

在瓦特弗案例中，火车警卫员可能已经意识到火车运行得太快了，可是他们并没有接受过任何关于如何采取行动的适当培训，也没有信心采取行动。当然，公正地说，即使他得到了这样的技术和信心，他可能也没有时间了。

笔者已经对 NAB 案例和已提到的训练功能失调做出评论。

- 将公司内各个部门连接起来的企业文化并不明显。

两个案例的报告均指出，用来连接不同组织区域的企业文化的一些功能失调了。

- 这些公司要么过分规避风险，要么就是意识不到商业风险存在的普遍性，尤其从风险管理的关键控制点方面来说。

两个案例中都存风险管理问题。在瓦特弗案例中，公司缺乏有效的风险管理计划，这被认为是问题的关键。调查员评论了国家铁路局（政府铁路公司）的安全管理系统（SMS）。他们发现了在风险登记簿中的下列说法："危险和风险记录定期地接受评估，以确保其记录保持更新。"①

报告说："调查没有发现关于个人记录簿或联合风险及危险记录薄的任何证据。"②

通过对 SRA 公司低职位员工的正式和非正式访问，调查人员发现他们对安全管理系统的看法是这样的：他们或者无知，或者对安全管理系统的引入目的冷嘲热讽，他们感觉这只是认识这样一个系统重要性的一种时尚……

---

① 新南威尔士交通运输署：《关于 2003 年 1 月 31 日瓦特弗交通安全调查的最终报告》，第 55 页，报告下载于网址 www. transport. nsw. gov. au。

② 新南威尔士交通运输署：《关于 2003 年 1 月 31 日瓦特弗交通安全调查的最终报告》，第 54—55 页，报告下载于网址 www. transport. nsw. gov. au。

证据表明，管理和运行该系统的负责人是由没有安全管理经验和资质的人担任的，这种现象具有普遍性。

- 公司对于潜在的系统失效或人员失职视而不见。

在两个案例中，一些高管，或者可能是董事会成员，似乎都不相信这个事件会发生。

- 在一个人成为守门人，在公司项目还没有充分实施时，此时他离开公司，公司会运作得更好。

发展治理系统的挑战就是确保一个或更多的人不采取控制行为，而成为守门人。

结 论

治理必须要超越理念状态。

这两个案例说明，公司需要一个强有力系统和程序。

如果文化是强有力地、十分清晰地、有规律地得到支持并被强制实施的，超越了理念状态的，那么这种情况就能出现。

这些系统和程序背后一定包含这样的文化：它鼓励合规治理系统，允许信息通过董事会进行传递。

董事会成员需要有这种接受和处理好坏信息的能力。

笔者可能会选择许多事故和事件中的任何一个，这些事故和事件让我们陷入董事会治理的困境，但得出的结论却是相似的。

在指导这些调查或评论其他人的工作方面，这个案例给笔者的经验是：存在一个关键的临界点，即治理、风险管理或合规干预的临界点，正确应用它就有可能阻止类似事故或事件的发生。

因而，在设计治理系统时，对开发有关程序、控制、报告、责任和训练系统来说，类似的情形就成为指南。在这一切事件背后，领导人和重要影响人必须发出这种声音，才能使合规文化和健康治理变得十分强大，足以抵制不良贸易和私利的明显诱惑。

在两个案例研究中，一些关键性因素没有被探讨，治理作为一种简单的理念状态、在一个案例中被证明是致命的，而在另一个案例中则成为一个主要的短期挑战。

第16章

金融监管重构：斯皮策、州－联邦关系与公司控制权的争夺

贾斯汀·奥布莱恩

引言

纽约州检察长埃利奥特·斯皮策（Eliot Spitzer）的行动改变了华尔街规制者与被规制者之间的关系。埃利奥特·斯皮策是一位激进律师，他通过融合法律和官员身份这一政治手腕，迫使在美国资本市场运作的关键中介力量产生治理结构的变革。批评者认为，他是一个罗伯斯庇尔（Robespierre）式的民粹主义者，他对政治抱负的追求引发了混乱和金融控制机制的"巴尔干式"（Balkanisation）的危险；支持者指出，如果没有他的干预，包罗万象的监管系统依然不能发现华尔街分析师研究的结构性缺陷、纽约证交所治理中的不足，以及由于督导承销业务的附带佣金和隐藏支付所引起的保险业腐败现象，这个监管系统确实失效了，并且是多次反复失效。

本章回顾了斯皮策声望得以提高的过程，以及他应用州法律强制实行系统变革的战略性含义。因处于全球最重要的金融资本的经济和政治治理权的交点上，它反映了本文集中州－联邦关系的重要主题：贪婪、腐败、傲慢，还有为避免这些问题的负面影响而对强化责任机制的需要。现在人们很少关注斯皮策已披露的内容，但这些内容在其他地方得到了处理（O'Brien, 2003，2004a；Lowenstein，2004；Galbraith，2004）。目前人们关注的焦点集中在他近期调查的内容，即以可竞争的、偶然的以及相互依赖为本质的美国国内自我监管体制是如何影响公司政治性控制争夺的。

纽约州检察长如何最大限度地发挥由于创新地使用重叠司法权而产生的杠杆作用，对这一问题的解释已经远远超越了州的地理边界限制。本章介绍

第16章 金融监管重构：斯皮策、州—联邦关系与公司控制权的争夺

了那些联邦系统中雄心勃勃的政治家们如何利用结构性弱点挑战公司权力对国内和国际监管的控制。因而，国家及其下属部门在市场监管下执行文件的能力受到了检验，这种检验直接涉及联邦制的竞争动力如何为新自由主义的支配性概念提供平衡力，直接涉及公司人员故意改变议程的权力。

尽管这种关系中的相对力量并不固定，但在监管领域，美国联邦制的运行仍主要建立在州主权的基础上。正如吉贝和特斯克（Gerber & Teske, 2000, P. 851）指出的，在美国监管政治学的条文中，主要政策执行本身的犯罪在解释对政策制定的政治影响的逻辑方面成了中心特征。正是这一现状使斯皮策的干预变得十分重要，（它）产生的影响力与纽约在世界经济市场上的重要战略中心地位、政府联邦体制和政治野心下提供给州的潜在司法权优势的运用直接相连。

本章以笔者在纽约与斯皮策的一次长时间面谈（2004年10月10日）为基础，提供了美国最重要监管者的洞察力的形成原因。接下来，将纽约州检察长的机构地位置于政治和经济力量的矩阵中。首先，追溯了赋予斯皮策独特手段的那些力量；随后，参照监管变迁文献，在国家层面上，考察了制定和弱化政策响应的市场力量；最后一部分考察了斯皮策利用监管框架缺口的能力所带来的启示，这种缺口以记录和重新安排改革进程的形式存在。

位置，位置，还是位置

斯皮策声称，任何有关不利于自由市场运行的言论都是片面的。他认为自己对市场的干预是基于这样的信念，即有效市场离不开按现有标准进行的持续有效的监管。"我多次对CEO说，如果采纳了渐进改革过程，你们将会得到更好的服务。它能使你们从当前正在经受的痛苦中获得解脱（面谈，2004年10月10日）。

早期反复强调的是创造性执行规则，这种职责与其他州和联邦机构的市场监管职责是不同的。它强化了美林证券研究报告条款中对利益冲突的处理采取强制自我监管的成分（Ayres & Braithwaite, 1992），该报告将斯皮策推上了全国和国际媒体的舞台。直到对斯皮策的调查人员发现电子邮件记录的重要作用之前，国务院证券办公室研究部门操纵投资银行意图的公司新闻报道总是存在问题的。研究分析师夸大地揭发了这些滥用系统性的、隐藏在硬盘里的证据，这些分析师私下把股票描述为"垃圾"或者"狗屎"时做出

"买入"评级（O'Brein, 2002, pp. 155 - 157）。早在 1933—1934 年，美林证券就因违反美国证券法的纽约州法律而被起诉，斯皮策宣称，研究分析师是被雇佣的准投资银行家，他们为了达到吸引和保持投资银行客户的目的而发布公司研究报道，并且经常启动、维持或者操纵研究报道（O'Brein, 2003, P. 155）。

作为中止指控的交换，美林证券接受了对其研发部门进行强制性内部治理变革的条件。如果对美林证券的指控成立，这将导致灾难性的名誉损失，并产生一个更广泛的系统变革模式（O'Brein, 2004）。一旦美林证券认罪，对其他商业银行机构的全球性清查将不可避免。在波士顿第一信贷副主席和证监会执行部前副主任加里·林奇（Gary Lynch）看来，斯皮策只不过是运用策略击败了联邦监管者并使得他们采取行动：

> 当时每个人都在说"告诉我们，你们希望我们采取什么行动"。人们希望避免的是他们所说的："不，我们没有去做那些我们不想做的。我们希望所采取的行动是进行一个调查，然后罚你们一大笔钱"（O'Brein, 2003, P. 167）。但这并没有做到。

由主要监管者和斯皮策领导的州检察长联合会主持全球性清查后，最终处罚远远超出了给财务危机的州法院的财政补偿。在斯皮策的直接指导下，这次联合调查结果被强制发布，这为集体诉讼侵权行为的律师提供了相关证据。由于在案件中的合理论证，律师们在州或联邦法院上的陈述得到戏剧性的欢迎。下列事实成为衡量华尔街违法行为最终成本的一个指标：作为最大金融服务集团的花旗集团拨出了 49.5 亿美元来阻止其丑闻的曝光（Bloomberg, 2004）。斯皮策通过提起美林证券诉讼案，并安排相应的调查日程来调查公司弊端，他不仅强调了市场治理中复杂的结构性问题，而且引入了对解决州和联邦主权缺陷的争议。

我们不能过高评价这一战略干预的重要性。经理们在道德上受到了挑战，如何限制对他们的质疑，斯皮策的行动已经超越了起初预测的政治和经济上的反映。改变争论的能力与他在具体环境中的权力基础有关。2003 年，正值斯皮策与美林证券就清查腐败分析师进行协商时，一家主要投资银行的一名高级经理接受了作者访谈，话语中充满了对纽约州检察长实施平等措施的愤怒和怨恨。

坦率地讲，尽管 60 年来各州一直在采取行动，但他们获得的声誉及其行动数量在一定程度上是有限的。行动效果虽然良好，但

第16章 金融监管重构：斯皮策、州—联邦关系与公司控制权的争夺

从未名声大振。斯皮策的例子已经让各州监管者感到光荣，也获得了声誉，受到关注，更不要说给州财政带来的大量收入了。我想，州监管者们的立场正是那些所有持这种观点的州的立场，这些美国联邦州说："哇！我们有实权，我们有真正的权威，我们有获利丰厚的途径，我们需要在未来更多地展示我们的力量"。这种紧张状况正在增长，某些州的情况正是这样（O'Brein，2003，P. 144）。

"新联邦主义"以概念形式重构了华盛顿和州首府在许多社会和经济监管方面的关系。因"新联邦主义"的夸张色彩，这种紧张状况得到了实质性说明（Rose-Ackerman，1992）。授权给监管权威是对"法律和命令危机"（Moran，2003，P. 16）和过分联邦监管环境的反应（Sparrow，2000），这深刻改变了州－联邦关系的力量平衡。

随着联邦政府逐渐退出监管领域，政治家在社会和经济市场监管发挥重要作用的空间也进一步扩大。他们的相对权力依赖于州之间的竞争水平和联邦剩余权力的大小（Lowry，1992）。放松的监管制度在联邦层面创造了跨领域的意识形态动力，这种动力削弱了联邦政府在同等权力上使用其优先权的能力。国家监管体制的变化并没有带来对政府内部的重新清查。其原因部分归结于复杂而潜在的进行宪法秩序变革的困难；部分归结于这样的事实，即国家政策制定者没有把它作为意识形态上必须履行的责任。在纽约州的案例中，扩大了的州监管权使雄心、力量基础及政治宣言偶然地汇聚到了一起。

正如熊市开始扬头一样，斯皮策显露出强化监管是如何影响他的法律哲学的早期迹象。

> 尽管我起初持怀疑态度，但在意识到自己是纽约州检察长的那天，我忽然有了新的认识：将有关实施法规或非法规权力的决策制定权从华盛顿下放到州并不影响州在这些决策制定中的独立性。的确，我现在认为，这一变化是州政府官员制定法律和进行革新的极好机会（Spitzer，2000）。

传统上，纽约在证券市场方面处于中心地位，拥有发达的金融服务业，考虑到这一点，在以资本市场控制为主题的全国性辩论中，纽约州官员总是具有发挥巨大影响的潜力。直到斯皮策因技术冲突对市场治理进行抨击前，在这一潜在权力的使用上，他更多地是在违反法规而不是遵守法规。然而，政治经济学家苏珊·斯特兰奇（Susan Strange）笔下的历史对傲慢进行了必要纠正。正如斯皮策带着几分满意承认，近距离观察当代美国政治现状赋予

其建立起"政治雷达下协调一致的基本原理"的灵活性(面谈,2004年10月10日)。

那些具有政治野心的武断的律师如何使用新联邦主义的潜在力量去重新审视那些曾经被西奥多·罗斯福和他的堂弟富兰克林·罗斯福无视的领域,无论是证券从业者还是州和联邦立法者都没有给予律师们这样合适的审判管辖权,这些20世纪赫赫有名的政客们也会利用那些由州发起的反对赞助人和卡特尔运动而获得政府职位(Black,2003;Seligman,2003)。通过先前开发的调查技术,关注高利益目标,一个引人注目的故事被重新创造。它抓住了民粹主义者对一系列公司丑闻的反感,把斯皮策放到了一个传统监管改革者的位置,在对公司及其政治利益发挥政治控制的早期争夺中,这些传统得到了明确的阐述。

2004年1月31日,在联邦新闻工作者俱乐部的演讲中,斯皮策十分关注他的名声。他提到了一个投资银行的代理律师,这位律师告诉他:"埃利奥特,当心点,我们的朋友很有实力",斯皮策严厉地批评道:"除了提起诉讼我别无选择。我的意思是说,此刻我正在采取什么样的行动?我应该屈服:'哦,我不知道你朋友的权力很大。现在请告诉我,如果你上周告诉了我,现在在我们就不会在这里了吗?'"(Spitzer,2005,P.5)。

当斯皮策声称谦虚阻止了与政治偶像的明显比较时,他坚持认为,像这些偶像一样,他的目的不是摧毁市场而是保护他们避免成为滥用的、最糟糕的样本:"我仅对存在违法行为的地方动手,我的职责干预能力涉及对违规行为的预测。这里存在着太多我不曾担心的违法行为。我认为如果达到了我们不得不处理违法行为的程度,我们会做得相当不错"(面谈,2004年10月10日)。

斯皮策检察长使一件涉及华尔街不法行为的案件进入了司法终结程序,尽管这一事实引发了对检察长的个性崇拜,但商业和政治对手却没能阻止这种崇拜。在这一事实中,斯皮策推动媒体披露公司过分行为的能力得到进一步强化,并使纽约成为全国最有影响力的媒体中心。《纽约时报》、《华尔街日报》和《纽约客》均在它们的新页面中刊载了大量积极的稿件,在位于偏离华尔街百老汇的曼哈顿总部,斯皮策实施并推动了这一成熟的媒体管理运作过程。

斯皮策成了《时代》和《新闻周刊》的封面人物。2004年,他获得了《金融时报》年度人物称号。《名利场》杂志的一篇人物简介证实了他捕捉时代精神的能力(Seliger,2005)。在这篇简介中,对这位检察长使用了高度程式化的描述,通常,该杂志中的这种描述只用于对好莱坞偶像的介绍。

第16章 金融监管重构：斯皮策、州—联邦关系与公司控制权的争夺

在百老汇黑暗而湿透的背景下，斯皮策沐浴在灯光下，金色的美国国旗徽章闪闪发光，一只手轻轻地靠在上翘的、经过仔细擦亮的雨伞柄上。这一构思表明，检察长成了失去道德威信体制中先驱的化身。

这一形象引发了与已故美国法官路易斯·布兰戴斯（Louis Brandeis）[①]的对比，该法官的名声也建立在挑战不受约束的公司权力的基础上。无论将斯皮策与布兰戴斯进行比较是否值得，对于激进的理想主义者（Strum, 1992）或者具有赢得支持的、具有可靠能力的传道者（McGraw, 1984）是一个十分开放的问题。然而毫无疑问的是，他们都决定使用法律作为政治武器，推进远远超越个案这一狭窄范围的变革。

这一事实使州和联邦的关系更不确定：斯皮策不仅直接挑战了 SEC 和自我监管机构的权威，还在倡导从根本上重新设计国家政策的过程中扮演了中心角色。这使我们开始触及斯皮策改革议程的本质。对斯皮策而言，中心问题是如何对金融中介的运营保持足够的控制，因为这些金融中介对监管体制的博弈能力建立在对违规净收益计算的理性决策基础上。

根据斯皮策的观点，逐渐被揭露的违法行为说明，联邦监管体制对自我监管的政策偏好是棘手而又不能克服的问题。他认为，"赢得产业的阴险形式"与对监管职责文化的诋毁有关，这代表了导致控制失灵的最重要的非正式机制。"自我监管的整个想法"应该放进贴上"从未生效的伟大想法"这一标签的盒子中，因为这些产业协会成了抵制改革设想的主要角色。这种无节制的行为说明，这一范式存在严重缺陷，笔者不相信这一范式能发挥作用（面谈，2004 年 10 月 10 日）。

这种激进主义引起了国会主要议员的深入争论。通过对纽约州检察长的公开抨击，迈克尔·奥克斯利（Michael Oxley）议员的讽刺得到了强化，该议员是 1930 年以来国会通过的最严厉的公司责任法规的共同提案人。政府官员充满了野心和贪婪，其哗众取宠的行为不会带来健康而负责的证券市场，这是他深思熟虑后对美林证券案件的评价。斯皮策公开反击了参议员银行委员会："我相信国会和联邦政府都不能胜任这一工作。如果国会和执行机构决定减少对诸如证券等领域的联邦监管，那么他们必须意识到，干预和保护公众投资者是像我这样的州证券监管者的责任"（O'Brein, 2003, P. 171）。

政府在规范和界定恰当的商业标准中的作用，仍是一个关键而未解决的

[①] 路易斯·布兰戴斯（Louis Brandeis, 1856—1941）是一位美国律师，他在 1916—1939 年间担任美国最高法院法官——译者注。

问题（Donaldson，2004；Romano，2004）。监管者正在见证一个持续的商业性反击，它的开始体现了内外部控制机制的程度和范围。注意到这一事实后，斯皮策抱怨说："在我的监管办公室，每个部门都有过因坚持诚信交易和信托责任的基本理念而招致灾难性失败的经历"（面谈，2004年10月10日）。这并不是一个新问题，而是长期受到质疑的现代形式：市场中引入可靠的道德约束或者作为信任所必须的透明和诚实，能否仅仅通过政府的干预而实现？如果是后者的话，那么它能否仅由联邦政府自己干预便能实现？斯皮策的激进主义是帮助还是阻碍了这一进程？在独特的联邦体制背景下，要回答这些问题，有必要介绍金融监管的动态。

描绘地形

把监管系统描述成一种体制是很有用的。借用由胡德等人（Hood et al.，2004，P.8）开发的导航系统，可把体制比喻为"与特定监管风险或危险有关的制度环境（物理意义和社会意义上）、规则、实施和启发性理念的综合体"。尽管胡德等人的分析局限于风险，但成熟的三维中观理论框架对监管治理中的广泛问题仍具有适用性。对模型的描述、解释和说明在于监管自身的"控制论"概念：一个相互联系但有界的系统具有连续性的特征。笔者认为，为了充分解释监管的动态，首先有必要将包含媒体和公众特征程度的背景同具体的内容区分开来，这里的具体内容被定义为"政策集、州的结构以及直接参与监管的其他组织的风险、态度、信念和监管者的运作意图"（Hood et al.，2004，P.21）。"突发性转折、随机应变和稳定趋势"的综合决定了这一体系的内部变化（Hood et al.，2004，P.9）。尽管这一框架与汉彻尔和摩安（Hancher & Moran，1989）所采用的"监管空间观"相适应，但其设计主要用于单一的政府体制内，我们依然能够开始精确描绘一个有限体制，在这一体制中监管权威和形式均根据州的管辖范围而发散和变化。

与单一的州结构相比，在一个联邦体制内部，机构强制执行能力的源泉以指数形式增长，并且其他任何地方都不会超过美国。美国的监管体系是世界上最成文的监管系统之一，这一体制拥有相互制约的、中央集权化的、过于臃肿的官僚机构，在联邦和州层次上，监管机构的运作为所欲为（Gerber & Teske，2000）。在这一结构中，制度的创造、保持、转移或者丧失权力的灵活性，关键取决于关系权威，这一权威与治理程序中其他成员默许真实的或者仅仅是象征性的监管程度有关。

第16章 金融监管重构：斯皮策、州—联邦关系与公司控制权的争夺

这在竞争性的联邦制背景下尤其是个问题。当联邦政府提高、降低和创新监管力度时（Zimmerman，2001），要准确地依赖于各州的现有合作程度。为制订最低国家标准设计的"部分优先购买权"（Zimmerman，2001），其中等程度的选择在实践中可以起到限制联邦提供技术协助的作用。它把默认的强制性责任转移给州（Hedge & Scicchitano，1994，P. 134），这具有积极和消极两方面的规范含义。各州凭借自身的竞争水平、股份或者消费者集团的政治权力以及政治争论，参与监管的套利活动。尽管各州同时保留了阻挠中央政府决策的能力，但可能要么缺乏资源，要么缺乏决心去满足他们的要求。准确地说，考虑到产业起飞的可能性，各州会面临创造或维持监管优势的敏感压力，因而会建立统一的强制执行机制（Teske，2004；Hedge & Scicchitano，1994，P. 150）。同样的，产业集中程度或者某些州在地理上的优势可以创造出事实上的全国标准。作为公司选择目的地的特拉华州（Delaware）就是具有这一支配性能力的一个典型（Murphy，2004）。另一方面，在加利福尼亚（California），尽管分散控制具有严格性，但市场的重要性会迫使产业在联邦门槛之外制订标准。

因此，斯皮策的声名狼藉及其所产生的推动力，与运行在竞争性联邦制中州的既独立又联合这一自相矛盾的事实直接相关。纽约州宪法的特殊性赋予了检察长制度化的能力，去采取优先购买行动来保护被理解为公众利益的东西（Spill et al.，2001，606）。在新泽西州（New Jersey），执行权力归于州长一人之手；而与这一州相反，纽约州只存在有限的行政或立法约束来针对像斯皮策这种忽视州和联邦层面其他政策制定者意愿而发起诉讼的权力。

将自己与政客的身份区分开是斯皮策做出的决定，这一决定体现了市场诚信的负面影响，它由联邦监管体制的同等权力的实施所引起。加上曼哈顿作为全球金融和媒体中心的地缘经济的重要性、政治野心、处理惩罚性破坏的能力、设定法定财产价格的头条新闻、对基于抛弃执行过度（由先前斯皮策影响国家金融监管政策未来取向的傲慢和无节制的权力引起）的社会构造性陈述的公众接受能力，成为清晰的焦点。

2004年11月，在向国会提交的有关保险业欺骗和反托拉斯违反行为的证据中，斯皮策明确地宣称：

> 很明显，联邦政府对保险业的不干预政策以及参差不齐的各州规制并没有全部发挥作用。50个州在监管上存在着太多的差别，许多州的监管者在监管这一行业中并没有表现出足够的热情……最低限度上，在确保保险业专家责任的一些基本标准方面，联邦的介

入可能是必要的（Spitzer，2004，P.13）

斯皮策很细心，但并不是因为联邦优先权。他关注的焦点是规制解决办法的缺乏，这种规制解决办法就是保证他的调查方法、意识形态倾向和广泛的政治野心能成为持久的核心披露机制。这里出现了对路易斯·布兰戴斯法律规则的进一步显著倒退。早在1926年，布兰戴斯便宣称："如果其居民选择的话，一个单独勇敢的州可作为一个实验室，进行对国家其他地区没有风险的社会和经济试验"（Teske，2004，P.7）。没有一个州决心为经济工程提供实验室，尤其是作为实体的公司和高级管理者在面临战略性诉讼的环境下，以及对与之相伴的、抛弃迪克·格拉索（Dick Grasso）（Demirag & O'Brien，2004）任期内管理纽约证券交易所时的傲慢——的背景下。考虑到曼哈顿作为著名的全球范围内金融服务中心的重要性，这种蔓延风险能否限制在纽约州以内完全是另外一回事。斯皮策认为，从根本上进行重新设计既是必要的又是可行的，为了检验这一观点的效力，有必要首先考察SEC没能阻止当代市场出现失灵的原因。

监管市场：区分相对力量和观念力量

通过考察美国金融市场的现状，苏珊·斯特兰奇（Susan Strange，1986）指出令人震惊的"赌场资本主义"景象仍然存在。同样，较前一个市场参与者做了"烹饪比喻"，他把市场比作"一个有洞的瑞士奶酪，未监管的部分就是洞，这个洞每年都在变大，在法律规则周围交易的参与方从中侵蚀监管体制"（Partony，2003，P.394）。对帕托尼（Partony，2003，P.2）而言，"今天，任何金融市场的控制形式只是一个幻象，而非坚实的存在"。可能最合适的比喻可追溯到加尔布雷思（Galbraith，1992）对大崩溃原因的调查。经济学家加尔布雷思认为："华尔街就像一个可爱而有教养的妇女，她必须穿上黑色的棉质长袜、厚厚的羊毛内衣，像一个厨师一样展示她的知识，因为不幸的是，她的最大的才艺就是做妓女"（Galbraith，1992，P.46）。

到20世纪末，曼哈顿城下的交易商为了引诱贪婪和轻率的（客户）而开发的金融手段比交易保证金更复杂，但基本前提仍然没有改变（就像政府机构大声但却空洞地规劝妓院拒绝妓女及其顾客一样）。加尔布雷思开始恢复撰写他的《善意欺骗的经济学》一书，这是一本精致而具有强大颠覆性的书，其中心论点是公司的权力变得不受控制。在加尔布雷思看来，"市场体制"是

第16章 金融监管重构:斯皮策、州—联邦关系与公司控制权的争夺

一个蓄意的误导。"对市场体制敏感的朋友和受益者不希望将决定性的权威授予公司。由市场决定(这一权威)要更好些"(Galbraith, 2004, P. 21)。

就其本身而论,金融服务业在责任和控制问题上已经积累了极大权力去宣示政治说教条款。股票交易和金融服务能取代制造业成为美国财富的主要创造者(Philips, 2002)。与工业企业的商业贷款相比,全球中股票的比例最高(Hollingsworth, 1997, pp. 137 - 138)。尽管证券化程度的提高是一个全球性现象,流动性资本市场中心作为资本源泉是美国资本主义的特点。在这一过程中,它已经强化了美国商业模式的短期性本质并致使价格超过了价值(Greenspan, 2004)。

实现季度股价目标的必要性使短期策略优先于长期战略,反映在法律上,或反映在权力上的变化,这降低了公司合法的和承诺的项目级别。公司政策根据华尔街核心价值的评价尺度来制定,在最糟糕的情况下,这一政策将法律部门变成利润中心,而不再是诚信有声誉的守门人。这一结果成为那些人中的一种制度化倾向,信托责任被他们用于从事深思熟虑的"制度博弈"(O'Brien, 2003, P. 49)。

金融监管的复杂性和高度技术性的本质意味着:如果没有发生危机,它就不会引来有益的争论。这种特权对商业、工业和政府间游说都有着不同程度的影响。表面上看,SEC 肩负主导资本市场运行的责任。SEC 的能力有时会受到包括联邦储备委员会和货币审计办公室(OCC)等其他监管者利益冲突的影响。斯皮策宣称,OCC 作为财政部的一个监管银行的部门,主动参与了一项旨在劝说主要机构为了先于州监管而转向联邦宪章监管的政策。纽约证交所、全美证券商协会自动报价系统(NASDAQ)、全国证券商协会、美国律师协会、投资公司协会、美国商业协会以及各种会计研讨会就是机构活动者的深层案例,在 SEC 对监管设计和实施的关键问题做出反应的背景和内容上,这些成员拥有强大的经济和政治资源。

牛市及随后的很长时间中,SEC 缺乏政治实力或者资源去处理内外部的各种缺陷。随后,出现了像斯蒂格利茨(Stiglitz, 2003)所说的"喧嚣的 90 年代"的疯狂,市场运行没有任何可靠的约束,无疑,既没有自我监管协会组织的约束,也没有弱小委员会的监督。这些组织的能力受到国会大人物的严重限制,这些大人物将监管功能转化为出价最高者可以获得的客户单服务(Levitt, 2002)。

1998 年,SEC 限制会计师向那些已经得到自我监管权力的客户提供审计和咨询服务,在哈维·皮特(Harvey Pitt)领导的协调一致运动后,这一尝试被中止。2000 年,皮特成为 SEC 的主席后,与机构建立良好关系被置

于政策的优先地位，他有责任去监管这些机构。

如果基本模式可维持下去，即使这一战略可能有意义，但在危险的牛市背景下，它等同于粗略的判断失误。尽管包括斯皮策在内的批评者承认皮特毫无疑问具备这一工作资格，但他的职业生涯显然是一场灾难："显然我们不能将道德法律化，但是联邦监管者，特别是皮特，已经将行业规范内在化，以至于他们缺乏理解其工作所必需的智慧：确保市场在透明、负责和诚信三项原则的指导下运行"（面谈，2004年10月10日）。斯皮策关于"产业俘获的隐藏形式"是危机根源的观点是经济学文献中标准论点的反映。然而人们逐渐认识到，不成熟的放松规制会以培育惯性的方法来降低有效性（Kaufmann，2003）。

类似的基本理由普遍见于监管者与华尔街投资银行体系之间的关系中。2000年，网络市场的崩溃以及由此引发的信心崩溃仅仅是由贪婪造成的。结构性功能失调的空白账户意味着证券业不断增长的权力，这一权力即对在华尔街工作的成员，而不是体制的正式调查。国会的听证会被纳入计划，在这一计划中，政客们和监管者针对分析师研究工作以及他们的不作为带来的利益冲突的现实而争辩。这是一个没有事实依据的狡猾骗局，通过积极地、充满想象力地使用新技术来发现难以识别的傲慢，事实就会水落石出（O'Brien，2003）。

包括银行业务、金融服务、电力和电信在内的主要行业都涉及公司违法行为，这并非偶然，他们同时成为政治体制最重要的助力者和未经深思熟虑的放松监管战略的最大受益者。媒体失去了洞察力。正如媒体分析师霍华德·库尔特（Howard Kurtz）所评论的："CNBC和其他商业新闻机构的所做所为，陷入了相互锁定的系统。现在，人们广泛认为这一系统存在缺陷，并且在一些案例中出现了腐败——这一系统中的所有重要成员都发行股票"（Kurtz，2002）。结合学术观点可进一步分析发现一个同样发挥作用的过程（Dyck & Zingales，2003）。联邦当局的监管无所作为，为的是在全国层面谋取政治资本，民主党人因为对主要资助者给予同等好处而招致反感，结果，所说与所为之间的差距扩大了。这开启了一个挑战权威性概念的思想空间。按葛兰西（Gramsci）的说法，紧随着安然的崩溃及对金融中介结构性卷入的揭露后，竞技舞台从机动的战术性争论层面转向了固定的战略性争论层面（Gramsci，1998，pp. 238–239）。当媒体意识到公众的价值观变化时，媒体本身也会大幅度转向迎合公众新价值观的报道。

政客们——最出名的是纽约州检察长——充分利用了内在的利益冲突，强迫性地在计划中重新安排此前否决的监管政策，为实现其更广泛的政治野

第16章　金融监管重构：斯皮策、州—联邦关系与公司控制权的争夺

心创造了一个全国性的平台（O'Brien，2003，pp. 148 – 155）。斯皮策的激进主义引致现状的不稳定，因其部门注意力的转变，这一点变得更加明显。斯皮策的部门将注意力从研究投资银行内众所周知的利益冲突转向研究 NYSE 治理的关键性问题和未受监管的共同基金业的运作。

斯皮策声称，他创造性使用了纽约一般商业法中的第 352 条款——1921 年马丁法案，这不仅显示了法律的效力，而且说明所要求的不是"设计一个新的标准，而是改变不再获得支持的旧标准中不合时宜的部分"。该法案授权检察长调查任何在该州进行的交易的权力，此外还授权检察长传唤证人和公布结果的权力。令人尴尬的电子邮件的公布证明，斯皮策解释结构性变革的权力是真实的，这一邮件反映了华尔街专业人员对普通投资者病态般的蔑视。同样清晰的是，通过使用传统上仅适用于金融市场保证金交易的法律，斯皮策曾经揭示和超越了象征性再保险的政治。其方法和后果招来了一片反对声，其中最典型的要属美国商业协会主席托马斯·多诺霍（Thomas Donohue）发起的猛烈抨击。

在强调下一年度优先事务的新年发布会上，多诺霍指控斯皮策滥用了权力：

> 他是调查者、诉说者、法官、陪审团和执行者。斯皮策的方法就是走进来，并说："我们来做一个交易，你支付 6 亿美元给州政府并且解雇这几个人，如果今晚之前你不这样做的话，我将控告你的公司。"控告公司的意思是什么？这意味着你将离开你的事业。这是在当代美国我们见到的最糟糕的和最不能接受的恐吓（联合通讯社，2005）。

检察长承认，他和华尔街金融机构之间存在既相互着迷又不理解的关系。看到华尔街金融机构的道德相对论，他感到费解；相反，驱动检察长的不仅仅只是野心，他们对此也不能理解。当然，斯皮策太精明了，在回答作者关于是什么原因驱使他没有承认野心在其中发挥了一定作用时，他反击说，就像"驱使一名作家赢得普利策奖（Pulitzer）一样"（面谈，2004 年 10 月 10 日）。诙谐之后，斯皮策指出了非常重要的一点：

> 最近我和一些华尔街首席执行官们吃晚餐。我向他们解释了美林证券自己就拥有一个比我整个团队还大的合作部门。我建议他们，除非他们有巨大的变革，否则他们最好缩小该部门，将钱投到应急费用上，至少可以获得利益并用来支付违规的罚金（面谈，2004 年 10 月 10 日）。

在斯皮策看来，这是摧毁美国资本主义的未处理的主要致命威胁，并且无论是公司、自我监管机构还是联邦机构都不能提供解决问题的良方。"我喜欢去华盛顿的原因之一就是有能一次次证实自我监管机构失败的机会。用什么来代替他们？我还不确定"（面谈，2004年10月10日）。在斯皮策的观念中，包罗万象的体制没有能够用一种系统的方式强调市场专业人员的示范力量。他声称："投资银行正处于所有问题的漩涡中"；他认为："基于风险的激励计算方法明显偏离了道德行为的良好状态。解决方法不是更多地去监管而是创造性去应用现存的执行策略"（面谈，2004年10月10日）。

政治象征主义：SOX法案

伴随近年来出现的丑闻，尽管不是所有人都会受到实质性指控，但许多高管会面临审讯，甚至监禁（O'Brien，2004a）。这一现象导致自我监管模式的部分终结及法律改革。例如，豁免公众公司会计监督委员会显然是重新校准勃雷斯韦和德拉蒙斯（Braithewaite & Drahos，2000，P.159）界定的"美国监管和公司治理实践全球化中的塑造雇佣兵形象"的影响。部分优先权可用一些完美的结构性理由来解释。为使资本市场有效发挥作用，完善法律和会计基础十分必要（Spence，2000）。正如证券交易委员会的执行主管史蒂夫·卡特勒（Steve Cutler）在最近的一次访谈中谈到的，"我们的问题太多：公司治理、监管者、审计师、律师以及研究分析人员身上都存在问题。因此，市场上的许多角落都受到了影响。在这个意义上，它与之前关注一种产品或者一类参与者的丑闻有所不同"（Demirag & O'Brien，2004，P.118）。

斯皮策坚持认为，作为预先响应那场危机的公司治理改革，其目的是减缓危机，解决问题，而不是揭示危机的原因。斯皮策是2002年的公众公司会计监督和投资者保护法案（SOX法案）的支持者。但他认为，它（SOX法案）主要重视有关主体的一个方面——审计师和董事会，这只是取代了风险。在检察长看来，对其他关键中介的治理没有给予足够的重视。他这一观点以特拉华州巡回法庭的两个资深法官为榜样，法官们认为法案的许多条款看起来将被拆分，再重新组合。这在很大程度上不是因为它能防止丑闻的发生，而是因为它满足了广泛实施改革的要求，并且与其他明显旨在防止类似丑闻的措施相比，争议更少（Chandler & Strine，2002，P.6）。对斯皮策而言，这一立法的主要问题是其根植在一种"遵从和证实文化"中。因而个人责任在不断增长，但焦点却集中于形式而非内容（面谈，2004年10月10日）。

在美国，这是一个重要问题。精确地确定司法形式的能力依赖于强化法律框架的明晰度和政治性特征程度。如果法律和规章含混不清，或者细节问题要留待监管机构与被赋予在治理"分层结构"上（Jessp，2003）同等话语权的机构投资者协商的话，一些特别棘手的问题就会出现。监管政策中形式和实质发生了分裂，法律具有广泛象征性，成了能够通过创造性解释来操纵的华丽机制，这都很成问题（Edelman，1960；Stryker，1994）。

由于花旗集团（Citigroup）、霍林格（Hollinger）和南方保健（Health South）等公司内部治理的失败，逐步引入道德约束提高治理效率的证据已经受到质疑（O'Brien，2005b）。监管者应怎样看待内部控制，对这一问题的争论进一步表明，在国家层面上构建一个提供象征性再保险的空壳保护机制产生了紊乱的内生压力。在制度化这一"理性神话"（Edelman et al.，1999，pp. 447-448）的基础上对组织反应进行司法或代理辩护，会有减轻法律责任的深层风险，它反而破坏了州政府政策规则。

胡德等人认为，可以通过双方的重要互动来预测可行的控制机制，这些互动包括监管机构如何收集信息，重视建立最低标准的程度，是否愿意在基于修正行为基础上提升战略等。他们概括性地认为，仅仅使用标准而不是执行效果或者行为修正去进行监管评价，可能比严格的截止时间要容易实施，但是它无法记录体制如何起作用（Hood et al.，2004，P. 180）。监管如何在政治上得到发展，如何在文化意义上得到实施，对这些问题的多重强调包含了爱德曼等人（Edelman，1999，P. 407）所谓法律的"社会解释"思想，即组织既要对那些规制它们的法律负责，又要解释这些法律，从而使法律"内生化"。法律的内容和含义由所监管的社会领域决定。来自于纽约州检察长相反的压力同时排斥了SEC的能力，并形成了有效实施的机制。其实施能力恰恰来自于国家监管体制的结构性变革，因为原有体制不能及时更新政府间的宪法构建，也不能中止正在行使的权力。

结 论

毫无疑问，斯皮策是一个极为圆滑的政客。他是公共关系方面的天才，兼有纽约民主主义者的显著特征。2004年4月9日，在希尔顿酒店和曼哈顿的高楼大厦中，他开始了州长竞选。在一次罢工运动中，他获得了300万美元,并让自己以继承人的身份获得了民主党提名。斯皮策的竞选策略是重新恢复克林顿三角网,他声称,将采取自由主义和保守主义的最好方法并以可行的方式解决问题(Slackman,2004)。这与克林顿早期的政治生涯惊人的相似。与这位两任总统一样,斯皮策熟练运用了纽约州检察长职位作为一个寻求更高政治地位的平台。在这点上,他们绝不是独一无二的。自1980年起,40%以上执掌州检察长(SAG)一职的人通过应用国家法律,特别是创造性地应用并非斯皮策推动变革的方法,得到了升迁(Chen,2003)。正如前面所说,SAG日益增长的监管激进主义可以追溯到由卡特总统发起,并被之后的管理者推进或者进行公开游说的联邦监管制度(Teske,2004)。这一过程存在三个可能的互相关联的政治优势:对政府任职者来说,它为个人政治野心提供了一个平台;对州而言,通过对惩罚性补偿费的征用,能够提供一种有利的资源来充实因预算而削减的国库;对意识形态的政治家来说,它填补了因联邦监管观念收缩而带来的差距。许多行业成为被攻击的目标,尤其是烟草行业。从政策角度看,由于后来的公式化,SAG不断增长的监管行动主义(这种监管由各个州单独或共同协调实施)的确引起了对有关美国监管治理结构效率的最深刻质疑。

在公司治理方面,司法管辖拥有传统特权,它对联邦监管的雄心形成了一个竞争的、有时是矛盾的态势(Strine,2002;Murphy,2004,pp. 37 - 39)。正是由于证券业中的这种态势,现在人们试图通过削减各州检察长的干预权力予以纠正,尽管这意味着要接受一个强权联邦监管者(O'Brien,2003)。2005年美国集体诉讼公平法案的通过也应用了类似的策略,这是在民事侵权行为方面进行改革的手段,它限制了各州审理总价值超过500万美元的集体诉讼案件的权力。这一法案的通过是商业游说的胜利,尽管它引发了有关确保联邦对美国州际贸易监管的争论。这些商业游说将取消州对主要侵权案件的管辖权,这被看成是减少近期烟草诉讼中惩罚性赔偿金的机制(Roger & Langley,2005;Labaton,2005)。

业内人士最初的抨击目标是州检察长办公室的政治化,以及密西西比州检察长和攻击烟草行业数十亿美元计划的主要发起人迈克尔·摩尔。可是现在,斯皮策代替了这些任务成为新的抨击目标。这是因为,斯皮策指出了行业、州和联邦政府的那些显而易见的失误。目前,规制改革的效率受到政策一致性的强有力挑战,而这一挑战恰恰支持了斯皮策的做法。

自20世纪30年代新政改革引入证券法规以来,需要对市场政策中监管者应当发挥的作用进行最基本的重新评价。通过强调结构性缺陷,斯皮策的竞选被证实对推动这一重新评价是有帮助的。尽管在关于斯皮策政治野心的讨论中偶尔也包含着对这种重新评价的争议，但本文的中心论点是从官员获取机会的策略选择中区分出他们的战略追求，这不仅是为了了解官员萎靡不振的原因，而且也是为了弄清为什么有效的公司控制总是如此难以琢磨。

第17章

公众托管人制度：透明度和职业贡献体现的责任

J. 帕特里克·多贝尔

引 言

在一场完美风暴中，环境的力量汇聚起来，产生了超乎想象的能量和巨大破坏力。在这一过程中，像海水温度降低或者洋流和风向变化这样需要经历很长时间发生的改变，现在却在很短时间内发生了。21世纪初期，西方大公司的大量倒闭正是政治力量和经济力量爆发性结果的体现。而最终导致这些大公司倒闭的原因是不规范的内部审计和公共信息披露。

可以把这些问题看成是对公司、审计师和审计职业的无效治理和规制疏漏，这是一种直接有效的分析方法。审计师传统的独立性已经受到严重损害，而导致这种损害的原因则是将审计工作的服务对象和审计工作的利润获取相互混淆。最终，"个体和制度的贪婪"成为"掠夺一切"的借口（Walker，2004）。

美国对可能导致困境和压力的市场采取积极措施，迫使市场进一步开放并放松对市场的规制，在这一过程中，新自由主义取得了胜利。在这种环境背景下，新自由主义体现出一种广泛国际化的、基于扩展自由市场将使社会经济财富最大化的共识的意识形态运动。由此得出的推论就集中在使政府的角色最小化上。这一观点已经得到验证，不良的市场规制可以导致资本配置的扭曲，以及为腐败行为提供便利。新自由主义经济与更加传统的重商主义或社会民主主义经济之间不同的经济增长率，为这场意识形态运动提供了更充足的动力。与此同时，在初级产品交易中，信息技术的改进使得整合全天24小时的贸易成为可能，由此产生的相对较低的利率环境进一步刺激了资本在初级产品交易中寻求更高的回报率。新自由主义面临的压力来自于一些

第17章 公众托管人制度：透明度和职业贡献体现的责任

国家组织，比如，新自由主义就曾在世界银行和国际货币基金组织的压力下做出一些改变，增加对支持信贷的限制，以及当完美风暴开始发生时，实施重要措施对其进行干预。

本书以及本章的目的就是要展示这种汇聚力量对西方企业产生了多么巨大的影响。第一，公司评价变得越来越依赖于产生比市场平均水平更高的回报率的能力。日益增多的股票成为攫取和扩张的机制。当股票期权已经成为正式薪酬形式的时候，公司高管的薪酬激励就与高水平评价结合在一起。当评价水平提高时，就需要有相应更高的回报。第二，优秀经理人的传奇色彩可以通过主流媒体和商业媒体进行塑造和维护，从而使公司经理人声名鹊起。MSN通过提升其24小时的商业渠道把公司首席执行官塑造成公司的救世主，这样的案例可供我们进行分析，并可作为非正式的学术案例进行研究。在商学院的案例分析中，大家并没有纠缠于对英雄崇拜不当形式的分析，而是对公司的救世主形象进行了深入的案例分析。在这个案例中，创造出一个十分重要的、强化了短期操纵倾向的反馈循环。作为高高在上的首席执行官，他们在公司中有至高无上的地位，他们的英雄形象使其产生了特权心理，并产生了与其不可置疑的权利相联系的高傲。泰科公司（Tyco）前首席执行官丹尼斯·科兹洛夫斯基（Dennis Kozlowski）及其百万美元高薪领导团队的垮台就是一个极端例子，这些知名人士的生活方式就是这种倾向的一个缩影。第三，当股价与市场盈利能力之间失去稳定联系时，极不稳定的因素就出现了。如果不能按照季度提供高的回报率，股价将立刻出现惩罚性的下挫。第四，与此同时，很多证券公司确信或开始发觉自己已经陷入了扮演股价评估、证券销售和为客户管理新股票的矛盾角色中。第五，许多国家，特别是美国、英国和大洋洲的国家，纷纷解除了对许多产业的规制，并进一步放松了他们对市场的规制方式。证券经纪人与股票上市发行结合在一起，银行业与投资结合在一起，审计与咨询业结合在一起，这些曾经发生在很多行业并可能导致道德风险的行为，现在都得到被架空了的规制者的允许。

新全球化经济秩序导致的结果就是从三个方面规避市场的"规制"。首先，市场被看做是一个自我规制的机制。其次，由于面临来自中国和其他发展中国家带来的不断增加的竞争和利润空间不断压缩的巨大压力，很多公司被迫增强了内部的规范。风险评估机构和财务信息披露，以及不间断的分析师和共同基金的详细调查，促使自己在公司治理过程中形成更良好的财务规范和更高效的内部效率。最后，随着政府放松对采购环节的规制，以及放松对市场和贸易的监督，全球市场和金融部门都逐渐增强了克里斯托弗·胡德（Christopher Hood）所倡导的强迫"自我规制"（Hood，1998，P.239）。

新的财务准则严重依赖于其实施透明度。在20世纪90年代末亚洲金融危机之后，西方分析家认定这种突如其来的、大规模的财富蒸发和信誉缺失是不会在西方市场中发生的。防止这种侵蚀的主要防御手段就在于审计过程的透明度。而在这种专业化透明度系统发挥作用的过程中，会受到系统自身脆弱性和道德风险的影响，当西方国家的规制者和政策制定者忽视了透明度系统的脆弱性和道德风险时，严重的问题就会显现出来。

股票投资者，尤其是机构投资者，依赖于准确、诚实和及时的信息披露。组织评价依赖于分析师所做的良好信息报告。潜在的合伙人、企业收购者和银行家也需要诚实准确的信息来科学地进行资产评估。这种准确的信息披露需要有效的内部财务控制和风险管理，以及完善的审计程序。

在全球化市场中，市场规制被弱化，工作执行的短期压力和最大化的短期增长目标被强化。在这种情况下，市场系统就严重依赖于审计工作，并把审计师看做是公众信托责任的代理人和守护者，很明显，这样做是存在缺陷的。作为公众职业，审计师拥有他们自身的自我规制结构以及公认的会计准则和国际准则。投资人、分析师、评估师和银行都依靠审计工作的透明度，从而使审计师成为事实上的规制者。审计师和审计职业已成为公众信托责任的守护者，他们要对市场中最重要的信息，甚至包括证券交易委员会和其他市场规制者归档的信息严格把关。这是一个经典的例子，一个私人职业变成了公众职业，而且这个公众职业具有重要公众信托责任，又因为在盛行的社会意识和现行政策下，政府放弃了相关的职责，从而使审计师这一行业的公众信托责任被进一步放大。

在经济系统中，另一个被忽略的问题是，公众信托如何能够将全球的金融体系整合在一起。公众信托必须对公司行为具备一定程度的预见性，并且要掌握公共文件披露的可信信息。随着政府规制和公司内部审计的重要性逐渐丧失，除了审计师授权披露的公共信息外，企业已经渐渐变成一个黑箱。这样，审计师的授权成为准确和真实信息披露的保证。投资人、评估师、银行和其他相关人依靠这些信息和这个共同认可的完整系统，而这个相互认可的系统为大家通过真实评估风险和收益而进行交易提供了保证。

由于审计师充当了缺位的但处于垄断地位的守护者角色，并且由于存在影响审计师判断力的制度和经济压力，从而引发了这场完美风暴。审计师对其工作准则和公众信托责任的承诺，以及他们在遵守这些承诺过程中形成的判断力共同界定了审计师这一职业。来自公众的压力、工作准则、从业证明书和工作自主权等构成了一系列治理会计行业和审计行业的软规范。这些规范和财务审计师的特权地位有赖于这样的一个假设：审计师不会向会计师妥

第17章　公众托管人制度：透明度和职业贡献体现的责任

协。理论上讲，维护声誉和公正的市场激励将强化这种压力。

领导才能、公众信托责任和透明度的作用尤为重要，这是因为单纯的约束并不能阻止主要白领人员的犯罪或公司财务问题。维持合理的公众信托边界需要构建一个有序的基础，并在此基础上进行审计。构建周期性审计程序可以保证两个关键目标：第一，防止在统一准则中产生制度缺陷；第二，加强领导才能和诚信程度。如果认真执行的程度减弱了，或者问题被发现的概率小了，虽然并没有在本质上增加犯罪，但这样确实会削弱组织的防范能力，使组织面临一种强烈的动机，这种动机可能导致财务报告的扭曲，并可能形成不良的领导架构和企业文化，使领导的声誉和财富依赖于高的、但不切实际的期望目标（Hudson，本文集）。

公众信托责任和透明度的另一个方面体现在组织必须具备对自身进行审计和对风险进行管理的内部专业能力。与职业提升相关的直接压力和在不断变大的诱惑中牟利最终导致了内部独立性的破坏。当世通公司的首席财务官在面对持续膨胀的收益犹豫不决时，公司首席执行官伯纳德·埃伯斯（Bernard Ebbers）命令他"只要满足数字的要求"，伯纳德·埃伯斯的个人声誉和他可观的股票期权有赖于不断实现"增长"目标和不断膨胀的数字。当被告知"这是不正确的……"的时候，伯纳德·埃伯斯仅仅做了标记，抬头说："我们不得不达到我们的数字目标"（McClam，2005）。

同样，坦济（Tanzi）家族在审计师的帮助下持续隐藏了非上市公司的成本和债务，从而窃取了帕玛拉特公司（Parmalat）的资产（Melis and Melis，本文集）。如果像伯纳德·埃伯斯这样具有才能并拥有权力的首席执行官，或者整个高级管理层仅追求数字目标并逃避规制的情况渗透到普遍的企业文化中的话，那么企业文化自身将发生扭曲，而管理层制定的基调和来自上层的压力都会使情况进一步恶化。在安然公司（Enron）的管理文化中，渗透着强烈的反规制理念和对自由市场竞争的理想化承诺。同时，公司通过建立非上市公司来安置债务并提取虚假利润以隐藏自身存在的债务结构问题。而其可公开披露的、能够提供大量资金的风险管理部门却在主要决策上被忽视和边缘化。公司实体与对其公告所公布的更广泛的财务实体相比有明显出入，这表明风险管理是公司一体化的基础（McLean and Elkind，2004）。

安然、帕玛拉特及其他案例揭示了另一个问题，那就是审计师事务所的收益主要依赖于某一个企业。安达信会计师事务所（Arthur Andersen）在休斯敦和芝加哥当地的分支机构不仅被安然公司长期聘用从事高级审计工作，而且将安然公司作为其主要客户予以保护，甚至唆使安然公司在财务工作中走钢丝。他们无法接受失去安然公司这样的客户。一般的审计工作会拖延问题显露的时间,内部审计委员会则要么忽视,要么默许这些发生在草率问题出现之后的行为。坦济家族和均富会计师事务所(Grand Thornton)之间的关联关系也同样存在这些问题。当帕玛拉特公司根据意大利法律轮换执行审计师时,新的审计师竟然接受了来自帕玛拉特公司所属其他公司提供的记录,而这些公司仍然在使用与公司串谋的审计师事务所。此外,管理咨询业日益成为安达信和其他事务所的主要利润来源。审计工作在创造利润方面已经变得不再那么重要,因为各个公司都建立了自己设计的审计系统。总之,道德风险仍然很高,但这并没有引起规制者的足够重视。

这就意味着,虽然市场越来越依靠中立而准确的报告,但组织中的压力和扭曲的领导哲学却依然在侵蚀着公司内部的专业审计架构。与此同时,审计师事务所自身的变化和来自外部的利润压力也在悄悄侵蚀着他们的独立性,使他们更容易受到公司管理层的操纵。一旦核心的公司价值和公司动机发生扭曲,就很容易在整个公司文化中把个人意识强加到公司价值体系中,从某种程度上讲,甚至道德也将不再被遵守(Jackall,1988)。

托管人制度与公共责任

对于美国或整个世界来说,将不再会有令人感到轻松的时代了。变化无常和混乱不堪的状况将会继续下去。十一分之九的美国公司衰落下去或者被其他公司兼并,当我们反思这一过程时,不可避免地引发了我们自身的恐惧。这是一个"在世界范围内对脆弱性感到高度敏感"的时代,人们有机会"重新选择值得他们终生持有的股票并对这些股票的价值和优先权进行重新评估"(Walker,2003)。公司的破产和各种违规行为的持续出现再次说明,这些情况反映出来的并已经嵌入到公司治理和政治治理中的服务理念和托管人职责的价值是多么的重要。作为道德层面的服务理念并不是一个反思性的概念,它可以为管理者提供一个崭新的视野和一种积极的工作态度。这就提醒每一个管理者,他们不是高高在上的仅为自己的目标和利益负责的首席执行官,而是公众信托的托管人。作为公众信托托管人,他们的责任体现在:平时其他人依靠他们来养家度日,并从他们身上寻求到安全感,甚至当这种责任被接管或者被损害时,人们仍然能够从他们那里得到可以依靠的未来。本章的观点是,对从事管理工作的领导者来说,一种关于服务理念和托管人职责的可操作方式就是,高级管理者从事管理工作时应当深入地思考

第17章　公众托管人制度：透明度和职业贡献体现的责任

治理译丛

职业贡献①这一问题。

长期形成的道德传统认为，拥有公共的法定执行权并对广泛公共品负有责任的公共部门和公众职业应当承担公众托管人职责。联合国将这种观点写入了《公共部门国际准则》（International Code for Public Officials）。《公共部门国际准则》认为："公共部门"应当具备"公众信托立场"（联合国，1996）。实际上，这就意味着公共部门的领导人应当具有强烈的责任感去实施长期福利，并在实施过程中，充分分析他们的行为可能对公民的公平和尊严造成的影响；同时也意味着，他们有责任参与制度合法性的建设，承担公众信托责任以及不计较短期收益地为他们服务的社会组织工作，并为之争取足够的社会资金。对于那些公共部门中的领导人和管理者来说，托管人职责和服务理念已经事先限定了他们所能做出决策的范围。

应当明确公众信托的概念及其进行决策的适用范围，这项具有挑战性的工作就是要明确允许进行的决策本质是什么，同时也要明确用以消除权力滥用和腐败行为所带来的压力的责任机制（Adams & Balfour, 2004; Huber & Shipan, 2002; Dobel, 1999）。公众托管人职责理论涉及的范围包括严格遵守法律和秩序，以及遵守在对争议进行裁决后认真执行告知义务这一重要准则，争议无处不在，它是不可预测的生活的标志和特征，它可以帮助人们摆脱生活中的苦难和诱惑（Burke, 1986; Denhardt, 1988; Cooper & Wright, 1922）。

在完善的公众信托理论中，要将诚实守信、遵守道德、合法权威、工作职责、执行效力等结合起来，而公共部门和公众职业就理所当然地担当起仲裁者这一理想角色（Burke, 1986; Rohr, 2002; Cooper, 1998; Huber & Shipan, 2002; Dobel, 1999）。在理想状态下，公众信托责任的模式应当将国家观念、法律责任和执行程序整合在一起。完善的公众信托责任必须具有长期性和外在性、制度上的合理性和执行力以及广泛的公正性，此外，其还需具备的特征是能够确保执行人出于创造职业贡献的目的而进行分析决策和政策实施。在承担公众信托责任时，应当避免出现乔治·罗尔斯（John Rawls）所说的"过紧的约束"，而是应当具有一定的弹性，使人们能够在诚实和有效的原则下工作（Rawls, 1971）。

决策与领导层相联系。领导层的选举——通过自发的行动和相互作用来改变人和整个世界——与决策保持着不可分割的联系。人们可以运用这一方式进行决策，并通过这一方式维系情感和道德、获取技术性的专家意见、承

---

① 原文中的"legacy"直译为遗产，译者根据文中所要表达的意思转译为"职业贡献"——译者注。

担工作责任和发挥执行效力。这一方式变得极其重要。正如美国审计总署审计长大卫·M·沃克（David M. Walker）在本书中强调的，在金融市场中，任何有效的治理系统都必须依靠"领导层、诚实守信和不断革新"。此外，还需要确保透明度，以及保证在政府工作中、审计制度中以及理想的公司治理中与法律责任相关的激励措施。

本章提出"创造职业贡献"的理念，并将这一理念作为用以组织领导层进行决策和开展工作的一种方式。本章认为，个人所创造的贡献应当与其工作责任联系在一起，并通过其日常进行的决策和行为体现出来。这种方式揭示了人们如何能够使自己与众不同，同时也强调了个人的责任和重要性。职业贡献的相关价值在于其能够体现出高效领导层架构的优势。第一，在所处的商业环境中，它可以将个人寻求人生价值的行为与组织对工作任务的关注结合起来。第二，它可以将个人的短期目标、自我价值的实现和个人重要作用与整个组织的发展联系起来。第三，它可以使领导人将自己置身于整个历史发展之中，把从前人那里继承的财富与自己对未来所承担的责任联系起来。第四，创造职业贡献这一理念能够引导人们构建一个较少专断和利己主义的领导体系。第五，领导人把创造职业贡献定位为自身的目标将会使其行为与广泛的为组织服务的理念联系起来（Terry, 2003）。然而，创造职业贡献的理念并不能涉及管理决策的各个层面，它只是描绘了一幅广阔而丰富的蓝图，使人们能够更加广泛和深入地理解与公众委托人职责联系在一起的领导责任和领导才能。

职业贡献的概念

当人们完成工作即将离任时，他们所做的工作对他人、对世界和对社会所产生的持续影响就是他们的职业贡献。当把关注的重点放在职业贡献对以上这些方面的影响上时，我们的这种关注好像是以自我为中心的，正如一位在州社会服务代理机构担任领导工作的人所说："如果我认为这些是'我的'贡献，那么我将发奋为公众工作[①]。"然而，职业贡献的概念确实十分

[①] 职业贡献的概念提供了一个标准化的框架，通过这一框架，我们可以解释人们在面对托管人责任时所具有的方法。这一概念建立在三个独立的信息来源之上以支持这一观点。第一，通过50多个半结构化的访谈与来自10个国家的中高级经理人进行了交流；第二，综合利用哲学和古典文学，为研究个人如何通过历史来思考职业贡献这一问题提供了一些新的视角；第三，用历史案例来说明职业贡献的复杂性。

第17章 公众托管人制度：透明度和职业贡献体现的责任

重要，这是因为在这一概念中加入了责任和人们寻求人生价值的成分。这一点在私人部门变得更加有意思，因为职业贡献的概念经常与在私人部门领导人头脑中存在的那些被强烈驱使的自我意识联系在一起。例如"我为什么在这里？"或者"它使我的生活有什么不同？"这些很难回答但却是十分基础的问题提示人们，在人们的道德世界和现实的社会生活中，寻求生活的价值仍然十分重要（Baumeister, 1991；Wolf, 1990）。人类的死亡更迫使人们回答与关于人死之后所能留下什么这个问题直接相关的各种问题。当人们走向生命的"终点"时，通常要问的问题是："我的一生有什么价值吗？"，"这个世界会因我的存在而更美好吗？"大多数杰出的领导人都在他们生命最后的日子里撰写回忆录，并试图以此来影响人们对他一生所出贡献的态度。

一旦人们体会到了自己的人生价值，就可以使他们的心灵得到抚慰，精神得到慰藉，在他们正直的心灵中，他们就可以做出了什么适合做、什么不适合做的决定（Dobel, 1999；Carter, 1996；Petrick & Quinn, 1997；Denhardt, 1989, 1993, 2000；Csikeszentmihalyi, 2003）。人们通过固守"什么应该做，什么应该坚决抵制"的观念，最终使创造职业贡献与人生价值联系起来。当个人的肉体死亡时，他的行为仍将继续影响着人们，影响着制度和环境——因为这个人的出现，整个世界都变了模样。承认所有的人都能创造的财富和贡献，并使这些财富和贡献充满责任和尊严。

"职业贡献"（legacy）一词来自于"使节（legate）"（某人作为他人的全权代表）一词。这个词来源于"法律"的拉丁词根"leges"，侧重于表达公众生活层面的意思。从传统意义上讲，这一包含公众信托责任含义的概念很自然地适用于高管，他们在办公室中工作并为他人服务，扮演着暂时的使者和管家角色（Kass, 1990）。当高管个人做出承诺时，职业贡献的理念便与公共信托托管人模式联系起来。他们道德的合法性有赖于他们做出的承诺，而这些承诺包括：遵守法律，决策时要接受法律的指导和约束，保证工作的权威性，在工作执行中体现出工作能力和高效率。这些承诺有一个暗含的要求，那就是高管必须全身心地投入组织之中并使其处于良好的状态。人性的弱点和其他员工对组织的依赖进一步加大了高管的责任（Rohr, 1996；Cooper, 1991；Huber & Shipan, 2002；Dobel, 1999；Terry, 2003）。

当人们认识到他们需要创造职业贡献时，就会考虑要为这个世界留下些什么，并认识到要为这些留下的东西负责。任何宣称自己要对美好的生活和良好的组织负责的人同样也必须对由于自己的所做所为而导致的损害负责。信托责任的托管人和财富的接受人通常把目光仅仅放在那些他们希望能够被他人记住的美好事物上,但职业贡献所体现的历史责任是承认所有发生的一切,包括"好的和坏的",并对这些事情负责。

职业贡献的观点要结合背景环境。职业贡献的定位有助于高管进行反思,因为高管可以把自己的一生看做是一系列进入和离开或者开始和终止。作为从事管理工作的领导人,专注于创造职业贡献将有助于他们智慧地和道德地把个人与这一系列的进入和离开、开始和终止联系在一起。对于个人来说,他将把自己的职业贡献留给每一个与他接触的人。他们所做的职业贡献也将以多种形式对他人产生影响。它可能是一条偶然的建议,可能是一个影响他人价值和成绩的评论,可能是一个小小的认可,也可能是解雇一个人、改变一个数字、削减一个计划那样的重大决策。它涵盖的内容包括个人、集团、会议、项目、团队和组织。一个简单地干预所产生的影响可能通过其他集团、家庭、组织内外的相互关系而引起大的波动。在每一个互动中、每一道程序里、每一次会议上、每一条规则和政策中,人们可以一直问自己:"我希望做什么或我能留下什么?"这些行为积累下来形成总的影响将会给职业贡献提供巨大的战略空间。人和组织不会因为某一个人的漫不经心或反应迅速而发生改变,能够导致改变的只有模式的改进、教育的增加和信息反馈能力的提高。

正如一座建筑不能被轻易移动,办公室不能马上变成垃圾场一样,对问题的长期忽视、相互影响的企业文化标准、不同意的表达方式等都会随时间悄悄改变,不可能立刻发生变化。回到本章开始提到的完美风暴所展示的场景中,当集团或组织达到顶峰时,职业贡献就会被放大。这时个体行为将会促使标准和形式发生转变(Kelling, 1999; Gladwell, 2000)。

如果"我"不在的话,那些过去的事情仍然会发生,这种假设给职业贡献的概念蒙上了一层阴影。虽然工作仍然可以做下去,发展方向仍然可以重新设定好,但工作完成的形式和细微差别、准确的措辞和政策的贯彻、各种结果对人们形成的长期影响,以及以上这些事情之间的相互影响都是十分巨大的。对职业贡献的关注暗含道德责任和对因"我在那里"而导致的结果进行强调。

抽象地讲,创造职业贡献已经扩展到一些制度层面。

第一,这一概念涵盖了个人贡献的范畴。包括个人对特定工作所做的大量贡献,也包括个人在成果形成过程中的短暂参与。很多非常有意思的或引人注目的成果就是完全因个人创造的积极贡献而得以实现的。一份在将来被读到时也能对人产生影响的报告,或者一份修改过的能够成为以后报告和规划编写基础的财务声明,这些都是很好的例子。个人贡献与最终成果的距离

第17章 公众托管人制度：透明度和职业贡献体现的责任

越远，个人的责任也就变得越小，虽然事实不一定是这样，但确实很可能。然而，如果某人从事的工作或所做的报告成为其他人在进行后续风险管理决策时所依赖的基础，那么产生错误的概率就会增加。这一问题经常会在众多的涉及财务和审计报告的案例中出现，从而我们可以看出，在市场体系中，关系网的透明度是多么的重要。个人在实施过程中的考虑不周好像微不足道，但经过一段时间后，就有可能对他人和整个系统造成十分严重的影响，正如发生在世通公司财务人员身上的例子一样，一个人首先为了满足数字的要求而做出了小小的"调整"，其影响后来会波及整个公司（Nuzum & Pulliam，2005）。

第二，仍然存在着短暂的忍耐力问题和如何对职业贡献所形成的成果进行衡量的问题。一些成果所发挥的作用会逐渐消失。一些成果所发挥的作用会立即显现并发挥出持久的影响；而另一些好像没有什么影响力，但后来却证明是十分重要的。很多公司反复夸耀自己的盈利能力，但在随后几年里却出现了管理上的变化和公司股价的下跌，这说明影响力和责任感有一定的时滞性。

第三，行为和结果的价值是易变的。行为和结果并不具有稳定的价值。个人可以有自己目标，可以努力争取用自己对行为价值的解释去主导他人的记忆和思想。然而，其他人却很难理解他的这些行为（Lynn，1987；Wolf，2004）。即使所有人在同一时刻都接受某种行为的价值，但随着时间的改变，这种价值很容易随着人和社会的变化而发生改变。相对来说，现在对那些被奉若神明的首席执行官们进行多次评价的结果是比较稳定的，现行的制度也在不断吹捧这些首席执行官们，这就为我们提供了一个经典的案例，使我们能够重新审视领导人们的成功和他们的行为所具有的价值（Collins，2001；Collins & Porras，1997）。

第四，职业贡献通常会与那些寻求或接受信托责任的人、或对最终结果不断指责的人联系起来，它可能影响这些人现在的生活和他们死后的声誉。如果人们存在将赢得声望和名誉作为解决人生价值和死亡问题的动机，那么在这种动机的驱使下，职业贡献就显得尤为重要了（Braudy，1986）。一种人生价值即使开始得到了承认并被大家牢记，但随着时间变化，它也会随着人们的记忆一同消退。就如同纪念碑一样，它起初的目的可能会被人们渐渐遗忘、忽略或是改变（Goodsell，1988；Gallagher，2004）。矗立在休斯敦的安然公司大楼曾经作为20世纪90年代后期崛起的优秀企业家的地位和成就的象征；现在矗立在那里却在提醒大家，不要忘记无情背叛和肆无忌惮的贪婪（Mclean & Elkind，2004）。

职业贡献的模式

每个人无论其是否愿意，都会做出职业贡献。笔者相信，把职业贡献作为一种比喻的修辞手法，将有助于对它的理解；通过这种比喻，我们可以刻画出人们影响世界的方式。笔者所讨论的这个概念是在一个不断重复的过程中发展起来的，在这一过程中，我们使用了案例分析和一系列对主要公共非营利机构的调查分析的研究方法。有趣的是，在以往的领导人故事中，这些比喻的修辞手法曾被多次使用过。显而易见的是，这些比喻手法与其他被使用的比喻手法可以叠加使用以强化人们的理解。高管对于这些比喻手法反应强烈，而且常常在自己的话语中把这些反应体现出来。这些比喻手法把职业贡献这一概念的多个抽象层面整合在一起，并强化了如何能够使个体与众不同的意识。

纪念碑

所有的文化都会创造出自己的纪念碑。金字塔作为碑石或者建筑物浮现在我们的脑海里，它可以让我们永远铭记在社会发展中曾经出现的成功与失败。一座纪念碑可以使我们看到一个人辞世后留下的物质遗迹，而当人们考虑如何创造职业贡献时，建造一座纪念碑的想法就会在人们的头脑中闪现。然而，很少会有管理者谈到为自己建立纪念碑，他们通常会说要"为理想和为优秀人士们建立纪念碑"。纪念碑为某些职能目标而建，它的修建可以反映出人们想要记住某些历史上的人和事的愿望。很多政府建筑就是出于这样的目的而修建的，这些建筑要么是为了纪念某个人或事件，要么是为了供大家评论规制和法律等内容而开辟的公共空间（Goodsell，1986；Wolf，2004；Gallagher，2004）。在我们这个社会中，一方面，纪念碑能够反映一种集体意愿，因为人们希望铭记历史，希望揭示同一性的不同方面；另一方面，众多公司高管却在破坏着这种文化并浪费着自己公司的财力，他们为了满足首席执行官们的野心而斥巨资修建纪念碑，这样的公司包括泰科、世通和全球通道（Global Crossing）等。

基石

如果没有坚实的基石，建筑物就不能长久地矗立。实际上，在同一个基石上，建筑物可能会倒塌或被重新建立。在面对各种障碍时，个人的品质成为做出准确判断和对实际行动予以支持的基石（Norton，1976；Sherman，1989）。拥有熟练技术和高尚品质这样的基石，人们就可以在采取行动时独立思考。把职业贡献比喻成基石确实很有意思，这种看起来有些自相矛盾的比喻却行之有效。人们可以在一种创造出来的结构中茁壮成长，而这种结构不会被那些躺在基石上畏缩不前的人们控制和预想到。作为基石的品质和知识可以成为自由和力量的源泉，但也可以作为一种进行控制和限制的社会化方法。对于组织中的管理层来说，创造健康的制度文化是他们所能带来的最令人振奋的影响，反之，如果使制度文化发生扭曲，那他们产生的影响将是十分具有毒害性的。

母体和孵化器

特定的环境使新生命在这个世界上孕育、降生和成长。任何个人、组织或团队都可能在不同的时间、地点和不同人之间产生相互影响，从而孕育新的可能，并在人们和组织之中产生了新生命、新观点或新创造。当想到自己对他人的影响时，许多经理人把自己描绘成"助产师"。像美国社会保障总署（Social Security Administration）、美国富国银行（Wells Fargo Bank）、宝洁公司（Proctor and Gamble）或者美国海军陆战队（United States Marine Corps）这样的公众组织被认为是能够产生强有力领导人的组织，这些组织中的领导人可以不受干扰地对其他组织施加影响。强有力的领导人可以为人们提供广阔的社会空间和有效的制度保障，并为不同人群、不同观念和不同的实践活动提供发展所需的各种资源。然而通常情况下，一个高高在上的首席执行官会使其他人变得更加愚蠢，使未来的领导人很难脱颖而出，并使组织在未来的成功面前毫无准备（Collins，2001）。

珊瑚礁

平凡的生活是由一分钟接着一分钟、一天接着一天积累而成的，它对个人以及对工作岗位的影响毫不令人察觉，就好像珊瑚礁。在一个健康的珊瑚礁中，一个个体死后或移开之后，它所占据的位置就有可能成为其他个体的生长空间，并且有可能成为更多个体生长所需的支点。珊瑚礁的生命构成了一个相互依赖的自然体系，在这个体系中，与珊瑚礁整体发展相关的其他个体和组织也欣欣向荣地发展着。一个高效履职的成功组织是为未来的发展而建的，在这样一个组织里，经理人和其他领导人会把自己的工作看做是为长久发展做出的贡献（Collins & Porras, 1988; Collins, 2001）。珊瑚礁这个比喻提醒人们，即使一个人的成功看起来好像很重要，但事实并不是这样。珊瑚礁的生长依赖于每个个体的贡献，无论一个人成功设立了一个部门，还是打破了一项纪录，或者拓展了一些空间，他所做的一切就像珊瑚礁上的一个小屋一样，都将成为其他个体发展所需的潜在基石。

网络

通过人与人之间的相互关系，管理工作得以开展，领导能力得以体现（Lynn, 1987; Bloch, 1996; Bryson, 1992）。实际行动构建并影响着关系网络。网络可能通过复杂的方法进行构建，从而创造出具有精细的层级、曲面的球体或有水平线的网络结构。网络以崭新的和独一无二的方式把人们联结起来，并且使不同的生活和不同的结果通过网络中的各种关系而变得井井有条。这些关系还产生了新的行为方式和交流方式。网络揭示和创造了各种相互依赖的关系。在现代管理生活中，对复杂网络的构建以及对其进行的管理已经形成了一定的标准，因此，网络这种比喻可以与现代管理生活的现实相匹配（Wise, 2002; Keast et al., 1994）。网络同样会产生积极或消极的结果。人们运用现代通讯网络，通过不断变换速度和轮番攻击金融市场中的弱点进行投机和操纵活动，亚洲金融危机的爆发就能够说明这一点。网络这种比喻也暗示了如何能够使相互盘绕的、存在弱点的道德风险体系完善起来，使得在这个体系中各种关系能够有效地相互交织，以至于对一个地区产生的影响力能传播到其他地方，并在传播的过程中被发扬光大。

播种/培土

古代的底比斯人（Thebes）认为自己是从英雄珀尔修斯（Perseus）播种的恶龙牙齿中生长出来的。古代农业文明将种植、收获的仪式和各种象征看得十分神圣。要想具有持久的影响力就必须承认任何成功的改变都需要在团体、组织或个人之中扎根，而种植和耕作这种比喻为人们思考如何产生这种持久的影响力提供了另一种途径。这种理解把转变看成是随时间慢慢发生的，并把责任和最初开始工作等同起来。优秀的领导人会花时间来培育知识和各种可能性的"种子"，并在合适的时机，也就是适合行动的机会出现时来培养它们不断成长。一个社会服务部门的高级经理把她日常的工作描绘为

"在股东之间撒播可能性的种子"。她强调了"让这一观点不断丰富起来并让不同的人和不同的岗位都接受这一观点"的必要性。"有时候其他人可能会收获最终的成果,但这并不重要,忍耐能使你收获新思想"。另外,大多数高级领导人所倡导的转变最终遭到失败,是因为这些转变从来都不是从组织的底层发起的,当这些领导人离职时,这种转变就会夭折(Collins & Porras,1998;Kotter,1996)。

波纹

某种举动所引发的反响好像石头投入池塘。波纹从中心散开,在散开的过程中,波纹相互接触、相互干扰、相互改变着发展的方向。有时,它们对世界的影响微乎其微;而有时,波纹相互碰撞、相互交叉,并相互重叠在一起形成大的波浪。波纹渐渐远去,离开投石头的人,这个投石头的人所产生的影响通常不会被别人察觉。确实有这样一些人,高高在上的管理团队经常使他们感到不悦甚至使他们游离于整个组织之外。这些人常常会对领导人们做出如此的评论:"我想他们就是些仅仅站起来并简单地说'是'或'不是'的人。他们干扰着正常的秩序,而其他人看他们怎么做,也跟着怎么做。"而一个真正具有人道主义精神的执行主管会使自己的团队很少受到类似的评论(Jackall,1988)。

眼界与梦想

人们的意识和想象能力的水平可能在他人的监护和自身经验的影响下发生改变。柏拉图(Plato)把领导团队描绘成一种寻找新视野的方式,他能够带领大家走出黑暗到达光明之地。可以想象,人们一定会在一个可参照的框架内关注问题和组织工作,而这个可参照的框架限制了人的洞察力,并设定了相关环境和主题(Morgan,1997;Senge,1990;Bolman & Deal,1997)。而当人们学着用新的方法了解世界或者为自己设想其他的可能时,他的想象力空间就扩大了。旧的框架被新的可参照框架所代替或被充实。人们可以揭示他们曾经在现实中忽略的方面。他们的洞察力能够被重塑,他们的想象力变得更顺畅,他们学会用不同的方式来看待工作,而不会限制在一个舒适但被压制的框架里(Daloz,1996;Morgan,1997)。如果人们能够得到领导人的信任,并在领导人的管理下看到自己在生活中成长和转变的新希望,那么人们的志向就可能会被这样的领导人转变。正如一个高级绩效经理所说:"最重要的领导人应该是这样的：他能帮助你看到自己看不到的希望。"这样的职业贡献为企业文化赋予力量，因为一种文化，无论是腐朽的还是高尚的，都将作为一种看待世界的方法而深入到每一个人的意识中，而在这个世界里，那些具有合法性和职业标准的行为都会被看成是一种准则（Jackall, 1988；Schein, 1985）。

每一种比喻都强调了人们对世界和对他人所具有的一定范围的影响力——无论这种影响力是好还是坏。这些比喻扩展了人们看待关于如何主导世界这一问题的方式。接受这些比喻手法就能深化领导人的战略安排和他们的责任感。职业贡献的概念可以使领导层牢记人们身处的整个世界以及人们之间的各种相互联系。这些相互联系意味着人们的每一次行为都能成为影响他人行为的母体和孵化器、基础、波纹、珊瑚礁、眼界和种子。这种观点强调了现在和未来的关系。

时间和历史

从事管理工作的领导人继承了原有的人才、制度、关系、预期目标和组织文化。在每个组织和每种环境中的人们都拥有自己的记忆、工作目标和职业贡献。新的领导人接管的员工见证了原来所取得的成就和曾经存在的一切。原有的职业使命、企业历史和企业文化仍然存在于员工们的心中（Schein, 1985；Denhardt, 1993, 2000）。每一个关注自身职业贡献的领导人都应十分重视自己继承的一切——无论是好的还是坏的。

这就要求领导人在没有得到大家支持的情况下制订目标和任务时需要更加谦卑，在面对十分明确的成功时需要格外谦虚，在工作中需要体现能力和才干时需要保持低调。此外，还需要更加细心地关注组织的历史和文化。为组织创造贡献应当从理解继承下来的价值、成就和过去的事情开始。这种理解能够使领导人更加渴望见到员工们如何对自己的行为予以解释，以及员工们如何对倡导的行动做出反应。很多公司在破坏性的兼并过程中遭到严重损害，这因为两种相互对立的文化从来没有能够融合。为组织创造的贡献应当成为"我们大家"的贡献，这种贡献应当是组织中的每一个成员和每一个股东共同创造出来的价值和使命。无论领导人是否接受，企业的员工和客户们都将会为自己的工作创造出属于他们自己的价值（Schein, 1985）。

希望创造职业贡献的领导人需要制定一种持久的战略，从而使制订的任务、组织的实践活动和各项组织标准得以实施。而这一切应该建立在一个充

第17章　公众托管人制度：透明度和职业贡献体现的责任

满关爱的、可获得的价值能够不断被深化的基础之上。如果还意味着做出重要的转变，那就这样去做，但领导人必须认识到可能存在的阻力，还要认识到这些转变是从现有的价值体系和约束条件中发生的。此外，还要为引发这些转变而用心做出连续和长期的贡献，而不能让转变仅仅依赖于领导人的特殊才能和个人意志。

任何对职业贡献所做的现实的解释都应该结合时间和积累过程方面的内容。这样就使领导人们必须关注当前的表现、日常的影响和平时的绩效，而不能仅仅关注那些涉及高层次战略转变的决策工作。马可·奥里利乌斯皇帝（Marcus Aurelius）在他的《沉思录》中反省到："即使你能活3000年，或拥有十次生命，但请你记住：你不能不考虑现在的生活，也不能忘记过去的生活……现实生活对每个人都是一样。"后来，他还提醒自己要享受现在的生活并且要"停止漂泊"（Aurelius，2002，第1卷，P.14，第3卷，P.14）。他告诫自己的话同样可以告诫所有从事管理工作的领导人："生命是短暂的。这就是我要说的。从现在起，做你所能做的——并要公正地和深思熟虑地去做"（Aurelius，2002，第4卷，P.26）。

一些琐碎的东西对创造职业贡献也是十分重要的。人与组织之间的关系，人才、技术、政策扶持以及保证组织高效运行的组织架构所决定的能力与绩效之间的关系都需要领导人进行管理。这里需要重点强调的是员工与领导人相互配合有多么的重要，还需强调的是最持久的贡献是能够领导和服务一支优秀的团队。对于员工、环境和决策所产生的影响将继续积累下去。机遇可能会突然出现，也有可能突然发生改变。然而，任何重要的转变都有赖于网络、种子、培育、眼界的变化以及建立在基础之上为发展而产生的梦想。

一位有经验的地方政府领导人认为："领导人往往对管理工作强调不足，这是因为他们希望有一条宽松的、孔距较大的腰带，当某项政策取得成功之后，他们才会勒紧它。"这里需要再次强调，关于在会计工作中保证准确性和真实性的职业承诺是多么重要，因为会计工作通常会面临来自于市场和高层经理人的短期压力，即专注于树立纪念碑或仅仅关注自身利益，而不是专注于现实工作和如何构建对未来增长有益的良好基础。一份真诚的职业贡献会激励领导人确保人们都能看到日常的工作能力与他们自身贡献之间的联系，因为全体公民和全体同事可能会从人们所做的一切中受益或者受损。领导人需要帮助所有的同事，让他们从自己工作的价值和影响中看到自己创造出来的职业贡献，使那些与工作价值相关的各种联系战胜侵蚀着我们绩效和自我价值的犬儒主义、疲惫和厌倦情绪（Petrick & Quinn，1997；Csikszentmihalyi，2003）。

领导层关注于职业贡献的创造就很自然会对工作绩效予以重视，也就是要关注现实，注重通过日常工作来创造职业贡献。关注绩效就是要求所有的领导者和员工自问，什么是他们寻求的成功，并要求他们把指导自己寻求成功的这种创造职业贡献的理念与他们的实际工作结合起来。关注绩效就会使大家更多地关注现实中的成功、失败和改进，同时也使"努力工作一切就会变得更好"这一理念具有了更多的现实意义。能够实现长期绩效意味着已经形成了一种制度能力，这种制度能力不但具有强有力的支持架构，而且具有培训功能和人才优势。最重要的绩效都应当是具有挑战性的，但也必须要立足于现实，大多数发生在信息披露和财务方面的腐败案件，其原因都是为了挑战不切实际的绩效目标，而不是去承担现实的责任和追求长期的稳定性。

将职业贡献的创造与行为的价值联系起来——这个问题听起来有些深奥，所以，我们通常把这个问题与文化建设等同起来。对于领导层来说，这个问题就变成什么样的文化能够有助于人们创造自身的职业贡献。那些在组织中工作的人们都会形成行为的价值观。这种情况促使领导们必须把行为的价值作为管理工作和领导工作的一部分（Schein，1985，1999）。领导们在管理工作中创造出来的职业贡献应当是对个人品质和组织绩效的关注，他们应当投入时间和精力使人们能够明确行为的价值，并能够使人们积极参与实践工作，以及能够使人们在自己的心目中创造出属于人们自己的故事、神话和信条（Doig & Hargrove，1987）。

组织文化与对创造持久事物的关注相联系。在组织文化中，承诺被嵌入到组织实践之中，并不断地被传承，对持久力的关注就意味着要为组织文化服务。组织文化还意味着学习、培训以及说服员工不断地为目标和才干而工作。如果后来的人没有继承原有的观点和理念，那么整个组织的稳定性和全部的组织资源将渐渐不复存在。让人感到难以琢磨的是，不同职业贡献的终结将是各不相同的。一项富有适应力的职业贡献将会为人们留下自由发展和继续施展创造力的空间，使人们能够适应新环境下的各种改变。基础、网络、根基、珊瑚礁、土壤和种子、梦想和眼界这些比喻为能够实现创造职业贡献这一愿望提供了有效的方法和目标。

未来存在着各种不确定性：环境的改变，政策的改变，人员的改变，评价的改变，以及不可预料结果的出现。不能适应改变要求的组织将不会繁荣下去。当人们了解到他们目标的全部内涵并对错误做出调整时，或者对重点内容和发展方向做出可信的改变时，他们所执行的任务也将随之发生改变。任何成就都是微不足道的，并任由后人评说。绩效的衡量仅仅为进一步学习和提高提供了一个基准,而并不是一个永久的结果。关于成功与失败之间价值的争论变成了立即开始行动与对行动进行进一步调整之间的选择。领导人所能创造的真正贡献是创造了母体、网络、基础、土壤和种子,从而为其他人的顺利成长、快速适应和在没有持久意志力的情况下获取自由提供了源泉。

在写于 3000 年前的《薄伽梵歌》一书中,作者这样写道:"你有权决定行动,但你无权决定行动的结果。为了你的目标,行动吧……智者会接受各种结果,无论是好的还是坏的,他们仅仅需要关注行动本身"(Bhagavad Gita,2000,2:45-49)。创造职业贡献的现实意义在于,当一个人离开时,他将可能会给人和组织带来转变,也有可能不再产生任何影响。人类创造的任何事物都将随着时间的流逝而改变、消亡、破坏或重构。然而,人们将不可避免地受到各种诱惑,在这个充满诱惑的世界里,人们相信只有他们自己才能够领导组织。因此,领导层在创造职业贡献的时候,需要有强烈的谦卑之心。在一个自由民主的社会和开放的市场中,创造职业贡献就意味着要有谦虚和自愿的态度,不仅仅需要你去学习,还需要你接受关于学习将会改变职业贡献的形式和意义这种观点。我们在这一方面可以看到,一份最长久的贡献就是:因为你的帮助而使别人的才能得以展现。人们将在生活中不断前进,将会以一种新的、不可预知的方式来继续现在的领导人留下的工作,人们将要取得的这些进步会使领导人感觉如同他们自身取得进步一样。领导人如同一位教师,他传播了技术、理念和承诺的种子,并使这些种子以一种新的、完全不同的方式生长。

结 论

笔者已有的这些想法是关于领导人和经理人如何考虑创造职业贡献的。这些想法作为一种指导方针主要集中在个人决策的层面上,但同时也涉及制度层面的一些内容。引导笔者得出这些想法的是把"个人看做信托责任的保管员"这种观点,在这种观点中,信托责任的保管员从原先的保管员手中继承这些责任,并将会把这些责任传递给以后的继承者。

注意你的纪念碑可能成为靶子

如果我们把纪念碑和基石看做是社会性纪念物,或者是历史性成就,或者把它当作衡量行为的尺度和对未来的试金石，就会不可避免地引来一些麻烦。然而，如果只关注纪念碑本身或者只关注纪念碑的物质存在，并对其不断地赞颂，这样将会引发人们的失望情绪，并引起人们在能力和欲望方面的扭曲。

开始宜早不宜迟

从最初开始，一个人的贡献就会一天天展现出来。人们会逐渐积累自身工作中的行为、关系、程序和注意力，在这一过程中，人们能够渐渐地、不知不觉地对整个组织和他人产生影响。大家可以想象，当人们想要获取更大权力和更高地位时，他们会"不断地赞同"和"保持低调"，"这样的话"，他们"确实"会使自己显得十分重要。但这样做会使人们错误地理解与行为相关的、渐渐施加的影响力和人们对行为价值的控制力。最终，当人们感到越来越自由的时候，他们通常却会失去越来越多的用以达到最终目的的手段。如果认为人们只有在以后的工作中才能迅速地创造出贡献的话，那么就会不可避免地忽视人们已经为创造贡献所做出的大量努力。实际上，人们所做的大量工作都是建立在对他们早期具有很大帮助的母体、基础、播种、纪念碑、网络和珊瑚礁之上的。

继承是创造贡献的前奏

个人不可能单独地从事管理和领导工作，领导人的崛起或沉沦都是建立在前人工作的基础之上。领导人有责任去了解历史，有责任去了解那些由制度和前人造成的确实有益或确实有害的东西。真实的历史应当被纳入行动的战略之中，尊重历史、探寻那些可能不时被破坏的历史事实将是创造职业贡献的核心。

行动的范围

每一项工作的开展都有其合理的行动范围。当想到创造职业贡献时，来自"使组织变得更大"和"使组织保持永恒"的诱惑就会使人们忽视当前的工作，而去追寻不切实际的所谓"现实"工作。特别是对于那些高高在上的领导人来说，这将是一个基础性错误。交流和联系维系着平凡的贡献，并能够使其他人将他们的许诺和行为价值与他们所从事的服务工作联系起来。行动和愿望的范围把创造职业贡献看做是一种组织中的持久现象，而不是一种强迫让人接受的意志。从个人到团队，再到整个组织；从制度到目标；从短期到长期，行动和愿望的范围徐徐展开。行动的范围与对构建基础、编织网络、扩大眼界和梦想、建造珊瑚礁、激起波纹或备耕、播种等的需要并列起来。

把大与小联系起来

坚持把当前最小的行动与对未来最强烈的愿望联系起来，并从中体会所具有的价值。这样做能够使每一个员工都会去体验他们工作中所具有的价值和职业贡献，并不断地相互交流。这一点在金融和财务领域尤为重要，因为在这些领域中所有数字好像都与具体成就的实现毫无关联。职业贡献的创造有赖于远大目标与日常工作之间的联系和相互反馈。每一项模式化行动和工作都通过这一方式进行训练和指导。当领导人传授知识时，或者对行动的期望和标准进行指导时，他们就把现实工作和目标联系起来了。每一个与之相处的人都会变得与众不同，并从中受益。

不要限定最终价值

通常在领导人的战略和战术中，一项十分必要的工作就是影响员工对领导人职业贡献价值的态度，但最终，职业贡献的价值仍将从人们的交流、领导人的责任和对组织的影响力中得以体现。领导人经常会错误地认为，只要记忆中原有的意图发生改变，或者干脆被忘掉时，记忆和历史就能证实领导人职业贡献的价值。如果一个人在离开之后还要花费太多的时间在这方面进行控制，那么发生扭曲的就不仅仅是个人的努力，还要包括职业贡献的真实性。

引导与任由发展

关于如何才能引导自己去创造职业贡献，答案是学会任由发展，这一观点听起来似乎有些自相矛盾。在《道德经》中有与《薄伽梵歌》一致的观点："那些坚持他们工作的人创造了持久性……仅仅做好你的工作，然后任凭其自由发展"（道德经，1988，P.24）。这种传统智慧认为，实际上，能够实现持久性能力和能够实现不断帮助公众的能力在于个人和组织能够适应环境的能力，以及在变化的环境中适应和再创造他们价值和绩效的能力。领导层所创造的一项真实的职业贡献就是网络、基石、珊瑚礁、眼界、梦想和母体，这项职业贡献能使其他人成长、前进、创造自己的生活，并使他们通过自己的贡献取得成功。这一观点意味着这样的理解：在没有关于"我"的意识支配和控制下，要实现什么样的持久力。谦卑之心不应使做好事的动力衰竭，也不应使促进工作开展和教育广大公众的战略需要受到影响。人们应当认真工作，但要保持轻松的心情。

每一个人都会创造职业贡献，无论他是否希望如此。铭记个人对持久性的影响将有助于使身边的道德反应富有生机，并有助于消除不顾内在联系而仅仅强调结果的倾向。对这些内容的理解有助于将道德规范、责任、地位和行动联系起来。接受职业贡献这一理念的领导人会使人们理解他们对生活、对组织和对人们的影响所涉及的全部范围，而对于这种理解，领导人自身也一定会接受。职业贡献的现实性提醒人们，他们是重要的、强有力的服务者。

参考文献

Accounting Standards Board (ASB) 1994. FRS5 *Reporting the substance of transactions*. ASB: London.

Adams, G. and D. L. Balfour 2004. *Unmasking Administrative Evil*. Armonk, NY: M. E. Sharpe.

Alchian, A. and H. Demsetz 1972. Production, information, costs and economic organisation, *American Economic Review*, 62, 777 – 783.

Allen, W. T. 1993. *Contracts and Communities in Corporation Law*, 50 Washington and Lee Law Review 1395.

American Assembly 2003. The future of the accounting profession. The American Assembly, Columbia University. American Assembly Report, 103rd American Assembly.

Andriof, J. and M. McIntosh 2001. Introduction. In Andriof, J. and M. McIntosh (eds) *Perspectives on Corporate Citizenship*, pp. 13 – 24. Sheffield: Greenleaf Publishing.

Andriof, J., S. Waddock, B. Husted and S. Sutherland Rahman (eds) 2002. *Unfolding Stakeholder Thinking: Theory, Responsibility and Engagement*. Sheffield: Greenleaf Publishing.

Arblaster, A. 2002. *Democracy*. Buckingham: Open University Press.

Archibald, T., K. Jull and K. Roach 2004. The changed face of corporate criminal liability, *Criminal Law Quarterly*, 48, 367 – 396.

Armour, J., S. Deakin and S. J. Konzelmann 2003. Shareholder and the trajectory of UK corporate governance, *British Journal of Industrial Relations*, 41/3, 531 – 555.

Ashton, R. K. 1986. The Argyll Foods case: a legal analysis, *Accounting and Business Research*, 17/65, 3 – 12.

Associated Press 2005. Chamber chief attacks Spitzer, *Los Angeles Times*, 6 January.

Aurelius, M. 2002. *Meditations*. Translated by Gregory Hays. New York: Modern Library.

Ayres, I. and J. Braithwaite 1992. *Responsive Regulation, Transcending the Deregulation Debate*. Oxford: Oxford University Press.

Bakan, J. 2004. *The Corporation*. London: Constable.

Banks, A. 2002. ITIO accuses OECD of double standards, *Tax-News.com*, 15 February 2002, http://www.tax-news.com/asp/story/story_print.asp?storyname=7327

Barlow, M. and T. Clark 2002. *Global Showdown: How the New Activists are Fighting Corporate Rule*. Toronto: Stoddart. Bamard, J. W. 1997. Corporate philanthropy, executives' pet charities and the agency problem, *New York Law School Law Review*, 41/3, 1147.

Baumeister, R. F. 1991. *Meanings of Life*. New York: Guilford Press.

Beetham, D. 1991. *The Legitimation of Power*. London: Macmillan.

Berle, A. 1931. Corporate powers as powers in trust, *Harvard Law Review*, 44/7, 1049–1074.

Berle, A. and G. Means 1932. *The Modern Corporation and Private Property*. New York: Commerce Clearing House Inc.

Berle, A. A. and C. G. Means 1936. *The Modern Corporation and Private Property*. New York: Macmillan.

Beyer, J. and M. Hoepner 2003. The disintegration of organised capitalism: German corporate governance in the 1990s, *West European Politics*, 26/4, 179–198.

Bhagavad Gita 2000. Translated by Stephen Mitchell. New York: Harmony Books.

Bianco, M. and P. Casavola 1999. Italian corporate governance: effects on financial structure and firm performance, *European Economic Review*, 43, 1057–1069.

Bianchi, M., M. Bianco and L. Enriques 1997. Ownership, pyramidal groups and separation between ownership and control in Italy. In European Corporate Governance Network, The Separation of Ownership and Control: A Survey of 7 European Countries. Preliminary Report to the European Commission. Brussels: ECGN.

Bittle, S. 2004. Constituting the corporate criminal: corporate criminal liability in post-Westray Canada. Unpublished Paper, Department of Sociology, Queen's University.

Black, C. 2003. *Franklin Delano Roosevelt, Champion of Freedom*. London:

Phoenix Books.

Bloch, P. 1996. *Stewardship: Choosing Service over Self Interest*. San Francisco: Berrett-Koehler Publications.

Bloomberg 2004. Citigroup to set aside $4.95 billion for litigation, www. bloomberg. com, 10 May.

Blumberg, P. I. 1972. *Corporate Responsibility in a Changing Society*. Boston: Boston University.

Bolman, L. G. and T. E. Deal 1997. *Reframing Organizations: Artistry, Choice and Leadership*. San Francisco: Jossey-Bass Publishers.

Bower, T. 1992. *Maxwell: The Outsider*. London: BCA.

Braithwaite, J. 1989. *Crime, Shame and Reintegration*. Cambridge: Cambridge University Press.

Braithwaite, J. and P. Drahos 2000. *Global Business Regulation*. Cambridge: Cambridge University Press.

Bratton, W. W. 2004. Rules, principles and the accounting crisis in the United States, *European Business Organization Law Review*, 5/1.

Braudy, L. 1986. *The Frenzy of Renown: Fame and Its History*. New York: Oxford University Press.

Bryson, J. M. 1992. *Leadership for the Common Good: Tackling Public Problems in a Shared-power* World. San Francisco, Ca: Jossey-Bass.

Burke, J. P. 1986. *Bureaucratic Responsibility*. Baltimore: Johns Hopkins University Press.

Calavita, K. 1983. The demise of the Occupational Safety and Health Administration: a case study in symbolic action, *Social Problems* 30/4, 437–448.

Calavita, K., H. Pontell and R. Tillman 1997. *Big Money Crime: Fraud and Politics in the Savings and Loan Crisis*. Berkeley: University of California Press.

Cardia, L. 2004. I rapporti tra il sistema delle imprese, i mercati finanziari e la tutela del risparmio, Testimony of the C. O. N. S. O. B. President at Parliament Committees VI 'Finanze' and X 'Attivita produttive, commercio e turismo' della Camera and 6° 'Finanze e Tesoro' and 10° 'Industria, commercio e turismo' del Senato, 20 January.

CARICOM 2000a. Press release 91/2000, *Communique Issued on the Conclusion of the 21st Meeting of the Conference of Heads of Government of the Caribbean Community* (*CARICOM*), Canouan, St Vincent and the Grenadines, 2–5 July

2000, http://www.caricom.org/pres91_00.htm

CARICOM 2000b. Press release 87/2000, *Address delivered by Sir James Mitchell, Prime Minister of St Vincent and the Grenadines, at the Opening Ceremony of the 21st Meeting of the Conference of Heads of Government of the Caribbean Community (CARICOM)*, Canouan, St Vincent and the Grenadines, 2 July 2000, http://www.caricom.org/pres87_00.htm

Carroll, A. B. 1991. The pyramid of corporate social responsibility: toward the moral management of organizational stakeholders, *Business Horizons*, 34/4, 39–48.

Carroll, A. B. 2001. The moral leader: essential for successful corporate citi-zen-ship. In Andriof, J. and M. McIntosh (eds) *Perspectives on Corporate Citizenship*, pp. 139–151. Sheffield: Greenleaf Publishing.

Carson, W. 1970. White collar crime and the enforcement of factory legislation, *British Journal of Criminology*, 10, 383–398.

Carson, W. 1980. The institutionalization of ambiguity: early British Factory Acts. In Geis, G. and E. Stotland (eds) *White-collar Theory and Research.* Beverly Hills, Ca: Sage.

Carter, S. L. 1996. *Integrity.* New York: Basic Books.

Catanach, A. and S. Rhoades 2003. Enron: a financial reporting failure?, *Villanova Law Review*, 48/4, 1057–1076.

Center for Freedom and Prosperity 2001. *CFP Halls of Fame and Shame*, May 23 Edition, Washington DC, http://www.freedomandprosperity.org/hall/hall.shtml

Cernetig, M. 2002. Witch hunt on Wall Street?, *Globe & Mail*, 1 June, F8.

Cerny, P. 2002. Webs of governance and the privatisation of transnational regulation. In Andrews, D., C. Randall Henning and L. Pauly (eds) *Governing the World's Money. Ithaca:* Cornell University Press.

Chandler, W. and L. Strine 2002. The New Federalism of the American corporate governance system: preliminary reflections of two residents of one small state. New York University Center for Law and Business, Working Paper No. CLB 03–01. Available online at http://papers.ssrn.com/abstract=367720

Cheffins, B. R. 2000. Current trends in corporate governance: going from London to Milan via Toronto, *Duke Journal of Comparative and International Law*, 10/5, 5–42.

Chen, P. 2003. The institutional sources of state success in federal litigation before the Supreme Court, *Law and Policy*, 55/4, October, 455–472.

Childs, J. and S. Rodrigues 2003. Corporate governance and new organizational forms: issues of double and multiple agency, *Journal of Management and Governance*, 7, 337 – 360.

Church, E. 2004. Who's standing up for the investor?, Globe & Mail, 22 June, B9.

Cioffi, J. W. 2000. Governing globalisation? The state, law, and structural change in corporate governance, *Law and Governance*, 27.

Cioffi, J. W. 2002. Restructuring 'Germany Inc.': the politics of company and takeover law reform in Germany and the European Union, Working Paper PEIF-1.

Citigroup 2004. Code of ethics, www.citigroup.com Clarkson, M. B. E. 1995. A stakeholder framework for analyzing and evaluating corporate social performance, *Academy of Management Review*, 20/1, 92 – 117.

Clarkson, S. 2002. *Uncle Sam and Us: Globalization, Neoconservativisms and the Canadian State.* Toronto: University of Toronto Press.

Clement, W. 1975. The Canadian Corporate Elite. Toronto: McClelland and Stewart.

CNDC-CNRC 2002. *Principi contabili.* Milan: Giuffré.

Coase, R. H. 1937. The nature of the firm, Economica (NS), 4, 386.

Coase, R. H. 1960. The problem of social cost, *Journal of Law and Economics*, 3, 1 – 44.

Coffee, J. 2002. Understanding Enron: it's about the gatekeepers, stupid, Columbia Law School Center of Law and Economic Studies Working Paper No. 207.

Coffee, J. 2003. What caused Enron. In Cornelius, P. and B. Kogut (eds) *Corporate Governance and Capital Flows in a Global Economy.* New York: Oxford University Press.

Coleman, J. 1989. The *Criminal Elite.* New York: St. Martin's.

Collins, J. C. 2001. *Good to Great.* New York: Harper Business.

Collins, J. C. and J. I. Porras 1997. *Built to Last: Successful Habits of Visionary Companies.* New York: Harper Business.

Commonwealth Secretariat 2000. The *Implications of the OECD Harmful Tax Competition Initiative for Offshore Finance Centres*, London.

Condon, M. 1998. *Making Disclosure: Ideas and Interests in Ontario Securities Regulation.* Toronto: University of Toronto Press.

Condon, M. 2003. The use of public interest enforcement orders by securities regulators in Canada, *Research Study Prepared for the Wise Persons' Committee*, October. Online at www. wise-averties. ca.

CONSOB 2002. *Relazione annuale* 2001. Rome: CONSOB.

Cooper, T. 1991. *An Ethics of Citizenship for Public Administration.* Englewood Cliffs, NJ: Prentice Hall.

Cooper, T. 1998. *The Responsible Administrator: An Approach to Ethics for the Administrative Role*, 4th edn. San Francisco, Ca: Jossey-Bass Publishers.

Cooper, T. and D. N. Wright 1992. *Exemplary Public Administrators: Character and Leadership in Government.* San Francisco: Jossey-Bass Publishers.

COSO Report 1987. Report of the National Commission on Fraudulent Financial Reporting.

COSO Report 1999. Fraudulent financial reporting: 1987 – 1997 -an analysis of U. S. public companies.

Csikszentmihalyi, M. 2003. *Good Business: Leadership, Flow, and the Making of Meaning.* New York: Viking.

Dagan, T. 2002. The costs of international tax competition, University of Michigan Law, Public Law Research Paper No. 13, http: //papers. ssrn. com/sol3/papers. cfm? abstract_id = 315373

Dahl, R. A. 1972. A prelude to corporate reform, *Business and Society Review*, Spring, 17 – 23.

Daloz, L. A. , C. H. Parks, J. P. Keen and S. D. Parks 1996. Common Fire: *Leading Lives of Commitment in a Complex World.* Boston: Beacon Press.

Damsell, K. 2004. IFIC lobbies for grants, critics charge, *Globe & Mail*, 22 June, B.

Davis, K. 1960. Can business afford to ignore social responsibilities?, *California Management Review*, 2/3, 70 – 76.

Davies, P. L. 2003. *Gower and Davies: Principles of Modern Company Law.* London: Sweet & Maxwell.

Demirag, I. and J. O'Brien 2004. Conflicting and conflating interests in the regulation and governance of the financial markets in the United States, *Journal of Corporate Citizenship*, 15, Autumn, 111 – 119.

Denhardt, K. G. 1988. *The Ethics of Public Service: Resolving Moral Dilemmas in Public Organizations.* New York: Greenwood Press.

Denhardt, R. B. 1989. *In the Shadow of Organization.* Lawrence, Kan. : University of Kansas Press.

Denhardt, R. B. 1993, 2000. *The Pursuit of Significance: Strategies for Managerial Success in Public Organizations*. Prospect Heights, Ill. : Waveland Press.

Department of Finance Canada 2003. Fostering confidence in Canada's capital markets. Online at www. fin. gc. ca/activty/pubs/fostering_e. html

Department of Justice Canada 2003. Backgrounder: federal strategy to deter serious capital market fraud. Online at www. canada. justice. gc. ca

Dobel, J. P. 1999. *Public Integrity*. Baltimore: Johns Hopkins Press.

Doern, B. and S. Wilks 1996. Conclusions: international convergence and national contrasts. In Doern, B. and S. Wilks (eds) *Comparative Competition Policy: National Institutions in a Global Market*, pp. 327 – 359. Oxford: Clarendon Press.

Doem, B. and S. Wilks 1998. Introduction. In Doern, B. and S. Wilks (eds) *Changing Regulatory Institutions in Britain and North America*, pp. 3 – 25. Toronto: University of Toronto Press.

Doig, J. W. and E. Hargrove (eds) 1986. *Leadership and Innovation: A Biographical Perspective on Entrepreneurs in Government*. Baltimore: Johns Hopkins University Press.

Donaldson, W. 2004. Chairman of the Securities and Exchange Commission speech to Business Roundtable, Washington DC, 14 October 2004. Full text available at www. sec. gov/new/speech/spchl01404whd. htm

Donaldson, W. 2005. Chairman of the Securities and Exchange Commission speech to London School of Economics, London, 25 January 2005. Full text available at www. sec. gov/new/speech/spch012505whd. htm

Draghi reform 1998. Testo unico delle disposizioni in materia di intermediazione finanziaria, Legislative decree No. 58/1998.

Dyck, A. and L. Zingales 2003. The bubble and the media. In Cornelius, P. and B. Kogut (eds) *Corporate Governance and Capital Flows in a Global Economy*. New York: Oxford University Press.

Easterbrook, F. H. and D. R. Fischel 1989. The corporate contract, *Columbia Law Review*, 89, 1416 – 1448.

Eccles, R. G. and S. DiPiazza, Jr 2002. *Building Public Trust: The Future of Corporate Reporting*. Chichester: John Wiley & SOns.

Edelman, L. , C. Uggen and H. Erlanger 1999. The endogeneity of legal regulation: grievance procedures as rational myth, *The American Journal of Sociology*, 105/2, 404 – 454.

Edelman, M. 1960. Symbols and political quiescence, *The American Political Science Review*, 54/3 (September), 695 – 704.

Edelman, M. 1964. *The Symbolic Uses of Politics*. Urbana: University of Illinois Press.

Ehrenreich, B. 2000. *Nickel and Dimed: On (Not) Getting By in America*. New York: Metropolitan Books.

Eisenberg, M. A. 1998. Corporate conduct that does not maximize shareholder gain: legal conduct, ethical conduct, the penumbra effect, reciprocity, the prisoner's dilemma, sheep's clothing, social conduct, and disclosure, *Stetson Law Review*, 28, 1.

Elkington, J. 1997. *Cannibals with Forks: The Triple Bottom Line of 21 st Century Business*. Oxford: Capstone.

Ernst & Young 1997. *UK GAAP*. Basingstoke: Macmillan.

Estreicher, S. 1998. Employee representation in the emerging workplace: alternative/supplements to collective bargaining, *Proceedings of New York University 50th Annual Conference on Labor*.

European Commission Report on the Social Situation of the European Union 2004.

Fama, E. 1988. Agency problems and the theory of the firm, *Journal of Political Economy*, 88, 288.

Fama, E. 1991. Efficient capital markets, *Journal of Finance*, 46, 1575.

FASB 1996. Statement of Financial Accounting Standards (SFAS) 125 'Accounting for transfers and servicing of financial assets and extinguishment of liabilities'.

FASB 2002. Proposal: principles-based approach to U. S. standard setting. File reference No. 1125 – 001, Norwalk, CT: FASB.

Feintuck, M. 2004. *The Public Interest in Regulation*. Oxford: Oxford University Press.

Financial Reporting Council (FRC) 1991. The *State of Financial Reporting: A Review*. London: FRC.

Fletcher, W. M. 1917. *Encyclopedia of the Law of Private Corporations*, New York: Thomson West.

Fooks, G. 2003. Auditors and the permissive society: market failure, globalization and financial regulation in the United States, *Risk Management: An Inter-*

national Journal, 5/2, 17 – 26.

Forker, J. 1992. Corporate governance and disclosure quality, *Accounting and Business Research*, 22/86, 111 – 124.

Franck, T. M. 1988. Legitimacy in the international system, *American Journal of International Law*, 82/4, 705 – 759.

Franck, T. M. 1990. *The Power of Legitimacy Among Nations*. New York: Oxford University Press.

Freeman, R. E. 1994. The politics of stakeholder theory: some future directions, *Business Ethics Quarterly*, 4/4, 409 – 421.

Frieden, J. and R. Rogowski 1996. The impact of the international economy on national policies: an analytical overview. In Keohane, R. and H. Milner (eds) *Internationalization and Domestic Politics*. Cambridge University Press.

Friedman, M. 1962. *Capitalism and Freedom*. Chicago: University of Chicago Press.

Friedman, M. 1969. *Capitalism and Freedom*. Chicago: University of Chicago Press.

Friedman, M. 1995. The social responsibility of business is to increase its profits. In Hoffman, W. M. and R. E. Frederick (eds) *Business Ethics: Readings and Cases in Corporate Morality*, pp. 137 – 141. New York: McGraw Hill.

Fudge, J. and B. Cossman 2002. Introduction: privatization, law and the challenge to feminism. In Cossman, B. and J. Fudge (eds) *Privatization, Law and the Challenge to Feminism*. Toronto: University of Toronto Press.

Galbraith, J. K. 1952. *American Capitalism-The Concept of Countervailing Power*. Massachusetts: Riverside Press.

Galbraith, J. K. 1992. The *Great Crash*. London: Penguin.

Galbraith, J. K. 2004. *The Economics of Innocent Fraud*. London: Penguin.

Gallagher, V. J. 2004. Memory as social action: cultural projections and generic form in civil rights monuments. In Sullivan, P. A. and S. R. Goldzwig (eds) *New Approaches to Rhetoric*. Thousand Oaks, Ca: Sage.

Gamble, A. and G. Kelly 1996. The new politics of ownership, *New Left Review*, 62 – 97.

Gamble, A. and G. Kelly 2000. The politics of the company. In Parkinson, J., A. Gamble and G. Kelly (eds) *The Political Economy of the Company*, pp. 21 – 49.

Oxford: Hart Publishing.

Garrett, G. and P. Lange 1996. Internationalization, institutions and political change. In Keohane, R. and H. Milner (eds) *Internationalization and Domestic Politics*, pp. 48 – 78. Cambridge University Press.

Gerber, B. and P. Teske 2000. Regulatory policymaking in the American states: a review of theories and evidence, *Political Research Quarterly*, 53/4, 849 – 886.

Giddens, A. 1998. *The Third Way*. Cambridge: Polity Press.

Gilligan, G. P. 1999. *Regulating the Financial Services Sector*. London: Kluwer Law International.

Gilligan, G. P. 2003. Whither or wither the European Union Savings Tax Directive? A case study in the political economy of taxation, *Journal of Financial Crime*, 11/1, 56 – 72.

Gladwell, M. 2002. *The Tipping Point: How Little Things Can Make a Big Difference*. New York: Little Brown and Company.

Glasbeek, H. 2002. *Wealth by Stealth. Corporate Crime, Corporate Law and the Perversion of Democracy*. Toronto: Between the Lines.

Global Forum on Taxation 2004. A process for achieving a global level playing field, http://www.oecd.org/dataoecd/13/0/31967501.pdf

Godfrey, M. 2004. Accenture may lose out in US offshore tax debate, *Taxews.com*, http://www.tax-news.com/asp/story/story.asp?storyname=16311

Goodsell, C. 1988. *The Social Meaning of Civic Space: Studying Political Authority through Architecture*. Lawrence, Kan.: University Press of Kansas.

Goodwin, B. 1997. *Using Political Ideas*. Chichester: John Wiley & Sons.

Gordan, J. N. 2002. An international relations perspective on the convergence of corporate governance: German shareholder capitalism and the European Union, 1990 – 2000. Johann Wolfgang Goethe-University: Frankfurt am Main, Working Paper No. 108.

Gordon, R. 2004. Why Europe was left at the station when America's productivity locomotive departed?, *NBER Working Paper Series w*10661, August 2004.

Gormley, W. 1986. Regulatory issue networks in a federal system, *Polity*, 18, 595 – 620.

Gourevitch, P. 2003a. Corporate governance: global markets, national politics. In Kahler, M. and D. Lake (eds) *Governance in a Global Economy*, pp. 305 – 331. Princeton.

Gourevitch, P. 2003b. The politics of corporate governance regulation, *The Yale Law Journal*, May, 112/7, 1829–1880.

Gramsci, A. 1998. *Selections from the Prison Notebooks*. London: Lawrence and Wishart.

Green, R. 1993. Shareholders as stakeholders: changing metaphors of corporate governance, *Washington and Lee Law Review*, 50, 1415.

Greenleaf, R. K. 1977, 1998. *Servant Leadership: A Journey into the Nature of Legitimate Power and Greatness*. New York: Paulist Press.

Greenspan, A. 2004. 'Capitalizing reputation', remarks to Financial Markets Conference of Federal Reserve Board of Georgia, 16 April. Available online at http://www.federalreserve.gov/boarddocs/speeches/2004/

Griffiths, I. 1986. *Creative Accounting*. London: Sidgwick & Jackson. Griffiths, I. 1995. *New Creative Accounting*. London: Macmillan.

Haines, F. and D. Gurney 2003. The shadows of the law: contemporary approaches to regulation and the problem of regulatory conflict, *Law and Policy* 25/4, 353–379.

Hall, P. and D. Soskice (eds) 2001. *Varieties of Capitalism: The Institutional Foundation of Comparative Advantage*. Oxford: Oxford University Press.

Hamel, J., S. Dufour and D. Fortin 1993. *Case Study Methods*. Newbury Park, CA: Sage Publications.

Hancher, L. and M. Moran 1989. Organizing regulatory space. In Hancher, L. and M. Moran (eds) *Capitalism, Culture and Regulation*. Oxford: Oxford University Press.

Hansmann, H. and R. Kraakman 2002. Towards a single model of corporate law? In McCahery, P., P. Moreland, T. Raajimakers and L. Renneboog (eds) *Corporate Governance Regimes: Convergence and Diversity*, pp. 56–82. Oxford: Oxford University Press.

Hedge, D. and M. Scicchitano 1994. Regulating in space and time: the case of regulatory federalism, *The Journal of Politics*, 56/1, 134–153.

Held, D. 1999. *Democracy and the Global Order*. Cambridge: Polity Press.

Held, V. 1970. The *Public Interest and Individual Interests*. New York: Basic Books.

Henderson, D. 2001. *Misguided Virtue: False Notions of Corporate Social Responsibility*. London: Institute of Economic Affairs.

Hertz, N. 2002. *The Silent Takeover: Global Capitalism and the Death of Democracy*. London: Arrow Books.

Hester, J. M. 1975. Social responsibility of organisations in a free society. In Backman, J. (ed.) *Social Responsibility and Accountability*. New York: New York University Press.

Hirst, P. 1998. Ownership and democracy, *The Political Quarterly*, 69/4, 354 – 364.

Hodge, P. 2003. A Labour Economy: *Are We Nearly There Yet?* IPPR.

Hoepner, M. 2003. European corporate governance reform and the German party paradox, MPIfG Discussion Paper 3/4.

Hollingsworth, J. R. and R. Boyer 1997. *Contemporary Capitalism, The Embeddedness of Institutions*. Cambridge: Cambridge University Press.

Hood, C. 1998. The Art of the State: *Culture, Rhetoric and Public Management*. Oxford: Clarendon Press.

Hood, C., H. Rothstein and R. Baldwin 2004. *The Government of Risk*. Oxford: Oxford University Press.

Howlett, K. 2003. Culture encouraged secrecy, *Globe & Mail*, 28 June: Bi.

Howlett, K. 2004a. IDA says complaints soared 41% last year, *Globe & Mail*, 27 January: Bi, B5.

Howlett, K. 2004b. OSC urges Securities Bill change, *Globe & Mail*, 11 March, B7.

Howlett, K. and J. McFarland 2004. OSC says enforcement a priority, *Globe & Mail*, 30 March, B10.

Huber, J. D. and C. R. Shipan 2002. *Deliberate Discretion: The Institutional Foundations of Bureaucratic Autonomy*. Cambridge, UK: Cambridge University Press.

IASB 2003. *International Financial Reporting Standards*. London: IASCF.

IE Staff 2004. OSC chairman urges cooperative approach to fighting economic crime, *Investment Executive*, May 27, online.

Ireland, P. 1996. Corporate governance, stakeholding, and the company: towards a less degenerate capitalism?, *Journal of Law and Society*, 23/3, 287 – 320.

Ireland, P. 1999. Company law and the myth of shareholder ownership, *Modern Law Review*, 62/1, 32 – 57.

Ireland, P. 2000. Defending the rentier: corporate theory and the reprivatisation of the public company. In Parkinson, J., A. Gamble and G. Kelly (eds) *The*

Political Economy of the Company, pp. 140 – 173. Oxford: Hart Publishing.

ITIO 2002. ITIO seeks OECD commitment to level playing field, 12 February 2002, http://www.itio.org/news.htm#.

Jackall, R. 1988. *Moral Mazes: The World of Corporate Managers*. New York: Oxford University Press.

Jackson, G. 2001. The origins of nonliberal corporate governance in Germany and Japan. In Streeck, W. and K. Yamanura (eds) *The Origins of Non-liberal Capitalism*, pp. 121 – 170. Ithaca: Cornell University Press.

Janeba, E. and G. Schjeldemp 2002. Why Europe should love tax competition-and the U. S. even more so, NBER Working Paper No. 9334, Cambridge, Mass.

Jeffrey, M. 1995. The Commission proposals on 'atypical work': back to the drawing board., again, *Industrial Law Journal*, 24, 296.

Jensen, M. C. and M. Meckling 1976. Theory of the firm: managerial behaviour, agency costs and ownership structure, *Journal of Financial Economics*, 3, 305.

Jessop, B. 2003. The *Future of the Capitalist State*. Oxford: Blackwell Publishing.

Johnson, L. 2002. Reclaiming an ethic of corporate responsibility, *George Washington Law Review*, 70, 957.

Jones, I. and M. G. Pollitt 2002. Who influences debates in business ethics? An investigation into the development of corporate governance in the UK since 1990. In Jones, I. and M. G. Pollitt (eds) *Understanding Business Ethics Development*. Basingstoke: Palgrave.

Kass, H. 1990. Stewardship as fundamental element in image of public administration. In Kass, H. and B. Catron (eds) *Images and Identities in Public Administration*, pp. 113 – 130. Newbury Park, Ca: Sage Publications.

Kaufmann, D. 2003. Rethinking governance, empirical lessons challenge orthodoxy. Online at: http://www.worldbank.org/wbi/governance/

Keast, R., M. P. Mandell, K. Brown and G. Woolcock 1994. Network structures working differently and changing expectations, *Public Administration Review*, May/June, 64/3, 363 – 371.

Kelling, G. L. 1999. *Broken Windows and Police Discretion*. Washington DC: US Department of Justice, Office of Justice Programs, National Institute of Justice.

Kelly, G. and J. Parkinson 2000. The conceptual foundations of the company: a pluralist approach. In Parkinson, J., A. Gamble and G. Kelly (eds) *The Political Economy of the Company*, pp. 113 – 139. Oxford: Hart Publishing.

Kelman, M. 1979. Consumption theory, production theory and ideology in the Coase theorem, *Southern California Law Review*, 52, 669.

Kettl, D. F. 2000. *The Global Public Management Revolution: A Report on the Trans-formation of Governance.* Washington DC: Brookings Institution Press.

Kidder, T. 1997. *The Soul ora New Machine.* New York: Modem Library.

Klein, N. 2000. *No Logo: Taking Aim at the Brand Bullies.* New York: Picador.

Kotter, J. P. 1996. *Leading Change.* Cambridge, Mass.: Harvard Business School Press.

Kraakman, R. 1986. Gatekeepers: the anatomy of a third-party enforcement strategy, *Journal of Law, Economics and Organisations*, 2/1, 53 – 104.

Kurtz, H. 2002. On CNBC, boosters for the boom, *Washington Post*, 12 November.

Labaton, S. 2005. Quick, early gains embolden business lobby, *New York Times*, 18 February.

Lannoo, K. 1999. A European perspective on corporate governance, *Journal of Common Market Studies*, 37/2, 269 – 294.

La Porta, R., F. Lopez-de-Silanes, A. Schleifer and R. W. Vishny 1997. Legal determinants of external finance, *Journal of Finance*, 52, 1131.

La Porta, R., F. Lopez-de-Silanes, A. Schleifer and R. W. Vishny 1998. Law and finance, *Journal of Political Economy*, 106, 1113.

La Porta, R., F. Lopez-de-Silanes, A. Schleifer and R. W. Vishny 1999. Corporate ownership around the world, *Journal of Finance*, 54, 471.

La Porta, R., F. Lopez-de-Silanes, A. Schleifer and R. W. Vishny 2000. Investor protection and corporate governance, *Journal of Financial Economics*, 58/1, 3 –27.

Leonhardt, D. 2002. How will Washington read the signs?, *New York Times*, 10 February, Money & Business, 1.

Levitt, A. 2003. *Take on the Street.* New York: Pantheon Books.

Lewis, N. 1996. *Choice and the Legal Order.* London: Butterworths.

Leys, C. 2003. *Market-driven Politics: Neoliberal Democracy and the Public Interest.* London: Verso.

Lindblom, C. 2001. The Market System. New Haven: Yale University Press.

Lowestein, R. 2004. *Origins of the Crash.* New York: The Penguin Press.

Lowry, W. 1992. *The Dimensions of Federalism.* Durham, NC: Duke University Press.

Lynch-Fannon, I. 2003. *Working Within Two Kinds of Capitalism*. Oxford: Hart Publications.

Lynch-Fannon, I. 2004. Employees as corporate stakeholders: theory and reality in a transatlantic context, *Journal of Corporate Law Studies*, 4, 155.

Lynn, L. E. 1987. *Managing Public Policy*. Boston: Little Brown.

Macbeth, M. 1985. Reining in the cowboys, *Canadian Business*, May.

Mackay R. and M. Smith 2004. Bill C-13: an Act to amend the Criminal Code (Capital Markets Fraud and Evidence-Gathering). Ottawa: Parliamentary Research Branch, Legislative summary, LS-468E.

Manville, B. and J. Ober 2003a. Beyond empowerment: building a company of citizens, *Harvard Business Review*, 8, 48 – 53.

Manville, B. and J. Ober 2003b. *A Company of Citizens: What the World's First Democracy Teaches Leaders about Creating Great Organisations*. Boston, Mass.: Harvard Business School Press.

Mather, L. 1998. Theorizing about trial courts: lawyers, policymaking and tobacco litigation, *Law and Social Inquiry*, 23, 897 – 940.

Maw, N. G. 1994. *Corporate Governance*. Aldershot: Dartmouth.

McBarnet, D. 1984. Law and capital: the role of legal form and legal actors. In McBarnet, D. (ed.) *Law and Capital, special issue of International Journal of the Sociology of Law*, 12, Academic Press, pp. 231 – 238.

McBarnet, D. 1988. Law, policy and legal avoidance, *Journal of Law and Society*, Spring 1988, 113 – 121.

McBarnet, D. 1991a. Whiter than white collar crime: tax, fraud insurance and the management of stigma, *British Journal of Sociology*, 42, 323 – 344.

McBarnet, D. 1991b. It's not what you do but the way that you do it: tax evasion, tax avoidance and the boundaries of deviance. In Downes, D. (ed.) *Unravelling Criminal Justice*, pp. 247 – 268, London: Macmillan.

McBamet, D. 2003. When compliance is not the solution but the problem: from changes in law to changes in attitude. In Braithwaite, V. (ed) *Taxing Democracy*. Aldershot: Ashgate.

McBarnet, D. 2004a. The new corporate accountability. In Cragg, W. and C. Koggel (eds) *Contemporary Mora/Issues* (new to 5th edn). Toronto: McGraw Hill Ryerson.

McBarnet, D. 2004b. *Crime, Compliance and Control*. Aldershot: Ashgate/Dartmouth.

McBarnet, D. and C. Whelan 1991. The elusive spirit of the law: formalism and the struggle for legal control, *Modern Law Review*, November, 848 – 873.

McBarnet, D. and C. Whelan 1997. Creative compliance and the defeat of legal control: the magic of the orphan subsidiary. In Hawkins, K. (ed.) *The Human Face of Law*. Oxford: Oxford University Press.

McBarnet, D. and C. Whelan 1999. *Creative Accounting and the Cross-eyed Javelin Thrower*. Chichester: John Wiley & Sons.

McClam, E. 2005. Ex-CFO: earnings fell short for Ebbers, *Seattle Times*, E1, 6, 9 February.

McClaughry, J. 1972. Milton Friedman responds, *Business and Society Review*, 5.

McGraw, T. 1984. *Prophets of Regulation*. Harvard: Harvard University Press.

McIntosh, M., R. Thomas, D. Leipziger and G. Coleman 2003. *Living Corporate Citizenship: Strategic Routes to Socially Responsible Business*. London: Prentice Hall.

McLean, B. and P. Elkind 2004. *The Smartest Guys in the Room: The Amazing Rise and Scandalous Fall of Enron*. New York: Portfolio.

Mediobanca Research Industry 2003. Parmalat: too many uncertainties, 20 November.

Melis, A. 1999. *Corporate Governance. Un ' analisi empirica della realta italiana inun' ottica europea*. Torino: Giappichelli.

Melis, A. 2000. Corporate governance in Italy, *Corporate Governance-An International Review*, 8/4, 347 – 355.

Melis, A. 2004a. Financial reporting, corporate communication and governance, *Corporate Ownership and Control*, 1/2, Winter, 31 – 37.

Melis, A. 2004b. On the role of the Board of Statutory Auditors in Italian listed companies, *Corporate Governance-An International Review*, 12/1, 74 – 84.

Melis, G. 1995. Sulla natura economica dei valori iscritti nel nuovo bilancio europeo, *Annali della Facoltà di Economia di Cagliari*, Xl, Milan: Angeli.

Merrill Lynch 2002. Parmalat: The Straws that Break the Camel's Back, In-depth Report, 5th December.

Millon, D. 1991. Redefining corporate law, *Indiana Law Review*, 24/2, 223 – 277.

Millon, D. 1993. *New Directions in Corporate Law*, 50 Washington and Lee Law Review 1373.

Millon, D. 2002. Why is corporate management obsessed with quarterly earnings and what should be done about it?, *George Washington Law Review*, 70, 890.

Minow, N. 1999. Corporate charity an oxymoron?, *The Business Lawyer*, 54/3, 997.

Mishra, R. 1999. *Globalization and the Welfare State*. Cheltenham: Edward Elgar.

Mitchell, D. J. 2001. CFP strategic memo, 16 June 2001, to: Leaders of Low-tax Jurisdictions and Supporters of Tax Competition, Financial Privacy, and Fiscal Sovereignty, Washington DC, http://www.freedomandprosperity.org/Papers/m06-16-01/m06-16-01.shtml

Mitchell, D. J. 2002. Death of the EU Savings Tax Directive, Center for Freedom and Prosperity Strategic Memorandum, 26 August 2002, Washington DC, http://www.freedomandprosperity.org/memos/m08-26-02/m08-26-02.shtml

Mitchell, L. 1993. *Groundwork of the Metaphysics of Corporate Law*, 50 Washington and Lee Law Review 1477.

Mitchell, L. 1995. *Trust, Contract, Process*. In Mitchell, L. (ed.) *Progressive Corporate Law* 185. Boulder, CO: Westview Press.

Mitchell, L. E. 2001a. *Corporate Irresponsibility: America's Newest Export*. New Haven, London: Yale University Press.

Mitchell, L. E. 2001b. The importance of being trusted, *Boston University Law Review*, 81, 591.

Molteni, M. 1997. *I sistemi di corporate governance nelle grandi imprese italiane*. Milan: EGEA.

Monbiot, G. 2000. *The Captive State. The Corporate Takeover of Britain*. London: Macmillan.

Monbiot, G. 2001. *Captive State: The Corporate Takeover of Britain*. London: Pan Books.

Moran, M. 2003. *The British Regulatory State*. Oxford: Oxford University Press.

Morgan, B. 2003. *Social Citizenship in the Shadow of Competition: The Bureaucratic Politics of Regulatory Justification*. Aldershot: Ashgate.

Morgan, G. 1997. *Images of Organizations*. Thousand Oaks, Ca: Sage Publications.

Murphy, D. 2004. *The Structure of Regulatory Competition*. Oxford: Oxford University Press.

Naser, K. 1993. *Creative Financial Accounting. Its Nature and Use*. London:

Prentice Hall.

New York Times 2005. Did the buck stop anywhere at WorldCom?, 4 March.

Norton, D. 1976. *Individual Destinies: A Philosophy of Ethical Individualism*. Princeton, NJ: Princeton University Press.

Nunan, R. 1988. The libertarian conception of corporate property: a critique of Milton Friedman's views on the social responsibility of business, *Journal of Business Ethics*, 7, 891–906.

Nuzum, C. and S. Pulliam 2005. WorldCom's ex-controller deals blow to Ebber's defense, *Wall Street Journal*, C-1, 28 January.

O'Brien, J. 2003. *Wall Street on Trial*. Chichester: John Wiley & Sons.

O'Brien, J. 2004a. Ethics, probity and the changing governance of Wall Street, cure or remission, *Public Integrity*, 7, Winter, 43–54.

O'Brien, J. 2004b. Beyond compliance, testing the limits of reforming the governance of Wall Street, *International Journal of Business Governance and Ethics*, 1: 2/3, 162–174.

O'Brien, J. 2005. Ethics and corporate governance: banking on scandal, *International Journal of Business Governance and Ethics*, forthcoming.

O'Connor, M. A. 1991. Restructuring the corporation's nexus of contracts: recognizing a fiduciary duty to protect displaced workers, *Northern California Law Review*, 69, 1189.

O'Connor, M. A. 1993. How should we talk about fiduciary duty? Directors' conflict of interest transactions and the ALI's principles of corporate governance, *George Washington Law Review*, 61, 954.

O'Connor, M. A. 1995. Promoting justice in plant closings: explaining the fiduciary/contract law distinction to enforce implicit employment agreements. In Mitchell, L. E. 1995 (ed.) *Progressive Corporate Law*. Boulder, CO, Westview Press.

Ohmae, K. 1995. *The End of the Nation State: The Rise of Regional Economies*. London: Harper Collins.

Onida, P. 1968. *Economia d'azienda*. Turin: UTET.

Oricchio, G. 1997. Valenza informativa dei bilanci ordinari e teorie moti-vazionali e comportamentali degli amministratori: alcune rifiessioni, *Rivista Italiana di Ragioneria e di Economia Aziendale*, 97, July-August.

Palepu, K. and P. Healy 2003. The fall of Enron, *Journal of Economic Per-

spectives, 17/2, 3 – 26.

Parkinson, J. 2003. Preface to Working Within Two Kinds of Capitalism. Oxford: Hart Publications.

Parkinson, J. , A. Gamble and G. Kelly 2000. *The Political Economy of the Company*. Oxford: Hart Publications.

Parkinson, J. E. 1996. *Corporate Power and Responsibility*. Oxford: Clarendon Press.

Parmalat Finanziaria SpA 1998, 1999, 2000, 2001, 2002. Annual reports.

Parmalat Finanziaria SpA 2001, 2002, 2003. Informativa sul sistema di Corporate Governance ai sensi della sezione IA. 2. 12 delle istruzioni al Regolamento di Borsa Italiana spa. (Report on corporate governance.)

Parmalat Finanziaria SpA 2003a. Interim reports.

Parmalat Finanziaria SpA 2003b. Investors' presentation, 10 April, available atwww. parmalat. net.

Partnoy, F. 2002. The unregulated status of derivatives & Enron, testimony at hearings before the United States Senate Committee on Governmental affairs, 24 January 2002.

Partnoy, F. 2003. *Infectious Greed*. London: Profile Books.

Pattakos, A. N. 2004. The search for meaning in government service, *Public Administration Review*, 64/1, January/February, 106 – 113.

Pearce, F. and S. Tombs 1998. *Toxic Capitalism: Corporate Crime and the Chemical Industry*. Aldershot: Ashgate/Dartmouth.

Pearce, F. and S. Tombs 2003. 'Dance your anger and your joys': multinational corporations, power, 'crime' . In Sumner, C. (ed.) *Blackwell Companion to Criminology*. Oxford: Blackwell.

Perrin, S. 1999. Show how much you care, *Accountancy*, September, 44 – 45.

Perrow, C. 1993. *Complex Organizations* A Critical Essay, 23rd edn New York: McGraw-Hill.

Petrick, J. A. and J. F. Quinn 1997. Management Ethics: *Integrity at Work*. Thousand Oaks, Ca: Sage.

Phelps, M. , H. McKay, T. Allen, P. Brunet, W. Dobson, E. Harris, M. Tims 2003. *It's Time: Report of the Committee to Review the Structure of Securities Regulation in Canada*. Canada: Department of Finance, 17 December (online at www. wise-averties. ca).

Philips, K. 2002. *Wealth and Democracy, A Political History of the American Rich*. New York: Broadway Books.

Pitt, H. L. 2002. Testimony concerning the Corporate and Auditing Accountability, Responsibility, and Transparence Act. Before the Committee of Financial Services United States House of Representatives, Washington DC, 20 March 2002.

Polanyi, K. 1944. The Great Transformation. New York: Rinehart.

Porter, J. 1965. *The Vertical Mosaic*. Toronto: University of Toronto Press.

Posner, R. 1976. *Antitrust Law*. Chicago: University of Chicago Press.

Posner, R. 1977. *Economic Analysis of Law*. 2nd edn. New York: Little Brown.

Powers, W. C. Jr 2002. Special Investigative Committee of the Board of Directors of Enron Corp, 'Report of Investigation', William C. Powers Jr, Chair, Raymond S. Troubh, Herbert S. Winokur, Jr, 1 February.

Preda Code 1999, 2002. *Codice di Autodisciplina*. Milan: Borsa Italiana.

Public Company Accounting Reform and Investor Protection Act of 2002, HR 3763. Washington DC.

Purl, P. 2001. Sentencing the criminal corporation, *Osgoode Hall Law Journal*, Summer/Fall, 39, 2/3, 612–653.

Raustalia, K. and A. M. Slaughter 2002. International law. International relations and compliance. In Carlsnaes, W., T. Risse, B. Simmons and T. Risse-Kappen (eds) *Handbook of International Relations*, pp. 538–558. Thousand Oaks, Ca: Sage Publications.

Rawls, J. 1971. *A Theory of Justice*. Cambridge, Mass.: Belknap Press, Harvard University Press.

Reich, R. B. 1998. The new meaning of corporate social responsibility, *California Management Review*, 40/2, 8–17.

Report on Business Magazine 2004. Advertising Supplement to *Report on Business*, June.

Report on Business Magazine 2004. *Report on Business*, July/August.

Roach, L. 2001. The paradox of the traditional justifications for exclusive shareholder governance protection: expanding the pluralist approach, *The Company Lawyer*, 22/1, 9–15.

Robertson, D. C. and N. Nicholson 1996. Expressions of corporate social responsibility in UK firms, *Journal of Business Ethics*, 15/10, 1095.

Roe, M. J. 2002a. Can culture constrain the economic model of corporate law?, *University of Chicago Law Review*, 69, 1251.

Rogers, D. and M. Langley 2005. Bush set to sign landmark Bill on class actions, *Wall Street Journal*, 18 February, A1.

Rohr, J. A. 1998. *Public Service, Ethics and Constitutional Practice*. Lawrence, Kan.: University Press of Kansas.

Rohr, J. A. 2002. Civil *Servants and Their Constitutions*. Lawrence, Kan.: University Press of Kansas.

Romano, R. 2004. The Sarbanes-Oxley Act and the making of quack corporate governance, European Corporate Governance Institute Finance Working Paper, No. 52/2004.

Rose-Ackerman, S. 1992. *Rethinking the Progressive Agenda: The Reform of the American Regulatory State*. New York: Free Press.

Rosenblatt, M. 1984. In-substance defeasance removes long-term debt from balance sheet, Corporate Finance (Euromoney).

Rosoff, S., H. Pontell and R. Tillman 1998. *Profit Without Honor. White-collar Crime and the Looting of America*. New Jersey: Prentice Hall.

Rusconi, G. F. 1986. Induzione e deduzione helle ricerche di econ-omia aziendale, *Rivista Italiana di Ragioneria e di Economia Aziendale*, May-June.

Saraceno, P. 1972. *Il governo delle aziende*. Venice: LUE.

Sassen, S. 1996. *Losing Control: Sovereignty in an Age of Globalization*. New York: Columbia University Press.

Schein, E. H. 1985. *Organizational Culture and Leadership*. San Francisco: Jossey Bass.

Schein, E. H. 1999. *The Corporate Culture Survival Guide*. San Francisco: Jossey-Bass Publishers.

Schmeling, T. 2003. Stag hunting with the State AG: anti-tobacco litigation and the emergence of cooperation among State Attorneys General, *Law and Policy*, 25/4, 429–454.

Schrecker, E. 2001. From the welfare state to the no-second-chances state. In Boyd, S., D. Chunn and R. Menzies (eds) [Ab] *using Power: The Canadian Experience*. Halifax: Fernwood.

Schwartz, M. 2002. A code of ethics for corporate codes of ethics, *Journal of Business Ethics*, 41: 1/2.

Seliger, M. 2005. Spitzer's justice, *Vanity Fair*, January.

Seligman, J. 2003. *The Transformation of Wall Street, A History of the Securities and Exchange Commission and Modern Corporate Finance.* New York: Aspen.

Senge, P. 1990. The *Fifth Discipline: The Art and Practice of the Learning Organization.* Garden City, NJ: Prentice Hall.

Sennett, R. 1999. *The Corrosion of Character.* London: Norton.

Setting Analyst Standards: Recommendations for the Supervision and Practice of Canadian Securities Industry Analysts (October 2001). Toronto: Toronto Stock Exchange, Investment Dealers Association, Canadian Venture Exchange.

Shamir, R. 2004. Between self-regulation and the Alien Tort Claims Act: on the contested concept of corporate social responsibility, *Law & Society Review*, forthcoming.

Shapiro, I. 2003. *The State of Democratic Theory.* Princeton: Princeton University Press.

Shapiro, S. 1984. *Wayward Capitalists: Target of the Securities and Exchange Commission.* New Haven: Yale University Press.

Shapiro, S. 1990. Collaring the crime, not the criminal: reconsidering the concept of white-collar crime, *American Sociological Review*, 55, 123-140.

Sharpe, A. 1998. Income distribution in Canada in the 1990s: the offsetting impact of government on growing market inequality, *Canada Watch*, 6, June.

Sherman, N. 1989. *The Fabric of Character: Aristotle's Theory of Virtue.* Oxford: Clarendon Press.

Shinn, J. 2001. Private profit or public purpose? Shallow convergence on the shareholder model, Discussion Paper.

Shleifer, A. and R. Vishny 1986. Large shareholders and corporate control, *Journal of Political Economy*, Part 1, June, 461-489.

Slackman, M. 2004. Fund-raiser provides $3 million for Spitzer campaign, *New York Times*, 10 December.

Smith, A. 1884. *The Wealth of Nations.* London: T. Nelson and Sons. Smith, H. W. 1997. If not corporate philanthropy, then what?, *New York Law School Law Review*, 41/3, 757.

Smith, T. 1992. *Accounting for Growth.* London: Century Business.

Snider, L. 1978. Corporate crime in Canada: a preliminary report, *Canadian Journal of Criminology*, 20/2, 178-202.

Snider, L. 1993. *Bad Business: Corporate Crime in Canada*. Scarborough, Ontario: Nelson.

Snider, L. 1996. Options for public accountability. In Mehta, M. (ed.) *Regulatory Efficiency and the Role of Risk Assessment*. Kingston, Ont.: School of Policy Studies, Queen's University.

Snider, L. 2000. The sociology of corporate crime: an obituary, *Theoretical Criminology*, 4/2, 169 – 205.

Snider, L. 2002. Theft of time: disciplining through science and law, *Osgoode Hall Law Journal*, 40/4, 1, 89 – 113.

Snider, L. 2004. Resisting neo-liberalism: the poisoned water disaster in Walkerton, Ontario, *Social and Legal Studies*, forthcoming.

Soloman, J. and I. Soloman 2004. *Corporate Governance and Accountability*. Chichester: John Wiley & Sons.

Sorensen, P. B. 2001. International tax coordination: regionalism versus globalism, CESifo Working Paper No. 483, Munich.

Sparrow, M. 2000. *The Regulatory Craft*. Washington: Brookings Institution.

Spencer, P. 2000. *The Structure and Regulation of Financial Markets*. Oxford: Oxford University Press.

Spill, R., M. Licari and L. Ray 2001. Taking on tobacco: policy entrepreneurship and tobacco litigation, *Political Research Quarterly*, 54/3, 605 – 622.

Spitzer, E. 2000. The challenge of the New Federalism, 1 May 2000. Full text at www.oag.state.ny.us/press/statements

Spitzer, E. 2002. The crisis of accountability, 1 May 2002. Full text at www.oag.state.ny.us/press/statements

Spitzer, E. 2004. *Statement to Senate Committee on Governmental Affairs Subcommittee on Financial Management, the Budget and International Security*, Washington DC, 16 November. Full text at www.oag.state.ny.us/press/statements

Spitzer, E. 2005. Business ethics, regulation and the 'ownership society', *Remarks to National Press Club*, Washington DC, 31 January. Full text at www.oag.state.ny.us/press/statements

Stanbury, W. 1977. *Business Interests and the Reform of Canadian Competition Policy* 1971 – 1975. Toronto: Carswell/Methuen.

Stanbury, W. 1986 – 1987. The New Competition Act and Competition Tribunal Act: not with a bang but a whimper?, *Canadian Business Law Journal*, 12, 2 – 42.

Stanbury, W. 1995. Public policy towards individuals involved in competition-law offences in Canada. In Pearce, F. and L. Snider (eds) *Corporate Crime: Contemporary Debates*, pp. 214 – 244. Toronto: University of Toronto Press.

Stiglitz, J. 2003. *The Roaring Nineties*. New York: Norton.

Stikeman Elliott 2000. *Towards a Level Playing Field-Regulating Corporate Vehicles in Cross-Border Transactions*. London: Stikeman Elliott.

Stokes, M. 1986. Company law and legal theory. In Twining, W. (ed.) *Legal Theory and the Common Law*, pp. 155 – 183. Oxford: Oxford University Press.

Stone, C. D. 1975. *Where the Law Ends: The Social Control of Corporate Behaviour*. New York: Harper & Row.

Strange, S. 1986. *Casino Capitalism*. Manchester: Manchester University Press.

Streeck, W. and P. Schmitter 1985. Community, market, state and associations? The prospective contribution of interest governance to social order. In Streeck, W. and P. Schmitter (eds) *Private Interest Government*. London: Sage.

Strine, L. 2002. Derivative impact: some early reflections on the corporation law implications of the Enron debacle, *The Business Lawyer*, 57/4, 1371 – 1402.

Strum, P. 1992. *Brandeis. Beyond Progressivism*. Kansas: University Press of Kansas.

Stryker, R. 1994. Rules, resources, and legitimacy processes: some implications for social conflict, order and change, *The American Journal of Sociology*, 99/4, 847 – 910.

Subcommittee on Oversight and Investigations Hearing 2002a. The financial collapse of Enron-Part 3, Committee on Energy and Commerce, House of Representatives (107th Congress: 14 February 2002), Serial No. 107 – 89.

Subcommittee on Oversight and Investigations Hearing 2002b. The financial collapse of Enron-Part 4, Committee on Energy and Commerce, House of Representatives (107th Congress: 14 March 2002), Serial No. 107 – 90.

Suchman, M. C. 1995. Managing legitimacy: strategic and institutional approaches, *Academy of Management Review*, 20/3, 571 – 610.

Symposium 2002. *Corporate Irresponsibility: America's Newest Export*, 70, *George Washington Law Review*. Washington DC: George Washington University Law School.

Tao te Ching 1988. Translated by Stephen Mitchell. New York: Harper Perennial.

Tax-news. com 2001. Offshore jurisdictions give guarded welcome to OECD report,

Tax-News. com, 16 November 2001, http: //www. tax-news. com/

Tax-news. com 2003. Antigua queries IMF anti-money laundering methodology, *Tax-News. com*, http: //www. tax-news. com/asp/story/story. asp? storyname = 10711

Terry, L. D. 2003. *Leadership of Public Bureaucracies: The Administrator as Conservator.* Armonk, NY: M. E. Sharpe.

Teske, P. 2004. *Regulating the States.* Washington: Brookings Institution. *The Tribune* 2000. 6 June.

Tombs, S. 1996. Injury, death and the deregulation fetish: the politics of occupational safety regulation in United Kingdom manufacturing industries, *International Journal of Health Services*, 26/2, 309 – 329.

Tombs, S. and D. Whyte 2003. Scrutinizing the powerful. In Tombs, S. and D. Whyte (eds) *Unmasking the Crimes of the Powerful*, pp. 3 – 48. New York: Peter Lang.

Tyler, T. R. 1990. *Why People Obey the Law.* New Haven: Yale University Press.

United Nations 1996. Resolution 51/59, 82nd Plenary Meeting, 12 December, Action Against Corruption & Annex International Code of Conduct for Public Officials; http: //www. un. org/documents/ga/5 1/a51 r059. htm (5/5/2003)

US General Accountability Office, February 26, 2004. Mandatory Audit Firm Rotation Study: Study Questionnaires, Responses, and Summary of Respondents' Comments. GAO-04-217. Washington DC.

US General Accountability Office, November 21, 2003. Public Accounting Firms: Required Study on the Potential Effects of Mandatory Audit Firm Rotation. GAO-04-216. Washington DC.

US General Accountability Office, July 30, 2003. Public Accounting Firms: Mandated Study on Consolidation and Competition. GAO-03-864. Washington DC.

US General Accountability Office, June 2003. Government Auditing Standards (2003 Revision). GAO-03-673G. Washington DC.

US General Accountability Office, January 2003. GAO Forum on Governance and Accountability: Challenges to Restore Public Confidence in US Corporate Governance and Accountability Systems. GAO-03-419SP. Washington DC.

US General Accountability Office, March 2002. Highlights of GAO's Corporate Governance, Transparency and Accountability Forum. GAO-02-494SP. Washington DC.

Vogel, D. 1986. *National Styles of Regulation*. Ithaca: Cornell University Press.

Vogel, S. K. 2002. The crisis of German and Japanese capitalism: stalled on the road to the liberal market model, *Comparative Political Studies*, 34/10.

Walker, P. M. November 2002. Integrity: restoring trust in American business and the accounting profession. Article based on a speech to the American Institute of Certified Public Accountants' leadership conference. Washington DC.

Walker, D. M. 2003. Challenges, character, and core values. Commencement Address, University of Pittsburgh Graduate School of Public and International Affairs, 26 April. www. gao. gov/cghome/pittsburgh. pdf (1/23/05).

Walker, P. M. 21 September 2004. Restoring trust after recent accountability failures. Conference on Governing the Corporation, Institute of Governing, Public Policy, and Social Research, Queen's University, Belfast, Northern Ireland.

Warren, R. 2002. *The Purpose Driven Life*. Grand Rapids: Zondervan.

Wedderburn, K. W. 1985. The legal development of corporate responsibility: for whom will corporate managers be trustees? In Hopt, K. J. and G. Teubner (eds) *Corporate Governance and Directors' Liabilities*. Berlin: Walter De Gruyter.

Wedderburn. K. W. 1993. Companies and employees: common law or social dimension?, *Law Quarterly Review*, 109, 220-262.

Well, R. 2002. Fundamental causes of the accounting debacle at Enron: show me where it says I can't. Summary of Testimony for Presentation, 6 February 2002, the Committee on Energy and Commerce 10.

Werner, W. 1981. Corporation law in search of its future, *Columbia Law Review*, 81, 1611.

Whitehouse, L. 1998a. The home owner: citizen or consumer? In Bright, S. and J. Dewar (eds) *Land Law: Themes and Perspectives*, pp. 183-205. Oxford: Oxford University Press.

Whitehouse, L. 1998b. The current trend in consumerism and its impact on the rights of home owners. In Cowan, D. (ed.) *Housing: Participation and Exclusion*. Aldershot: Ashgate.

Whitehouse, L. 2003a. Corporate social responsibility as citizenship and compliance: initiatives on the domestic, European and global level, *Journal of Corporate Citizenship*, 11, 85–98.

Whitehouse, L. 2003b. Corporate social responsibility, corporate citizenship and the global compact: a new approach to regulating corporate social power, *Global*

Social Policy, 3, 299 – 318.

Williamson, J. 2003. A Trade Union Congress perspective on the Company Law Review and Corporate Governance Reform since 1997, *British Journal of Industrial Relations*, 41/3, 511 – 530.

Williamson, O. 1993. Calculativeness, trust and economic organization, *Journal of Law and Economics*, 36, 453.

Willis, A. 2004. Even in a bear market, some fund managers saw a bonanza, *Globe & Mail*, 23 June, B9.

Wilson, G. 2000. Business, state, and community: 'responsible risk takers', New Labour, and the governance of corporate business, *Journal of Law and Society*, 27/1, 151 – 177.

Windram, B. and J. Song 2004. Non-executive directors and the changing nature of audit committees: evidence from UK audit committee chairmen, *Corporate Ownership and Control*, 1/3, 108 – 115.

Wise, C. 2002. Organizing for homeland security, *Public Administration Review*, 62/2, March/April, 131 – 144.

Wolf, J. B. 2004. *Harnessing the Holocaust: The Politics of Memory in France*. Stanford, Ca: Stanford University Press.

Wolf, S. R. 1990. *Freedom within Reason*. New York: Oxford University Press.

Wolfe, A. 1993. The modern corporation: private agent or public actor?, *Washington and Lee Law Review*, 50/4, 1673.

Won, S. 2004 OSC chairman urges cooperative approach to fighting economic crime, *Globe & Mail*, May 28, online.

Wood, D. J. 1991. Corporate social performance revisited, *Academy of Management Review*, 16/4, 691 – 718.

Wood, S. 2001. Business, government, and patterns of Labour policy in Britain and the Federal Republic of Germany. In Hall, P. and D. Soskice (eds) *Varieties of Capitalism: The Institutional Foundation of Comparative Advantage*, pp. 247 – 274. Oxford: Oxford University Press.

Wren, D. A. 1994. *The Evolution of Management Thought*, 4th edn. New York: John Wiley & Sons.

Yaron, G. 2002. *Canadian Shareholder Activism in an Era of Global Deregulation*. Vancouver: Shareholder Association for Research and Education, at www.share.ca.

Yew, M. 2003. Tough talk on insider trading, *Toronto Star*, 13 November: Cl.

Yew, M. 2003. The insider trading story, *Toronto Star*, 14 November: C1, 3.

Yin, R. K. 1989. *Case Study Research. Design and Methods.* Newbury Park, Ca: Sage Publications.

Zadek, S. 1998. Balancing performance, ethics and accountability, *Journal of Business Ethics*, 17/13, 1421 – 1441.

Ziegler, J. N. 2001. Corporate governance in Germany: towards a new translational politics? In Weber, S. (ed.) *Globalisation and the European Political Economy*, pp. 197 – 228. New York: Columbia University Press.

Zimmerman, J. 2001. National-state relations: cooperative federalism in the twentieth century, *Publius: The Journal of Federalism*, 31/2, Spring, 15 – 30.

报告

Communication from the Commission to the Council, the European Parliament, the Economic and Social Committee and the Committee of the Regions on the Social Policy Agenda. COM (2000) 379 [28.6.2000].

Communication from the Commission to the Council, the European Parliament, the Economic and Social Committee and the Committee of the Regions on Employment and Social Policies: a framework for investing in quality. COM (200la) 313 [20.6.2001].

Communication from the Commission to the Council, the European Parliament, the Economic and Social Committee and the Committee of the Regions on Promoting Core Labour Standards and Improving Social Governance in the Context of Globalisation. COM (2001b) 416 [18.7.2001].

European Commission Report on the Social Situation of the European Union 2004.

Iskander, M. R. and N. Chamlou 2000. *Corporate Governance: A Framework for Implementation.* Washington DC: The World Bank.

OECD 1998. *Harmful Tax Competition -An Emerging Global Issue.* Paris: OECD.

OECD 2000. *Towards Global Tax Co-operation, Report to the 2000 Ministerial Council Meeting and Recommendations by the Committee on Fiscal Affairs, Progress in Identifying and Eliminating Harmful Tax Practices.* Paris: OECD.

OECD Steering Group on Corporate Governance 2001a. *Corporate Governance in OECD Member Countries: Recent Developments and Trends.* Paris: OECD.

OECD 2001b. *The OECD's. Project on Harmful Tax Practices: The 2001 Progress Report*. Paris: OECD.
OECD 2002. *The OECD Issues. The List of Uncooperative Tax Havens*. Paris: OECD.
OECD 2003a. *Vanuatu Makes Commitment and is Removed from List of Uncooperative Tax Havens*. Paris: OECD.
OECD 2003b. *Nauru is Removed from List of Uncooperative Tax Havens*. Paris: OECD.
OECD 2004a. *Principles of Corporate Governance*. Paris: OECD.
OECD 2004b. The OECD's *Project on Harmful Tax Practices: The 2004 Progress Report*. Paris: OECD.
White Paper (2002) *Modernising Company Law* (Cmnd 5553).

法律、法令与法规

Directive 2001/86/EC on Worker Participation on Boards of the European Company.
Directive 94/95 EC [1994] OJ L 254/64 as amended Directive 97/74 EC OJ L010/22 on European Works Councils.
Directive 96/34/EC [1996] OJ L145/4 on the Framework Agreement on Parental Leave.
Directive 89/391/EC (as amended) on Maternity Leave and Directive 96/34/EC on Parental Leave.
Directive 75/129 EC [1975] OJ L48/29 and Directive 98/59 EC [1998] OJL225/16 on Acquired Rights of Employees on the Transfer of Undertakings.
National Labor Relations Act (1948) 29 USC 151–69, 1948.
Regulation 2157/2001 EC [2001] L294/I on the *Societas Europea*.

主要词汇索引

A

academic community 17, 47, 101 – 19	学术团体
accelerated due dates, financial reports 42	加速到期日，财务报表
Accenture 127 – 8	埃森哲咨询公司
accountability issues 2 – 45, 47 – 61. 66 – 77, 79 – 99, 159 – 61, 179 – 81, 189 – 204, 273 – 93	问责制问题
cultures 44 – 5, 56, 76, 159 – 61, 189 – 204, 273 – 91	文化
fraud 189 – 204	舞弊（欺诈）
GAO 40 – 5	美国审计总署
accountability profession	负有责任的专业人士
see also auditors; public accounting firms	参见：审计师；会计师事务所
responsibilities 44 – 5, 53 – 61, 174 – 5, 191 – 204, 322 – 38	责任
stewardship concepts 44 – 5, 322 – 38	服务理念
accountancy bodies 33 – 5, 43, 69, 71 – 5, 214, 238, 256 – 7	会计团体
accountants 5, 21 – 2, 210 – 22, 267	会计师
Accounting Standards Board 214	会计准则委员会
Acquired Rights Directive, European Union 113	既得权利指令，欧盟
acquisitions see mergers...	收购，参见：合并
Action Plan on Corporate Governance, European Commission 76	公司治理行动计划，欧盟委员会
actions and consequences, legacy concepts 327 – 38	行动和结果
adaptability needs, change 335, 338	适应性需求，变化
Adelphia 189	阿德尔菲亚公司
'after Enron' 205 – 22, 327	"后安然时代"
agency theory 10, 144 – 8, 190 – 1, 235 – 6	代理理论
Alberta 175 – 7	艾伯塔省（加拿大）
allegation, fraud 192 – 204	指控，舞弊（欺诈）
American Assembly 32	美国众议院

主要词汇索引

American Bar Association 307	美国律师协会
American Chamber of Commerce 15，307，310	美国商会
American Institute of Certified Public Accountants 34 – 5，60	美国注册会计师协会
Andorra 129	安道尔共和国
Anglo -American system	英美法系
see also UK；US	
corporate-law principles 102 – 19，142 –61，210 –11，213 –14，255 –6	公司法的原则
annual general meetings 67 – 70	年会
annual reports see financial reports	年度报告，参见：财务报告
Ansbacher（Cayman）Ltd 258	安斯巴切（开曼）有限公司
anti-trust violations，US insurance industry 305 –6	违反反托拉斯法案，美国保险业
Antigua and Barbuda 129 – 31	安提瓜和巴布达
Appleby，Paul 255 –71	保罗·阿普莱比
APRA see Australian Prudential Regulator Authority	澳大利亚审慎规制署
Arblaster，A. 157 – 9	A. 阿伯拉斯特
arm's-length financing see 'outsider' models	保持距离型融资，参见：外部人模式
Arthur Andersen，11，35 –6，206，237，242，322	安达信会计师事务所
Arthur，Owen 130	欧文·亚瑟
asset misappropriation 196 – 201	资产流失
asset/liability management 74	资产/负债管理
associational governance 5	联合治理
Atlantic Acceptance Finance Company 168	大西洋金融承兑公司
Attorney General of Canada 173 – 4	加拿大检察长
audit committees 16 – 17，21 – 2，24 – 5，28 – 30，57 – 8，73，189 – 204，239 – 54，317	审计委员会
auditors 30，57 – 8	审计师
boards 29 – 30，190 – 204，243 – 54	委员会
financial reports 29 – 30，58，73，190 – 204，239 – 54，317	财务报表
roles 28 – 30，57，190 – 204，239 – 44	角色
Sarbanes-Oxley legislation 28 – 9	《萨班斯-奥克斯利法案》
Auditing Practices Board，Ireland 262	审计实务委员会，爱尔兰
Auditing Standards No. 2（AS2），PCAOB 60，188 – 91	审计准则

Auditing Standards Board of the American Institute of Certified Public Accountants 34－5 美国注册会计师协会下属的审计准则委员会

auditors 30, 36－41, 44－5, 53－61, 65－77, 174－5, 191－204, 234, 239－54, 261－70, 319－38 审计师

    see also public accounting firms   参见：会计师事务所

    audit committees 30, 57－8   审计委员会

    bookkeeping/recordkeeping services 41   簿记/记账服务

    conflicts of interest 40－1   利益冲突

    consulting services 40－1, 72－3   咨询服务

    Ireland 261－70   爱尔兰

    monopolistic situation 36, 38－9, 320－1   垄断地位

    non-audit services 40－1, 72－3   非审计服务

    Parmalat 234, 237－8, 239－54, 321   帕玛拉特

    payroll services 41   薪酬服务

    prohibited services 41－2   禁止性服务

    reliability needs 44－5, 73－4   可靠性需求

    responsibilities 44－5, 53－61, 70－7, 191－204, 239－54, 261－2, 267－9, 319－38   责任

    rotation issues 36－40, 73, 242－3, 321－2   轮换问题

    tenure considerations 36－40   考虑聘期

    training needs 192－3   培训需求

    trusteeship issues 322－38   托管问题

audits 6, 16－17, 21－2, 23－45, 63－77, 144, 174－5, 188－204, 234, 239－54, 261, 317－38 审计

    see also financial reports   参见：财务报告

    challenges 26－32, 33－5, 40－5, 63－77, 188－204   疑问

    costs 36, 38   成本

    critical areas 33－4   危险领域

    European Union 70－3, 144   欧盟

    failures 21－45, 53, 63－4, 70－3, 101－2, 317－38   破产（失败）

    fees 36, 38, 57   费用

    independence issues 21－5, 29－30, 37－45, 65－77, 206, 241－54, 317－18, 321   独立性问题

    oversight problems 24－5, 29, 44－5, 65－77   监督问题

PCAOB 2, 11, 15 – 17, 23 – 56, 34 – 5, 39 – 40, 52 – 61, 71 – 3, 188 – 91, 311 – 13	公众公司会计监督委员会
precision issues 31 – 2	精确性问题
quality controls 56 – 61, 70 – 3	质量控制
quality issues 23 – 45, 66 – 77, 191 – 204	质量问题
registration practices 23 – 5, 54 – 61, 76 – 7	注册
reporting-model needs 33 – 4	报告模式
risk assessments 34	风险评估
standards 23 – 5, 33 – 5, 41 – 3, 56 – 61, 71 – 3, 191 – 204, 2133 – 18, 234, 236 – 54, 261, 311 – 13, 319 – 20	准则，标准
trust issues 21 – 2, 66 – 77	信任问题
Aurelius, Marcus 333	马可·奥里利乌斯
Australia 25, 116 – 17, 157 – 8, 273 – 93	澳大利亚
APRA 274 – 93	澳大利亚审慎规制署
case studies 278 – 91	案例分析
CLERP 277 – 8	公司法经济改革计划
complaints-handling failings 288 – 91	投诉处理失效
compliance issues 273, 275 – 91	合规问题
corporate governance 273 – 93	公司治理
culture issues 280 – 91	文化问题
failures 274 – 91	破产（失败）
Financial Services Reform Act 277 – 8	金融服务改革法案
listing requirements 278	股票上市条件
monopolistic situations 288 – 90	垄断地位
National Australia Bank 274 – 93	澳大利亚国家银行
risk management 273, 275 – 91	风险管理
Waterfall rail accident 274 – 93	在瓦特弗发生的铁路事故
Australian Prudential Regulator Authority (APRA) 274 – 93	澳大利亚审慎规制署
Australian Stock Exchange (ASX) 278	澳大利亚证券交易所
B	
balance sheets	资产负债表
see also financial reports	参见：财务报告
off-balance-sheet transactions 9, 64, 68 – 77, 206 – 22	资产负债表外交易（表外交易）
Parmalat 247 – 52	帕玛拉特

Bank of America 241 – 2	美国银行
banks 10 – 11, 89 – 99, 110 – 11, 169 – 73, 219, 256 – 71, 274 – 93, 308 – 15	银行
Australia 274 – 93	澳大利亚
Canada 169 – 73	加拿大
ethical banks 219	道德银行
Germany 89 – 99, 110 – 11	德国
Bar Council, England 230	英国高级律师委员会
Barbados 129 – 30	巴巴多斯岛
barriers to entry, accounting firms 36	会计师事务所的进入壁垒
Basel Committee 52	巴塞尔委员会
BDA see Broker-Dealers Association	经纪交易商协会
bear markets 299 – 300	空头市场
Beazer 211 – 12	比泽公司（英国的一个房地产商）
a-Becket, Thomas 227	托马斯·贝克特
Belgium 133	比利时
Bermuda 127	百慕大
best practices 10 – 11, 26, 79 – 99, 213 – 18	最佳实践
Bhopal 147	波帕尔（印度的一个城市）
bid rigging 197 – 201	操控竞标
'the Big 4', public accounting firms 35 – 6, 57 – 8	四大会计师事务所
Bill C-13 see Criminal Code of Canada	加拿大刑法典 C – 13 款
blacklists, FATF/OECD 125 – 39	黑名单，金融行动特别工作组/经济合作与发展组织
blame cultures 280 – 1	谴责文化（不信任文化）
Blodget, Henry 8	亨利·布罗吉特
boards 6 – 7, 9, 11 – 13, 16 – 17, 27 – 30, 65 – 77, 110 – 11, 149 – 55, 190 – 204, 282 – 91	委员会
see also directors	参见：董事
audit committees 29 – 30, 190 – 204, 243 – 54	审计委员会
employees 89 – 99, 110 – 12	员工，雇员
European Union 65 – 77	欧盟
failures 22 – 45, 190 – 204, 233 – 54, 282 – 91	破产（失败）

fiduciary duties 7, 11, 16, 27–8, 66–77, 90–9, 114–16, 190–204, 233–54, 307	受托责任
independence issues 27–8, 66–77	独立性问题
liabilities 6, 27–8, 31, 66–77, 89–99, 110–11, 149–55, 164–84, 189–204, 261–2, 267–9	负债
management 27–8, 66–77, 282–91	管理
NAB 282–91	澳大利亚国家银行
non-executive directors 67–70, 85–99, 243–54	非执行董事
qualities 27, 66–77	品质
responsibilities 6–7, 9, 11–13, 16–17, 27–30, 65–77, 89–99, 110–11, 115–16, 149–55, 157–61, 164–84, 189–204, 233–54, 261–2, 267–9, 282–91, 322–38	责任
boards (cont.)	委员会，董事会
roles 27–30, 115–16, 149–55, 190–204, 267–9, 282–91	角色，作用
shareholders 13, 27–8, 66–77, 110–12	股东
supervisory boards 89–99, 110–11	监事会
two-tier boards 13–14, 89–99, 110–12	双层董事会
Bolkestein, Frits 56	弗里茨·博克斯坦
Bonlat Financing Corporation 241	博拉特财务公司
bookkeeping/recordkeeping services, auditors 41	簿记/记账服务，审计师
bottom-up approaches 141	自下而上的方法
Brandeis, Louis 301, 305	路易斯·布兰戴斯
Bre-X Minerals 177	Bre-X 矿业公司
Brent Spar 148	布兰特·史帕尔储油平台（壳牌石油公司在北大西洋上的一座储油平台）
Britain see UK	英国
British Columbia 166–81	英属哥伦比亚（加拿大的一个省）
Broker-Dealers Association (BDA), Canada 167–8, 174–5	经纪交易商协会，加拿大
Brown, David 173–4, 176	大卫·布朗
Buck, Neill 273–93	尼尔·巴克
bull markets 308	牛市
bureaucracy problems, cultures 285–6	官僚主义问题，官僚主义文化
Burtons 210	波顿公司

Bush, George W. 53, 103　　　　　　　　　乔治·布什
business leaders-leaders, emergence 48　　商业领袖，出现

C

Caboto IntesaBCI 246　　　　　　　　　　卡伯托意大利联合商业银行
Cadbury Committee, UK 85–99　　　　　　卡德伯里委员会
Cadbury Schweppes 210　　　　　　　　　吉百利史威士公司
California Public Employees' Retirement System (CALPERS) 95–6　　加利福尼亚州公职人员退休基金系统

Canada 25, 55, 163–84, 186–7　　　　　　加拿大
  background 25, 55, 163–84, 186–7　　背景
  communications technologies 170–81　　通信技术
  Competition Act 169–72　　　　　　　竞争法案
  Conservative government 169–70　　　　保守党政府
  corporate governance 172–81　　　　　公司治理
  Criminal Code of Canada 163, 172–81　　加拿大刑法典
  criminal law 163–84, 186–7　　　　　　刑法
  deregulation policies 164–5, 169–72　　放松管制的政策
  economic background 166–9　　　　　　经济背景
  employees 163, 172–81　　　　　　　　员工
  enforcement issues 175–81　　　　　　　执行问题
  'four pillars' of regulation 169–70　　　受到规制的四个支柱产业
  future prospects 178–81　　　　　　　　未来展望
  historical background 166–72　　　　　历史背景
  IMET 176–7　　　　　　　　　　　　　联合市场执法队
  insider trading 163, 165, 171–81　　　　内幕交易
  mergers and acquisitions 168–9, 171　　并购
  mining industry 166–9　　　　　　　　　采矿业
  new crackdown 172–81　　　　　　　　　新的打击
  old-boy network 171–2　　　　　　　　　校友网
  OSC 167–77　　　　　　　　　　　　　安大略证监会
  political problems 180–1　　　　　　　　政治问题
  regulations 163–84　　　　　　　　　　规则
  scandals 168, 173, 176–7　　　　　　　丑闻

主要词汇索引

securities regulations 166–81	证券规则
SROs 167–79	自我规制机构
stock exchanges 168–81	股票交易
US 168–74, 180–1	美国
whistleblowers 163, 172–81	检举人
Canadian Coalition for Good Governance 174–5	加拿大公司治理联盟
Canadian Securities Administrators 174	加拿大证券行政会
capital expenditure, fraud 195–6	资本支出，舞弊（欺诈）
capital gains 90–9	资本收益
capital markets	资本市场
see also equity...	参见：股本
access issues 1, 6–7, 47–8, 63–5, 80–1, 89–99, 311–13	进入（资本市场）问题
background 1–20, 21–45, 47–61, 63–77, 80–1, 89–99, 102–19, 144–5, 163–84, 256–71, 311–13	背景
European Union 63–77	欧盟
power impacts 14, 121–39, 141–61, 163–84, 311–13	权力影响
trust-restoration issues 44–5, 47–61, 63–5, 66–77, 172–81	信任重建问题
capitalized expenses, fraud 195–6	资本化费用，舞弊（欺诈）
capitalism 82, 83–99, 165–6, 306–7	资本主义
'casino capitalism' 306	赌场资本主义
concepts 82, 83–99, 165–6, 306	理念
'varieties of capitalism' analysis 82, 83–99	资本主义的差异分析
Caribbean Community (CARICOM) 130–1	加勒比海联盟
Carroll, A. B. 146, 148, 151–3	A. B. 卡罗尔
Carter, Jimmy 313–14	吉米·卡特
carve-out standards, European Union 74–5	例外（条款）标准，欧盟
Carver, Jeremy P. 223–31	杰里米·P·卡弗
cases, scandals 3, 7–9, 12, 47, 51–2, 70, 91, 101–2, 141, 148, 163–4, 168, 173, 176–7, 189–204, 205–22, 233–54, 257–62, 311–13, 318, 321–2, 328	案例，丑闻
'casino capitalism' 306	赌场资本主义
Cayman Islands 258	开曼群岛
CBI *see* Confederation of British Industry	英国工业联盟

CCBE 230	欧盟律师协会
Center for Freedom and Prosperity (CFP) 132, 134	自由与繁荣中心
Central Bank of Islands 256-71	爱尔兰中央银行
central corporate politics 1-20	核心公司理论
CEOs see chief executive officers	首席执行官
Cerny, Philip 13-14	菲利普·舍内
CESR see Committee of the European Securities Regulators	欧洲证券监督委员会
CFOs see chief financial officers	首席财务官
CFPs see Center for Freedom and Prosperity	自由与繁荣中心
chairman, CEOs 27-8	主席,首席执行官
challenges, corporate governance 26-35, 63-77	公司治理挑战
change	变革
see also reforms	参见:改革
adaptability needs 335, 338	适应性需求
Channel Islands 129	海峡群岛
chief executive officers (CEOs) 24-5, 30-1, 50-61, 164, 168, 174-81, 297, 318-19, 321, 327-38	首席执行官
see also directors	参见:董事
chairman 27-8	主席
heroic managers 318-19, 329	优秀经理人
legacy concepts 322-38	职业贡献的概念
remuneration 50	报酬
roles 30-1, 164, 174-81, 297, 322-38	角色,作用
chief financial officers (CFOs) 24-5, 31, 51, 174-81, 239, 244	首席财务官
Parmalat 239, 244	帕玛拉特
roles 31, 174-81	角色,作用
China 49, 319	中国
Citibank 50	花旗银行
Citigroup 8, 18-19, 298, 312	花旗集团
citizens, consumers 158-61	公平,消费者
City of London 95	伦敦市
Clarkson, M. B. E. 149-53	克拉克森
Class Action Fairness Act 2005, US 314	集体诉讼公平法案,美国
CLERP see Corporation Law Economic Reform Program	公司法经济改革计划

主要词汇索引

Clifford Chance 225-6, 228	高伟绅律师事务所
Clinton, Bill 313	比尔·克林顿
CLRG see Company Law Review Group	公司法检查小组
CMEs see coordinated market economies	合作市场经济
CNBC 309	美国 CNBC 电视台
codes of conduct	行为守则
ethics 18-19, 188-9, 202-4	道德规范
fraud 203-4	舞弊（欺诈）
codetermination system, Germany 89-99	共同决策制度，德国
codification approach, regulations 6-7, 11, 75-6, 79-99, 215, 303-6	法律制定程序，规制
cognitive legitimacy 124-5	认知合法性
collusion, financial reports 187-204, 282-3	共谋，财务报表
Colonial SpA 235-6, 244	帕玛拉特的一个子公司
commitment factors, trust 323-4	承诺，信任
Committee of the European Securities Regulators (CESR) 75	欧洲证监会
Committee of Public Accounts, Ireland 261	公众会计师委员会，爱尔兰
common law 112, 226-7	习惯法
Commonwealth Secretariat 133-5	英联邦秘书处
communications	通信
Canada 170-81	加拿大
compliance failures 287	合规性失败
dialogue benefits 45, 63, 76-7, 112-13, 287, 330-8	对话的收益
leaders 327, 330, 335-8	领导人
webs 327, 330, 335-8	网络
Companies Act 1948, UK 255-6	英国1984年公司法
Companies Act 1963, Ireland 255-6, 262-3	1963年公司法，爱尔兰
Companies Act 1985, UK 255-6	1985年公司法，英国
Companies Act 1989, UK 217	1989年公司法，英国
Companies Act 1990, Ireland 255-6, 258, 262-3	1990年公司法，爱尔兰
Companies Act 2003, Ireland 262-3	2003年公司法，爱尔兰
Companies (Auditing and Accounting) Act 2003, Ireland 261	2003年公司法（审计和会计），爱尔兰
company law 102-19, 142-61, 210-11, 213-14, 255-71	公司法

Company Law Directive, European Union 112	公司法指令，欧盟
Company Law Enforcement Act, Ireland 265	公司法执行法案，爱尔兰
Company Law Review, UK 85–99	公司法检查，英国
Company Law Review Group (CLRG), Ireland 260	公司法检查小组，爱尔兰
compensation arrangements see remuneration	薪酬安排，参见：报酬
competition	竞争
deregulation effects 171, 318–19	违规效应
global markets 48–9, 79, 121–3, 126–39, 171, 318–19	全球市场
harmful tax practices 126–39	有害税收行为
Competition Act, Canada 169–72, 177	加拿大竞争法案
competitive efficiency, concepts 80–99	竞争效率
complex financial structures 6, 13–14, 29–30, 32, 44–5, 123–39, 246–7	复杂的财务结构
compliance 3–5, 8–10, 18–19, 55–6, 136–7, 141–2, 147, 165–81, 205–22, 223–31, 259–70, 275–91	合规，遵守
failure features 286–91	破产
legitimacy 136–7, 216–17	合法性
technical compliance 3–5, 8–10, 18–19, 55–6, 141–2, 147, 205–22, 223–31	技术性合规
Comptroller General of the United States 11, 15, 34–5, 40, 323–4	美国总审计长
Condon, Mary 169, 177	玛丽·康顿
Confederation of British Industry (CBI) 87	英国工业联盟
confidence issues 24–45, 47–61, 63–77, 165–6, 173–81	信心问题
conflicts, global markets 121–2	全球市场的冲突
conflicts of interet, auditors 40–1	利益冲突，审计师
Conservative government	保守党政府
Canada 169–70	加拿大
UK 88, 158	英国
consolidated accounts 68, 74–7, 207–22, 247–54	合并账户
see also financial reports	参见：财务报告
Parmalat 247–54, 321	帕玛拉特
consulting services, auditors 40–1, 72–3	咨询服务，审计师
consumers, citizens 158–61	消费者，公民
continual dialogue, benefits 45, 63, 76–7, 112–13, 287, 330–8	持续对话，利益

contract law 105	合同法
contributions, legacy concepts 326–7	贡献
controlling/non-controlling shareholders 80–1, 83, 91–2, 234–54	控制权股东/非控制权股东
Control and Transparency Act 1998 (KonTraG), Germany 90–9	公司控制与透明化法案,德国
controls, internal controls 24–45, 65–77, 188–204, 234, 239–54, 274–91, 297–8, 317–38	内部控制
convergence goals 34, 76–7, 79–99, 109–10	趋同的目标
Cooper, Gary 224	加里·库珀
cooperation benefits 3, 45, 63, 76–7	合作的利益
coordinates market economies (CMEs) 84–5, 98	合作市场经济
coral reefs, legacy concepts 329–30, 335–8	珊瑚礁
corporate crimes	公司犯罪
see also criminal law, fraud	参见:刑法,舞弊(欺诈)
concepts 165–6, 185–204, 295–31, 320	概念
types 165, 185	类型
corporate governance	公司治理
'after Enron' 205–22, 309, 327	后安然时代
Australia 273–93	澳大利亚
background 1–20, 22–45, 47–8, 63–77, 79–99, 101–19, 122–39, 144–61, 205–22, 233–54, 295–315	背景
best-practice approach 10–11, 26, 75–6, 81–99, 213–18	最佳实践
Canada 172–81	加拿大
challenges 26–35, 63–77	挑战
complexity problems 6, 13–14, 29–30, 32, 44–5, 79–99, 123–39	复杂的问题
convergence goals 34, 76–7, 79–99, 109–10	趋同的目标
corporate-law principles 102–19, 142–61, 210–11, 213–14, 255–6	公司法原则
criminal law 4–5, 6, 7–9, 16–17, 163–84, 206–22	刑法
design considerations 291, 295–315	设计时要考虑的事项
'direction and control' aspects 12–13	指导和控制方面
economic developments 52–3, 63–5, 76–7, 79–99, 165–6	经济发展
European Union 10, 13–14, 25, 52, 56–7, 63–77, 103–4, 106–19, 121–2, 144	欧盟

failures 22 – 45, 47 – 8, 51 – 3, 63 – 4, 70 – 3, 91, 101 – 2, 141, 163 – 4, 168, 173, 176 – 7, 186 – 204, 205 – 22, 233 – 54, 257 – 62, 275 – 91, 295 – 315, 317 – 38　破产（失败）

financial services 3, 5, 121 – 39　金融服务

Germany 13 – 14, 81 – 5, 89 – 99, 112　德国

Ireland 255 – 71　爱尔兰

legacy concepts 317, 322 – 38　职业贡献的概念

loci of power 13 – 14, 101 – 19, 180 – 1　权力轨迹

'mindfulness' needs 273, 275　注意的需要

Multilateral regulatory initiatives 3, 5, 121 – 39　多边规制的举措

OECD 122 – 39　经济合作与发展组织

perfect-storm environmental forces 5, 317 – 38　完美风暴的环境力量

principal-agent paradigm 10, 144 – 8, 190 – 1, 235 – 54　委托 – 代理范例

social issues 1, 2, 4 – 5, 12 – 13, 17, 19, 84 – 99, 101 – 19, 121 – 29, 181, 322 – 38　社会问题

Spitzer's efforts 8, 15, 295 – 315　斯皮策的尝试

state of mind 273 – 93　心理状态

UK 10, 13, 79 – 99, 102, 108, 111, 112, 116 – 17, 149 – 50, 206, 214 – 17, 255 – 6, 318 – 19　英国

corporate governance (cont.)　公司治理

US 2 – 6, 13 – 19, 22 – 5, 28 – 45, 48 – 61, 75 – 7, 102 – 19, 144, 168 – 74, 180 – 1, 188 – 204, 206 – 22, 295 – 315, 317 – 22　美国

corporate personality, doctrine 102　公司法人人格

corporate pluralism (CP), globalization 82 – 99　公司多元化，全球化

corporate social responsibility (CSR) 17, 19, 108, 141 – 61, 171 – 2, 209, 219 – 21, 277 – 8　公司社会责任

see also social issues　参见：社会问题

ambiguities 156 – 7　不明确

boundaries 152　边界

concepts 141 – 61, 171 – 2, 209, 219 – 21　概念

creative compliance 219 – 21　创造性合规（做假账）

definitions 148 – 9, 151, 156　定义

democratic credentials 157 – 61　民主管理的信誉

主要词汇索引

enlightened self-interest 149–61, 188–9	合理的自我利益
four faces 151–2	四个方面
goals 142–3, 219–21	目标
public interest 154–61	公众利益
regulatory options 160–1	调整的选择权
spectrum 149–55	范围
stockholding theory 152–61, 221	股权理论
corporate-law principles 102–19, 142–61, 210–11, 213–14, 255–6	公司法原则
Corporation Law Economic Reform Program (CLERP), Australia 277–8	公司法经济改革计划,澳大利亚
corporations	公司
adaptability needs 335, 338	适应性需求
background 1–20, 102–19, 141–61, 163–84, 318, 335–8	背景
concepts 102–19, 163–84, 318, 335	概念
crimes 165–84, 185–204, 295–315, 320	犯罪
CSR 141–61, 171–2, 209, 219–21	公司社会责任
employees 103–19, 144, 146–61	员工
employment issues 103–19	雇用问题
European Union 106–19, 144	欧盟
financial crimes 165–84, 185–204, 295–315, 320	财务犯罪
greed 142, 146–55, 159–60, 180–1, 327	贪婪
'insider' models 10, 110–11	内部人模式
'licence to operate' 154–5	经营许可证
loci of power 13–14, 102–19, 144–8, 180–1	权力轨迹
multinational companies 35–6, 51–2, 112–13, 127, 179–80	跨国公司
'outsider' models 10, 110–11	外部人模式
ownership structures 105–6, 109–17, 144–61, 234–54	所有权结构
power impacts 102–19, 141–61, 163–84, 295–315	权力影响
'profit maximization' aims 142, 146–55, 159–60, 180–1, 279, 288–91, 317–18	利润最大化目标
social crimes 165–6	社会犯罪
US 102–19, 144	美国
valuations 318	估价

vibrancy benefits 1	波动的好处
corruption 1，3－6，7－9，16－17，19，52，163－84，185－204，206－22，295－315，317－18，320	腐败
see also criminal law	参见：刑法
cost-benefit calculus 6	成本收益计算
cost of capital 63，80－1	资本成本
costs	成本
audits 38	审计
reforms 12	改革
cost-benefit calculus, corruption 6	成本收益计算
cowboy capitalism 165－6	牛仔资本主义
CP see corporate pluralism	公司多元化
creative accounting 18－19，51－61，70－3，187－204，205－22，236－54，320－1	做假账
concepts 205－22，237－54	概念
cultures 217－22	文化
Enron 206－22，237－9，242，244－6，321	安然事件
Parmalat 237－9，321	帕玛拉特
UK 210－13	英国
US 205－22	美国
creative interpretation, regulations 2－4，8－9，18－19，70－3，141－2，147，205－22，223－31，297－315	创造性解释，规制
creativity issues, legacy concepts 335	创造力问题
Credit Suisse First Boston 7，298	瑞士信贷第一波士顿银行
Criminal Code of Canada 163，172－81	加拿大刑法典
criminal law 4－5，6，7，7－9，16－17，163－84，185－204，206－22，320	刑法
see also corruption，law	参见：腐败，法律
background 163－84，185－204，206－22，320	背景
Canada 163－84，186－7	加拿大
corporate governance 4－5，6，7－9，16－17，163－84，206－22	公司治理
crime types 165，185	犯罪类型
fraud 1，3－9，16－17，19，163－84，185－204，206－22，233－54，295－315，320	舞弊（欺诈）

主要词汇索引

limitations 7 – 9	局限性
crises, economic developments 165 – 6, 319	紧要关头，经济发展
cross-border shareholders 69 – 70, 80 – 1	外国股东
CSR *see* corporate social responsibility	公司社会责任
Cultures 18 – 19, 44 – 5, 56 – 76, 125 – 6, 142, 146 – 55, 159 – 60, 180 – 1, 187 – 204, 217 – 22, 273 – 93, 317, 322 – 38	文化
see also social issues	参见：社会问题
accountability issues 44 – 5, 56, 76, 159 – 61, 189 – 204, 273 – 93	责任问题
blame cultures 280 – 1	谴责文化（不信任文化）
bureaucracy problems 285 – 6	官僚主义问题
concepts 280 – 91, 334 – 8	概念
creative accounting 217 – 22	做假账
legacy concepts 317, 322 – 38	职业贡献概念
legitimacy concepts 125 – 6, 216 – 17	合法性问题
'profit maximisation' aims 142, 146 – 55, 159 – 60, 180 – 1, 279, 288 – 91	利润最大化目标
Cutler, Steve 311	史蒂夫·卡特勒

D

death, legacy concepts 325, 335	死亡（职业贡献概念）
debt	负债
Enron 206 – 22, 246, 321	安然事件
off-balance-sheet transaction 206 – 22, 246	资产负债表外交易（表外交易）
Parmalat 250 – 2	帕玛拉特
debt/equity ratio 211 – 12	负债权益比率
deception 4, 185 – 204	欺骗
see also fraud	参见：舞弊（欺诈）
deferred expenses 22, 195 – 6	待摊费用
DeLauro, Rosa 127	罗莎·迪劳若
Delaware Chancery Court 312	特拉华法庭
delisting requirements, SEC 25	证券交易委员会的股票除名要求
Deloitte & Touche 57 – 8, 241	德勤会计师事务所
democracy 4 – 5, 47 – 8, 84 – 99, 141 – 61	民主
concepts 157 – 61	概念

definition 157	定义
Department of Enterprise Trade and Employment, Ireland 256-71	爱尔兰企业贸易和就业部
Department of Trade and Industry 88, 143	贸易与工业部
Deposit Interest Retention Tax Inquiry (DIRT), Ireland 260	存款利息保留税调查
deregulation policies 157-8, 163-4, 169-72, 298-315, 317-22	放松管制的政策
derivatives 170-2, 207-22	衍生产品
see also futures…; options	参见：期货，期权
regulations 207-22	规制
design considerations, corporate governance 291, 295-315	设计时要考虑的事项，公司治理
Deutsche Telecom 92-3	德国电信
dialogue benefits 45, 63, 76-7, 112-13, 287, 330-8	对话的好处
diffuse ownership 10-12, 109-10, 144-8	所有权分散
'direction and control' aspects, corporate governance 12-13	指导和控制，公司治理
directors 5-6, 10, 24-5, 27-8, 66-77, 79-99, 115-16, 149-55, 190-204, 233-54, 276-91, 317, 322-38	董事
see also boards; leaders	参见：董事会；领导人
CEOs 24-5, 30-1, 50-61, 164, 168, 174-81, 297, 318-19, 321, 327-38	首席执行官
Germany 89-99	德国
Ireland 261-70	爱尔兰
legacy concepts 317, 322-38	职业贡献概念
liabilities 6, 27-8, 31, 66-77, 89-99, 110-11, 149-55, 164-84, 189-204, 261-2, 267-9	负债
non-executive directors 67-70, 85-99, 243-54	非执行董事
principal-agent paradigm 10, 144-8, 190-1, 235-54	委托-代理范式
qualities 27, 66-77, 115-16, 322-38	品质
remuneration 6, 11-12, 22, 50-61, 66-70, 171-2, 202-4, 211	报酬
responsibilities 6-7, 9, 11-13, 16-17, 27-30, 65-77, 89-99, 110-11, 115-16, 149-55, 157-61, 164-84, 189-204, 233-54, 261-2, 267-9, 322-38	责任
roles 27-30, 79-99, 115-16, 149-55, 190-204, 267-9, 320-38	角色，作用
disclosures 15, 33-4, 40, 44, 64-5, 66-77, 168-81, 207-15, 227-8, 236-54	披露
Canada 168-81	加拿大

'fair disclosure' 15, 33–4, 40, 44, 64–5, 66–77, 210–11, 215, 261–2	公开披露
Lawyers 227–8	律师
mergers and acquisitions 168–9, 207–15	并购
non-disclosure disclosures 208, 211–22	不公开披露
discretion links, leaders 323–4	审慎决策，领导人
disintermediation trends 109–10	非中介化趋势
Dixons 210	迪克森公司
Dobel, J. Patrick 5, 7, 17, 317–38	J. 帕特里克·多贝尔
Dodge, David 173–4	大卫·道奇
Donaldson, William 4, 12, 16	威廉·唐纳森
Donohue, Thomas 310	托马斯·多诺霍
dot. com market 308–9	网络市场
dreams, legacy concepts 331–2, 335–8	梦想
drunk drivers 201–2	喝了酒的司机
due diligence 10–11	应有的注意
Dunlap, AI 'Chainsaw' 195	邓拉普的人为解体
Dunes Stores group 257–8	邓恩百货集团（英国）

E

earnings per share (EPS) 22	每股收益
earnings performance 50–61	盈利表现
Eastmond, Lynette 133	丽奈特·伊斯特蒙德
Ebbers, Bernard 9, 321	伯纳德·埃伯斯
economic developments 1–3, 48–50, 52–3, 63–5, 76–7, 79–99, 107–8, 114, 142, 146–8, 159–60, 165–6	经济发展
corporate governance 52–3, 63–5, 76–7, 79–99, 165–6	公司治理
crises 165–6, 319	危机
CSR 151–61	公司社会责任
domestic regulatory changes 81–99	国内规制的变化
globalization 79–99, 165–6	全球化
productivity rates 49–50	生产率
'profit maximization' aims 142, 146–8, 159–60, 180–1, 279, 288–91, 317–18	利润最大化目标

reform effects 52 – 3, 63 – 5, 76 – 7, 79 – 99	改革结果
speed limit 49	限速
trust 114, 165 – 6	信任
The Economics of Innocent Fraud (Galbraith) 306	《善意欺骗的经济学》（加尔布雷斯）
efficiencies, corporate goals 105, 146	效率，公司目标
emails 171 – 2, 297	电子信函
EMAP 212	英国一家广播公司
employees 6, 12 – 14, 18, 21 – 2, 28 – 9, 71 – 2, 84 – 99, 101 – 19, 144, 146 – 61, 172 – 81, 287	员工
boards 89 – 99, 110 – 12	委员会
Canada 163, 172 – 81	加拿大
corporate crimes 165 – 84, 185 – 204	公司犯罪
corporations 103 – 19, 144, 146 – 61	公司
European Union 103 – 19	欧盟
fraud 165 – 84, 185 – 204	舞弊（欺诈）
Germany 84 – 5, 89 – 99, 112	德国
loci of power 13 – 14, 101 – 19, 146 – 8	权力轨迹
maternity rights 117	女权
motivation factors 115 – 16	动机因素
protection 102 – 16, 144, 149 – 61, 172 – 81	保护
recruitment processes 287	招聘过程
risk 146	风险
share ownership schemes 113 – 14	持股计划
shareholder conflicts 93, 146 – 61	股东利益冲突
skills' bases 84	基本技能
stakeholders 101 – 19, 146 – 61, 287 – 91	利益相关者
trade unions 86 – 8, 97, 113	工会联盟
training needs 71 – 2, 281, 289 – 91, 334 – 5	培训需求
trust issues 114 – 16	信任问题
UK 86 – 7, 102, 108, 111, 116 – 17, 149 – 50	英国
US 103 – 19, 144, 149 – 50	美国
whistleblowers 6, 29, 163, 172 – 81, 277 – 8, 281	检举人

employment, inflation rate 49	就业率，通胀率
Employment Rights Act 1996 144	劳工法
enforcement issues	执行问题
ethics 17–18, 287–91	道德规范
PCAOB 23–5, 40, 53–4, 58–61, 188–91	公众公司会计监督委员会
regulations 2–3, 7, 16, 17–18, 23–5, 40, 53–4, 58–61, 65–77, 141–3, 164–84, 202–4, 214–22, 259–68, 297–315, 319	规制
self-regulations 141–3, 164–81, 261, 296–315, 319	自我规制
England	英国
see also UK	
Bar Council 230	英国高级律师委员会
QCs 231	王室顾问
enlightened self–interest, CSR 149–61, 188–9	合理的自我利益（公司社会责任）
Enron 3, 9, 12, 47, 51, 141, 148, 163–4, 173, 189, 205–22, 228, 237–9, 242, 244–6, 309, 321, 327	安然
'after Enron' 205–22, 309, 327	后安然时代
background 205–22, 228, 237–9, 242, 244–5, 309, 321, 327	背景
corporate structure 206–22	法人治理结构
creative accounting 206–22, 237–9, 321	做假账
critique 205–22, 321	批评
debt 206–22, 246, 321	负债
financial reports 206–22, 237–9, 242, 244–5, 321	财务报告
off-balance-sheet transactions 9, 206–22	资产负债表外交易（表外交易）
Parmalat contrasts 237–9, 242, 244–6	对照帕玛拉特
environmental issues 144, 147–8, 165–6, 171–2, 219–20	环境问题
Environmental Protection Act 1990 144	1990年环境保护法案
EPS see earnings per share	每股收益
equity markets 14, 21–45, 63–77, 80–1, 89–99, 102–19, 144–5, 163–84, 311–13	股票市场
see also capital...	参见：资本
power impacts 14, 121–39, 141–61, 163–84	权力影响
Ernst & Young 57–8, 186–7, 198	安永会计师事务所
ethical banks 219, 221	道德银行

ethics 6–7, 9–12, 14–15, 17–19, 21–45, 50–61, 71–7, 103–4, 108–9, 141–61, 181, 202–22, 225–31, 287–91, 312–14, 317–38	道德规范
see also integrity	参见：诚实
CSR 151–61, 219–21	公司社会责任
ethics (cont.)	道德规范
enforcement issues 17–18, 287–91	执行问题
lawyers 210–22, 225–31	律师
limitations 17–19	局限性
programmes 17–19, 181, 219–21, 317–38	项目
euro 52	欧洲
European Central Bank 52	欧洲中央银行
European Commission 14, 25, 52, 56, 63–77, 106–7, 126, 143, 148, 230	欧洲委员会
Action Plan on Corporate Governance 76	公司治理行动计划
background 63–77, 106–7, 126, 143, 230	背景
CSR 143, 148	公司社会责任
European Corporate Governance Forum 69–70	欧洲公司治理论坛
European corporations 106–7	欧洲公司
European model 10, 13–14, 25, 63–77, 107–19	欧洲模式
European Parliament 71–3	欧洲议会
European Social Policy 106–8, 113, 116–17	欧洲社会方针
European Union (EU)	欧盟
see also individual countries	参见：个别国家
Acquired Rights Directive 113	既得权利指令
approach 75–7, 107–19	途径
audits 70–3	审计
background 10, 13–14, 25, 52, 56–7, 63–77, 103–4, 106–19, 121–2, 126, 144	背景
boards 65–77	委员会
capital markets 63–77	资本市场
carve-out standards 74–5	例外（条款）标准
Company Law Directive 112	公司法指令

corporate governance 10, 13 – 14, 25, 52, 56 – 7, 63 – 77, 103 – 4, 106 – 19, 121 – 2, 126, 144	公司治理
corporations 106 – 19	公司
CSR 143, 148	公司社会责任
Employees 103 – 19	员工
European Works Council Directive 112 – 13	欧洲劳资联合委员会指令
financial reports 66 – 77	财务报告
framework summary 65 – 77	框架概述
IASs 69 – 74	国际会计准则
Information and Consultation Directive 112 – 13	信息和咨询指令
listing requirements 68 – 77	股票上市条件
malpractice communication 65 – 77	沟通不当
Market Abuse Directive (2004/39/EC) 64 – 5	市场滥用指令
non-executive directors 67 – 70	非执行董事
off-balance – sheet transactions 64, 68 – 77	资产负债表外交易（表外交易）
PCAOB 71 – 3	公众公司会计监督委员会
Prospectus Directive (2003/71/EC) 64 – 5	招股说明书指令
Saving Tax Directive (EUSTD) 126 – 8	储蓄税指令
SEC 75	证券交易委员会
shareholders 66 – 70	股东
social issues 106 – 19	社会问题
standards 71 – 7	标准
Takeovers Directive (13th Directive) 90, 93 – 4, 97 – 8	接管指令
US 25, 52, 56 – 7, 63 – 77, 103 – 19	美国
European Works Council Directive 112 – 13	欧洲劳资联合委员会
EUSTD see European Union, Saving Tax Directive	欧盟储蓄税指令
Exxon Valdez 147	瓦尔迪兹·埃克森

F

failures 1, 3 – 9, 16, 21 – 45, 47 – 8, 51 – 3, 63 – 4, 70 – 3, 91, 101 – 2, 141, 148, 163 – 4, 168, 173, 176 – 7, 186 – 204, 205 – 22, 233 – 54, 257 – 62, 275 – 91, 295 – 315, 317 – 38	破产（失败）
see also scandals	参见：丑闻
common features 286 – 91	共性

perfect-storm environmental forces 5, 317-38	完美风暴的环境力量
reasons 22, 275-91	原因
reform efforts 22-6, 47-8, 51-4, 63-4, 168, 172-81, 186-204, 205-22	改革成果
trust-restoration issues 21-45, 47-61, 63-77, 79-99, 172-81, 213-22	信任重建问题
fairness 15, 33-4, 40, 48, 64-5, 66-77, 210-11, 215, 237-9, 261-2	公平
FASB see Financial Accounting Standards Board	财务会计准则委员会
FATF see Financial Action Task Force	金融行动特别工作组
Federal Accounting Standards Advisory Board 33	联邦会计准则咨询委员会
Federal Drug Administration 7	联邦药品管理局
Federal Reserve Bank of New York 11-12, 307	纽约联邦储备银行
federal structures, US 303-15	联邦结构
feedback loops, legacy concepts 337-8	反馈路径，职业贡献概念
fictitious suppliers, fraud 196-201	虚假供应商，舞弊（欺诈）
fiduciary duties 7, 11, 16, 27-8, 66-77, 90-9, 114-16, 190-204, 233-54, 307, 320-1	受托责任
finance centres, multilateral regulatory initiatives 126-39	财务中心，多边监管的举措
Financial Accounting Standards Board (FASB) 33, 238	财务会计准则委员会
Financial Action Task Force (FATF) 121-2, 125-6, 128, 130, 135	金融行动特别工作组
financial analysts, Parmalat 234, 244-54	财务分析师，帕玛拉特
financial crimes see also criminal law; fraud concepts 165-84, 185-204, 295-315, 320	金融犯罪，参见：刑法
financial intermediaries 65-77, 187, 309	金融中介
financial markets see capital markets	金融市场，参见：资本市场
financial reports 16-19, 21-34, 51-61, 64-5, 66-77, 187-204, 206-22, 233-54, 261-70, 317-38	财务报告
see also audits; balance sheets	参见：审计；资产负债表
accelerated due dates 42	加速到期日
audit committees 29-30, 58, 73, 190-204, 239-54, 317	审计委员会
challenges 26-32, 34-5, 63-77	挑战
collusion 187-204, 282-3	共谋

consolidated accounts 68，74－7，207－22，247－54	合并账目
creative accounting 18－19，51－61，70－3，187－204，205－22，236－54，320－1	做假账
Enron 206－22，237－9，242，321	安然
European Union 66－77	欧盟
fairness 15，33－4，40，48，64－5，66－77，210－11，215，237－9，261－2	公平
fraud 187－204，206－22，233－54	舞弊（欺诈）
legacy concepts 326－7	职业贡献概念
management roles 31，190－204，233－54	管理角色
model-transformation needs 31－2	模式转变需要
off-balance－sheet transactions 9，64，68－77，206－22	资产负债表外交易（表外交易）
Parmalat 233－54，321	帕玛拉特
performance information 32，44	绩效信息
precision issues 31－2	精确性问题
presentation 64－5，66－77，206－22，237－9	陈述
reliability needs 32，44－5，66－77，224－31	可靠性需求
users' needs 31－2，34，66－77，319－20	使用者需要
financial services	金融服务
competing states 126－39	竞争中的国家
multilateral regulatory initiatives 3，5，121－39	多边规制
risk 128	风险
Spitzer's efforts 8，15，295－315	斯皮策的尝试
Financial Services Forum (FSF) 130	金融服务论坛
Financial Services Reform Act，Australia 277－8	金融服务改革法案，澳大利亚
financial statements 16－19，21－32，34，66－77，187－204	财务说明
see also financial reports	参见：财务报告
financial structures，complexity problems 6，13－14，29－30，32，44－5，79－99，123－39，246－7	财务结构，复杂性问题
Financial Times 301	《金融时报》
form，substance 6，12	组成，要点
Fortune 1000 public companies 37－9	《财富》上市公司1000强
foundations，legacy concepts 326，328－9，335－8	基础，职业贡献概念

'four pillars' of regulation, Canada 169–70 | 受到规制的四个支柱产业，加拿大

fragmentation issues, ownership structures 111–14 | 分裂问题，所有权结构

France 112, 125–6 | 法国

Frankfurt Stock Exchange 91–2 | 法兰克福证券交易所

fraud 1, 3–9, 12, 16–17, 19, 47, 51, 141, 148, 163–84, 185–204, 205–22, 233–54, 295–315, 317–18, 320 | 舞弊（欺诈）

  see also criminal law | 参见：刑法

  accountability issues 189–204 | 责任问题

  Adelphia 189 | 阿德尔菲亚电话电报公司

  allegations 192–204 | 指控

  asset misappropriation 196–201 | 资产挪用

  capital expenditure 195–6 | 资本支出

  cases 3, 7–9, 12, 47, 51–2, 70, 91, 101–2, 141, 148, 163–4, 168, 173, 176–7, 186–204, 233–54 | 案例

  codes of conduct 203–4 | 行动守则

  concepts 185–204, 246–7, 320 | 概念

  detection 185–204 | 检查

  drunk-driving analogies 201–2 | 类似酒后驾驶

  employees 165–84, 185–204 | 员工

  Enron 3, 9, 12, 47, 51, 141, 148, 163–4, 173, 189, 205–22, 228, 237–9, 242, 244–6, 309, 321, 327 | 安然

  examples 194–201 | 例子

  fictitious suppliers 196–201 | 虚假供应商

  financial reports 187–204, 206–22, 233–54 | 财务报告

  future prospects 203–4 | 未来展望

  managers 187–204 | 管理者

  Parmalat 10–11, 52, 70, 141, 233–54, 321 | 帕玛拉特

  pervasiveness 186–7, 193 | 遍布

  reality 197–8 | 真实

  recent evolution 187 | 最新进展

  risk management 185–204, 320 | 风险管理

scandals 1, 3–9, 16, 21–45, 47–8, 51–2, 63–4, 70, 91, 101–2, 141, 148, 163–1, 168, 173, 176–7, 189–204, 205–22, 233–54, 311–13, 318, 321–2, 328　　丑闻

Sunbeam 194–5　　桑宾公司（最早涉及公司丑闻的公司之一）

surveys 186–204　　调查

theft contrasts 185　　对照偷窃

Tyco 8, 189, 318, 328　　泰科公司

WorldCom 3, 9, 51, 148, 163–4, 173, 189, 208, 228, 321, 327–8　　世界通讯公司（世通）

free markets 5–6, 84–5, 97, 104–19, 157–8, 164–5, 169–72, 180–1, 267, 297–315, 317–22　　自由市场

Friedman, M. 147–51, 156　　弗里德曼

FSF *see* Financial Services Forum　　金融服务论坛

full fair value option (FVO) 74–5　　公允价值选择权

fund managers 89, 170–2　　基金经理

funding issues 54, 72–3　　提供基金

futures markets 170–2　　期货市场

see also derivatives　　参见：衍生工具

FVO *see* full fair value option　　参见公允价值选择权

G

G7 130　　加勒比海地区政府首脑联盟的七个国家

GAAP *see* generally accepted accounting principles　　美国 GAAP 会计准则

Galbraith, J. K. 3, 143–4, 306　　加尔布雷斯

Gamble, A. 144, 154–5　　A. 甘博（宝洁的创始人之一）

gaming practices 1, 5, 11, 233–54, 306–15　　博弈

GAO *see* Government Accountability Office　　美国审计总署

gatekeepers 3, 6, 233–4, 239–54, 291, 311–12, 320　　守门人

general principles, best practice 10–11, 26, 79–99, 213–18　　一般准则，最佳实践

generally accepted accounting principles (GAAP) 33, 58–9, 74–5, 234, 237–54　　普遍接受的会计准则（即美国 GAAP 会计准则）

generally accepted auditing standards 60　　普遍接受的审计准则

Germany 13–14, 81–5, 89–99, 112, 125–6　　德国

banks 89–99, 110–11	银行
CMEs 85, 98	合作市场经济
codetermination system 89–99	共同决策制度
Control and Transparency Act 1998 90–9	控制和透明化法案
corporate governance 13–14, 81–5, 89–99, 112	公司治理
directors 89–99	董事
employees 84–5, 89–99, 112	员工
political parties 92–3	政治团体
shareholders 80–1, 83, 91–9	股东
supervisory boards 89–99	监事会
takeover rules 90–9	接管规则
Gilligan, George 3, 121–39	乔治·吉里甘
Gita, Bhagavad 335, 338	薄伽梵歌
Global Crossing 328	全球通道
Global Forum on Taxation 134	全球税收论坛
global markets	全球市场
background 1–20, 48–61, 79–99, 121–39, 148, 171, 180–1, 311–13, 317–22	背景
competition 48–9, 79, 121–3, 126–39, 171, 318–19	竞争
conflicts 121–2	冲突
securitization trends 1, 6, 14, 80–1, 91–9	证券化趋势
globalization 5–6, 79–99, 121–39, 148, 171, 180–1, 311–13, 317–22	全球化
corporate pluralism 82–99	公司多元化
defining aspect 5, 79–99	定义
economic issues 79–99, 165–6	经济问题
financial services 3, 121–39	金融服务
national corporate-governance reforms 79–99, 123–1, 180–1, 296	全国范围的公司治理改革
neoliberal globalization 5–6, 84–5, 97, 104–19, 157–8, 164–5, 169–72, 180–1, 317–22	新自由主义全球化
protests 148	抗议
sovereignty issues 123–4	主权问题
'varieties of capitalism' analysis 82, 83–99	资本主义差异分析

going-concern principle 237 – 8	持续经营原则
governing the corporation, background 1 – 20	治理公司，背景
Government Accountability Office (GAO) 26, 34 – 5, 37 – 45	美国审计总署
accountability goal 40 – 5	责任目标
background 26, 34 – 5, 37 – 45	背景
goals 40 – 5	目标
international relations 43	国际关系
public accounting firms 36 – 8	会计师事务所
revised standards 41 – 3	修订标准
rotation issues 37 – 40	轮换问题
'Yellow Book' 40	黄皮书
Government Auditing Standards ('Yellow Book') 40	政府审计标准（黄皮书）
Governmental Accounting Standards Board 33	政府会计准则委员会
Grant Thornton SpA 241 – 2, 321 – 2	均富会计师事务所
Grasso, Dick 15, 305 – 6	迪克·格拉索（纽约证交所董事长兼执行长）
Great Crash 306	崩盘
Greece 115, 330 – 1	希腊
greed 142, 146 – 55, 159 – 60, 180 – 1, 327	贪婪
Green Party, Germany 97	绿党，德国
Greenbury Report, UK 85	格林伯里报告（关于董事会薪酬），英国

H

Habitat 210	哈比泰特公司
Hampel Report, UK 85	汉普尔报告，英国
harmful tax practices 122 – 39, 260	有害税收行为
head offices, operations 288	总控制室，运营
health and safety crimes 165 – 6, 173	健康和安全犯罪
Health South 312	南方保健（美国一家全数字化医院）
hedging 11 – 12, 74 – 5	对冲
Henderson, D. 156	D. 亨德森
Henry II, King of England 227	亨利二世，英国国王
heroic managers 318 – 19, 329	优秀管理者

Hertz, N. 159 – 61	N. 赫兹
hierarchical organisational forms 10	等级制组织
HIH 276	HIH 公司（澳大利亚第二大非寿险保险公司）
'hired gun' role, lawyers 224 – 31	被雇佣的枪手（美国常用此词比喻律师）
historical costs, financial reports 32	历史成本，财务报告
Hodge, Patricia 88	帕特丽夏·霍奇
Hodgson Landau Brands 241	霍奇森·朗道·布兰德斯（HLB 公司，也称"浩信公司"）
Hodson, Nicholas M. 16 – 17, 185 – 204, 320	尼古拉斯·M·豪德森
Hollinger 10 – 11, 189, 312	霍林格公司
Hood, Christopher 303, 312 – 13, 319	克里斯托弗·胡德
HSBC Canada Inc. 176	加拿大汇丰银行
'human capital' 108	人力资本
see also employees	参见：员工
humility needs, leaders 335, 338	谦卑，领导人
Hutton, Will 86	威尔·赫顿（英国《卫报》前经济编辑）

I

IAASA see Irish Auditing and Accounting Supervisory Authority	爱尔兰审计和会计监督局
IAASB see International Auditing and Assurance Standards Board	国际审计与鉴证准则委员会
IASB see International Accounting Standards Board	国际会计准则理事会
IASC see International Accounting Standards Committee	国际会计准则委员会
IASs see International Accounting Standards	国际会计准则
ideational/relative powers, regulations 306 – 11	概念/相关的权力，规制
IFRS see International Financial Reporting Standards	国际财务报告准则
imagination, different viewpoints 331 – 2	想象力，不同的视角
IMET see Integrated Market Enforcement Teams	联合市场执法队
IMF see International Monetary Fund	国际货币基金组织
incentive mechanism, integrity 45, 267	激励机制，诚实
independence issues	独立性问题
audits 21 – 5, 29 – 30, 37 – 45, 65 – 77, 206, 241 – 54, 317 – 18, 321	审计

boards 27–8, 66–77	董事会
India 49	印度
inflation rate, employment 49	通货膨胀率，就业
Information and Consultation Directive, European Union 112–13	信息和咨询指令，欧盟
information technology (IT) 49–50	信息技术
inherited people, leaders 332–3, 336–7	继承人，领导人
'insider' models, corporations 10, 110–11	内部人模式，公司
insider trading 7–8, 163, 165, 171–81	内幕交易
Insolvency Act 1986, UK 255	1986年破产法，英国
insolvent companies, Ireland 265, 268	破产公司，爱尔兰
inspection powers, PCAOB 23–5, 54, 55–61	检查权力（公众公司会计监督委员会）
Institute of Directors (IOD), UK 87	董事协会
institutional bodies 2–3, 11–12, 19, 22–45, 65–77, 82–99, 121–39, 299–315, 329	机构
institutional investors 28, 89, 95–6, 109–10, 170–2, 319–20	机构投资者
see also mutual funds, pension funds, shareholders	参见：共同基金，退休基金，股东
Integrated Market Enforcement Teams (IMET), Canada 176–7	联合市场执法队，加拿大
integrity 11, 14–16, 19, 21–45, 66–77, 181, 203–4, 283–91, 305–15, 323–38	诚实
see also ethics, trust, incentive mechanisms 45, 267	参见：道德，信用，激励机制
interest-based approach *see* corporate pluralism	基于利益，参见：公司多元化
interim auditing standards 60	临时审计标准
internal audits 16–17, 21–2, 24–5, 28–30, 57–8, 73, 189–204, 239–54, 317, 321	内部审计
internal controls 24–45, 65–77, 188–204, 234, 239–54, 274–91, 297–8, 317–38	内部控制
Internal Market Directorate, European Union 56	欧盟委员会内部市场司
International Accounting Standards Board (IASB) 69, 71–5, 238	国际会计准则理事会
International Accounting Standards Committee (IASC) 214	国际会计准则委员会
International Accounting Standards (IASs) 69, 72–5	国际会计准则
IAS 24 69	国际会计准则第24款

IAS 39 74-5	国际会计准则第 39 款
International Auditing and Assurance Standards Board (IAASB) 43, 71-2	国际审计与鉴证准则委员会
International Federation of Accountants 33, 43	国际会计联合会
International Financial Reporting Standards (IFRS) 75	国际财务报告标准
International Monetary Fund (IMF) 135, 138, 318	国际货币基金组织
International Organization of Supreme Audit Institutions 43	最高审计机构国际组织
International Tax and Investment Organization (ITIO) 133-4	国际税收和投资组织
internationalization trends 80-1	国际化趋势
interpretation, laws 2-4, 8-9	解释
inventories 49	存货
investigative powers 23-5, 58-61, 96-7	调查能力
investment banks 9, 16, 205-22, 300-1	投资银行
Investment Dealers Association, Canada 167-8, 175-8	投资交易商协会，加拿大
Invisible Hand (Smith) 137	看不见的手（斯密）
invoices, fraud 197-201	发票，舞弊（欺诈）
IOD see Institute of Directors, Ireland 10-11, 108, 111, 112, 116-17, 255-71	爱尔兰董事协会
auditors 261-70	审计师
background 255-71	背景
Committee of Public Accounts 261	审计委员会
Companies Acts 255-6, 258-65, 268	公司法
company law 255-71	公司法
compliance and enforcement 259-70	遵守和执行
Deposit Interest Retention Tax Inquiry (DIRT) 260	存款利息保留税调查
directors 261-70	董事
Dunnes Stores group 257-8	邓恩百货集团（英国）
European Union 255-6	欧盟
IAASA 261	爱尔兰审计和会计监督局
insolvent companies 265, 268	破产的公司
'laissez faire' problems 267	自由放任问题
main bodies 256-71	主体
National Irish Bank Ltd Inquiry 259	爱尔兰国家银行调查
ODCE 260-8	公司执法委员会办公室

planning Tribunal of Inquiry report 258	对规划的法庭调查报告
pre-2001 regulations 255–62, 267	2001年之前的规制
reforms 260–70	改革
Registrar of Companies 267–8	公司注册
regulations 255–71	规制
Review Group on Auditing 261	审计复核小组
scandals 257–62	丑闻
stakeholders 267–8	利益相关者
Tribunal of Inquiry reports 257–8	法庭调查报告
UK 255–6	英国
Working Group on Company Law Compliance and Enforcement 259–70	公司法遵守和执行工作组
Ireland, 144–6	爱尔兰
Irish Auditing and Accounting Supervisory Authority (IAASA) 261	爱尔兰审计和会计监管局
Irish Financial Services Regulatory Authority 262	爱尔兰金融服务规制局
Irish Stock Exchange 256–71	爱尔兰证券交易所
Isle of Man 129–33	马恩岛（英国）
IT *see* information technology	信息技术
Italy 10–11, 112, 233–54, 321–2	意大利
ITIO *see* International Tax and Investment Organization	国际税收和投资组织

J

Japan 25, 49, 110	日本
jurisdiction changes, mergers 51–2	股权变化，合并
just-in-time delivery system (JIT) 49	即时交割系统

K

Kelly, G. 144, 154–5	凯利
kickbacks, fraud 197–201	回扣，舞弊（欺诈）
KonTraG *see* Control and Transparency Act 1998	公司控制与透明化法案
Kozlowski, Dennis 8–9, 318	丹尼斯·克兹鲁斯基
KPMG 57–8	毕马威会计师事务所
Kurtz, Howard 309	霍华德·库尔特

L

Labour government, UK 85–99, 153–4	工党政府
'laissezfaire' problems 267, 297–315, 317–22	"自由放任主义"引起的问题
law	法律

see also criminal law, individual Acts, legislation	参见：刑法，特别法，立法
application 2, 6, 8–9	申请
corporate – law principles 102–19, 142–61, 210–11, 213–14, 255–6	公司法原则
CSR 151–61, 219–21	公司社会责任
interpretation 2–4, 8–9	解释
jurisdiction changes 51–2	股权变化
limited liability 102–3	有限责任
origins 227	起源
'profit maximisation within the law' aims 142, 146–55, 159–60	在法律允许的范围内实现利润最大化
Sarbanes-Oxley legislation 2, 6, 16, 17, 22–5, 28–31, 36–43, 48–61, 75–6, 144, 173, 189–91, 209, 213, 261–2, 278, 311–13	《萨班斯－奥克斯利法案》
social construct 2, 313	社会构成
Law Society 230	法律社会
lawyers 5, 9, 210–22, 223–31	律师
creative accounting 210–22	做假账
disclosures 227–8	披露
duties 227–31	责任
ethics 210–22, 225–31	道德规范
'hired gun' role 224–31	被雇佣的枪手（美国常用此词比喻律师）
historical background 227	历史背景
public-servant role 226–31	公仆
roles 223–31	角色，作用
self-discipline rights 227–8	自律的权利
self-interests 228–9	利己
Singapore case-study 230–1	新加坡的案例研究
stationers 228–9	文具店店主
Lay, Ken 9	肯·莱
leaders 48, 320–38	领导人
see also directors, management	参见：董事，管理
business leaders-leaders 48	商业对话

communications 327, 330, 335–8	通信
concepts 318–38	概念
discretion links 323–4	判断力
heroic managers 318–19, 329	优秀经理人
humility needs 335, 338	谦卑
inherited people 332–3, 336–7	获得继承权的人
legacy concepts 317, 322–38	职业贡献概念
'letting go' benefits 338	"放权"的好处
'life is short' attitudes 333	"生命是短暂的"观点
portrayal 331–2	描写
qualities 331–2	品质
legacy concepts 317, 322–38	职业贡献概念
actions and consequences 327–38	行为和结果
contributions 326–7	贡献
coral reefs 329–30, 335–8	珊瑚礁
creativity issues 335	创造力问题
death 325, 335	死亡
early starters 336	最早行动的人
feedback loops 337–8	反馈渠道
financial reports 326–7	财务报告
foundations 326, 328–9, 335–8	基础
leaders 317, 322–38	领导人
lenses and dreams 331–2, 335–8	现实与梦想
'letting go' benefits 338	"放权"的好处
meaning 324–38	意义
memories 327–8, 337–8	记忆力
modes 328–32	模式
monuments 327–8	纪念碑
performance issues 334	绩效
personal memoirs 325	个人自传
reality 335–8	现实
ripples 331, 337	波纹
seed-sowing/soil-cultivation aspects 330–1, 335–8	播种/培土
small acts 337–8	小的作为

time and history 332–8	时间和历史
webs 327, 330, 335–8	网络
wombs and incubators 329, 335–8	母体和孵化器
legal profession, origins 227	法律职业，起源
legislation 2, 6, 16, 17, 22–5, 28–31, 36–43, 48–61, 75–7, 90–9, 144, 163–84, 186–204, 209, 213, 217, 255–68, 297, 309–10, 311–14	立法
see also individual Acts	参见：特别法
Companies Act 1989 217	公司法
Criminal Code of Canada 163, 172–81	加拿大刑法典
Sarbanes-Oxley legislation 2, 6, 16, 17, 22–5, 28–31, 36–43, 48–61, 75–6, 144, 173, 189–91, 209, 213, 261–2, 278, 311–13	《萨班斯-奥克斯利法案》
Legitimacy	合法性
compliance links 136–7	遵守，合规
concepts 3, 5, 121–39, 216–17	概念
cultures 125–6, 216–17	文化
models 124–5	模式
multilateral regulatory initiatives 3, 5, 121–39	多边监管举措
OECDHTP1 124–39	有害税收行为提案
lenses and dreams, legacy concepts 331–2, 335–8	现实与梦想，职业贡献的概念
'letting go' benefits, leaders 338	"放权"的好处
liabilities, boards 6, 27–8, 31, 66–77, 89–99, 110–11, 149–55, 164–84, 189–204, 261–2, 267–9	负债
liberal market economies (LMEs) 84–99	自由市场经济
liberalisation 5–6, 17, 84–99, 104–19, 142–3, 157–61, 164–5, 169–72, 180–1, 297–315, 317–22	自由主义者
liberal-utilitarian model 105–6, 146	自由-功利主义模式
Liberia 129	利比里亚
'licence to operate', corporations 154–5	进入许可
Liechtenstein 125, 129	列支敦士登
life cycles, regulations 7	生活周期，规制
'life is short' attitudes, leaders 333	"生命是短暂的"观点
limited liability, principle 102–3	有限责任

Lincoln, Abraham 51	亚伯拉罕·林肯
liquidity concerns, Parmalat 250–2	流动性概念，帕玛拉特
listing requirements	股票上市条件
Australia 278	澳大利亚
European Union 68–77	欧盟
Ireland 256–71	爱尔兰
US 2, 6–7, 24–5, 28–31, 53–4, 320	美国
Livent 177	里文特公司
Living Omnimedia 7	生活多媒体公司
LMEs *see* liberal market economies	自由市场经济
loci of power, corporate governance 13–14, 101–19, 180–1	权力轨迹，公司治理
London Stock Exchange 85–6, 95, 110	伦敦证券交易所
Longford Gas explosion, Australia 276	朗福德瓦斯爆炸事件，澳大利亚
Luxembourg 133	卢森堡
Lynch, Gary 298	加里·林奇
Lynch-Fanon, Irene 13, 101–19	艾琳·林奇法农
M	
McBarnet, Doreen 7, 9, 17, 141–2, 147, 205–22, 241	多林·麦克巴内特
McCann, Dermot 5, 14, 79–99	德莫特·麦卡恩
McCracken Report 258	麦克拉肯报告
McDonough, William J. 11, 15, 47–61, 73	威廉·J·麦克多纳
Macmillan 212	麦克米伦
MacMillan, Viola 168	维奥拉·麦克米伦
McRae, Steve 176	史蒂夫·麦克雷
majority shareholders 80–1, 83, 91–2, 234–54	大股东
malfeasance 1, 8–9, 11, 15, 18–19, 65, 163–204, 275–93, 298–315	渎职
malpractice communication, European Union 65–77	不法信息，欧盟
management 13, 24, 27–8, 30–1, 66–77, 79–99, 115–16, 145–8, 187–204, 233–54, 273–91, 317, 322–38	管理
see also leaders	参见：领导人
boards 27–8, 66–77, 282–91	董事会
financial reports 31, 190–204, 233–54	财务报告
fraud 187–204	舞弊（欺诈）

heroic managers 318-19, 329	优秀经理人
internal controls 24-45, 65-77, 188-204, 234, 239-54, 274-91, 297-8, 317-38	内部人控制
legacy concepts 317, 322-38	职业贡献概念
roles 30-1, 79-99, 115-16, 149-55, 274-91, 320-38	角色，作用
tripartite relationship 13	三方关系
mandatory rotation, public accounting firms 36-40, 73, 242-3, 321-2	强制性转换，会计师事务所
Market Abuse Directive (2004/39/EC) 64-5	市场滥用指令
market power, public accounting firms 36, 38-9	市场力量，会计师事务所
market value, shares 80-1	市场价值（市值），股份
marketable assets, financial reports 32	有价资产，财务报告
Marshall Islands 125, 129	马绍尔群岛
Martin Act 1921, US 309-10	1921年马丁法案，美国
maternity rights 117	女权
Maxwell Corporation 212	麦斯威尔公司
meaning, legacy concepts 324-38	意义，职业贡献概念
media discourse 2, 7-8, 12, 163-5, 171-2, 301, 305, 309, 318	媒体披露
Melis, Andrea 10-11, 233-54	安德烈亚·梅利斯
Melis, Giovanni 10-11, 233-54	乔瓦尼·梅利斯
memories, legacy concepts 327-8, 337-8	纪念碑
mergers and acquisitions 35-6, 51-2, 90-9, 168-9, 171, 207-15	并购
Canada 168-9, 171	加拿大
disclosures 168-9, 207-15	披露
jurisdiction changes 51-2	股权变化
public accounting firms 35-6	会计师事务所
Merrill Lynch 245-6, 297-8, 302, 310-11	美林证券
Mexico 49	墨西哥
Microsoft 198	美国微软公司
'mindfulness' concepts 273, 275	注意
mining industry, Canada 166-9	采矿业，加拿大
Minister for Enterprise Trade and Employment, Ireland 256-71	企业贸易和就业部部长，爱尔兰

minority shareholders 80–1, 83, 91, 235–54	小股东
misfeasance 1, 8–9, 11, 18–19, 202–4	不法行为
mission statements 4–5, 324, 333, 335	代表团陈述
Mitchell, James 130–2	詹姆士·米切尔
Monaco 125, 129	摩纳哥
money-laundering practices 229–30	洗钱行为
monopolistic situations	垄断地位
Australia 288–90	澳大利亚
public accounting firms 36, 38–9, 320–1	会计师事务所
Montreal 166–81	蒙特利尔
monuments	纪念碑
legacy concepts 327–8	职业贡献概念
pigeons 326	鸽子
Moore, Michael 314	迈克尔·摩尔
moral hazards 12, 19, 319, 322	道德风险
moral legitimacy 124–5	道德合法性
morals 11–12, 19, 50–61, 115, 124–5, 151–61, 181, 203–4, 287–91, 317–38	道德
see also ethics	参见：道德规范
Morgan, M. 157–8	M. 摩根
Moscow, John 229	约翰·莫斯科
motivation issues	员工激励问题
employees 115–16	员工
misfeasance 11, 202–4	不法行为
MSN 318	微软公司提供的一种网络在线服务项目
Mulroney, Brian 169–70	布赖恩·穆隆尼
multilateral regulatory initiatives, legitimacy concepts 3, 5, 121–39	多边监管的举措
multinational companies 35–6, 51–2, 112–13, 127, 179–80	跨国公司
European Works Council Directive 112–13	欧洲劳资联合委员会
mergers 51–2	合并
public accounting firms 35–6	会计师事务所
mutual funds 28, 54, 170–2, 176–81, 319	共同基金

see also institutional investors	参见：机构投资者

N

NAB see National Australia Bank	澳大利亚国家银行
NAFTA see North American Free Trade Agreement	北美自由贸易协定
NAIRU see non-accelerating inflation rate of unemployment	非加速通货膨胀失业率
NASDAQ 307	纳斯达克（全美证券商协会自动报价系统）
National Association of Securities Dealers 307	全国证券商协会
National Australia Bank (NAB) 274–93	澳大利亚国家银行
national corporate-governance reforms	全国范围的公司治理改革
see also individual countries globalisation 79–99, 123–4, 180–1, 296	参见：各国的全球化
National Irish Bank Ltd Inquiry 259	爱尔兰国家银行调查
National Labor Relations Act 1948, US 113	1948年国家劳动关系法案，美国
National Taxpayers Union (NTP) 132	全国纳税人联盟
neoliberal globalisation, concepts 5–6, 84–5, 97, 104–19, 157–8, 164–5, 169–72, 180–1, 297–315, 317–22	新自由主义全球化
Nestle' baby food scandal 148	雀巢的婴儿食品丑闻
Netherlands 112	荷兰
New Deal reforms (1930s), US 314–15	美国新政改革（20世纪30年代）
'New Federalism', US 299–300	美国新联邦主义
New Jersey 304–5	美国新泽西州
New South Wales (NSW)	澳大利亚新南威尔士州
Department of Transport 279–81	交通运输署
State Rail Authority 274–93	州铁路局
New York District Attorney 8–9	纽约地方检察官
New York General Business Law No. 352 309–10	纽约州一般商业法第352条
New York State Attorney General 8, 15, 295–315	纽约州检察长
New York Stock Exchange (NYSE) 7–8, 15, 164, 173, 295–315	纽约证券交易所
New York Times 301	《纽约时报》
New Yorker 301	《纽约人》
New Zealand 273	新西兰
Newsweek 301	新闻周刊
'nexus of contracts' paradigm 105–6, 146–8	一系列合约的连接

主要词汇索引

NGOs *see* non-governmental organisations	非政府组织
non-accelerating inflation rate of unemployment (NAIRU) 49	非加速通货膨胀失业率
non-audit services 40–1, 72–3	非审计服务
non-controlling shareholders 80–1, 83, 91–2, 234–54	非控股股东
non-disclosure disclosures 208, 211–22	未披露的信息
non-executive directors 67–70, 85–99, 243–54	非执行董事
non-governmental organizations (NGOs) 219–21	非政府组织
non-subsidiary subsidiaries *see* Special Purpose Vehicles	非附属子公司,参见:特殊目的机构
North America *see* Canada;US	北美洲,参见:加拿大,美国
North American Free Trade Agreement (NAFTA) 173–4	北美自由贸易协定
not-for-profit organisations 34	非营利性组织
notes to the accounts 69–70, 208, 211	账目附注
see also financial reports	参见:财务报告
NSW *see* New South Wales…	澳大利亚新南威尔士州
NYSE *see* New York Stock Exchange	纽约证券交易所

O

O'Brien, Justin 1–20, 141, 188–9, 295–315	贾斯汀·奥布莱恩
OBS *see* off-balance-sheet transactions	资产负债表外交易(表外交易)
ODCE *see* Office of the Director of Corporate Enforcement	公司执法委员会办公室
OECD *see* Organisation for Economic Cooperation and Development	经济合作与发展组织
off-balance-sheet transactions 9, 64, 68–77, 206–22	资产负债表外交易(表外交易)
concepts 206–22	概念
Enron 9, 206–22	安然
European Union 64, 68–77	欧盟
Office of the Comptroller of the Currency, US 307	货币监理署,美国
Office of the Director of Corporate Enforcement (ODCE)	公司执法委员会办公室
see also Ireland background 260–70	参见:爱尔兰的背景
customer services 266	客户服务
impacts 266	影响
insolvent companies 265	破产的公司
mission and goals 262–70	任务和目标
Office of Management and Budget, US 42	美国行政管理与预算局
old-boy network, Canada 171–2	校友网,加拿大

One Tel 276	一电通电讯公司
online registrations, PCAOB 55	在线注册，公众公司会计监督委员会
Ontario 167–81	安大略
Ontario Securities Commission (OSC) 167–77	安大略证券交易委员会
operating costs, fraud 195–6	营业成本
options 170–2	期权
see also derivatives	参见：衍生产品
Organisation for Economic Cooperation and Development (OECD) 12, 14, 109, 121–39	经济合作与发展组织
background 12, 14, 109, 121–39	背景
blacklists 125–39	黑名单
Committee on Fiscal Affairs 122	财政委员会
Forum on Harmful Tax Practices 122	有害税收行为论坛
harmful tax practices initiative (HTPI) 122–39	有害税收行为提案
legitimacy concepts 121–39	合法化概念
Principles on Corporate Governance 12, 14	公司治理原则
Orwell, George 136	乔治·奥维尔
OSC *see* Ontario Securities Commission	安大略证券交易委员会
'outsider' models, corporations 10, 110–11	外部人模式，公司
overregulation dangers 52, 164	过度监管的危险
oversight problems, audits 24–5, 29, 44–5, 65–77	监督问题，审计
ownership structures	所有权结构
corporations 105–6, 109–17, 144–61, 234–54	公司
fragmentation issues 111–14	分裂问题
shareholders 10–12, 109–17, 144–61, 234–54	股东
Oxley, Michael 302	迈克尔·奥克斯利

P

panics 1 恐慌	
Parkinson, J. 142, 144, 146–7, 154–5, 160	J. 帕金森
Parmalat 10–11, 52, 70, 141, 233–54, 321	帕玛拉特
accounting standards 234, 236–54	会计准则
auditors 234, 237–8, 239–54, 321	审计师
background 233–54, 321	背景

balance sheets 247 – 52	资产负债表
consolidated financial statements 247 – 54	合并财务报表
creative accounting 237 – 9, 321	做假账
debt 250 – 2	负债
Enron contrasts 237 – 9, 242, 244 – 6	对照安然
financial analysts 234, 244 – 54	财务分析师
financial reports 233 – 54, 321	财务报告
gatekeepers 233 – 4, 239 – 54	守门人
internal controls 234, 239 – 54	内部控制
liquidity concerns 250 – 2	流动性问题
ownership structure 234 – 54	所有权结构
profit and loss accounts 247 – 50	损益账户
ratings downgrade 245 – 6	评级下降
Tanzi family 234 – 6, 240 – 1, 244, 321	坦济家族（控制帕玛拉特公司的家族）
partner-switching practices, public accounting firms 57	角色转换，会计师事务所
payroll services, auditors 41	薪酬服务，审计师
PCAOB see Public Company Accounting Oversight Board	公众公司会计监督委员会
peer reviews 55 – 6	同行审查
pension funds 28, 95 – 6, 170 – 2	退休基金
see also institutional investors	参见：机构投资者
perceptions, concepts 331 – 2	洞察力
perfect-storm environmental forces 5, 317 – 38	完美风暴的环境力量
performance issues	绩效
financial reports 32, 44	财务报告
legacy concepts 334	职业贡献概念
PFIs see Private Finance Initiatives	私人主动融资
phantom bidders, fraud 197 – 201	虚假竞标者，舞弊（欺诈）
philanthropic aspects, CSR 151 – 61	博爱（公司社会责任）
pigeons, monuments 326	鸽子，纪念碑
Pitt, Harvey 213, 308	哈维·皮特
planning Tribunal of Inquiry report, Ireland 258	对规划的法庭调查报告，爱尔兰
Plato 331	柏拉图

political issues 1-3, 5-6, 12-14, 48, 51, 79-99, 101-19, 121-39, 153-4, 156-61, 163-84, 295-315　政治问题

Polly Peck 208-9　（英国）波力派克公司

Portugal 133　葡萄牙

power impacts 3-4, 13, 101-19, 121-39, 141-61, 163-84, 295-315　权力影响

 capital markets 14, 121-39, 141-61, 163-84, 311-13　资本市场

 corporations 102-19, 141-61, 163-84, 295-315　公司

 CSR 142-61, 219-21　公司社会责任

 democracy 4, 47-8, 101-19, 141-61　民主主义

 ideational/relative powers 306-11　思想/关系的力量

 legitimacy concepts 3, 5, 121-39, 216-17　合法化概念

 loci of power 13-14, 101-19, 144-8, 180-1　权力轨迹

 PCAOB 23-5, 53-61, 71-3, 311-13　公众公司会计监督委员会

 privatisations 109, 157-9, 164-5, 169-72　私有化

 public policies 3-4, 101-19, 296-315　公共政策

 Spitzer's efforts 8, 15, 295-315　斯皮策的尝试

pragmatic legitimacy 124-5　实际合法性

precision issues, financial reports 31-2　精确性问题，财务报告

Preda Code 243-4　（关于公司治理的）普莱达准则（意大利）

PricewaterhouseCoopers (PWC) 57-8, 274-93　普华永道

primary stakeholders 153-4　主要利益相关者

principal-agent paradigm 10, 144-8, 190-1, 235-54　委托-代理范式

Private Finance Initiatives (PFIs) 220　私人主动融资

privatisations 109, 157-9, 164-5, 169-72　私有化

Proctor and Gamble 329　宝洁公司

productivity rates 49-50, 107-8　生产率

professional associations　专业协会

 see also accountants; directors; lawyers　参见：会计师；董事；律师

 scandals 5, 10　丑闻

profit and loss accounts　损益账户

 see also financial reports　Parmalat 247-50　参见：财务报表　帕玛拉特

主要词汇索引

'profit maximisation' aims, corporations 142, 146–55, 159–60, 180–1, 279, 288–91, 317–18   利润最大化目标

property rights 105   产权

Prospectus Directive (2003/71/EC) 64–5   招股说明书指令

prospectuses 64–77   招股说明书

proto-formalisation 10   开始正规化

public accounting firms 23–5, 36–41, 44–5, 48–61, 174–5, 191–204, 210–22, 319–38   会计师事务所

    see also audit…   参见：审计

    barriers to entry 36   进入壁垒

    'the Big 4' 35–6, 57–8   "四大"（会计师事务所）

    conflicts of interest 40–1   利益冲突

    consolidation 35–6   合并

    consulting services 40–1, 72–3   咨询服务

    creative accounting 210–22   做假账

    fees 36, 38, 57   费用

    market power 36, 38–9   市场力量

    mergers 35–6   合并

    monopolistic situation 36, 38–9, 320–1   垄断地位

    multinational companies 35–6   跨国公司

    non-audit services 40–1, 72–3   非审计服务

    partner-switching practices 57   角色转换

    PCAOB 23–5, 54–61, 188–91, 311–13   公众公司会计监督委员会

    quality controls 56–61   质量控制

    registration practices 23–5, 54–61, 76–7   注册

    remuneration 57   报酬

    responsibilities 44–5, 53–61, 174–5, 191–204, 319–38   责任

    rotation issues 36–40, 73, 242–3, 321–2   轮换问题

    Sarbanes-Oxley legislation 36–40, 48–61, 189–91, 213, 311–13   《萨班斯－奥克斯利法案》

    studies 36–8, 57–8   研究

    trusteeship issues 322–38   托管制度

Public Company Accounting Oversight Board (PCAOB) 2, 11, 15–17, 23–5, 34–5, 39–40, 52–61, 71–3, 188–91, 311–13   公众公司会计监督委员会

  see also Sarbanes-Oxley legislation Auditing Standard No. 2（AS2） 60，188－91   《萨班斯－奥克斯利法案》中的审计标准

  background 2，11，15－17，23－5，34－5，39－40，52－61，71－3，188－91，311－13   背景

  enforcement powers 23－5，40，53－1，58－61   执行力

  European Union 71－3   欧盟

  funding 54   提供基金

  goals 23－54，59－61，71－3，311－13   目标

  historical background 23－4，53－4，188－91   历史背景

  inspection powers 23－5，54，55－61   审查权力

  investigative powers 23－5，58－61   研究能力

  online registrations 55   在线注册

  peer reviews 55－6   同行审查

  powers 23－5，53－61，71－3，311－13   权力

  registration practices 23，54－61，76－7   注册

  rotation issues 39－40   轮换问题

  SEC 23－4，53－61   证券交易委员会

  standard-setting role 59－61，188－91，311－13   制订标准

Public Company Accounting Reform and Investor Protection Act 2002（Sarbane-Oxley）6，16，17，22－5，48，144，189，311－13   公众公司会计改革和投资者保护法

public interest 1，146－55，267   公众利益

  concepts 154－6，267   概念

  CSR 154－61   公司社会责任

  'profit maximisation' aims 146－55，159－60，180－1，279，288－91   利润最大化目标

public policies 1－20，79－99，101－19，296－315   公共政策

  power impacts 3－4，101－19，296－315   权力影响

  self-enrichment powers 3   自我完善的能力

public trusteeship，concepts 89，317－38   公共托管制度

public-servant role，lawyers 226－31   公共服务

Puri，Poonam 177   普拉姆·普瑞

PWC see Pricewaterhouse Coopers   普华永道

Q

QCs，England 231   王室顾问（英国）

quality controls，audits 56－61，70－3   质量控制

主要词汇索引

Quattrone, Frank 7	弗兰克·奎特尼
Quebec 174–6	魁北克（加拿大）

R

ratings 245–6, 250, 297–8, 319–20	评级
rationalisation problems, misfeasance 11, 202–4	合理化问题，不法行为
Rawls, John 323	乔治·罗尔斯
Reagan, Ronald 157, 169	罗纳德·里根
reality	真实
fraud 197–8	舞弊（欺诈）
legacy concepts 335–8	职业贡献概念
Reason, James 273, 275	詹姆斯·瑞森
Recruitment processes, employees 287	员工招募过程
reforms 1–2, 5–11, 22–6, 43–5, 47–61, 63–5, 76–7, 79–99, 144, 163–84, 186–204, 205–22, 260–70, 277–8, 289–91, 295–315	改革
best-practice approach 10–11, 26, 75–6, 81–99, 213–18	最佳实践
codification approach 6–7, 11, 75–6, 79–99, 215, 303–6	法典编纂
costs 12	成本
Criminal Code of Canada 163, 172–81	加拿大刑法典
economic effects 52–3, 63–5, 76–7, 79–99	经济效应
failures 22–6, 47–8, 51–4, 63–4, 70–3, 168, 172–81, 186–204, 205–22, 260–70, 277–8, 289–91	破产（失败）
future prospects 25–6	未来展望
regulations 1–2, 5–6, 10–11, 22–6, 43–5, 47–61, 79–99, 186–204, 205–22, 260–70, 277–8, 289–91, 295–315	规则
Sarbanes-Oxley legislation 2, 6, 16, 17, 22–5, 28–31, 36–43, 48–61, 75–6, 144, 173, 189–91, 209, 213, 261–2, 278, 311–13	《萨班斯-奥克斯利法案》
Spitzer's efforts 8, 15, 295–315	斯皮策的尝试
trust-restoration issues 21–45, 47–61, 63–77, 79–99, 172–81, 213–22	信任重建问题
regime maps, regulations 303–6	描绘政权制度，规制
registers, risk 279, 290–1	注册
Registrar of Companies, Ireland 267–8	公司注册，爱尔兰

registration practices, PCAOB 23, 54–61, 76–7	注册实践，公众公司会计监督委员会
regulations	规则
Australia 273–93	澳大利亚
background 1–20, 47–8, 75–6, 111–19, 121–39, 141–61, 163–84, 186–204, 207–22, 295–315	背景
Canada 163–84	加拿大
compliance 3–5, 8–10, 18–19, 55–6, 136–7, 141–2, 147, 165–81, 205–22, 223–31, 259–70, 275–91	合规，遵守
creative interpretation 2–4, 8–9, 18–19, 70–3, 141–2, 147, 205–22, 223–31, 297–315	创造性（虚假）解释
CSR 17, 19, 108, 141–61, 209, 219–21, 277–8	公司社会责任
deregulation policies 157–8, 163–4, 169–72, 298–315, 317–22	放松管制的政策
derivatives 207–22	派生
enforcement issues 2–3, 7, 16, 17–18, 23–5, 40, 53–4, 58–61, 65–77, 141–3, 164–84, 202–4, 214–22, 259–68, 297–315, 319	执行问题
financial services 3, 5, 121–39	金融服务
gaming practices 1, 5, 11, 233–54, 306–15	博弈
harmful tax practices 122–39, 260	有害税收行为
Ireland 255–71	爱尔兰
legitimacy concepts 3, 5, 121–39, 216–17	合法性概念
life cycles 7	生命周期
regulations (cont.)	规制
listing requirements 2, 6–7, 24–5, 28–31, 53–4, 68–77, 278, 320	股票上市条件
money-laundering regulations 229	洗钱规制
multilateral regulatory initiatives 3, 121–39	多边监管的举措
overregulation dangers 52, 164	过分监管的危险
reassuring balm 3	安慰
reforms 1–2, 5–6, 10–11, 22–6, 43–5, 47–61, 79–99, 163–4, 186–204, 205–22, 260–70, 277–8, 289–91, 295–315	改革
regime maps 303–6	描绘政权制度

relative/ideational powers 306–11	关系/思想的力量
risk 12	风险
self-regulations 5–6, 14, 53–4, 70–3, 88–99, 141–2, 167–81, 261, 296–315, 319	自我约束
Spitzer's efforts 8, 15, 295–315	斯皮策的尝试
taxation 126–39, 218, 256–7, 260	税收
technical compliance 3–5, 8–10, 18–19, 55–6, 141–2, 147, 205–22, 223–31 US 1–19, 22–5, 28–45, 48–61, 75–6, 144, 168–74, 180–1, 186–204, 213–22, 295–315	技术性合规
related-party transactions 64–5, 69–70	关联交易
relational models see 'insider' models	关系模型，参见：内部模式
relative/ideational powers, regulations 306–11	关系/思想的力量，规制
reliability needs, financial reports 32, 44–5, 66–77, 224–31	可靠性需求，财务报告
remuneration	报酬
directors 6, 11–12, 22, 50–61, 66–70, 171–2, 202–4, 211	董事
public accounting firms 57	会计师事务所
respect 51–61	尊重
responsibilities 5, 6, 9, 11–13, 16–17, 27–30, 53–61, 79–99, 115–16, 141–61, 189–222, 233–54, 261–2, 267–9, 317–38	责任
accountability profession 44–5, 53–61, 174–5, 191–204, 322–38	职业责任
boards 6–7, 9, 11–13, 16–17, 27–30, 65–77, 89–99, 110–11, 115–16, 149–55, 157–61, 164–84, 189–204, 233–54, 261–2, 267–9, 282–91	委员会
CSR 17, 19, 108, 141–61, 209, 219–21, 277–8	公司社会责任
legacy concepts 317, 322–38	职业贡献概念
trusteeship 317–38	托管制度
retailers 49–50	零售商
returns on investments 142, 146–55, 159–60, 180–1, 279, 288–91, 318	投资回报
see also profit...	参见：利益
Revenue Commissioners, Ireland 256–71	税务局，爱尔兰
Review Group on Auditing, Ireland 261	审计复核小组，爱尔兰

ring fencing practices 129–39	"围栏制度"（将税收优惠限制在一定范围内）
ripples, legacy concepts 331, 337	波纹，职业贡献概念
risk	风险
assessments 34, 273–93	估价
employees 146	员工
financial services 128	金融服务
fraud 185–204, 320	舞弊（欺诈）
registers 279, 290–1	注册
regulations 12	规制
shareholders 144–6, 168	股东
stakeholders 102–3, 146, 287–91	利益相关者
risk management 16–18, 27–8, 34, 65, 185–204, 273, 275–93, 319–38	风险管理
Australian case-studies 273, 275–93	澳大利亚案例研究
failings 279, 283–4, 285, 287, 290–1	失效
fraud 185–204, 320	舞弊（欺诈）
'roaring nineties' 308	"喧嚣的90年代"
Roosevelt, Franklin 51, 300	富兰克林·罗斯福
Roosevelt, Theodore 51, 300	西奥多·罗斯福（昵称泰迪·罗斯福（Roosevelt, Tdddy））
Rosehaugh 211	罗斯霍
rotation issues, public accounting firms 36–40, 73, 242–3, 321–2	轮换问题
Royal Ahold 52	皇家阿霍德公司
Royal Commissioner, Australia 274–93	澳大利亚皇家专门调查委员会
Rush and Tomkins 212	拉什和汤姆金斯
S	
SAGs see State Attorney Generals	州检察长
St Vincent and the Grenadines 129–31	圣文森特和格林纳丁斯
Sanders, Ronald 131	罗纳德·桑德斯
Sarbanes-Oxley legislation 2, 6, 16, 17, 22–5, 28–31, 36–43, 48–61, 75–6, 144, 173, 189–91, 209, 213, 261–2, 278, 311–13	《萨班斯-奥克斯利法案》
see also Public Company Accounting Oversight Board	参见：公众公司会计监督委员会

主要词汇索引

audit committees 28 – 9	审计委员会
concepts 2, 6, 16, 17, 22 – 5, 28 – 31, 36 – 43, 48 – 61, 75 – 6, 144, 189 – 91, 213, 311 – 13	概念
historical background 22 – 5, 48 – 50, 51 – 4, 189 – 91	历史背景
implementation difficulties 24 – 5, 213	执行困难
politics of symbolism 311 – 13	政治象征主义
public accounting firms 36 – 40, 48 – 61, 189 – 91, 213, 311 – 13	会计师事务所
section 302 31	302 条款
section 404 17, 23 – 4, 31, 60	404 条款
Spitzer's views 311 – 13	斯皮策的观点
Savings Tax Directive, European Union 126	储蓄税指令，欧盟
scandals 1, 3 – 9, 16, 21 – 45, 47 – 8, 51 – 2, 63 – 4, 70, 91, 101 – 2, 141, 148, 163 – 4, 168, 173, 176 – 7, 189 – 204, 205 – 22, 233 – 54, 257 – 62, 311 – 13, 318, 321 – 2, 328	丑闻
see also failures	参见：破产（失败）
Canada 168, 173, 176 – 7	加拿大
cases 3, 7 – 9, 12, 47, 51 – 2, 70, 91, 101 – 2, 141, 148, 163 – 4, 168, 173, 176 – 7, 189 – 204, 205 – 22, 233 – 54, 257 – 62, 311 – 13, 318, 321 – 2, 328	案例
Enron 3, 9, 12, 47, 51, 141, 148, 163 – 4, 173, 189, 205 – 22, 228, 237 – 9, 242, 244 – 6, 309, 321, 327	安然
Ireland 257 – 62	爱尔兰
Parmalat 10 – 11, 52, 70, 141, 233 – 54, 321	帕玛拉特
reasons 22	原因
Sunbeam 194 – 5	桑宾公司（最早涉及公司丑闻的公司之一）
trust-restoration issues 21 – 45, 47 – 61, 63 – 6, 70, 172 – 81, 213 – 22 Tyco 8, 189, 318, 328 US 3, 9, 12, 47, 51, 141, 148, 163 – 4, 173, 189, 205 – 22, 228, 237 – 9, 242, 244 – 6	信任重建问题
WorldCom 3, 9, 51, 148, 163 – 4, 173, 189, 208, 228, 321, 327 – 8	世界通讯公司（世通）
Schaub, Alexander A. 14, 56, 63 – 77	亚历山大·A·绍布
Schmitter, P. 5	P. 施密特尔
SDEs *see* small and developing economies	发展中的小经济体

SEC see Securities and Exchange Commission	证券交易所
secondary stakeholders 153–4	次要利益相关者
Secretary of the Treasury, US 42	财政部秘书，美国
section 302, Sarbanes-Oxley legislation 31	《萨班斯－奥克斯利法案》302条款
section 404, Sarbanes-Oxley legislation 17, 23–4, 31, 60	《萨班斯－奥克斯利法案》404条款
Securities Act 1934, US 22–3, 189, 297	1934年证券法，美国
Securities Act 1966, Canada 168	1966年证券法，加拿大
Securities and Exchange Commission (SEC) 2, 4, 6, 15, 17, 23–5, 28–9, 31, 37, 39–40, 53–61, 75, 187–92, 298–311, 320	证券交易委员会
Securities and Exchange Commission (cont.)	证券交易委员会
background 2, 4, 6, 15, 17, 23–5, 28–9, 31, 37, 39–40, 53–61, 75, 187–92, 205–13, 298–311, 320	背景
Enron 205–13	安然
European Union 75	欧盟
filing requirements 24–5	必备条件
fraud 187–92, 206–13, 298–311	舞弊（欺诈）
listing requirements 25, 28–9, 53–4, 75, 320	股票上市要求
PCAOB 23–4, 54–61	公众公司会计监督委员会
powers 25, 28–9, 53–4	权力
rotation issues 39–40	轮换问题
Spitzer's efforts 298–311	斯皮策的尝试
securitisation trends, global markets 1, 6, 14, 80–1, 91–9	证券化趋势，全球市场
seed-sowing/soil-cultivation aspects, legacy concepts 330–1, 335–8	播种/培土
self-enrichment powers 3, 123–6, 145–8	自我完善的能力
self-interests, lawyers 228–9	利己主义
self-regulations 5–6, 14, 53–4, 70–3, 88–99, 141–3, 167–81, 261, 296–315, 319	自我规制
self-regulatory organisations (SROs), Canada 167–79	自我规制机构，加拿大
September 11th terrorist attacks 122–3, 128, 322	9·11恐怖事件
shareholder value 14, 27–8, 79–99	股东价值
shareholders 13, 14, 21–2, 26–32, 44–5, 66–77, 79–99, 109–19, 144–61, 168–81, 221, 234–54	股东
see also institutional investors	参见：机构投资者

annual general meetings 67 – 70　　　　　　　　　　年会
boards 13，27 – 8，66 – 77，79 – 80，110 – 11　　　委员会
Canada 168，170 – 81　　　　　　　　　　　　　　加拿大
controlling/non – controlling shareholders 80 – 1，83，91 – 2，234 – 54　　控股股东/非控股股东
cross-border shareholders 69 – 70，80 – 1　　　　　外国股东
diffuse ownership 10 – 12，109 – 10，144 – 8　　　　分散的股权
employee conflicts 93，146 – 61　　　　　　　　　　员工利益冲突
European Union 66 – 70　　　　　　　　　　　　　欧盟
failures 21 – 2　　　　　　　　　　　　　　　　　破产（失败）
financial reports 31 – 2，44 – 5　　　　　　　　　　财务报告
Germany 80 – 1，83，91 – 9　　　　　　　　　　　德国
ownership issues 10 – 12，109 – 17，144 – 61，234 – 54　所有权问题
powers 66 – 70，79 – 99，144 – 61，171 – 2，221，234 – 54　权力
principal-agent paradigm 10，144 – 8，190 – 1，235 – 54　委托 – 代理范式
protection 14，26 – 32，66 – 77，79 – 99，102 – 3，144 – 8，171 – 2，239 – 54　保护
risk 144 – 6，168　　　　　　　　　　　　　　　　风险
stakeholders 109 – 19，146 – 61　　　　　　　　　　利益相关者
types 28，80 – 1，109 – 10　　　　　　　　　　　　类型
shares　　　　　　　　　　　　　　　　　　　　　参股
　　employee share ownership schemes 113 – 14　　员工持股计划
　　market value 80 – 1　　　　　　　　　　　　市场价值
Shell 148　　　　　　　　　　　　　　　　　　　壳牌
short-termism 31，170 – 2，318 – 20，334　　　　　短期化
Singapore 230 – 1　　　　　　　　　　　　　　　新加坡
Single European Market 69 – 70　　　　　　　　　单一欧洲市场
skills' bases，employees 84　　　　　　　　　　　员工技能
skimming，fraud 197 – 201　　　　　　　　　　　撇脂，舞弊
small acts，legacy concepts 337 – 8　　　　　　　小作为，职业贡献概念
small and developing economies（SDEs）133 – 4　发展中的小经济体
Smith，Adam 137　　　　　　　　　　　　　　　亚当·斯密
smoothed earnings 22　　　　　　　　　　　　　平滑收益
Snider，Laureen 4，7，163 – 84　　　　　　　　　劳伦·斯奈德
social construct，law 2，313　　　　　　　　　　社会构成

social crimes, concepts 165–6	社会犯罪
Social Democratic Party, Germany 92, 97–8	社会民主党，德国
social equity 157–61	社会公平
social issues 1, 2, 4–5, 12–13, 17, 19, 84–99, 101–19, 121–39, 146–7, 181, 322–38	社会问题
see also corporate social responsibility; cultures	参见：公司社会责任
corporate governance 1, 2, 4–5, 12–13, 17, 19, 84–99, 101–19, 121–39, 181, 322–38	公司治理
CSR 17, 19, 108, 141–61, 219–21, 277–6	公司社会责任
European Union 106–19	欧盟
legacy concepts 324–38	职业贡献概念
legitimacy concepts 3, 5, 121–39	合法性概念
loci of power 13–14, 101–19, 181	权力轨迹
'profit maximisation' aims 146–55, 159–60, 180–1, 279, 288–91, 317–18	利润最大化目标
transatlantic comparisons 102–19	欧美比较
UK 108, 111, 116–17, 149–50	英国
US 104–19, 144, 149–50	美国
social model, concepts 105–6, 146	社会模式
Social Security Administration 329	美国社会保障总署
Societas Europea 112	欧洲企业（拉丁文）
Society of Trust and Estate Practitioners (STEP) 134	信托与财产从业者协会
socio-economic institutions 84–99	社会经济组织
soil-cultivation aspects, legacy concepts 330–1, 335–8	培土，职业贡献概念
sovereignty issues, globalisation 123–4	主权问题，全球化
Spain 112	西班牙
Special Purpose Vehicles (SPVs) 64–5, 68–70, 207–15	特殊目的机构
speed limit, economic developments 49	限速，经济发展
Spitzer, Eliot 8, 15, 295–315	埃利奥特·斯皮策
SPVs see Special Purpose Vehicles	特殊目的机构
SROs see self-regulatory organisations	自我规制机构
stakeholders 12–13, 21–2, 26–32, 44–5, 64–5, 77, 79–99, 101–19, 146–61, 287–91	利益相关者
boards 13, 27–8, 66–77, 110–12	委员会

corporate crimes 165-84	公司犯罪
CSR concepts 152-61, 221	公司社会责任概念
employees 101-19, 146-61	员工
financial reports 31-2, 44-5	财务报告
governance model 86-7	治理模式
'human capital' 108	人力资本
Ireland 267-8	爱尔兰
loci of power 13-14, 101-19, 144-8	权力轨迹
primary/secondary stakeholders 153-4	主要/次要利益相关者
protection 14, 26-32, 66-77, 79-99, 102-3, 109-10, 116, 146-61	保护
risk 102-3, 146	风险
shareholders 109-19, 146-61	股东
Standard and Poor's 250	标准普尔
standards 23-5, 33-5, 41-3, 56-61, 63-5, 71-7, 188-204, 213-18, 234, 261, 311-13, 319-20	标准,准则
audits 23-5, 33-5, 41-3, 56-61, 71-3, 191-204, 213-18, 234, 236-54, 261, 311-13, 319-20	审计
European Union 71-7	欧盟
PCAOB 59-61, 188-91, 311-13	公众公司会计监督委员会
start-up periods, new ventures 288-91	启动阶段,开创新局面
State Attorney Generals (SAGs) 15-16, 298-9, 313-14	州检察长
state of mind, corporate governance 273-93	精神状态,公司治理
stationers, lawyers 228-9	文具商
STEP see Society of Trust and Estate Practitioners	信托与财产从业者协会
stewardship concepts 30-1, 44-5, 322-38	服务理念
see also trusteeship accountability profession 44-5, 322-38	托管职业责任
CEOs 30-1, 322-38	首席执行官
Stewart, James 224	詹姆士·斯图尔特
Stewart, Martha 7-8	玛莎·斯图尔特
stock options 11	股票期权
Stokes, M. 145, 159	M. 斯托克斯
Storehouse 210	仓储公司
Strange, Susan 300	苏珊·斯特兰奇

Strathclyde, Lord 214 – 15	洛德·斯特拉西德
Streeck, W. 5	W. 斯特里克
structural changes	结构性变化
complex financial structures 6, 13 – 14, 29 – 30, 32, 44 – 5, 123 – 39	复杂的财务结构
dangers 1, 4 – 5	危险
substance, form 6, 12	本质
Sunbeam 194 – 5	桑宾公司（最早涉及公司丑闻的公司之一）
supervisory boards 89 – 99, 110 – 11	监事会
supervisory directors *see* non-executive directors	监事，参见：非执行董事
suppliers, fraud 196 – 201	供应方
surveillance prospects, communications technologies 179 – 80	监控展望，通讯技术
Switzerland 126, 133	瑞士
symbolism, politics of symbolism 311 – 13	政治象征主义
systems, compliance failures 286 – 91	系统，合规性失败
T	
TABD *see* Trans – Atlantic Business Dialogue	泛大西洋贸易对话
takeover rules, Germany 90 – 9	接管规则，德国
takeovers *see* mergers and acquisitions	接管，参见：并购
Takeovers Directive (13th Directive), European Union 90, 93 – 4, 97 – 8	接管指令，欧盟
Tanzi family 234 – 6, 240 – 1, 244, 321	坦济家族（控制帕玛拉特公司的家族）
see also Parmalat	参见：帕玛拉特
Tao Te Ching 338	道德经
tax avoidance 218	避税
tax havens 128 – 39	避税港
taxation	税收
competing states 126 – 39	国家竞争
harmful tax practices 122 – 39, 260	有害税收行为
OECDHTPI 122 – 39	有害税收行为提案
regulations 126 – 39, 218, 256 – 7, 260	规制
technical compliance, problems 3 – 5, 8 – 10, 18 – 19, 55 – 6, 141 – 2, 147, 205 – 22	技术性合规

tenure considerations, auditors 36–40	任期考虑，审计师
terrorism 122–3, 128, 322	恐怖主义
Thatcher, Margaret 157, 169	玛格丽特·撒切尔
Thebes 330–1	底比斯（古希腊城邦）
theft, fraud contrasts 185	偷窃、舞弊（欺诈）
Time 301	《时代》
time and history, legacy concepts 332–8	时间和历史，职业贡献概念
TNCs see transnational corporations	跨国公司
Toronto 166–81	多伦多
Toronto Stock Exchange (TSX) 167–75	多伦多证券交易所
trade unions 86–8, 97, 113	工会
see also employees	参见：员工
training needs	培训需求
auditors 192–3	审计师
employees 71–2, 281, 289–91, 334–5	员工
Trans-Atlantic Business Dialogue (TABD) 75	泛大西洋贸易对话
transaction costs, corporate goals 105, 146	交易费用，公司目标
transnational corporations (TNCs) 127	跨国公司
see also multinational...	参见：跨国的
transparency issues 2–30, 44–5, 64–77, 91–9, 121, 128–39, 207, 268–70, 317–38	透明化问题
Treadway Commission 246–7	美国反欺诈财务报告全国委员会
Tribunal of Inquiry reports, Ireland 257–8	法庭的调查报告
'true and fair view' 68–9, 73–4, 210–11, 215, 237–9	真实、公正的意见
see also fairness	参见：公平
Truman, Harry 51	哈里·杜鲁门
trust 4, 11, 14, 18, 19, 21–45, 47–61, 63–77, 79–99, 114–16, 172–81, 203–4, 317–38	信任
see also integrity	参见：诚实
commitment factors 323–4	承诺因素
concepts 4, 11, 14, 18, 19, 21–45, 51–61, 114–16, 320–38	概念
economic developments 114, 165–6	经济发展
employees 114–16	员工
erosion 4	腐败

restoration efforts 21–45, 47–61, 63–77, 79–99, 172–81, 213–22	重建效果
trusteeship	托管制度
see also stewardship concepts 89, 317–38	参见：服务理念
TSX *see* Toronto Stock Exchange	多伦多证券交易所
Tweedie, David 214–16	大卫・泰迪
two-tier boards 13–14, 89–99, 110–12	双层董事会
Tyco 8, 189, 318, 328	泰科公司

U

UK	英国
Beazer 211–12	比泽公司（英国的一个房地产商）
Cadbury Committee 85–99	卡德伯里委员会
Companies Acts 217, 255–6	公司法
Company Law Review 85–99	公司法检查
Conservative government 88, 158	保守党政府
corporate governance 10, 13, 79–99, 102, 108, 111, 112, 116–17, 149–50, 206, 214–17, 255–6, 318–19	公司治理
corporate-law principles 102–19, 142–61, 210–11, 213–14, 255–6	公司法原则
creative accounting 210–13	做假账
deregulation policies 109, 157–9, 164–5, 169–72, 318–19	放松管制的政策
employees 86–7, 102, 108, 111, 116–17, 149–50	员工
Ireland 255–6	爱尔兰
Labour government 85–99, 153–4	工党政府
LMEs 85–99	自由市场经济
loci of power 102, 108, 116–17	权力轨迹
money-laundering practices 229–30	洗钱
neoliberal policies 157, 164–5, 169–72, 318–19	新自由主义政策
political parties 85–99, 153–4	政治团体
Polly Peck 208–9	波力派克公司
privatisations 109, 157–9, 164–5, 169–72	私有化
reforms 85–99	改革
social issues 108, 111, 116–17, 149–50	社会问题

ultra vires 149–50	超越权限
uncertainty factors, future prospects 335–8	不确定因素，未来展望
underwriters 295–315	保险业
unemployment rates, transatlantic comparisons 107–8	失业率，欧美比较
Union Carbide 147	联合碳化合物公司（美国）
unitary structures, US 303–15	统一结构
United Nations 143, 148, 322–3	联合国
US 1, 2–7, 10–19, 22–5, 28–45, 48–61, 63–77, 102–19, 144, 168–74, 188–204, 205–22, 295–322	美国
see also Government Accountability Office; Sarbanes-Oxley legislation	参见：美国审计总署；《萨班斯－奥克斯利法案》
anti-trust violations 305–6	违反反托拉斯法案
Canada 168–74, 180–1	加拿大
Chamber of Commerce 15, 307, 310	商会
Conference Board 4	会议委员会
Congress 48, 51, 53, 59–60, 127, 206–7, 305–6	国会
corporate governance 2–6, 13–19, 22–5, 28–45, 48–61, 75–7, 102–19, 144, 168–74, 180–1, 188–204, 206–22, 295–315, 317–22	公司治理
corporate-law principles 102–19, 142–61, 213–14	公司法原则
creative accounting 205–22	做假账
Department of Homeland Security 127	国家安全局
deregulation policies 164–5, 169–72, 298–315, 317–22	放松管制的政策
economic issues 48–9, 107–8	经济问题
employees 103–19, 144, 149–50	员工
US (cont.)	美国
Enron 3, 9, 12, 47, 51, 141, 148, 163–4, 173, 189, 205–22, 228, 237–9, 242, 244–6, 309, 321, 327	安然
European Union 25, 52, 56–7, 63–77, 103–19	欧盟
federal structures 303–15	联邦结构
financial analysts 244–5	财务分析师
fraud 186–204, 206–22, 295–315	舞弊（欺诈）
gaming practices 1, 306–15	博弈
influences 2, 180–1, 305, 311–13	影响

international relations 24-5, 35, 43, 180-1	国际关系
Joint Auditing Standards Coordinating Forum 34-5	联合审计标准合作论坛
listing requirements 2, 6-7, 24-5, 28-9, 53-4, 320	股票上市条件
Marine Corps 329	海军陆战队
neoliberal policies 157, 164-5, 169-72, 180-1, 297-315, 317-22	新自由主义政策
New Deal reforms (1930s) 314-15	美国新政改革（20世纪30年代）
'New Federalism' 299-300	新的联邦制度
New York State Attorney General 8, 15, 295-315	纽约州检察长
New York Stock Exchange 7-8, 15, 164, 173, 295-315	纽约证券交易所
regulations 1-19, 22-5, 28-45, 48-61, 75-6, 144, 168-74, 180-1, 186-204, 213-22, 295-315	规制
SAGs 15-16, 298-9, 313-14	州检察长
SEC 2, 4, 6, 15, 17, 23-5, 28-9, 31, 37, 39-40, 53-61, 75, 187-92, 320	证券交易委员会
Securities Act 1934 22-3, 189, 297	证券法
Senate 48, 302	参议院
September 11th terrorist attacks 122-3, 128, 322	9·11恐怖主义事件
social issues 104-19, 144, 149-50	社会问题
Spitzer's efforts 8, 15, 295-315	斯皮策的尝试
unitary structures 303-15	一元结构

V

valuations, corporations 318	估价
Value at Risk (VaR) 285	风险价值法
Vancouver 166-81	温哥华
Vanity Fair 301	《名利场》
VaR see Value at Risk	风险价值
'varieties of capitalism' analysis (VofC), globalisation 82, 83-99	资本主义的差异分析，全球化
Vof C see varieties of capitalism' analysis	资本主义的差异分析

W

Walker, David M. 11, 14-15, 21-45, 323-4	大卫·M·沃克
Wall Street 295-315	华尔街
Wall Street Journal 301	《华尔街日报》

Waterfall rail accident, Australia 274–93	在瓦特弗发生的铁路事故
Watson, Michael 176–7	迈克尔·沃森
webs, legacy concepts 327, 330, 335–8	网络，职业贡献概念
Wells Fargo Bank 329	美国富国银行
whistleblowers 6, 29, 163, 172–81, 277–8, 281	检举人
Whitehouse, Lisa 4, 17, 141–61	利萨·怀特豪斯
Windfall mining company 168	温丰矿业公司
windfarms 212	风电场
Wolfe, A. 152–3	A. 乌尔夫
wombs and incubators, legacy concepts 329, 335–8	母体和孵化器，职业贡献概念
women, maternity rights 117	妇女权利
Working Group on Company Law Compliance and Enforcement, Ireland 259–70	公司法遵守和执行工作组
World Bank 318	世界银行
World Trade Organisation (WTO) 121–2	世界贸易组织
WorldCom 3, 9, 51, 148, 163–4, 173, 189, 208, 228, 321, 327–8	世界通讯公司（世通）
Wriston, Walter 50	沃尔特·里斯顿
WTO see World Trade Organisation	世界贸易组织

Y

'Yellow Book' see Government Auditing Standards	政府审计标准"黄皮书"

本索引由特瑞·哈利迪（Terry Halliday）编制